Die Sozialordnung der Bundesrepublik Deutschland

Lothar F. Neumann, Klaus Schaper

Die Sozialordnung der Bundesrepublik Deutschland

4., überarbeitete und aktualisierte Auflage

Campus Verlag
Frankfurt/New York

Die Deutsche Bibliothek – CIP-Einheitsaufnahme

Neumann, Lothar F.:
Die Sozialordnung der Bundesrepublik Deutschland / Lothar F. Neumann ; Klaus Schaper. – 4., überarb. und aktualisierte Aufl. – Frankfurt/Main ; New York : Campus Verlag, 1998
ISBN 3-593-35967-7

Umschlaggestaltung: Atelier Warminski, Büdingen
Satz: Leingärtner, Nabburg
Druck und Bindung: Friedrich Pustet, Regensburg
Gedruckt auf säurefreiem und chlorfrei gebleichtem Papier.
Printed in Germany

Inhalt

1. Einführung

1.1 Reizthema »Sozialstaat«

Im Sozialstaat Deutschland zu leben, ist eine vergleichsweise komfortable Situation, und wir alle wissen das. Von der Wiege bis zur Bahre – nein! –, schon vor der Wiege, sogar schon vor der Geburt treffen wir auf die sozialstaatliche Betreuung. Lassen wir das Leben Revue passieren, dann können wir für jeden von uns vielfältige Interventionen des Sozialstaats voraussehen.

Beginnen wir vor der Zeugung. Wenn die gewollte Schwangerschaft nicht eintritt, bietet die ärztliche Profession Rat und Hilfe und die Krankenkassen bezahlen dies. Wenn es dann gelingt, stellt der Sozialstaat u. a. Schwangerschaftsbetreuung, Mutterschutz, Geburtshilfe, Erziehungsgeld, Kindergeld, gesundheitliche Vorsorge und Betreuung im Krankheitsfall, Krankengeld, Wohngeld, Baukindergeld, Kindergarten, Bafög, Sozialhilfe, Fortbildung, ABM, Arbeitslosenunterstützung, Behindertenbetreuung, soziale Dienste wie Suchthilfe oder Familienberatung, Unfallrente, Rehabilitationsmaßnahmen, Altersrente, Pflegegeld und Altenbetreuung, Altersrente und – als letztes – Sterbegeld zur Verfügung.

Das alles ist noch lange nicht vollzählig aufgelistet! So zählen auch folgende Institutionen zur Sozialordnung: Tariflöhne und tarifliche Arbeitsbedingungen, Arbeitsschutz, Mitbestimmung, Arbeitskampfregularien.

Wir werden uns in den folgenden Kapiteln mit den wichtigsten Sozialleistungen und den zentralen Institutionen der Sozialordnung beschäftigen. Es soll vor allem ein Überblick über das sozialstaatliche System in seiner aktuellen Gestalt gegeben werden. Die Beschreibung unserer Sozialordnung bildet aber nur einen Teil der vor uns liegenden Aufgabe. Weiterhin befassen wir uns mit:

- Vorstellungen zur sozialen Gerechtigkeit
- Prinzipien der Sozialpolitikgestaltung im Ordnungsmodell »soziale Marktwirtschaft«

- weltanschaulichen Positionen zur Gestaltung der Sozialordnung
- der Geschichte des Sozialstaats in Deutschland
- Krisen und Problemfeldern
- Reformmodellen und Zukunftsszenarien.

Gerade wegen seiner allumfassenden Präsenz wird die Kritik am Sozialstaat immer lauter. Denunziert als *Wohlfahrtsstaat, Versorgungsstaat und Betreuungsstaat* lähmt er nach Ansicht vieler Kritiker unser Wirtschaftssystem, hemmt unternehmerische Risikobereitschaft der Menschen und ihre Selbsthilfefähigkeit allgemein. Die *rent seeking society*, die – frei – übersetzt *Versorgung beanspruchende Gesellschaft* – so ein modernes Schlagwort aus der neoliberalen Theorieschmiede (Tullock 1993) sucht die – scheinbare – Sicherheit in sozialstaatlich abgesicherten Beschäftigungsverhältnissen. Aber das könnte schlecht enden! Die »Anderen« schlafen nicht. Insbesondere die Konkurrenz aus Ostasien wird uns das Fürchten lehren und unseren heimeligen »Wohlfahrtsstaat« gehörig durchpusten. Die Löhne sind zu hoch, die Tarifpolitik läßt das rechte Maß vermissen. Die Sozialabgaben lassen die Lohnnebenkosten explodieren. Der betreuende und bürokratische Sozialstaat behindert die notwendige Innovationsbereitschaft und Eigenverantwortung seiner Bürger. Dabei wird in der Theorie auch harsche Kritik an den vielen Privilegien der besitzenden Klassen und der freien Berufe geübt, die frühzeitig und geschlossen ihre Partikularinteressen verbandlich organisiert hatten (Olson 1995). Da dies die eigene Klientel betrifft, wird dieser Teil der Kritik verständlicherweise in der politischen Sozialstaatsdebatte von den Liberalen zumeist verdrängt.

Dieses *Negativszenario* wird von den Befürwortern des Sozialstaats als übertrieben und einseitig zurückgewiesen. So berechtigt die Kritik an einzelnen Auswüchsen sei, so unbegründet sei die Pauschalschelte. Unterschlagen würden dabei einfach die positiven Auswirkungen des Sozialstaats auf Wirtschaft und Gesellschaft, wie die

- Integration der Gesellschaft durch den Abbau des Klassengegensatzes von Arbeit und Kapital, der Verhinderung neuer Formen der Dualisierung der Gesellschaft und der Verbesserung der Durchlässigkeit des gesellschaftlichen Schichtgefüges
- Fundierung der materiellen Grundlagen eines in sich stimmigen Wertesystems der Gesellschaft
- Entfaltung der menschlichen Produktivkraft durch Ausschöpfung und Förderung der menschlichen Talente in möglichst allen Schichten
- Institutionalisierung von Konfliktaustragungsmechanismen, die den Kontrahenten (insbesondere den Arbeitsmarktparteien) die freie Artikulation

ihrer Interessen unter Ausnutzung vorhandener Machtspielräume lassen und gerade dadurch zu Kompromissen führen.

Die soziologische Theorie ist sich – wie in vielen Punkten – so auch in diesem uneinig. Wie werden Gesellschaften eigentlich integriert? Nur wenige teilen die Sicht der Systemtheoretiker (Luhmann), die das Problem wegdefinieren. Viele dagegen wie Strukturfunktionalisten (Parsons) und Kommunitaristen (Etzioni, Bellah 1987) verweisen auf die unverzichtbare Integrationskraft gemeinsamer Werte. Die Konflikttheoretiker (Simmel, Coser, Dahrendorf) argumentieren, es seien die Konflikte – oder vielmehr erfolgreiche Konfliktaustragungsregeln –, die moderne Gesellschaften zusammenschweißen. Moderne Gesellschaften verlören den Wertekonsens traditioneller Gesellschaften. Es komme zu einer Pluralisierung von Lebensentwürfen und Werten. Interessen prallen aufeinander. Gesucht sind rationale Konfliktaustragungsmodelle, wie z.B. Tarifverhandlungen, die Kompromisse und die ökonomische Teilhabe aller begünstigen (Hirschman 1994).
Viele Ökonomen und andere *rational-choice*-Theoretiker sehen den »Kitt« moderner Gesellschaften in einer angemessenen materiellen Teilhabe aller Menschen am Sozialprodukt, verbunden mit möglichst freier individueller Gestaltung des Lebensentwurfs.

Wie dem auch sei: *Der Sozialstaat unterstützt dies alles.* Er sichert ein modernes Wertesystem der gegenseitigen Verantwortung und Solidarität, indem er innovative Formen und Institutionen solidarischen Handelns in der Massengesellschaft kreiert. Er garantiert zumeist mehr als ein kulturelles Existenzminimum (materielle Teilhabe). Er bietet schon über Jahrzehnte erfolgreiche Konfliktlösungsinstitutionen an. Jede Kompromißerfahrung, bei der die Betroffenen ihre Interessen gewahrt sehen, stützt den Glauben an das System und an die eigene Kraft der Interessenwahrnehmung.

Wir glauben, daß der Sozialstaat als *Konfliktregulierungsmodell* am erfolgreichsten wirkt. Sozialleistungen für Arme in Form der Sozialhilfe entbehren dieser direkten Teilhabe der Betroffenen. Wie hoch die Hilfe auch sein mag, sie ist fremdbestimmt und damit »entfremdend«. Die Betroffenen fühlen sich nicht als gleichwertige Partner, die selbstbewußt auf ihre Leistung pochen können. Da der deutsche Sozialstaat – wie noch zu zeigen ist – vorrangig auf Hilfe zur Selbsthilfe in Sozialversicherungen setzt und Versorgungs- und Fürsorgeelemente nur schwach ausgeprägt sind, ist der Freiheitsspielraum der Bürger nicht über Gebühr eingeschränkt. Der Sozialstaat ist ordnungspolitisch eingebunden in das Leitbild der sozialen Marktwirtschaft, und die vergleichende Analyse zeigt, daß der Weg in den Versorgungsstaat weitgehend vermieden werden konnte. Zu diesem Schluß kommen auch kritische Betrachter aus ordoliberalen Kreisen (Zohlnhöfer 1992).

Die Besorgnis der Kritiker ist dennoch ernst zu nehmen. Natürlich liegt im Sozialstaatsgedanken auch die Gefahr zur Übersteigerung, zur Überversorgung und zur einlullenden Entmündigung der Betreuten. Als Beispiel können die aktuellen Forderungen nach dem Ausbau eines alimentierenden Grundsicherungssystems für jeden Bürger dienen. Um dem zu begegnen, ist die soziale Marktwirtschaft als Gesamtordnung weiterzuentwickeln, bei der ökonomische und soziale Teilordnung so gut wie möglich aufeinander abzustimmen sind. Keine dieser Teilordnungen kann für sich die Priorität beanspruchen. Daß dies leicht gefordert, nur unter Mühen gedanklich zu entwerfen und noch schwerer politisch umzusetzen ist, wird dem Leser im Laufe der weiteren Lektüre deutlich werden. Ein naiver, manchmal tragischer Fehlschluß ist der von der guten Absicht auf das gute Ergebnis. Gerade in der Sozialpolitik ist dieser Fehlschluß an der Tagesordnung. Nicht genug kann vor der Annahme gewarnt werden, daß gut gemeinte soziale Wohltaten auch immer etwas Gutes anrichten. Aufgabe der *Theorie der Sozialpolitik* ist deshalb primär die Wirkungsanalyse sozialpolitischer Eingriffe und ihrer Nebenwirkungen.

1.2 Sozialökonomische Megatrends

Problem nicht nur des deutschen Sozialstaatsmodells ist die Abhängigkeit von der Arbeitsgesellschaft und ihren Wandlungen. Wir beobachten eine Reihe von Entwicklungen, die gerne als *Megatrends* bezeichnet werden, um genügend Aufmerksamkeit zu erheischen. Dies ist auch angebracht, hängt doch vieles davon ab, die Zeichen der Zeit zu erkennen, um angemessene Sozialreformen vorzubereiten. Auf folgende fünf Megatrends soll kurz eingegangen werden:

1. Ob Globalisierung zur Weltökonomie oder Blockbildung der Triaden: Der Wettbewerbsdruck hält an und die industrielle Produktivität steigt weiter
2. Kontinuierlicher Wandel zur Dienstleistungs- und Do-it-yourself -Ökonomie
3. Die demographische Zeitbombe der alternden Gesellschaft
4. Der gesellschaftliche Individualisierungsprozeß (Emanzipation der Frau, nachlassende Selbsthilfekraft der Familien) (Beck 1986)
5. Der Migrationsdruck

Diese Entwicklungen werden den Sozialstaat erheblich belasten – und wenn notwendige Reformen ausbleiben, in seinen Grundfesten erschüttern. Einzeln betrachtet, bringen sie sowohl Belastungen als auch Entlastungen mit sich. So führt die steigende Produktivität bei sich abschwächender Nachfrage zu Arbeitsplatzverlusten im Industriesektor, aber schafft gleichzeitig über steigende Einkommen bei den Beschäftigten Reserven zur Schulterung steigender Sozialabgaben. Das setzt Wachstum voraus, Arbeitsplätze müssen aber zusätzlich durch Umverteilung der Arbeit (Arbeitszeitverkürzung, Teilzeitarbeit) geschaffen werden. Ein Teil der in der Industrie verloren gehenden Plätze kann im Dienstleistungssektor geschaffen werden. Das ist die gute Nachricht. Die schlechte lautet: Um dies zu erreichen, müssen die Löhne nach neoliberaler Theorie dort sinken. Dies bedeutet wiederum eine schlechte Botschaft für die Alten. Die Alterslast wird von schlecht entlohnten Dienstleistern nur schwer zu schultern sein. Andererseits hat der demographische Trend wieder etwas Gutes. Weniger Jugendliche brauchen weniger Lehr- und Arbeitsstellen, so daß die Arbeitslosigkeit nach allen Prognosen sinken wird. Der Migrationsdruck birgt die Gefahr der weiteren Polarisierung der Gesellschaft wie in den USA, wenn Arbeitsmigranten die Löhne der schlecht qualifizierten Einheimischen weiter nach unten drücken. Positiv könnte die Migration in der Vorstellung mancher Sozialpolitiker durch eine selektive Einwanderungspolitik ausgenutzt werden, um die sinkende Erwerbsquote zu stützen und qualifizierte Arbeitskräfte ins Land zu lassen, die die Rentenlast tragen helfen.

Damit nicht genug, bildet der soziale Wandel, den die Soziologen als Prozeß der Individualisierung beschreiben, eine neue Herausforderung für den Sozialstaat. Dieser basiert nicht allein auf dem *Normalarbeitsverhältnis* des Mannes oder heute vielfach auch der Frauen, sondern auch auf dem Vertrauen in die *Selbsthilfe*kraft der Familien. Diese Grundlage geht für immer mehr Menschen verloren. Ob sich eine neue Kultur des Helfens in Nachbarschaften und Selbsthilfegruppen entwickeln wird, wie manche hoffen (Iben 1995), ist doch eher fraglich.

In der weiteren Darstellung werden die hier angesprochenen Trends in ihren Auswirkungen auf die einzelnen Institutionen der Sozialordnung weiter analysiert und im Schlußkapitel »Perspektiven der Sozialordnung« noch einmal im Licht der neuen Kenntnisse über die deutsche Sozialordnung kommentiert.

1.3 Sozialordnung und Lebenslagen

Will man den Kernbereich und die Grundlagen einer Sozialordnung skizzieren, empfiehlt es sich, nach den kennzeichnenden Strukturen (Determinanten) zu forschen. Hierbei ist die Versuchung groß, sich auf einige wenige Determinanten oder im Extremfall sogar auf eine einzige zu beschränken, weil dies dem Ideal der Einfachheit entspräche. So wurde als das hauptsächlich determinierende Prinzip der kapitalistischen Sozialordnung das Privateigentum an Produktionsmitteln angesehen. So wichtig auch heute noch die Frage des Eigentums an Produktionsmitteln ist, so können wir dennoch nicht zur Charakterisierung unserer Sozialordnung und bei einem Vergleich »kapitalistischer« Sozialordnungen z. B. innerhalb der europäischen Gemeinschaft mit dieser einzigen Determinante auskommen. Wir sollten zwar die Zahl der Determinanten möglichst klein halten, damit wir uns nicht in Details verlieren, aber es müssen schon einige mehr sein, wenn wir über die wesentlichen Inhalte der Sozialordnung informieren wollen. Folgende Determinanten sind zu berücksichtigen:

- Die Eigenvorsorge
- Die Gestaltung der Arbeitsbeziehungen
- Das System der sozialen Sicherung
- Das Aus- und Fortbildungssystem

Wir müssen den mit dem Wort Sozialordnung bezeichneten Begriff noch weiter erläutern. Wir wollen damit zwar keine exakte Definition liefern, aber immerhin ein begriffliches Vorverständnis vermitteln. Wenn wir von Sozialordnung sprechen, haben wir es zunächst mit Normen, also mit Sollvorstellungen und Verhaltensregelungen zu tun. Häufig sind es Gesetzesnormen, mit denen Pflichten und Rechte der Bürger festgelegt werden. Es ist in der Regel das Geschäft der Juristen, sich mit diesen Normen auseinanderzusetzen, sie auszulegen und anzuwenden. Der Sozialpolitiker muß zwar auch die Gesetze kennen – also das Sozialrecht, das Arbeitsrecht, das Tarifvertragsrecht, das Mitbestimmungsrecht, das Unternehmensrecht –, aber er darf sich nicht auf die bloße Gesetzeskenntnis beschränken. Einmal kann das tatsächliche Verhalten der Bürger von den Rechtsnormen abweichen, zum anderen wird durch Gesetze nicht das gesamte Verhalten der Gesellschaftsmitglieder normiert. Zur Verdeutlichung können wir das Beispiel der Krankenversicherung anführen. Sie basiert auf gesetzlichen Grundlagen (vor allem: Sozialgesetzbuch (SGB), Buch V, die Rechte und Pflichten der Mitglieder, Organisationsstruktur der Krankenkassen, Finanzierung usw. festlegt. Aber nur ein Teil der tatsächlich im Rahmen der gesetzlichen Krankenversicherung existierenden und praktizierten Beziehungen ist abschließend gesetzlich geregelt. Es bilden sich mit der Zeit Verhaltensweisen der Versicherten, der Ärzte und anderer Gruppen heraus, die von den Erwartungen der anderen handelnden Bezugspersonen abhängen und damit ebenfalls verhaltensbeeinflussende Kraft gewinnen. Darüber hinaus werden Spielräume gesellschaftlichen Handelns von den Betroffenen erkannt und zur Erreichung persönlicher und von Gruppenzielen genutzt. Dieses gesamte Leistungs- und Beziehungsgeflecht bildet als das Gesundheitssystem einen Teil unserer Sozialordnung.

Wir müssen uns weiterhin immer bewußt bleiben, daß die Sozialordnung kein statisches, unveränderliches System ist. Ihre Beschreibung als eine Momentaufnahme im historischen Prozeß müßte gänzlich unvollständig und auch unverständlich bleiben, wenn nicht ihre Entstehungsgeschichte und ihre Entwicklungstendenzen mitgesehen und ihre Entwicklungsperspektiven mitbedacht würden. Zugleich haben wir es auch immer mit der Entwicklung von Institutionen zu tun, und insofern haben wir uns mit der Geschichte dieser Institutionen zu befassen. Der Sozialpolitiker ist hier auf die Hilfe des Sozial- und Wirtschaftshistorikers angewiesen. Wir haben deshalb auch der systematischen Darstellung der Sozialordnung der Bundesrepublik ein Kapitel über »Die geschichtliche Entwicklung der Sozialordnung« vorangestellt.

Wie sich die Sozialordnung entwickelt hat, wie sie sich künftig entwickeln wird und wie sie überhaupt funktioniert, sind Fragen, die nur auf der Grundlage von sozial- und wirtschaftswissenschaftlichen Theorien beantwortet werden können. Wir werden auf die wichtigsten Erkärungsansätze eingehen. Schon die bloße Auswahl und Darstellung von Fakten zur Sozialordnung geschieht im Lichte von Theorien. Jede Argumentation basiert auf einem bestimmten theoretischen Vorverständnis und Hintergrundwissen, über das man sich immer wieder Klarheit verschaffen muß. Gerade wenn wir über eine Verbesserung unserer Sozialordnung nachdenken, wenn wir z.B. die Sozialpolitik nicht wie in der Vergangenheit oft als nachträglichen Korrekturmechanismus von Mißständen gestalten wollen, die ihre Ursache im ökonomischen System haben, sind wir darauf angewiesen, die Fortentwicklung unserer Sozial- und Wirtschaftstheorie zu verarbeiten.

Nun ist die Fortentwicklung der Sozialordnung nicht nur Sache sozialwissenschaftlicher Kausaltheorien und nicht nur eine Frage des Streites über den richtigen Einsatz der Instrumente zur Erreichung sozialpolitischer Ziele. Die Ziele selbst und die normativen, ethischen und weltanschaulichen Grundlagen sind ebenso kontrovers. Je nach sozialer Stellung, politischer Anschauung und persönlicher Bewertung werden Probleme der Sozialordnung und Sozialpolitik unterschiedlich gesehen und Vorschläge unterbreitet. Die Sozialordnung läßt sich deshalb nur kritisch analysieren, wenn die jeweiligen Wertpositionen möglichst offengelegt und damit ebenfalls der kritischen Diskussion ausgesetzt werden.

Theoretische und praktische Sozialpolitik war und ist von diesem gesellschaftspolitischen Vorverständnis her immer zugleich Kritik an bestehenden gesellschaftlichen Mißständen und Ungerechtigkeiten und der Versuch, bessere Lösungen im Sinne der schwächeren und benachteiligten Gruppen aufzuzeigen und zu verwirklichen. Die bestehende Sozialordnung ist daher immer als vorläufig und verbesserungswürdig anzusehen. Sozialpolitik ist der permanente Versuch der Verbesserung der Sozialordnung und setzt die Reformfähigkeit der Wirtschaftsgesellschaft voraus. Das kann in kleinen Schritten geschehen, indem etwa bestehende Sozialgesetze verändert und novelliert werden. Werden Institutionen neu geschaffen oder grundlegend verändert, spricht man auch von einer Sozialreform.

Wenn sich der Ökonom mit Verteilungsfragen beschäftigt, denkt er zunächst einmal an die Verteilung von Geldeinkommen. Wie haben sich die Unternehmereinkommen (Gewinne und Vermögenseinkünfte) und wie haben sich die Arbeitnehmereinkommen (Löhne und Gehälter) entwickelt? Wie ist das volkswirtschaftliche Vermögen verteilt? So wichtig die Antworten auf diese zentralen ökonomischen Verteilungsfragen sind, in jeder Gesellschaft wird mehr verteilt als nur Geldeinkommen und Vermögen.

Verteilt werden Lebenslagen! Nach diesem schon klassisch gewordenen Wort des Sozialpolitikers Gerhard Weisser (1978) wird die Lebenslage der Gesellschaftsmitglieder nicht nur durch die Verteilung von Geldeinkommen, die Lebenslage der Arbeitnehmer also nicht nur durch ihr Lohneinkommen bestimmt. In unserer Sozialordnung werden z. B. auch Chancen, Risiken und Machteinfluß verteilt.

Die Lebenslage eines Menschen als Spielraum für die Befriedigung seiner Bedürfnisse hängt nicht allein von seiner Ausstattung mit materiellen Gütern, also nicht allein von seinem Einkommen und Vermögen ab. Ingeborg Nahnsen (1975, S. 150) unterscheidet fünf Spielräume der Lebenslage:

- Versorgungs- und Einkommensspielraum
- Kontakt- und Kooperationsspielraum
- Lern- und Erfahrungsspielraum
- Regenerations- und Mußespielraum
- Dispositions- und Entscheidungsspielraum

Persönliche Freiheitsspielräume, Möglichkeiten der Selbst- und Mitbestimmung in existentiell wichtigen Fragen, die soziale Absicherung gegen die

Wechselfälle des Lebens, die befriedigende Stellung im Beruf, der individuelle Verantwortungsbereich, der erworbene Bildungsstand, kulturelle und politische Teilhabe und nicht zuletzt die Intensität und Vielgestaltigkeit der sozialen Kontakte im Familien- und Freundeskreis sind sicher wesentliche menschliche Bedürfnisse, die nicht oder nur unbefriedigend mit Geld zu kaufen sind. Diese immateriellen Lebenslagemerkmale sind von der Sozialpolitik gleichrangig zu beachten. Wer in nur einem dieser Spielräume zu sehr eingeschränkt ist, dessen Lebenslage kann so nachteilig geprägt sein, daß monetäre Ausgleichszahlungen etwa aus dem System sozialer Sicherung dies nicht kompensieren können.

Welche Merkmale jeweils für die Charakterisierung einer Lebenslage relevant sind, darüber ist bei der Bearbeitung des anstehenden sozialpolitischen Problems zu entscheiden. Diese Auswahl hängt auch von den individuellen Interessen (Grundanliegen) des einzelnen bei tiefer Selbstbesinnung auf die eigenen Lebensziele und damit davon ab, was sie oder er als für den Sinn des Lebens bestimmend ansieht (Selbstbestimmungskriterium) (Andretta 1991, S. 51 f.).

Eine am Lebenslagetheorem orientierte Sozialpolitik muß heute neben der Absicherung des in der Vergangenheit Erreichten vor allem die neuen, aus den sozialökonomischen Veränderungen geborenen Risiken und Mechanismen des sozialen Abstiegs gefährdeter Gruppen abdecken und möglichst Hilfen zur Selbsthilfe anbieten.

Schon bei diesen ersten Strichen zu einer Skizze des Lebenslagekonzepts wird klar, daß es anspruchsvoll und schwierig zu handhaben ist. Es ist jeweils das Problem der Auswahl der Lebenslagemerkmale zu lösen, und wir können nicht alles – wie etwa von der ökonomischen Analyse gewöhnt – quantifizieren und in Geldeinheiten ausdrücken, sondern sind oft auf andere Indikatoren angewiesen. Diese Schwierigkeiten können aber nicht das theoretische Konzept insgesamt in Frage stellen.

Wenn wir im Zusammenhang mit der Diskussion der Sozialordnung der Bundesrepublik das Lebenslagekonzept für analytisch fruchtbar halten, haben auch wir das Problem der Auswahl der ordnungspolitisch relevanten Lebenslagemerkmale zu lösen. Wir orientieren uns dabei an den zuvor vorgeschlagenen Determinanten unserer Sozialordnung. Wir konnen dann die folgende Matrix aufstellen:

Sozialordnung und Lebenslagen

Determinanten der Sozialordnung	**Lebenslagenmerkmale**
Eigenvorsorge	– Maß der Verpflichtung zur Eigenvorsorge – Möglichkeiten und Fähigkeit zur Eigenvorsorge – persönliche Startbedingungen – Eigentum und Vermögen – Steuerbelastung
Gestaltung der Arbeitsbeziehungen	– Arbeitsplatzbedingungen – Mit- und Selbstbestimmung – Erwerbschancen – sozialökonomischer Status – (primäre) Einkommensverteilung/Lohnhöhe – Vereinigungsfreiheit/Streikrecht – Erfahrung von Diskriminierung
System der sozialen Sicherung	– Schutz bzw. Kompensation bei typischen Lebens- und Erwerbsrisiken – Soziales und kulturelles Existenzminimum – (sekundäre) Einkommensverteilung über Sozialtransfers – Familie/Kinderzahl – Wohnbedingungen
Aus- und Fortbildungssystem	– Chancen und Möglichkeiten der Teilnahme – Maß an Durchlässigkeit des Bildungssystems – Möglichkeiten der Teilnahme an Fort- und Weiterbildung – Risiken beruflicher Dequalifizierung – sozialer Bildungsstatus

Vertiefende Literatur

Bäcker 1995; Beck 1986, Lampert 1995a, Weisser 1978.

2.
Die geschichtliche Entwicklung der sozialen Frage und der Sozialpolitik

2.1 Die soziale Frage im Frühkapitalismus

»Die soziale Frage ist an sich so alt und weit verbreitet als die Verschiedenheit der Erwerbsverhältnisse ihren Ausdruck in dem Gegensatz von Reich und Arm gefunden, gleichviel in welchen Symptomen sie zu Tage trat« (Contzen 1877).

Nach diesem Verständnis erwächst die soziale Frage aus der wirtschaftlich begründeten Ungleichheit schicht- und klassenspezifischer, aber auch individueller Lebenslagen. So umfassend verstanden ist sie in allen Gesellschaften, in denen merkliche Lebenslageunterschiede existieren, latent angelegt und wird dann manifest, wenn die vorhandene Ungleichheit von den Benachteiligten wahrgenommen, als ungerecht empfunden und in politische Forderungen umgesetzt wird. Damit löst sich die soziale Frage in ein Bündel sozialer Fragen und Probleme auf.

Daneben existiert aber noch ein engerer Begriff, der ein genau abgrenzbares historisches Phänomen bezeichnet: Die soziale Frage als die Arbeiterfrage des Früh- und Hochkapitalismus. Die gesellschaftliche Dynamik des Industrialisierungsprozesses und die Proletarisierung breiter Bevölkerungsschichten brachten soziale Probleme in einem Ausmaß hervor, die es durchaus rechtfertigen, die soziale Frage während dieser Epoche mit der Arbeiterfrage gleichzusetzen.

Zur Charakterisierung und Hervorhebung des Außergewöhnlichen der totalen Umgestaltung der grundlegenden wirtschaftlichen, gesellschaftlichen und politischen Verhältnisse im Europa des späten 18. und frühen 19. Jahrhunderts eignet sich die Bezeichnung *Doppelrevolution*. Die beiden großen bewegenden Ereignisse dieser Epoche, auf die mit diesem Begriff abgestellt wird, sind die industrielle Revolution und die bürgerliche politische Revolution. Während die von England ihren Ausgang nehmende industrielle Revolution auf der Grundlage wissenschaftlich-technischer Neuerungen der Produktionsverfahren zu vollkommen neuen Formen des Wirtschaftens in der Produktionssphäre (fortschreitende Arbeitsteilung, Manufaktur, Maschinen als Produktionsmittel, Kapital als Produktionsfaktor) fortschritt, setzte die Französische (politische) Revolution vor allem mit der Umwälzung der herrschenden Ideen und politischen Institutionen die Gestaltungsvorstellungen des Besitzbürgertums als gesellschaftliche Maxime durch. Die Trennung von Staat und Gesellschaft, die Einführung der Vertrags- und Gewerbefreiheit oder auch der Abbau ständisch-feudaler Herrschafts-Knechtschafts-Beziehungen führten zu neuen wirtschaftlichen Verkehrsformen (Wettbewerbsmärkte, ausgebildete Geldwirtschaft – Ablösung des Naturaltausches und der Selbstversorgung, Gewinnorientierung statt Bedarfsdeckung als unternehmerische Maxime, Akkumulation von Gewinnen statt Konsum, »freier« Arbeitsvertrag anstelle personaler Abhängigkeiten, Produktivkapitalbildung), die zusammen mit den genannten Veränderungen im Produktionsbereich eine ungeahnte ökonomische und gesellschaftliche Dynamik entfalteten.

Nicht zu unterschätzen ist neben den Einflüssen der Aufklärung und der Säkularisierung vor allem die von *Adam Smith* (1776) eingeleitete Neuschöpfung der wissenschaftlichen Nationalökonomie, die die bürgerlich-liberalen Vorstellungen einer Wirtschaftsgesellschaft präzisierte und zugleich zu politisch verwertbaren Handlungsanleitungen und zur Rechtfertigung des Systems dienen konnte. Unter den institutionellen Bedingungen der freien Konkurrenz werden die Produzenten in Verfolgung ihrer eigennützigen Interessen das Gemeinwohl aufs beste fördern. Die unsichtbare Hand des Wettbewerbs sorgt dafür, daß nur derjenige Unternehmer Gewinne macht, der preiswerte, qualitativ hochwertige und von den Verbrauchern tatsächlich gewünschte Produkte anbietet. Adam Smith drückt das prägnant in seinem die liberale Ökonomie begründenden Werk »Wealth of Nations« (1776) aus:

»Nicht vom Wohlwollen des Fleischers, Brauers oder Bäckers erwarten wir unsere Mahlzeit, sondern von ihrer Bedachtnahme auf ihr eigenes Interesse. Wir ... sprechen ihnen nie von unseren Bedürfnissen, sondern ihren Vorteilen.«

Die sozialen Probleme dieser Epoche der Frühindustrialisierung resultieren aus einem Bündel zusammenwirkender, sich gegenseitig hervorbringender und verstärkender sozialer Wandlungen, die durch die Doppelrevolution in Gang gesetzt wurden. Betrachten wir etwas genauer die Entwicklung in Preußen, die beispielhaft die sozioökonomischen Veränderungen in Deutschland widerspiegelt. An erster Stelle ist hier die sogenannte Bauernbefreiung (Teil der Stein-Hardenbergschen-Reformen) zu nennen. Die Ersetzung der

Feudalbande, der Erbuntertänigkeit und Frondienste durch materielle, kapitalisierte Schuldverpflichtungen der Bauern gegenüber ihrer früheren Guts- und Grundherrschaft führte faktisch zu einer Verelendung großer Teile der Landbevölkerung, die durch die etwa gleichzeitig einsetzende Bevölkerungsvermehrung, ausgelöst vor allem durch die verbesserte Ernährungssituation aufgrund neuer Grundnahrungsmittel (Rüben, Kartoffeln) und Produktivitätsfortschritte in der Landwirtschaft, verschärft wurde. Diese sogenannte Pauperisierung der Landbevölkerung wurde von den Großgrundbesitzern zu dem berüchtigten »Bauernlegen«, dem Ankauf der Höfe der ihren Verpflichtungen nicht mehr nachkommenden Bauern, ausgenutzt. Damit waren wachsende Teile der Landbevölkerung in Preußen entwurzelt, verarmt und allein auf den Verkauf ihrer Arbeitskraft angewiesen.

Im Falle Englands allerdings stützen neuere wirtschaftshistorische Forschungen die heute weit verbreitete Marxsche These einer massiven Verelendung und Vertreibung des Landvolkes in der ersten industriellen Expansionsphase nicht. In Anwendung der nachfrageorientierten Theorie von John Maynard Keynes (1936), dem wohl größten Ökonomen dieses Jahrhunderts, ist zu fragen, woher die notwendige Kaufkraft und die Absatzmärkte für die steigende Produktion stammen. Landes (1973) kommt zu dem Ergebnis, daß in England im Gegensatz zum Kontinent im 18. Jahrhundert ein deutlich höheres Pro-Kopf-Einkommen erzielt wurde und auch die Lohnentwicklung in etwa mit der Produktivität mithielt. Es entstand somit ein aufnahmefähiger Binnenmarkt. Der Beitrag der Exportmärkte wird in dieser Phase – im Gegensatz zur Einschätzung von Hobsbawm (1969) – als weniger bedeutsam beurteilt. Die Landvertreibung, Konzentration der Industrie in den Städten, Verelendung und Abkoppelung der Lohnentwicklung vom Produktivitätswachstum setzte erst im 19. Jahrhundert ein, nachdem England als führendes Industrieland weltweit Exportvorteile nutzen konnte, die es teilweise militärpolitisch durchsetzte. Bei der Auswertung der historischen Entwicklungsmodelle zeigt sich immer wieder, daß eine Bedingung erfüllt sein muß. Die Entwicklung der Massenkaufkraft, d.h. faktisch der Löhne, muß mit dem Wachstum der Produktivität einhergehen, um langfristig ein sich selbst tragendes Wachstum zu sichern. Dies ist nicht von vornherein sichergestellt, wie auch heute noch der (Neo)Liberalismus unterstellt. Es bedarf zumeist starker Gewerkschaften und einer staatlichen Sozialpolitik, um Löhne und Sozialtransfers parallel zur Produktivitätsentwicklung anzuheben und somit Massenkaufkraft auf dem Binnenmarkt zu sichern.

Die frühen sozialen Bindungen im Feudalsystem und vor allem in der bäuerlichen Hauswirtschaft boten dem Mitglied dieser Gemeinschaft einen gewissen Schutz gegen die immer vorhandenen Lebensrisiken wie Unfall, Krankheit und Alter. Die Selbstversorgung der bäuerlichen Familie mit den wichtigsten Gütern zum Lebensunterhalt, die Beteiligung aller an der gemeinsamen Leistungserbringung ermöglichte es, den zeitweisen Ausfall der Arbeitskraft einzelner Mitglieder gemeinsam zu überbrücken, die Alten im engeren sozialen Verbund abzusichern und zeitweise von der vollen Mitarbeit freizustellen.

Allerdings wird die lange Zeit ungeprüft akzeptierte These von der überragenden Bedeutung des Sozialverbandes »Großfamilie« heute von den Sozialhistorikern stark relativiert (Laslett 1971). Angesichts der kurzen Lebenszeiten war die Mehrgenerationenfamilie eine Seltenheit. Es gab im vorindustriellen Europa eine Vielfalt von Familienformen und viele Personen, die nicht durch derartige Bindungen geschützt waren (Mitterauer/Siedler 1980). Von besonderer Bedeutung war die sog. »Große Haushaltsfamilie«, in der neben Blutsverwandten auch andere Personen (Mägde, Knechte, Gesellen) integriert waren.

Unter den veränderten Umständen und neuen Bedingungen des gesellschaftlichen Umfeldes wurde die Abdeckung der Lebensrisiken zum öffentlichen Problem – zu einer eigentlich »sozialen« Frage, die nur in größeren Selbsthilfegruppen und/oder durch staatliche Eingriffe zu lösen war. Der wachsende Teil der Bevölkerung, der auf den Verkauf seiner Arbeitskraft angewiesen war, bildete für die in Preußen nur zögernd sich entwickelnde Industrie ein zunächst unerschöpfliches Reservoir an billigen Arbeitskräften. Tatsächlich setzte in Preußen wie auch in den übrigen Teilen Deutschlands die eigentlich stürmische Phase der Industrialisierung erst Mitte des 19. Jahrhunderts ein, angeregt auch durch staatliche investive Vorleistungen, eine Verbesserung des Geldwesens und der Verkehrswege (Chaussee- und Eisenbahnbau). Auf die eigentlichen Gründe dieses zögerlichen Beginns der Industrialisierung kann hier nur hingewiesen werden: staatliche Zersplitterung, späte Gründung des deutschen Zollvereins (1834) und damit Herstellung eines Freihandelsraums über das Territorium des deutschen Bundes, verzögerte Aufklärung und Emanzipation des deutschen Bürgertums von absolutistisch-monarchischer Bevormundung.

Neben und im Zusammenhang mit dem Überangebot an Arbeitskräften durch den beschriebenen Pauperisierungsprozeß der Landbevölkerung treten weitere strukturelle Mängel des sich entwickelnden Arbeitsmarktes, die zu einer Zuspitzung der Arbeiterfrage im Frühkapitalismus beitrugen. Staatliche Koalitionsverbote behinderten und verhinderten zum Teil die ohnehin schwierigen Bemühungen von Arbeitern, sich zu organisieren und der »originären«

Monopolstellung der Unternehmer auf dem Arbeitsmarkt eine Gegenmacht entgegenzusetzen. Der frühkapitalistische Arbeitsmarkt versagte auch, weil Lohnsenkungen nicht zu einer Verringerung des Arbeitsangebots und damit zur Verknappung führten, die die Unternehmer zu Lohnzugeständnissen hätte zwingen können. Im Gegenteil: Um das Notwendigste zum Leben zu verdienen, mußten auch Frauen und Kinder zunehmend ihre Arbeitskraft billig anbieten. Die *industrielle Reservearmee* wurde dadurch noch erhöht. Die Vermögenslosigkeit der Arbeiter zwang sie zur ununterbrochenen Verwertung ihrer Arbeitskraft auch unter widrigsten Lohn- und Arbeitsbedingungen. Ähnliche Marktbedingungen sind heute auf den Arbeitsmärkten der Dritten Welt häufig anzutreffen. Auch von der Nachfrageseite des Arbeitsmarktes (Unternehmensseite) gingen Tendenzen aus, die einen zügigen Abbau der Arbeitslosigkeit bei fortschreitender Industrialisierung und wachsender Produktion verhinderten: Extensivere Ausnutzung der Arbeitkräfte in den Unternehmen durch Verlängerung des Arbeitstages und nicht zuletzt die Freisetzungseffekte zunehmender Arbeitsteilung und Produktivität durch kapitalintensivere (bessere Maschinen) Produktionsverfahren.

Diese und weitere in der ersten, der *extensiven Phase der Industrialisierung* zusammentreffende Faktoren ließen den Lohn der Industriearbeiter auf das physische Existenzminimum, auf das gerade zum Überleben und zur Reproduktion der Arbeitskraft Notwendige herabsinken. Daß die Ausbeutung der Arbeiter nicht zu allererst auf einen Verfall ethischer Grundsätze bei den Unternehmern zurückzuführen, sondern systembedingt war, mit anderen Worten, der Wettbewerb auf den Märkten die Unternehmer zu dauernden Kosteneinsparungen zur Verteidigung ihrer Gewinnspanne, weiterhin zu Akkumulation, d.h. Wiederanlage (Investition) dieser Gewinne im Unternehmen zwang, ist nicht zuletzt der theoretischen Analyse von Karl Marx zu entnehmen. Die periodisch hereinbrechenden Konjunkturabschwünge und ökonomischen Krisen, deren Ursachen u.a. in der mangelnden Massenkaufkraft aufgrund der ungleichen Einkommensverteilung sowie in Überinvestitionsphänomenen und Absatzstockungen zu sehen sind, verschärften die soziale Lage der neu entstehenden Arbeiterklasse, des Proletariats, ins Unerträgliche. Daß auch viele Unternehmer ihre Verantwortung den Arbeitern gegenüber ernst nahmen, sei es in patriachalischer Tradition (Krupp) oder in schon sozialpartnerschaftlicher Verbundenheit (Abbè), soll hier nicht unterschlagen werden.

Eine Hebung des allgemeinen Lebenslageniveaus konnte allenfalls langfristig über ein wachsendes Sozialprodukt (Volkseinkommen) pro Kopf erwartet werden. Pessimistische Prognosen etwa von Robert Malthus (Bevölkerungsgesetz) und Ferdinand Lassalle (Ehernes Lohngesetz) schienen angesichts des immensen Bevölkerungswachstums und der hinterherhinkenden Entwicklung von Produktion und Produktivität (durchschnittliche Produktion pro Arbeitsstunde) zunächst recht zu behalten und staatliche Einflußnahmen und Versuche der Arbeiterschaft zur Selbsthilfe von vornherein zum Scheitern zu verurteilen. Auch der in dieser Zeit sich langsam formierenden sozialistischen Bewegung galt Sozialpolitik überwiegend als untaugliches Kurieren am Symptom.

Nach marxistischer Auffassung erwächst die soziale Frage aus der Ausbeutung des Menschen durch den Menschen in Klassengesellschaften. Die Geschichte der sozialen Frage ist damit identisch mit der sozioökonomischen menschlichen Entwicklungsgeschichte schlechthin und ist als eine dialektische Abfolge von Herrschafts-Knechtschafts-Beziehungen und Klassenkämpfen zu sehen. Beantwortbar ist diese Frage nicht mit sozialpolitischen Reformen, sondern nur durch eine radikale revolutionäre Veränderung der Produktions- und Eigentumsverhältnisse, von der neben der Entfesselung der Produktivkräfte, die zu einem ungeahnten ökonomischen Wachstum führen soll, auch eine gerechte Verteilung der Lebenslagen erwartet wird.

Tatsächlich standen also die ersten zaghaften Versuche, sozialpolitische Korrekturen am marktwirtschaftlich-kapitalistischen System anzubringen, im Widerspruch zu den ausgebildeten wissenschaftlichen Theorien des Manchester-Liberalismus (des extremen wirtschaftspolitischen Liberalismus mit der Forderung nach völliger Freiheit der Wirtschaft) und des wissenschaftlichen Sozialismus. Die ersten Bemühungen, die Risiken der Industriearbeiterschaft aufzufangen und die Folgen des Risikoeintritts zu mildern, gehen denn auch nicht von staatlichen Institutionen aus, sondern erwachsen aus patriarchalischem oder auch humanitärem Gedankengut einzelner Unternehmer (in England etwa Robert Owen). Neben den Maßnahmen betrieblicher Sozialpolitik (Kranken- und Unfallversicherung, Pensionskassen) und der Armenhilfe kirchlicher Organisationen sind vor allem die Anstrengungen genossenschaftlicher Selbsthilfeeinrichtungen richtungweisend.

Während in England und Frankreich die ersten staatlichen Schutzbestimmungen – Arbeitszeitbegrenzungen zunächst für Kinder und Jugendliche – unter dem Druck einer trotz wiederholter Rückschläge sich langsam formierenden Arbeiterschaft (Chartisten in England) zustande kamen, waren es in Preußen, wo sich die Arbeiterbewegung erst später parallel mit der industriellen Aufschwungphase nach 1850 entwickelte, vor allem obrigkeitsstaatliche Erwägungen, die zum sogenannten *Preußischen Regulativ von 1839* führten. Hierbei gaben neben fürsorgerischem Denken vor allem wohl handfeste

Interessen an der Erhaltung der Wehrtüchtigkeit der Arbeiterbevölkerung den eigentlichen Ausschlag. Diesem Anfang staatlicher Arbeiterschutzpolitik, der die krassesten Fälle der Ausbeutung von Kinderarbeit verhindern sollte, aber mangels Kontrollmöglichkeiten kaum Anwendung fand, folgten in den nächsten Jahrzehnten wenig weitere Aktivitäten.

Erwähnenswert ist immerhin die Preußische Gewerbeordnung von 1845 mit der Novellierung von 1859, die eine Öffnung der handwerklichen Hilfskassen und Versicherungseinrichtungen (Kranken-, Hilfs-, Sterbe- und Sparkassen) für die Industriearbeiter herbeiführte. Diese Hilfskassen, die sich aus mittelalterlichen Brüderbuchsen (Bergknappen) und Laden der Zünfte entwickelt hatten, wiesen eine jahrhundertelange Tradition auf. Mit der Verpflichtung der Unternehmer zur anteilsmäßigen Mitfinanzierung der Kosten, des Rechts auf Selbstverwaltung und der Möglichkeit, die freiwillige Mitgliedschaft durch behördliche Anordnung verpflichtend zu machen, wurden hier schon wesentliche Gestaltungsprinzipien der späteren Bismarckschen Sozialversicherungspolitik erprobt.

Auf der anderen Seite verlängerte die Gewerbeordnung, getreu der liberalen Maxime, keine Wettbewerbsbeschränkungen zuzulassen, das Koalitionsverbot, stellte Arbeitsniederlegungen und Streikaktivitäten unter Strafe und verhinderte damit weitgehend die gewerkschaftliche Organisierung der Arbeiter. Politische Aktivitäten sollten die nach der März-Revolution von 1848 verhängten gesetzlichen Einschränkungen des Vereins-, Demonstrations- und Versammlungsrechts unterbinden. Auch die Aufhebung des Koalitionsverbots und damit die Schaffung des formalen Rechts auf lokalen gewerkschaftlichen Zusammenschluß (überregionale Zusammenschlüsse blieben verboten) in der Gewerbeordnung des Norddeutschen Bundes (1869) und des neu gegründeten Deutschen Reiches (1871) bedeutete noch lange nicht das Ende staatlicher Behinderung gewerkschaftlicher Aktivität, insbesondere von Arbeitskampfmaßnahmen.

2.2 Die Bismarcksche Sozialpolitik

In der ersten Phase industrieller Entwicklung in Preußen standen die sozialpolitischen Aktivitäten unter dem Primat liberaler Wirtschaftspolitik und blieben deshalb recht bescheiden. Anders ist die folgende Phase deutscher Sozialpolitik unter Bismarck zu beurteilen. Um den staatlichen Einfluß auf Wirtschaft und Gesellschaft in Deutschland zu erhalten und auszubauen und so Macht und Einfluß des Reiches nach innen gegenüber den Bundesstaaten und den gesellschaftlichen Gruppen und nach außen gegenüber den europäischen Nachbarn zu festigen, war es oberste Maxime seiner Politik, Krisen und oppositionelle Entwicklungen im Inneren zu unterbinden. Neben der Zurückdrängung liberalen Einflusses und bürgerlicher Staatsauffassung (Fortschrittspartei) galt es vor allem, die durch die Industrialisierungswelle nach 1850 stark anwachsende Arbeiterschaft zu befrieden und in die angestrebte hierarchische Gesellschaftsordnung zu integrieren. Nach der Vereinigung der beiden deutschen Arbeiterparteien – des von *Ferdinand Lassalle* 1863 begründeten Allgemeinen Deutschen Arbeitervereins (ADAV) und der von *Bebel und Liebknecht* geführten Sozialdemokratischen Arbeiterpartei – in Gotha im Jahre 1875 zur Sozialistischen Arbeiterpartei Deutschlands (ab 1890: Sozialdemokratische Partei Deutschlands (SPD)) und ihren ersten Erfolgen bei den Reichstagswahlen wurde die Neutralisierung der wachsenden politischen Bedeutung der Arbeiterbewegung zum vorrangigen innenpolitischen Problem. Die Bismarcksche Doppelstrategie – »mit Zuckerbrot und Peitsche«, Sozialversicherungspolitik und Sozialistengesetz –, dieser Gefährdung Herr zu werden, erwies sich letztlich als ein Mißerfolg.

Das Verbot sozialistischer Parteien, Vereine, Versammlungen und Schriften durch das Sozialistengesetz von 1878 (aufgehoben erst im Jahre 1890) konnte trotz Verfolgung und hoher Strafen durch eine erfolgreiche Politik der Sozialdemokratischen Partei aus dem Untergrund aufgefangen werden. Auf der anderen Seite führte die Sozialversicherungspolitik – aus der heutigen Sicht zweifelsohne ein sozialpolitisches Jahrhundertwerk – zunächst kaum zur erhofften Integration und Versöhnung der Arbeiterschaft mit dem Staat. Die enge Verbindung beider Gesetzeswerke mußte die Sozialversicherung in den Augen der Arbeiter von vornherein kompromittieren. In der berühmten *Kaiserlichen Botschaft*, der Regierungserklärung von Bismarck 1881, wird die Sozialreform mit folgenden Worten angekündigt:

> »Schon im Februar dieses Jahres haben Wir Unsere Überzeugung aussprechen lassen, daß die Heilung der sozialen Schäden nicht ausschließlich im Wege der Repression sozialdemokratischer Ausschreitungen, sondern gleichmäßig auf der positiven Förderung des Wohles der Arbeiter zu suchen sein werde. Wir halten es für Unsere Kaiserliche Pflicht, dem Reichstag diese Aufgabe von neuem ans Herz zu legen, und würden Wir mit um so größerer Befriedigung auf alle Erfolge, mit denen Gott Unsere Regierung sichtlich gesegnet hat, zurückblicken, wenn es uns gelänge, dereinst das Bewußtsein mitzunehmen, dem Vaterlande neue

und dauernde Bürgschaften seines inneren Friedens und den Hilfsbedürftigen größere Sicherheit und Ergiebigkeit des Beistandes, auf den sie Anspruch haben, zu hinterlassen«.

Wesentliche Strukturelemente dieser neuen Sozialpolitik in den achtziger Jahren des vorigen Jahrhunderts – 1883 Krankenversicherungsgesetz, 1884 Unfallversicherungsgesetz, 1889 Invaliden- und Altersversicherungsgesetz (Rentenversicherung) – sind noch erhalten und erweisen ihre Funktionsfähigkeit auch unter den heutigen veränderten Bedingungen. Es sind dies: das Sozialversicherungsprinzip, eine eigene Mischung aus dem Versicherungsprinzip und dem Solidarprinzip, das Zwangsprinzip einer Pflichtversicherung, das Prinzip des Rechtsanspruchs auf Leistungen (keine Bedürftigkeitsprüfung, kein Nachrang), das Selbstverwaltungsprinzip und das gegliederte System (keine Einheitsversicherung). Heute kommen weitere wichtige Elemente hinzu.

Die Versicherungspflicht war zunächst auf die Industriearbeiter beschränkt. Finanziert wurde das System vor allem über Beiträge der versicherten Arbeiter und/oder ihrer Arbeitgeber (Staatszuschuß bei der Rentenversicherung). Dieser Ansatz, die Lebensrisiken Alter, Krankheit, Unfall und Invalidität (zunächst nur: Erwerbsunfähigkeit) außerhalb der Betriebe in einer Versichertengemeinschaft aufzufangen, stellte einerseits eine wichtige Ergänzung der Arbeitsschutzpolitik dar, insofern hier auch Risikofaktoren, die nicht unmittelbar an den Arbeitsplatz geknüpft waren, einbezogen wurden. Zudem bot eine derartige Konstruktion die Möglichkeit, auch nicht erwerbstätige Familienmitglieder (Ehefrau, Kinder) mit in die Solidargemeinschaft aufzunehmen. Dieser Weg wurde dann auch in der Folgezeit beschritten. Andererseits vernachlässigt eine derartige Regelung tendenziell die präventive, Risiken vermeidende und ausschaltende Perspektive.

2.3 Ausbau der Sozialordnung im 20. Jahrhundert

Die Begründung der Sozialversicherung für Arbeiter, die als sozialreformerisches Großexperiment auch im Ausland keine Vorläufer ähnlichen Umfangs besaß, verstieß gegen die herrschenden ökonomischen Lehren des Liberalismus. Sie wurde in der deutschen ökonomischen Diskussion von einer Gruppe pragmatisch orientierter und sozial-konservativer Wissenschaftler – den von ihren Kritikern abschätzig titulierten *Kathedersozialisten* (u. a. Adolph Wagner, Gustav Schmoller) unterstützt, die in der Tradition der sog. Historischen Schule die kulturellen Besonderheiten jedes Volkes bei der Suche nach der passenden Gesellschafts- und Wirtschaftsordnung betonten.

Die weitere Entwicklung der Sozialpolitik läßt sich als ein fortschreitender Prozeß der Angliederung neuer Institutionen an den Kernbereich der sozialen Sicherung und die Aufnahme weiterer sozial schwacher und gefährdeter Gruppen in diese Ordnung beschreiben. Dies war kein kontinuierlicher Prozeß. Für Reformen günstige Zeiten wechselten in diesem bewegten Jahrhundert mit Perioden, in denen Sozialabbau betrieben wurde. Insgesamt jedoch wurde aus den bescheidenen Anfängen der heutige Sozialstaat, der etwa ein Drittel des Bruttosozialprodukts umverteilt.

Ausgelöst und in Gang gehalten wurde der Prozeß der Ausweitung der sozialen Sicherung auf neue Gruppen und andere Risiken durch verschiedene Faktoren, die auch die ökonomische und gesellschaftliche Dynamik bestimmten. An erster Stelle ist hier die steigende Arbeitsproduktivität in der Industrie zu nennen. Die produzierte Menge pro Arbeitsstunde stieg mit dem technischen Fortschritt, der sich in verbesserten Produktionsanlagen niederschlägt, in bis dahin ungeahntem Ausmaß an. Obwohl die Bevölkerungsentwicklung sich in dieser Phase bei sinkender Geburtenrate, aber steigender Lebenserwartung nur langsam stabilisierte, stieg das Sozialprodukt pro Kopf und damit der für Sozialleistungen verfügbare Verteilungsspielraum langsam aber merklich an.

Der steigende Organisationsgrad der Arbeiterschaft in den Gewerkschaften verlieh ihren Lohnverhandlungen und anderen Aktivitäten Nachdruck und ließ die Arbeiterklasse – wenn auch begrenzt – an dem wachsenden Volkseinkommen teilhaben. Dieses Stadium der sozioökonomischen Entwicklung wird von Ökonomen als *intensive Phase* der Industrialisierung der *extensiven Phase* des Frühkapitalismus gegenübergestellt. Ein weiteres Kennzeichen dieser Entwicklungsstufe, des Hochkapitalismus, war die weitere Polarisierung der Klassengesellschaft bei ersten Ansätzen zu einer gewissen Differenzierung oder Schichtung, d.h. einer sozialen Aufgliederung auch innerhalb der Arbeitnehmerschaft in die Gruppe der ungelernten Arbeiter, der Facharbeiter, Angestellten und Beamten mit entsprechenden Lohn- und Lebenslageunterschieden.

Die zunehmende Konzentration des Kapitals, Unternehmenswachstum und Fusionen führten zu einer zunehmenden Vermachtung der Märkte; die Interventionen des Staates in den Wirtschaftsablauf nahmen zu, Kartellabsprachen waren weitgehend geduldet.

Diese Rahmenbedingungen leiteten natürlich die Sozialpolitik dieser Zeit, eröffneten ihr neue Möglichkeiten und versperrten ihr andere. Umgekehrt wirkten aber die sozialpolitischen Maßnahmen auf das gesellschaftliche, ökonomische und politische System zurück und veränderten es. Durch die Einbeziehung anderer Gruppen in das Sozialversicherungssystem wurde dieses zunehmend zur gesellschaftlichen Basissicherung, die sich an den Durchschnittsrisiken aller Bürger orientiert. Nach den Industriearbeitern und Handwerksgesellen wurden zu Beginn des 20. Jahrhunderts die Angestellten (mit Sonderstatus) und die Landarbeiter und schließlich auch die selbständigen Handwerker mit einbezogen. In der Bundesrepublik schritt dieser Prozeß voran mit der sozialen Alterssicherung der Landwirte und Freiberufler auf freiwilliger oder Pflichtversicherungsbasis und der Abschaffung der Versicherungspflichtgrenze für Angestellte in der gesetzlichen Rentenversicherung.

Nicht nur der Kreis der einbezogenen Gruppen und Personen wuchs ständig, auch die Zahl der abgedeckten Risiken und vor allem die Leistungen erhöhten sich. Einen genauen Überblick über die Entstehung der neuen Institutionen der sozialen Sicherheit vermittelt hier die Zeittafel im Anschluß an dieses Kapitel.

Erwähnt seien an dieser Stelle die Jugendhilfe (1922/1961), die Fürsorge oder Sozialhilfe (1924/1961), die Arbeitsvermittlung, Arbeitslosenversicherung und Arbeitsförderung (1927/1969), die Vermögensbildung (1961), die Ausbildungsförderung (1971) und die soziale Pflegeversicherung (1994). Hinzu traten Institutionen, um die Folgen zweier Weltkriege durch eine staatliche Versorgung der Kriegsopfer und Flüchtlinge zu lindern.

In diesem kurzen geschichtlichen Rückblick konnten nur die wesentlichen Entwicklungsstränge dargestellt werden. Keineswegs darf man sich den Gang der Ereignisse so kontinuierlich vorstellen, wie die Darstellung vermuten lassen könnte. Kriege, Wirtschaftskrisen und nicht zuletzt politische Veränderungen führten zu Rückschlägen und Neuanfängen. Vor allem ist die Bedeutung der Demokratie für die Sozialordnung einer Gesellschaft zu betonen, wie die Erfahrungen im Dritten Reich und auch in der DDR gezeigt haben. Totalitäre Systeme schränken vor allem die Rechte der organisierten Arbeitnehmer ein, um auch hier oppositionelle Bewegungen zu verhindern.

Eine neue qualitative Dimension gewann die Sozialordnung durch die radikalen Veränderungen des Verhältnisses von Kapital und Arbeit auf dem Arbeitsmarkt und in den Unternehmen – eine Veränderung, die von den Arbeitern und ihren Gewerkschaften den Arbeitgebern in zähen Kämpfen schrittweise abgerungen wurde. Die historische Entwicklung dieses Bereichs der Sozialordnung ist noch in kurzen Zügen nachzuzeichnen, eröffnete sich hier doch eine Chance, die Machtverhältnisse im ökonomischen Bereich durch den Aufbau einer Gegenmacht zu verändern.

Parallel zu den schon erwähnten Ansätzen einer parteipolitischen Organisierung der Arbeiter wurden ab 1868/69 nach Aufhebung des Koalitionsverbots auch auf breiterer Basis Gewerkschaften gegründet. Eine einheitliche Gewerkschaftsbewegung kam zunächst noch nicht zustande. Neben den liberalen – Arbeitskämpfe ablehnenden – Hirsch-Dunckerschen Gewerkvereinen gab es auch im sozialistischen Lager bis 1875 zwei Flügel (Lassalleaner/Eisenacher), von denen nur die Eisenacher (Bebel und Liebknecht) eine starke und unabhängige Gewerkschaftsbewegung befürworteten und ansatzweise organisierten. Der wachsende Einfluß organisierter Arbeitermacht, der durch ein Anwachsen der Zahl der Streiks in der Gründerkrise des Deutschen Reiches (Wirtschaftskrise nach 1873) deutlich wurde, erfuhr durch das Sozialistengesetz eine recht erhebliche Einschränkung, so daß der eigentliche Aufschwung der Gewerkschaftsbewegung in Deutschland erst in den neunziger Jahren und zu Beginn dieses Jahrhunderts stattfand. Die Mitgliederzahl der Gewerkschaften und damit der Organisationsgrad der Arbeiter stieg von 300 000 im Jahre 1892 über 600 000 im Jahre 1899 auf 2,5 Millionen im Jahre 1913. Hierzu trugen sicher auch die Arbeitslosenkassen bei, mit der viele Gewerkschaften arbeitslos gewordene Mitglieder unterstützten.

Neben den freien (sozialistischen) Gewerkschaften, die sich 1892 durch Zentralverbände (nach Berufsgruppen) und eine Generalkommission ihrer Zersplitterung entledigten, und den Hirsch-Dunckerschen Gewerkvereinen bildeten sich 1894 als dritte Gruppe die christlichen Gewerkschaften. Die überragende Stellung der freien Gewerkschaften, die in engster Verbindung zur Sozialdemokratischen Partei standen, konnte durch diese vergleichsweise mitgliederschwachen und Arbeitskämpfen abgeneigten Gruppierungen kaum geschmälert werden. Daneben existierten noch »gelbe« Wahlvereine, wirtschaftsfriedliche beziehungsweise nationalistische Gruppierungen, die zum Teil seitens der Unternehmer gegründet und unterstützt wurden. Diese Gruppen vertraten dementsprechend auch keine gewerkschaftlichen Forderungen, sondern traten vielfach sogar als Streikbrecherorganisationen in Erscheinung.

Nach anfänglichem – ideologisch begründetem – Widerstand gegen tarifpolitische Lösungen, also Absprachen über Lohn- und Arbeitsbedingungen mit der Unternehmerseite, setzte sich nach 1900 eine pragmatische Linie durch, und die Zahl der Tarifabschlüsse stieg immens an. Damit hatte sich die Arbeitsmarktstruktur entscheidend umgebildet: Das ursprüngliche Nachfragemonopol der Unternehmer, begründet auf dem Abschlußzwang der Arbeitssuchenden und dem freien individuellen Arbeitsvertrag, wurde durch Arbeitergegenmacht zunehmend ausgeglichen.

Parallel zu dieser Veränderung der Arbeitsmarktbedingungen läßt sich auch ein allmählicher Wandel der Betriebs- und Unternehmensverfassung ausmachen, der nur ungenügend durch die gesetzliche Entwicklung in diesem Sektor wiedergegeben wird. Mit der Novelle zur Gewerbeordnung von 1891 wurden Arbeiterausschüsse in den Betrieben eingerichtet und Rahmenbedingungen für Arbeitsordnungen vorgegeben. Doch erst das Hilfsdienstgesetz von 1916 führte unter dem Druck der Verhältnisse im Ersten Weltkrieg obligatorische, paritätisch besetzte Betriebsausschüsse bei gleichzeitiger Anerkennung der gewerkschaftlichen Organisation in den Betrieben ein. Waren diese Aktivitäten auch untaugliche Mittel einer Integration der Arbeiter in den Betrieb, da von einer wirklichen Mitbestimmung nicht die Rede sein konnte, so zeigten diese Zugeständnisse doch die allgemeine Verunsicherung über den wachsenden Organisationsgrad der Industriearbeiter.

Der entscheidende Schritt wurde erst unter den veränderten politischen Vorzeichen der Weimarer Republik mit dem Betriebsrätegesetz von 1920 getan, in dem die Arbeitnehmer durch einen frei gewählten Betriebsrat wichtige Mitwirkungsrechte, wenn auch keine Mitbestimmungsrechte, in sozialen und personellen Fragen der Unternehmenspolitik erhielten. Mit der Tarifvertragsordnung von 1918, die Tarifabschlüsse als Mindeststandard individueller Arbeitsverträge sanktionierte, der Weimarer Reichsverfassung von 1919, in der Koalitions- und Tarifrecht verankert wurden, und dem Gesetz über Arbeitsvermittlung und Arbeitslosenversicherung von 1927 wurden auch auf dem Arbeitsmarkt wichtige gewerkschaftliche Forderungen erfüllt. Die erkämpfte Tarifautonomie wurde durch die immer häufiger auch von den Gewerkschaften beanspruchte staatliche (Zwangs-)Schlichtung ausgehöhlt. Nicht zuletzt diese Erfahrungen der Überforderung des Staates bei der Regulierung der Arbeitsmarktbedingungen ebneten den Weg zu einer wirklichen Verbandsautonomie im Tarifvertragswesen der Bundesrepublik Deutschland.

Neben dem Zerfall der politischen Mitte und dem Erstarken links- und rechtsextremer Parteien war es die Weltwirtschaftskrise nach 1929, an der die Weimarer Republik zerbrach. Aus heutiger Sicht wurden dabei gerade bei der Arbeitsmarkt- und Sozialversicherungspolitik gravierende Fehler gemacht, die zur Tiefe der Depression entscheidend beitrugen. Beschäftigungsrelevante Staatsausgaben wurden beschnitten, aktive Beschäftigungsprogramme blieben in der Schublade, die Leistungen der gerade erst neu konzipierten Arbeitslosenversicherung wurden drastisch gekürzt und damit die Massenkaufkraft nachhaltig reduziert. Auch wenn man die außenpolitischen Zwänge (Reparationsforderungen) bedenkt, konnte die eingeleitete Deflationspolitik zur Erwirtschaftung von Handelsüberschüssen nur zu einem Desaster führen.

Das Ruder wurde nur halbherzig und verspätet umgelegt, so daß die Nationalsozialisten davon politisch profitieren konnten. Durch massive Beschäftigungsprogramme (vor allem in Rüstung und Straßenbau) gelang dem Nazi-Regime ein schneller Abbau der über 5 Mio. Arbeitslosen. Das System sozialer Sicherung wurde in seiner Gliederung und Struktur beibehalten, die Selbstverwaltung allerdings durch das Führerprinzip ersetzt. Durch ein weitgehendes Einfrieren der Sozialleistungen gelang es, die Konsolidierung fortzusetzen. Die freigesetzten Mittel bei steigenden Beitragseinnahmen infolge des Rückgangs der Arbeitslosigkeit wurden in die Aufrüstung gesteckt.

Die Folgen des Nazi-Regimes für die von der Arbeiterschaft errungenen Fortschritte bei der Neutralisierung der ökonomisch fundierten Macht der Kapitaleigner waren verheerend: Zerschlagung der organisierten Arbeiterschaft, Auflösung der freien Gewerkschaften, Ablösung der frei gewählten Betriebsräte, Lohndiktat durch den nationalsozialistischen Staat und Organisierung und Militarisierung der Betriebe und Verwaltungen nach dem Führerprinzip.

2.4 Die Entwicklung zum Sozialstaat Bundesrepublik Deutschland

Die Wiederaufbauphase nach dem Zweiten Weltkrieg wurde auch zur entscheidenden Orientierungsphase der bundesdeutschen Sozialpolitik, die bis heute die Sozialordnung prägt. Dominierten Wieder- oder Neuaufbau, Restauration oder Reform in dieser Zeit? Wohin führten die damals gestellten Weichen? Sind grundsätzliche Kurskorrekturen notwendig und durchführbar? Die Antwort auf diese Fragen nach einer generellen Einschätzung und Beurteilung unserer Sozialordnung und ihrer Perspektive werden je nach gesellschaftlichem Vorverständnis unterschiedlich ausfallen. Wir wollen aus unserer Sicht eine knappe Einschätzung der bisherigen Entwicklung vornehmen. Dabei sind verschiedene Stränge der sozial- und wirtschaftspolitischen Entwicklung zu unterscheiden.

Zunächst und vor allem erzwang die Notlage breiter Bevölkerungsschichten als Folge des Zweiten Weltkriegs und der Vertreibung aus den Ostgebieten eine pragmatische und an den begrenzten materiellen Möglichkeiten ausgerichtete Politik des sozialen Ausgleichs dieser Belastung. Der Sozialpolitik der ersten Phase ist sicher zu bescheinigen, diese ihre vordringlichste Aufgabe (Kriegsopferversorgung, Lastenausgleich) nach Maßgabe des Möglichen erfüllt zu haben.

Richtungsweisend für die Entwicklung der Sozialordnung mußte sich vor allem die Entscheidung für die *Wirtschaftsordnung der »sozialen Marktwirtschaft«* auswirken, die nach anfänglichen eher sozialistischen Leitvorstellungen in den großen Parteien – CDU und SPD – von der CDU-Regierung seit der Währungsreform von 1949 endgültig angestrebt wurde.

Während der Begriff »Marktwirtschaft« in seiner Bedeutung trotz erheblicher Unterschiede in den praktischen Ausprägungen theoretisch recht eindeutig zu fassen ist (gemeint ist ein ökonomisches System, in dem die Güter, Dienstleistungen und Produktionsfaktoren über Wettbewerbsmärkte gesteuert werden), läßt das Adjektiv »sozial« in dieser Verbindung mehr Fragen offen als es beantwortet. Gemeint kann einmal sein, daß die Marktwirtschaft als solche sozial ist, da sie den liberalen Thesen zufolge eine gute Güterversorgung, eine leistungsgerechte Einkommensverteilung und eine Bindung der Produzenten an die Bedarfsentscheidungen der Konsumenten – daher eine soziale Ausrichtung der Produktion – hervorbringt. Zum anderen kann auch gemeint sein, daß in der Marktwirtschaft bestimmte Bedürfnisse systematisch vernachlässigt werden und bestimmte Risiken unvermeidlich sind, so daß als Ergänzung und zur Milderung der einseitigen Ergebnisse einer Konkurrenzwirtschaft ein sozialer Ausgleich zu schaffen ist.

Das Ordnungsmodell »Soziale Marktwirtschaft« stellt nach der Intention des Schöpfers dieses Begriffs – Alfred Müller-Armack – einen dritten Weg zwischen reiner kapitalistischer Marktwirtschaft und Sozialismus dar. Im Mittelpunkt der ordnungspolitischen Gestaltungsaufgabe steht die Wirtschaftsordnung. Die Sozialordnung – so notwendig der soziale Ausgleich und die Abdeckung der Lebensrisiken auch ist – ist an die marktwirtschaftliche Ordnung anzupassen. Als Voraussetzung für eine erfolgreiche Sozialpolitik gilt eine stringente Wirtschaftsordnungspolitik.

Die Entscheidung für die Wirtschaftsordnung der »Sozialen Marktwirtschaft« erwuchs ordoliberalem und neuliberalem Gedankengut und ist mit den Namen *Walter Eucken, Wilhelm Röpke, Alexander Rüstow, Alfred Müller-Armack* und *Ludwig Erhard* verknüpft. Ihre Erwartungen, mit diesem Ordnungsmodell ein System materieller Anreize geschaffen zu haben, das ein hohes Maß an Effizienz und Produktivität garantiert, gingen weitgehend in Erfüllung. Wir sprechen noch heute zur Charakterisierung dieses ungeheuren wirtschaftlichen Aufschwungs in den fünfziger Jahren von der *Phase des »deutschen Wirtschaftswunders«*. In dieser Periode der sozialökonomischen Entwicklung beschränkte der Staat seine Aktivitäten vor allem auf ordnungspolitischen Schutz der Wettbewerbsordnung vor immanenten Selbstzerstörungstendenzen durch Kartelle und marktbeherrschende Unternehmen und auf wachstumspolitische Anreize zur Kapitalbildung und Selbstfinanzierung von Investitionen.

Zu dieser Erneuerung marktwirtschaftlich-kapitalistischer Verhältnisse in der Bundesrepublik paßte ohne Zweifel die Weiterführung und Erneuerung der tragenden Stützen der Sozialordnung, des schon im Kaiserreich begründeten und in der Folgezeit ausgebauten Systems der sozialen Sicherheit.

Die Erneuerung des Systems ging im Gleichklang mit der ökonomischen Entwicklung schnell vonstatten. Da es die sich bessernden wirtschaftlichen Verhältnisse bald gestatteten, konnte auch frühzeitig an einen Ausbau des Systems gedacht werden, wobei sich aber die in der Wissenschaft *(Mackenroth, Auerbach, Achinger)* genährten Hoffnungen auf eine rationale Neukonzeption in Form eines umfassenden *Sozialplans für Deutschland* nicht erfüllten.

Es waren vor allem zwei Innovationen, die zukunftsweisend wirkten. Die eine bedeutsame Neuerung, die wir mit dem Stichwort *»Dynamisierung der Einkommensersatzleistungen«* charakterisieren wollen, wird zum ersten Mal bei der Reform der Rentenversicherung im Jahre 1957 eingeführt. Die automatische Anpassung der Renten an die allgemeine Lohn- und Gehaltsentwicklung unter Zugrundelegung einer mathematischen Anpassungsformel (Rentenformel) läßt auch die Rentner am materiellen Fortschritt eines wachsenden Sozialprodukts pro Kopf teilhaben. Dieser Markstein sozialpolitischer Entwicklung wird nicht nur richtungsweisend für den weiteren Ausbau des gesamten sozialen Sicherungssystems der Bundesrepublik Deutschland, sondern eröffnet auch international neue Perspektiven, wie eine soziale Sicherungspolitik wachsenden materiellen Wohlstand auf alle Gruppen der Gesellschaft verteilen kann.

Hatten die Sozialleistungen bis dahin eine ergänzende Funktion, so daß weitere Einkommensquellen notwendig waren, um vor allem die Altersarmut abzuwenden, so wurde mit der Rentenreform von 1957 eine zweite sozialpolitische Innovation eingeführt: Die Sozialrenten wurden auf ein Niveau gehoben, das den Lebensstandard im Alter für langjährig beschäftigte Arbeitnehmer und ihre Ehepartner sichern sollte.

Neben diesen Neuerungen waren es vor allem neue gesellschaftliche Zielvorgaben, die – allerdings erst in einer späteren Phase – die weitere Entwicklung der Sozialpolitik bestimmten. Daß gerade die Bereiche Jugend, Familie und Arbeitsmarkt besondere Aufmerksamkeit auf sich zogen, lag daran, daß hier strukturelle Schwachstellen marktwirtschaftlicher Systeme vorlagen, Disproportionalitäten, die sich systematisch ausbildeten, vertieften und einen zunehmenden Problemdruck im Sozialstaat erzeugten.

Die Einführung des marktwirtschaftlichen Systems in der ersten Phase der Bundesrepublik führte fast zwangsläufig, da politische Korrekturen ausblieben, zu einer weiteren Differenzierung und Verfestigung der ungleichen Einkommens- und Vermögensverteilung. Auch der Zugang zu den Bildungseinrichtungen und damit die Qualifizierung für berufliche Positionen mit höherem Einkommen und besserem sozialen Status war bis Ende der sechziger Jahre faktisch den Angehörigen der mittleren und oberen Schichten in der Bundesrepublik vorbehalten, da die materielle Absicherung während des Studiums und die individuellen Kosten beruflicher Bildung die ökonomischen Möglichkeiten vor allem der Arbeiterschicht bei weitem übertrafen, von den sozialen und kulturellen Barrieren, deren Abbau sich noch als weit schwieriger erweist, einmal ganz abgesehen. Die Absicht, hier mehr gesellschaftliche Chancengleichheit zu verwirklichen und die festgestellten Lebenslagedefizite unterprivilegierter Schichten auszugleichen, fand breite gesellschaftliche Zustimmung.

Weiter als diese positiven Neuansätze staatlicher Sozialpolitik, die nach Anfangserfolgen und dann zunehmenden Widerständen immer zögerlicher vorangetrieben wurden, reichten die Veränderungen, die das Verhältnis von Kapital und Arbeit in der Entstehungsphase der Bundesrepublik erfuhr. Es handelte sich dabei um einen echten Neubeginn, als mit den Institutionen der Tarifautonomie (Tarifvertragsgesetz von 1949) und der betrieblichen Mitbestimmung (Betriebsverfassungsgesetz von 1952, Betriebsratskonzept) die Errungenschaften der Weimarer Republik nicht nur übernommen, sondern zugunsten der Arbeitnehmer und der Gewerkschaften erheblich verbessert wurden. Eine neue qualitative Dimension gewann dieses Verhältnis durch die Einrichtung der paritätischen Mitbestimmung der Arbeitnehmervertreter auf Unternehmensebene (Montanmitbestimmung von 1951).

Allerdings wurde die Gleichberechtigung von Arbeit und Kapital bei Unternehmensentscheidungen nur im Montanbereich (Kohle/Stahl) verankert – und auch hier nur auf massiven Druck der Gewerkschaften, während das Betriebsverfassungsgesetz ein Jahr später für alle übrigen Branchen nur eine Ein-Drittel-Beteiligung der Arbeitnehmervertreter im Aufsichtsrat vorsah. Dieser aus gewerkschaftlicher Sicht gesellschaftspolitische Rückschritt läßt sich aus der fortschreitenden Identifizierung der Bundesregierung Konrad Adenauers und der sie tragenden Parteien mit den Grundprinzipien der marktwirtschaftlichen Ordnung und der Garantie der Unternehmerautonomie deuten. Trotz oder gerade wegen dieses Rückschlags auf dem Weg zur vollen Parität blieb das Thema gleichberechtigter Arbeitnehmermitbestimmung aktuell. Nachdem mit dem Mitbestimmungsgesetz von 1976 weitere

Fortschritte aus der Sicht der Gewerkschaften erzielt werden konnten, hat sich die Diskussion trotz noch unerfüllter Forderungen stark beruhigt.

Lange Zeit galt die Tarifautonomie und die darauf aufbauende Tarifpolitik der Arbeitsmarktverbände als eine der erfolgreichsten Institutionen überhaupt. Die nach dem Industrieprinzip organisierten, weltanschaulich nicht gebundenen (Einheitsgewerkschaft) Gewerkschaften handeln mit ihrem Gegenpart auf dem Arbeitsmarkt, den Arbeitgeberverbänden, Lohn- und Arbeitsbedingungen verbindlich aus. Der relativ sparsame Einsatz von Arbeitskampfmitteln wie Streik und Aussperrung und die insgesamt eher maßvolle Lohnpolitik der Gewerkschaften seit Bestehen der Bundesrepublik haben die Institutionen der Tarifautonomie lange vor Krisen bewahrt. Doch diese Zeit ist Mitte der 90er Jahre vorbei und die Konflikte um die bewährte Institution des Flächentarifvertrags nehmen zu.

2.5 Die Sozialpolitik in der DDR

Infolge der deutschen Teilung nahm die Entwicklung in Ostdeutschland eine andere Richtung als im Westen. Nach der kommunistischen Idee war Sozialpolitik der Versuch zur Stabilisierung des kapitalistischen Systems durch minimale Arbeitsschutz- und Sozialleistungen. In der entwickelten sozialistischen Wirtschaft glaubte man auf ein Instrument verzichten zu können, das zur Kompensation von Schäden und zur Kontrolle der Arbeiter dienen sollte. Die geplante Wirtschaft sollte präventiv Schäden verhindern. Für eine Übergangszeit galt eine sozialistische Sozialpolitik jedoch als unverzichtbar. So erhielt die Sozialpolitik in der DDR alle Merkmale eines planwirtschaftlichen Systems. Im Mittelpunkt standen nicht die direkten Einkommensübertragungen z.B. an Rentner oder kranke Arbeitnehmer, sondern hohe Preissubventionen für Güter des Grundbedarfs wie Nahrungsmittel, Wohnung, Gesundheitsgüter, Verkehrsmittel. Die staatlichen Höchstpreisverordnungen, die diese Güter für die Verbraucher äußerst billig machen, führen in marktwirtschaftlichen Systemen zu Angebotsverknappungen, Versorgungsengpässen und in der Folge zu schwarzen Märkten. Durch direkte staatliche Produktion oder Subventionierung verbliebener privater Anbieter wird dieser Engpaß planwirtschaftlich überwunden. In der Praxis zeigten sich jedoch erhebliche Umsetzungsprobleme. Niedrigpreise führten zu steigender Nachfrage und z.T. Verschwendung. Diese ineffiziente Allokation vergeudet Ressourcen und führt dazu, daß die Versorgung in Qualität und Quantität erhebliche Mängel aufweist. Es wurde jahrelang von der Substanz gelebt, notwendige Reinvestitionen etwa im Wohnungsbau oder bei den Verkehrswegen unterblieben. Preissubventionen sind zudem eine teure Form der Sozialpolitik mit der Gießkanne. Alle Bürger – auch die besserverdienenden – werden subventioniert.

Neben dieser indirekten Form sozialpolitisch motivierter Eingriffe existierte auch in der DDR eine Sozialversicherung mit zwei Versicherungsträgern. Alle Arbeiter und Angestellten (über 90 % der Bevölkerung) waren unter der Trägerschaft des Freien Deutschen Gewerkschaftsbundes (FDGB) in einer Einheitsversicherung erfaßt. Auch der zweite Träger – die staatliche Versicherung der DDR –, die Freiberufliche, Selbständige und sonstige Gruppen pflichtversicherte, war nach dem Prinzip der Einheitsversicherung organisiert, die Unfall-, Kranken- und Rentenversicherung umfaßte, die aus einem gemeinsamen Finanzierungstopf unterhalten wurden. Beiträge zu freiwilligen Zusatzrenten wurden von 80 % der Berechtigten entrichtet.

Gespeist wurde dieser Topf nach dem Umlageverfahren aus relativ niedrigen Beiträgen von Arbeitnehmern und Betrieben (10 % bzw. 12,5 % der Lohnsumme) und einem erheblichen Staatszuschuß von zuletzt 45 %. Die niedrige Beitragsbemessungsgrenze lag bei 600.– DM (1988). Entsprechend niedrig waren die Lohnersatzleistungen. Die Durchschnittsrenten erreichten mit 382.– Ostmarkt für Altersruhe und 404.– Ostmark für Invalidität (1989) nur ca. 35 % der Durchschnittsnettoeinkommen der Aktiven. Selbst die Höchstrente von 510.– Mark erreichte gerade einmal 50 %. Da die Spannweite zwischen der Höchst- und Mindestrente in der DDR sehr gering war, ist ein direkter Vergleich mit den bundesdeutschen Rentenleistungen, die je nach Beitragsvorleistungen erhebliche Abweichungen von den Durchschnittswerten zulassen, nicht möglich. Als Orientierung kann hier das Nettorentenniveau des Durchschnittsverdieners verwendet werden, der nach 45 Beitragsjahren ca. 70 % seines Nettoeinkommens erreicht (vgl. Kapitel 7.31). Eine jährliche Dynamisierung der Renten fand in der DDR nicht statt. Erhöhungen wurden allerdings alle 3-5 Jahre vorgenommen (Vortmann 1988). Für bestimmte Gruppen (u.a. Mediziner, Pädagogen) existierten Zusatzversorgungseinrichtungen zur Aufbesserung der späteren Renten.

Im Krankheitsfall standen den Bürgern medizinische Sach- und Dienstleistungen ohne Selbstbeteiligung zur Verfügung. Die Kosten trugen die beiden Sozialversicherungen. Krankengeld wurde an Arbeitnehmer längstens 78 Wochen gezahlt. In den ersten 6 Wochen erreichte es 90 % des Nettoverdienstes, danach sank es in Abhängigkeit von der Zahl der Kinder bis auf 65 % ab. War der Arbeitsausfall durch Unfall verursacht, betrug die Transferleistung 100 %.

Die größten Anstrengungen in der Sozialpolitik wurden auf dem Gebiete der Mutterschafts- und Familienleistungen unternommen, wobei das eigentliche Ziel in der möglichst vollständigen Mobilisierung der Erwerbsarbeit der Frau zu sehen ist.

So existierte neben einem Schwangerschafts- und Nach-Entbindungsurlaub von insgesamt 26 Wochen (Transferleistung 100 % des Nettoverdienstes) eine ein- bis anderthalbjährige Kinderfreistellungsmöglichkeit (Transferleistung entsprach dem Krankengeld nach der 6. Woche). Ein flächendeckendes Angebot von Kinderbetreuungseinrichtungen erleichterte die Vereinbarkeit von Erwerbs- und Familienarbeit. Kindergeld von 50 bis 150 Mark, gestaffelt nach der Zahl der Kinder, Mietbeihilfen und weitere familienorientierte Zuwendungen waren Maßnahmen des Familienlastenausgleichs, der hinter dem bundesrepublikanischen keineswegs zurückstand.

In das Netz der Sozialfürsorge, deren Leistungen noch etwas unterhalb der Renten lagen, fielen nur sehr wenige Bedürftige, deren Erwerbsfähigkeit stark gemindert war und die keine anderweitigen Rentenansprüche hatten. Es wurden große Anstrengungen gemacht, auch Personen, deren Leistung erheblich gemindert war, einen Arbeitsplatz zu verschaffen. So konnten die Betriebe zu Einstellungen verpflichtet werden.

2.6 Sozialunion und Aufbau Ost

Mit dem Staatsvertrag vom 1.7.1990 über die Schaffung einer Währungs-, Wirtschafts- und Sozialunion zwischen der Bundesrepublik Deutschland und der DDR wurde auch die zukünftige gesamtdeutsche Sozialordnung bestimmt. Die Sozialunion führte in allen wesentlichen Strukturelementen zu einer Übernahme der bundesdeutschen Arbeitsrechtsordnung (Artikel 17 Staatsvertrag) und des Systems der Sozialen Sicherung (Art. 18ff.) in den neuen Bundesländern. Das Nettorentenniveau in der DDR wurde nach Artikel 20 des Staatsvertrages so festgesetzt, daß ein Rentner mit 45 Versicherungsjahren und einem durchschnittlichen Verdienst über die Jahre hinweg 70 Prozent des durchschnittlichen Nettoverdienstes in der DDR erhält. Die bundesdeutsche Rentenformel wurde auch in der DDR eingeführt. Eine Besitzstandsgarantie sorgt dafür, daß mindestens die bisherige Rente auch in DM ausgezahlt wird.

Staatsvertrag BR Deutschland – DDR (1990)

Währungsunion	**Wirtschaftsunion**	**Sozialunion**
DM als Währung	Die DDR legt die Grundlagen für die Einführung der sozialen Marktwirtschaft	Übernahme des bundesdeutschen Sozialversicherungssystems im Gebiet der DDR
Deutsche Bundesbank einzige zentrale Notenbank	Privateigentum	Übernahme der bundesdeutschen Sozialhilferegelung
Währungsumtauschregelung	Wettbewerbsfreiheit	Tarifautonomie, Koalitionsfreiheit und Streikrecht nach bundesdeutschem Vorbild
	Gewerbefreiheit	Mitbestimmung, Betriebsverfassung und Kündigungsschutz nach bundesdeutschem Vorbild
	Freier Verkehr von Waren, Kapital und Arbeitskräften	

Auf wichtige Besonderheiten der Sozialordnung in den neuen Ländern werden wir bei der Darstellung der einzelnen Institutionen (Arbeitsbeziehungen, Arbeitsmarkt, Rentenversicherung) noch genauer eingehen. An dieser Stelle soll ein allgemeiner Überblick über die Entwicklung wichtiger Sozialindikatoren gegeben werden, dem eine kurze Einschätzung der weiteren Entwicklung folgen soll.

Ökonomische Indikatoren: Die wirtschaftliche Entwicklung in den neuen Bundesländern zeigt einerseits große Fortschritte, weist andererseits erhebliche Defizite aus. Grundlage des Wachstums sind Investitionen.

Investitionen in den neuen Bundesländern

Jahr	**Bruttoinvestitionen in Ostdeutschland** in Milliarden DM	**Investitionsquote in Ostdeutschland**	**Investitionsquote Gesamtdeutschland**
1991	67	37 %	21,4 %[1]
1992	110	56 %	23 %
1993	120	57 %	21,5 %
1994	135	60 %	22,5 %

[1] Investitionsquote Westdeutschland
Quellen: Monatsberichte der deutschen Bundesbank, Wirtschaftsbulletin der Hans-Böckler-Stiftung

Die Investitionsquote Ost stieg bis auf 60 Prozent. Das ist ein sonst nie erreichter internationaler Spitzenwert. Allerdings ging ein Großteil in die Bauinvestitionen, die von 1991 bis 1995 von jährlich 50 auf 120 Milliarden DM stiegen. Insgesamt stieg die Investitionsquote in Gesamtdeutschland aufgrund der schlechten Konjunktur trotz des Aufbaus Ost nur um ca. 1,5 Prozent. Der Bau war damit die Wachstumslokomotive der ersten Jahre für den Osten, die die anderen Branchen nachzog. Insgesamt stieg die industrielle Nettoproduktion um 50 Prozent und die Wertschöpfung der Dienstleistungsbetriebe um 60 Prozent, allerdings beide von einem sehr niedrigen Ausgangsniveau beginnend.

Ost-West-Vergleich: Ausgewählte Wirtschaftsindikatoren

	1991	**1994**	**1996**
Bruttoinlandsprodukt pro Kopf (Alte Bundesländer = 100)	31,4	55,5	54,3
Nettolohn und – Gehaltssumme je Beschäftigten (Alte BL = 100)	54,8	78,5	84,8
Investitionen (Alte BL = 100)	65,5	144,6	156,5
Produktivität (Bruttoinlandsprodukt je Erwerbstätigenstunde) (Alte BL = 100)	32,4	50,3	53,2

Quellen: Institut der Deutschen Wirtschaft, Zahlen zur wirtschaftlichen Entwicklung der Bundesrepublik Deutschland 1997, Tabelle 137.

Der Rückgang der Bautätigkeit in 1996 schlug voll auf die Wachstumsrate des BIP durch, die 1996 nur 2 % (1994 noch 10 %) erreichte. Hier wirken sich die erheblichen sektoralen Defizite aus.

Wertschöpfungsanteil wichtiger Sektoren in % des BIP-West bzw. BIP-Ost

Sektor	**West**	**Ost**
verarbeitendes Gewerbe	26	14
Dienstleistungsunternehmen	37	30
Bau	6	15

Quelle: Informationsdienst des Instituts der deutschen Wirtschaft, 23. Jg., 10/1997.

Der Wertschöpfungsanteil des verarbeitenden Gewerbes ist völlig ungenügend und Zeichen einer Deindustrialisierung im Osten, während die Defizite bei den Diensten bald geschlossen werden können. Damit aus dieser Wachtumspause keine Stagnation wird, muß die Reindustrialisierung des Ostens weiter mit erheblichen Transfers aus dem Westen subventioniert werden.

In der Anfangsphase war ein ungleichmäßiges Wachstum (unbalanced growth) mit dem Einbruch bei den alten Industrien und der Bauwirtschaft als Lokomotive kaum vermeidbar. Um aber zu einem sich selbst tragenden Aufschwung zu kommen, müssen die sektoralen Defizite möglichst zügig abgebaut werden. Die Auswirkungen der Lohnkostenentwicklung auf den ostdeutschen Arbeitsmarkt werden wir im Kapitel 5.2.4. diskutieren. Die Gewinn- oder besser Verlustsituation vieler Unternehmen im Osten und ihre dünne Eigenkapitaldecke erfordern weiter hohe Investitionen aus dem Westen. Soll bis zum Jahre 2008 die Wirtschaftskraft der neuen Länder auf mindestens 80 Prozent der westlichen steigen und damit das *definierte Konvergenzziel* erreicht werden, muß das östliche BIP in etwa die doppelte Wachstumsrate im Vergleich zum westlichen erreichen.

West-Ost-Transfers: Im Jahr 1997 wird die magische Zahl von einer Billion DM an öffentlichen Transfers in den Aufbau Ost geflossen sein. Die Berechnungen des Instituts der deutschen Wirtschaft, die in der Tabelle »West-Ost-Transfers« wiedergegeben sind, führen zu niedrigeren Werten als das Modell der sechs wirtschaftswissenschaftlichen Forschungsinstitute und zu höheren Werten als die Modelle des Sachverständigenrats und der Bundesbank. Die Abweichungen sind sehr beträchtlich (vgl. Deutsche Bundesbank, Monatsbericht 10/1996, 26).

Den Löwenanteil der Last hat der Bund getragen. Die Bundesanstalt für Arbeit war bis einschließlich 1996 mit 243 Milliarden DM beteiligt, während aus den übrigen Sozialversicherungen, vor allem aus der Rentenkasse, weitere knapp 150 Milliarden flossen. Der Grund liegt vor allem im Wechsel älterer Arbeitnehmer aus dem Vorruhestand oder der Arbeitslosigkeit in die Altersrente. Auch europäische Transfers aus der EU sind in erheblichem Umfang geflossen, so daß Deutschland in dieser Zeit unter den Empfängerländern von EU-Strukturförderungsprogrammen an zweiter Stelle lag.

West-Ost-Transfers

Bereiche	**1991**	**1992**	**1993**	**1994**	**1995**	**1996**	**Summe**
Wirtschaft	36,1	44,1	56,1	61,5	38,8	35,4	**272**
Infrastruktur	21,2	21,7	20,6	18,1	26,5	25,9	**134**
Arbeitsmarkt	38,4	44,8	49,5	40,8	38,1	31,4	**243**
Sozialpolitik	16,8	24,0	26,8	32,1	39,5	39,2	**148,4**
Finanzausgleich	35,0	33,9	35,2	34,6	39,0	42,0	**219,7**
Sonstiges	16,9	16,5	19,5	19,9	15,3	13,2	**101,3**
Bruttotransfer	164,4	185,0	207,7	205	197,2	187,1	**1.146,4**
Rückflüsse	33	37	39	43	45	50	**247**
Nettotransfer	131,4	158	168,7	162	152,2	137,1	**899,4**

Quelle: Transferrechnung des Instituts der deutschen Wirtschaft (IW), Informationsdienst des Instituts der deutschen Wirtschaft, 22. Jg., 24/1996.

Der Höhepunkt der West-Ost-Transfers ist schon 1995 überschritten worden. Etwa 30-40 Prozent der Transfers – es existieren unterschiedliche Schätzungen – entfallen auf investive Leistungen, der Rest dient dem konsumtiven Verbrauch. Die investive Komponente sollte möglichst erhöht werden, dies ist aber angesichts der Verpflichtungen aus der Sozialunion nicht durch eine Kürzung der konsumtiven Leistungen zu realisieren. Das ist auch gut so, da angesichts des strukturellen Umbruchs und hoher Arbeitslosigkeit der soziale Frieden nur über Sozialtransfers gesichert werden kann. Auch im nächsten Jahrzehnt werden die Transfers auf einem hohen Niveau verbleiben müssen.

Soziale Ungleichheit: Mit dem Übergang in die Marktwirtschaft war zu erwarten, daß die relativ egalitäre Einkommensverteilung in der DDR sich schnell entsprechend der unterschiedlich vom Markt bewerteten Leistungen ausdifferenzieren würde. In ihrem Bericht über soziale Ungleichheit und Sozialpolitik kommt die wissenschaftliche »Kommission für die Erforschung des sozialen und politischen Wandels in den neuen Bundesländern« zu dem Ergebnis, daß tatsächlich eine stärkere Einkommens-und Lebenslageungleichheit eingetreten ist, Auf- und Abstiegsprozesse zugenommen haben. Während die Vermögensverteilung weitaus differenzierter ist als im Westen, ist im Gegensatz dazu die Armut und Sozialhilfebedürftigkeit noch deutlich unter dem Niveau der alten Länder.

Der Transfer der bundesdeutschen Sozialordnung wirkt sich hier deshalb so positiv aus, weil der weit verbreitete Erwerbstätigenstatus in den neuen Ländern von der Sozialversicherung in Form von auskömmlichen Renten und anderen Lohnersatzleistungen belohnt wird. Ohne die oben dargestellten massiven Transfers für konsumtive Zwecke wären die Disparitäten sicher größer. Angesichts der Unsicherheiten, denen sich viele Menschen seit der Vereinigung ausgesetzt sehen, nimmt es nicht wunder, daß sie in Interviews ihre Lebenslage subjektiv schlechter einschätzen als ihre Landsleute im Westen (Habich/Zapf, 1994). Besonders die Frauen, die sich aus der Erwerbstätigkeit gedrängt fühlen, leiden unter diesem Statusverlust.

Sozialpolitik und Sozialordnung der Bundesrepublik Deutschland in den ersten Jahren geprägt durch: Wiederaufbau der Institutionen der sozialen Sicherheit, des Arbeitsschutzes, Linderung der Kriegsfolgen; Entscheidung für die »soziale Marktwirtschaft« und gegen Sozialisierung; Anknüpfung an die Mitbestimmungs- und Arbeitsmarkttradition der Weimarer Republik.

Die Entwicklung der Sozialpolitik und Sozialordnung in Deutschland

(ab 1945 bis 1990 Bundesrepublik) anhand wichtiger gesetzlicher und anderer institutioneller Regelungen – (Novellierungen der Gesetze werden nur im Falle bedeutender Veränderungen erwähnt)

Jahr	Sozialpolitische Neuerungen
1839	Preußisches Regulativ über die Beschäftigung jugendlicher Arbeiter in Fabriken.
1842	Erste gesetzliche Regelungen zur Armenhilfe in Preußen.
1845/49	Preußische Gewerbeordnung: Öffnung der handwerklichen Versicherung für Arbeiter. Preußische Gewerbeordnung: Koalitionsverbot.
1854	Regulierung gewerblicher Unterstützungskassen.
1869/71	Reichshaftpflichtgesetz (noch verschuldensabhängige Haftung der Unternehmer). Gewerbeordnung Deutsches Reich: Aufhebung des Koalitionsverbots.
1873	Erster bedeutender Tarifvertrag in Deutschland (Druckgewerbe).
1875/76	Gründung des Gesamtverbandes Deutscher Industrieller. Gründung der Sozialistischen Arbeiterpartei Deutschlands (SPD).
1878	Novelle zur Gewerbeordnung: Frauenarbeitsschutz. Sozialistengesetz.
1880-1890	Bismarcksche Sozialversicherungspolitik: 1881 Kaiserliche Botschaft; 1883 Gesetzliche Arbeiterkrankenversicherung; 1884 Unfallversicherung; 1889 Alters- und Invalidenversicherung für Arbeiter. 1890 Aufhebung des Sozialistengesetzes.
1891	Novelle zur Gewerbeordnung: Verbesserung des Schutzes und vor allem der Kontrollen (Gewerbeaufsichtsamt). Novelle zur Gewerbeordnung: Erlaß von Arbeitsordnungen in den Betrieben; fakultative Arbeiterausschüsse. Eigentliche Expansionsphase der Gewerkschaften beginnt.
1903	Kinderarbeitsschutzgesetz. Krankenversicherung für Angestellte (Ersatzkassen).
ab 1905	Starke Zunahme von Tarifabschlüssen (Regelung nach BGB).
1910	Stellenvermittlergesetz (Schutz gegen gewerbsmäßige Stellenvermittlungspraxen).

1911	Sozialversicherung für Angestellte (Sonderstatus). Reichsversicherungsordnung (RVO): Zusammenfassung der Arbeitersozialversicherung in ein Gesetzeswerk.
1916	Hilfsdienstgesetz: Paritätische Betriebsausschüsse, Anerkennung der Gewerkschaften.
1918	Achtstundentag-Verordnung. Tarifvertragsordnung: Tarife als Mindeststandard abgesichert. Verordnung zur Erwerbslosenfürsorge.
1919	Weimarer Reichsverfassung: enthält soziale Rechte wie Koalitions- und Tariffreiheit, Recht auf Arbeit.
1920	Reichsversorgungsgesetz: Kriegsopferentschädigung. Betriebsrätegesetz: Mitwirkungsrechte der Arbeitnehmer im Betrieb über freigewählten Betriebsrat.
1922	Jugendwohlfahrtsgesetz: Recht auf Erziehung und Fürsorge.
1923	Arbeitszeitverordnung, Abbau des Achtstundentages. Reichsknappschaftsgesetz: soziale Sicherung der Bergleute neu geregelt. Schlichtungsverordnung: Möglichkeit staatlicher Zwangsschlichtung von Tarifkämpfen.
1924	Reichsfürsorgeverordnung: Ablösung des Armenwesens durch öffentliche Fürsorge (mit freien Wohlfahrtsverbänden).
1927	Gesetz über Arbeitsvermittlung und Arbeitslosenversicherung.
1930-1933	Abbau von Leistungen der sozialen Sicherung durch Notverordnungen (Weltwirtschaftskrise).
1933/34	Gesetz über den Aufbau der Sozialversicherung (Ersetzung der Selbstverwaltung durch das Führerprinzip). Gründung der Deutschen Arbeitsfront (DAF): Zerschlagung der Gewerkschaften. Gesetz zur Ordnung der nationalen Arbeit: Koalitions- und Streikverbot, Auflösung der Betriebsräte. Sozialpolitik im 3. Reich von 1933 bis 1939: a) Konsolidierung der sozialen Sicherheit auf niedrigem Leistungsniveau bei hohen Beiträgen: Überschüsse zur Rüstungsfinanzierung, b) Abbau der Arbeitslosigkeit, Arbeitsmarktdirigismus (Reichsarbeitsdienst, Militarisierung der Arbeitswelt.
1938	Erweiterter Jugendschutz; Arbeitszeitregelungen für Frauen, Alterssicherung der (selbst.) Handwerker.
1949	Grundgesetz: u. a. mit Sozialstaatsgebot Art. 20 und Koalitionsrecht Art. 9. Tarifvertragsgesetz: Garantie der Tarifautonomie.

1950	Bundesversorgungsgesetz: Kriegsopferversorgung. Erstes Wohnungsbaugesetz (sozialer Wohnungsbau, Sonderabschreibungen).
1951	Kündigungsschutzgesetz. Selbstverwaltungsgesetz (Garantie der Selbstverwaltung in der Sozialversicherung). Montan-Mitbestimmungsgesetz: Paritätische Mitbestimmung im Aufsichtsrat. Kündigungsschutzgesetz.
1952	Mutterschutzgesetz. Lastenausgleichsgesetz: Ausgleich von Kriegs- und Verfolgungsschäden. Betriebsverfassungsgesetz: Betriebsratsmodell, keine Parität der Arbeitnehmer im Aufsichtsrat.
1953	Vertriebenengesetz. Schwerbeschädigtengesetz. Sozialgerichtsgesetz.
1954	Kindergeldgesetz.
1955	Kassenarztrecht. Personalvertretungsgesetz.
1957	Rentenversicherungsreform: Dynamisierung der Renten und Lebensstandardsicherung. Alterssicherung für Landwirte. Gründung der Europäischen Wirtschaftsgemeinschaft.
1959	Sparprämiengesetz.
1960	Jugendarbeitsschutzgesetz.
1961	Bundessozialhilfegesetz: Garantie des Existenzminimums, Bedürftigkeitsprüfung, Bestätigung der freien Wohlfahrtsverbände. Jugendwohlfahrtsgesetz. Erstes Vermögensbildungsgesetz: (312-DM-Gesetz): Arbeitnehmer-Sparförderung durch steuerliche Anreize.
1963	Unfallversicherungsreform. Wohngeldgesetz.
1964/65	Rentenfinanzausgleichsgesetz (Anfänge des Finanzausgleichs zwischen Angestellten- und Arbeiterrentenversicherung). Ratifizierung der Europäischen Sozialcharta durch Gesetz.
1967	Stabilitätsgesetz: Verantwortung der Regierung für wirtschaftspolitische Ziele wie Vollbeschäftigung und Wachstum.
1969	Arbeitsförderungsgesetz (AFG).
1971	Ausbildungsförderungsgesetz (BAFÖG).
1972	Rentenreformgesetz: u. a. flexible Altersgrenze, Öffnung für Jedermann; Betriebsverfassungsgesetz; Bundesanstalt für Arbeitsschutz und Unfallforschung.
1973	Arbeitssicherheitsgesetz.

1974	Schwerbehindertengesetz. Rehabilitationsangleichungsgesetz: Finalprinzip eingeführt. EG-Regionalfond. Gesetz zur Verbesserung der betrieblichen Altersversorgung.
1975	Arbeitsstättenverordnung. Kindergeldgesetz.
1976	Sozialgesetzbuch: Zusammenfassung des Sozialrechts. Mitbestimmungsgesetz: Stärkung des Arbeitnehmereinflusses in den Aufsichtsräten. Ausbildungsplatzförderungsgesetz. Reform des Ehe- und Familienrechts (Versorgungsausgleich). Jugendarbeitsschutzgesetz: Verschärfung der Kontrollen.
1977	Erstes Kostendämpfungsgesetz im Gesundheitswesen.
1979	Mutterschaftsurlaub.
1981	Beratungshilfe und Prozeßkostenhilfe für Einkommensschwache. Vermögensbeteiligungsgesetz, Künstlersozialversicherungsgesetz.
1984	Vorruhestandsgesetz.
1985/86	Erziehungsgeldgesetz; Hinterbliebenenrentenreform: Anrechnung von Kindererziehung bei der Rente. Beschäftigungsförderungsgesetz. Krankenhausfinanzierungsgesetz.
1988	Gesundheitsreformgesetz (GRG): (1.Stufe Gesundheitsreform).
1989	Rentenreformgsetz 1992: Nettoanpassung, Neuverteilung der demographischen Last.
1990	Wirtschafts-, Währungs- und Sozialunion Bundesrepublik – DDR; Kinder- und Jugendhilfe: Neuordnung.
1992	Gesundheitsstrukturgesetz (GSG): 2. Stufe Gesundheitsreform: freie Kassenwahl, Risikostrukturausgleich.
1994	Pflegeversicherungsgesetz: 5. Säule der Sozialversicherung. Arbeitszeitgesetz.
1995	Neuordnung Familienlastenausgleich/Kindergeld.
1996	Lohnfortzahlung/Krankengeld (Kürzung), Kündigungsschutz (Reduzierung). Rentenversicherung: neue Altersgrenzen vorgezogen.
1997	Krankenversicherung-Neuordnung: 3. Stufe Gesundheitsreform. Arbeitsförderungsreformgesetz. Rentenreformgesetz 1999.

Vertiefende Literatur

Grebing 1979, Habich/Zapf 1993, Hentschel 1983, Kromphardt 1980, Lampert 1985, Nolte/Sitte/Wagner 1995, Schmidt 1988, Standfest 1979.

3.
Ideelle Grundlagen der Sozialordnung

3.1 Verfassung und Sozialordnung

Das Grundgesetz der Bundesrepublik Deutschland fordert in Artikel 20, Abs. 1 den Sozialstaat. Damit ist allerdings wenig über die inhaltliche Ausdeutung des Sozialstaatsprinzips gesagt, und die Kontroversen zwischen Staatsrechtlern wie Forsthoff, Abendroth, Ridder, Leibholz und Hartwich zeugen von der Bedeutung, die dieser Frage beigemessen wird. Das Augenmerk gilt dabei folgenden Problemen: Lassen sich überhaupt materielle Sozialrechte aus diesem allgemeinen Verfassungsgebot ableiten? Wie ist das Spannungsverhältnis zwischen dem Rechtsstaatsprinzip (Art. 20, Abs. 3 GG) und dem Sozialstaatsprinzip (vgl. auch Art. 28, Abs. 1 GG) zu beurteilen? Inwieweit erfährt die liberale Rechtsstaatsidee der bürgerlichen Verfassungen des 19. Jahrhunderts mit ihrer Eingrenzung staatlichen Eingriffsrechts und der Garantie gesellschaftspolitisch bedeutsamer Individualrechte wie privates Eigentum und wirtschaftliche Dispositionsfreiheit damit eine Korrektur?

Da es sich hier um weltanschauliche Fragen handelt und das Grundgesetz einen Interpretationsspielraum bietet, wird die Auseinandersetzung weitergehen. Wir müssen uns mit dem Hinweis darauf begnügen und wollen uns hier auf die Frage beschränken, welche Wirtschafts- und Sozialordnung oder allgemein Gesellschaftsordnung vom Grundgesetz gefordert ist. Der These von Leibholz, daß Rechts- und Sozialstaatsprinzip realtypisch so wenig in einem harmonischen Verhältnis stehen wie Freiheit und Gleichheit, wird nur bedingt zugestimmt. Größere soziale Gerechtigkeit im Sinne eines Ausgleichs unterschiedlicher Lebenslagen und mehr materieller und gesellschaftlicher Gleichheit führt zumeist zu einem größeren individuellen Freiheits- und Gestaltungsspielraum der Begünstigten, beschneidet allerdings auch zuweilen die Freiheiten – vor allem ökonomische Dispositionsrechte – anderer Menschen. Stehen die Prinzipien des Rechts- und Sozialstaats also einesteils in einer harmonischen, andernteils in einer kontroversen Zielbeziehung, bleibt die konkrete Ausgestaltung der Wirtschafts- und Sozialordnung ein politisches Problem. Sie wird nicht vom GG vorentschieden. »Die gegenwärtige Wirtschafts- und Sozialordnung ist zwar eine nach dem GG mögliche Ordnung, keineswegs aber die allein mögliche.« (Leibholz). Andere Leitbilder sozialstaatlicher Verantwortung und auch andere Wirtschaftsordnungen als die »soziale Marktwirtschaft« wären ebenfalls verfassungskonform.

Im Gegensatz zur Verfassung der Weimarer Republik und auch einiger Verfassungen deutscher Bundesländer sind nur wenige Sozialrechte als unmittelbare Grundrechte im Grundgesetz verankert. Es sind dies die Garantie der Koalitionsfreiheit (Art. 9, Abs. 3 GG), die die Bildung von Gewerkschaften verfassungsrechtlich absichert, sowie der freien Berufswahl und der freien Wahl des Arbeitsplatzes (Art. 12, Abs. 1). Von wesentlicher Bedeutung für die Sozialordnung ist zudem die Gewährleistung (Art. 14, Abs. 1) und die Sozialbindung (Art. 14, Abs. 2) des Privateigentums.

Andere Sozialrechte, wie das Recht auf Mitbestimmung, das Recht auf Fürsorge, das Streikrecht und vor allem das viel diskutierte Recht auf Arbeit, Rechte, die in einigen Länderverfassungen (Nordrhein-Westfalen, Hessen) explizit aufgenommen wurden, sind im GG nicht erwähnt. Soweit sie durch Gesetze gewährleistet sind, leitet sich ihre Verfassungsmäßigkeit vor allem aus dem allgemeinen Sozialstaatsgebot des GG ab.

Das Sozialgesetzbuch: Im Sozialgesetzbuch (SGB) werden nach und nach die wichtigsten Teile des bestehenden Sozialleistungsrechts zusammengefaßt. Schon 1976 ist das erste Buch – der Allgemeine Teil – erlassen worden. Die anderen Bücher – der Besondere Teil – enthalten das bisher unverbunden nebeneinander stehende konkrete Sozialleistungsrecht. In der Übersicht sind auch die noch geplanten Einordnungen dargestellt. Hervorzuheben ist, daß der Allgemeine Teil eine Kodifikation sozialer Rechte der einzelnen Gesellschaftsmitglieder vornimmt, also eine Art *Sozialcharta für die Bundesrepublik Deutschland* entwirft. Die §§ 2 bis 10 beschreiben die sozialen Rechte der Bürger als Anspruch auf soziale Sicherung, soziale Entschädigung und soziale Förderung. Voraussetzungen, Inhalt und Umfang dieser Rechte werden in den Vorschriften der einzelnen Sozialleistungsbereiche konkretisiert. Damit sind die wesentlichen sozialpolitischen Leitbilder unserer Sozialordnung wie Recht auf Bildung und Ausbildungsförderung, Soziale Sicherheit und der Schutz von Jugend und Familie gesetzlich verankert worden.

Das Sozialgesetzbuch (SGB)

Buch I (1976): Allgemeiner Teil	**Buch II** (geplant): Ausbildungsförderung
Buch III (1998): Arbeitsförderung	**Buch IV** (1977): Gemeinsame Vorschriften für die Sozialversicherung
Buch V (1989): Gesetzliche Krankenversicherung	**Buch VI** (1992): Gesetzliche Rentenversicherung
Buch VII (1996): Gesetzliche Unfallversicherung	**Buch VIII** (1991): Kinder- und Jugendhilfe
Buch IX (geplant): Sozialhilfe	**Buch X** (1982/83): Verwaltungsvorschriften, Datenschutz, Zusammenarbeit der Träger
Buch XI (1995/96): Gesetzliche Pflegeversicherung	

Eine wesentliche Hilfe bei der Durchsetzung des Rechtsanspruchs im Einzelfall versprechen die Regelungen in den §§ 13, 14, 15 des Allgemeinen Teils. Hier werden alle Leistungsträger der sozialen Sicherung zur Aufklärung, Beratung und Auskunft verpflichtet.

Für den zweiten, nicht minder bedeutsamen Bereich unserer Sozialordnung, der sozialen Gestaltung der Arbeitgeber-Arbeitnehmer-Beziehungen, liegt kein verbindendes Gesetzeswerk vor.

Internationale Sozialrechte: Die *Allgemeine Erklärung der Menschenrechte* der Vereinten Nationen (UNO) von 1948 enthält eine Reihe sozialer Grundrechte, die in der Bundesrepublik in entsprechenden Sozialgesetzen umgesetzt wurden. Dies darf nicht übersehen lassen, daß die Realisierung sozialer Grundrechte auch bei uns – denken wir nur an die volle soziale Gleichberechtigung der Frau – noch in einer Reihe von Fällen verbessert werden kann.

1964 ratifizierte die Bundesrepublik die *Europäische Sozialcharta* der Mitgliedsstaaten des Europarates. Die Charta als Ergänzung der Europäischen Menschenrechtskonvention von 1950 auf sozialem Gebiet umfaßt eine Reihe von – insgesamt 19 – sozialen Grundrechten, angefangen vom Recht auf Arbeit über das Recht auf gerechte, sichere und gesunde Arbeitsbedingungen bis hin zum Recht auf Gesundheit. Durch die Ratifizierung ergab sich die

Notwendigkeit, innerstaatliche Sozialgesetze anzupassen, zumal ein Überwachungsverfahren die innerstaatliche Einhaltung dieser europäischen Sozialnormen kontrolliert. Die zum Teil unverbindlich abstrakte Zielsetzung der 19 Artikel läßt einen weiten Interpretationsspielraum zu, so daß etwa aus der Normenvorgabe des Rechts auf Arbeit keine konkrete innerstaatliche Politik zur Verwirklichung dieses Grundrechts folgen muß. Außerdem ist im Gegensatz zur Europäischen Menschenrechtskonvention die Sozialcharta nicht unmittelbar geltendes Recht für die einzelnen Staatsbürger der Mitgliedsländer und damit nicht einklagbar.

Auch die Arbeitsnormen des *Internationalen Arbeitsamtes* (ILO) sind für die deutsche Sozialordnung von Bedeutung. Durch die Ratifizierung von internationalen Arbeitsübereinkommen verpflichtet sich ein Staat, die gesetzten Normen in innerstaatliche Gesetze umzusetzen und räumt der ILO ein Kontrollrecht ein. Die Bundesrepublik hat nicht alle Abkommen ratifiziert und auch schon Abkommen gekündigt. Damit zeigt sich auch hier, daß internationale Abkommen ohne Sanktionspotential weitgehend vom Wohlwollen der Nationalstaaten abhängen. Bestrebungen gehen dahin, auch im Rahmen der neuen Welthandelsorganisation (WTO), die als Nachfolgerin des GATT den Welthandel weiter liberalisieren soll, über soziale Grundrechte und Mindeststandards zu verhandeln, um Sozialdumping zu verhindern und zu einem fairen Welthandel zu kommen. Auch hier steht das Primat freier Märkte in der Kritik. Auf die Sozialnormen der Europäischen Union (EU) wird in Kapitel 10 genauer eingegangen.

Sozialstaatsziele: Aus den nationalen und internationalen Verfassungsnormen lassen sich zwei übergeordnete Ziele des deutschen Sozialstaats ableiten: *das Verteilungsziel und das Sicherungsziel.* Das Verteilungsziel untergliedert sich in die zwei Teilziele *Chancengleichheit und materielle Teilhabe* (kulturelles Existenzminimum) für Jedermann. Das Sicherungsziel richtet sich auf die Verringerung der strukturellen Abhängigkeiten in den modernen Gesellschaften, in denen die solidarische Familienselbsthilfe verblaßt und Institutionen sozialer Sicherung die starken Sicherungsbedürfnisse der Menschen abdecken sollen.
Sozial- und Arbeitsgerichte: Die Einhaltung der gesetzlichen Vorschriften der Sozialordnung wird vor allem durch die unabhängigen Sondergerichtsbarkeiten, die Arbeits- und Sozialgerichte überwacht, die beide mehrstufige Instanzenzüge mit den Spitzen Bundesarbeitsgericht (BAG) und Bundessozialgericht (BSG) aufweisen.

3.2 Der Wettbewerb ordnungspolitischer Leitideen

Aus der Fülle der Leitbilder zur Sozialordnung schälen sich bei näherer Betrachtung einige wenige gesellschaftspolitische Ordnungsvorstellungen heraus, die wesentlichen Einfluß auf die Gestaltung der bundesdeutschen Sozialordnung genommen haben und als programmatische Erklärungen der bedeutenden politischen Kräfte weiterhin Einfluß nehmen. Es sind dies der *Ordoliberalismus,* dem sich auch heute noch weite Kreise von CDU/CSU und der Unternehmensverbände verpflichtet fühlen, ferner die *katholische Soziallehre* und die *evangelische Sozialethik*, die parteiübergreifend Einfluß gewonnen haben, und der demokratische oder *freiheitliche Sozialismus*, dem Teile der SPD und die Gewerkschaften nahestehen. Neben diesen dominierenden Leitbildern ist auch die *konservative Linie* der Sozialpolitikgestaltung seit den Bismarckschen Reformen aus der deutschen Tradition nicht wegzudenken. Einige Vordenker dieser Reformen unter den Kathedersozialisten beeinflußten gleichzeitig als aktive Protestanten die Einstellung der Kirche zur sozialen Frage.

In den letzten beiden Jahrzehnten sind mit der sozialökologischen Bewegung und dem Wiedererstarken liberalistischer Ideen zwei konkurrierende Kräfte hinzugetreten. Während sich die ökologische Bewegung im Rahmen eines breiten Konsenses zum Sozialstaat bewegt, lehnt das seit dem Zusammenbruch des Sozialismus international dominierende liberalistische Weltbild soziale Regulationen weitestgehend ab.

Diese in alternativen Weltanschauungen sich gründenden gesellschafts- und sozialpolitischen Leitbilder haben je nach demokratisch-politischen Kräfteverhältnissen ihren Einfluß auf die Sozialordnung ausgeübt. Die meisten Institutionen des deutschen Sozialstaats lassen sich als politischer Kompromiß der konkurrierenden Leitvorstellungen begreifen. Die grundsätzlichen Prinzipien unseres Sozialstaats – wie Solidarität mit den weniger Leistungsfähigen (staatliche Umverteilung), das Ideal der »Hilfe zur Selbsthilfe« etwa in Form des Sozialversicherungsprinzips – werden nur vom extremen liberalistischen Zeitgeist nicht geteilt. Selbst das Prinzip der Ordnungskonformität, das gegenseitige Abstimmung und Rücksichtnahme von Sozialpolitik und marktwirtschaftlicher Ordnung postuliert (vgl. Lampert, 1994, 437ff), ist weitgehend anerkannt, wenn auch im konkreten Anwendungsfall oft sehr umstritten.

Eine umfassende Auseinandersetzung mit den herrschenden sozialpolitischen Leitvorstellungen ist an dieser Stelle nicht möglich, zumal es sich nicht um geschlossene Wertordnungen handelt, sondern um offene Leitbilder, die keine endgültigen Antworten auf gesellschaftliche Problemlagen parat haben. Sie geben Orientierungen für die Sozialpolitik, jedoch keine konkreten Handlungsanweisungen.

Ordoliberalismus: Die Vertreter des Ordoliberalismus (u.a. Walter Eucken) betonen die Bedeutung der bürgerlichen und politischen Freiheitsrechte, wenden sich gegen staatliche Bevormundung und wohlfahrtsstaatliche Aushöhlung der Initiative und Selbsthilfefähigkeit des mündigen Bürgers. Im Zweifelsfall ist marktwirtschaftlichen Lösungen, auch etwa privaten Versicherungen, der Vorzug gegenüber kollektiven sozialen Sicherungssystemen zu geben, deren Berechtigung nur für bestimmte Ausnahmebereiche wie Alter, Invalidität und Gesundheit akzeptiert wird. Zurückgewiesen wird die Laissez-faire-Ideologie des Frühliberalismus, die gerade im modernen liberalistischen Zeitgeist wiederbelebt wurde. Die Grundprinzipien der Konkurrenzwirtschaft und des kapitalistischen Systems wie das Privateigentum an Produktionsmitteln sollen unangetastet bleiben (Marktordnungskonformität der Sozialpolitik). Sozialpolitik hat in erster Linie Wirtschaftsordnungspolitik zu sein (Eucken 1990, S. 313). Die Verteilungsethik folgt dem Leistungsprinzip, das in Fällen sozialer Notlagen durch das Bedarfsprinzip zu ergänzen ist.

Der hauptsächliche Unterschied zu liberalistischen Ideen liegt in der Betonung der Rolle des Staates als Hüter der Wirtschaftsordnung. Ein sich selbst überlassener Wettbewerb hebe sich langfristig durch Vermachtung und Übergang zu unlauteren Formen tendenziell selbst auf. Die Garantie einer Wettbewerbsordnung durch Verhinderung von wettbewerbsgefährdenden Kartellen und Unternehmenskonzentrationen und die Unterbindung unlauterer wettbewerblicher Methoden sei nur durch staatliche Rahmensetzung (Kartellgesetzgebung, Ordnungspolitik) möglich. Während die Versicherungspflicht zur Sozialversicherung akzeptiert wird, soll der Staat als Instanz des sozialen Ausgleichs sich auf seine Fürsorgepflichten für die Armen beschränken. Hier zeigen sich deutliche Unterschiede zum Konzept der sozialen Marktwirtschaft.

Christliche Soziallehren: Die Positionen der beiden Kirchen ähneln sich in den grundsätzlichen ordnungspolitischen Fragen. Eine reine Marktwirtschaft wird zum Teil vehement abgelehnt. Solidarische Ordnungselemente sollen den Egoismus zähmen. Diese erwachsen aus der Gesellschaft selbst (christliche Gemeinde), bedürfen jedoch auch sozialstaatlicher Unterstützung.

Im Mittelpunkt der katholischen Soziallehre steht das Subsidiaritätsprinzip. Es ist in der Sozialenzyklika Quadragesimo Anno von Papst Pius XI (1931) eindringlich formuliert:

»... wie dasjenige, was der Einzelmensch aus eigener Initiative und mit eigenen Kräften leisten kann, ihm nicht entzogen und der Gesellschaftstätigkeit zugewiesen werden darf, so verstößt es gegen die Gerechtigkeit, das, was die kleineren und untergeordneten Gemeinwesen leisten und zum guten Ende führen können, für die weitere und übergeordnete Gemeinschaft in Anspruch zu nehmen; zugleich ist es überaus nachteilig und verwirrt die ganze Gesellschaftsordnung. Jedwede Gesellschaftstätigkeit ist ja ihrem Wesen und Begriff nach subsidiär; sie soll die Glieder des Sozialkörpers unterstützen, darf sie aber niemals zerschlagen oder aufsaugen.«

Damit betont das Subsidiaritätsprinzip im katholischen Sinne den Vorrang der Selbsthilfe der Familien und christlichen Gemeinde, aber auch die Verpflichtung des Staates, Hilfe zur Selbsthilfe zu leisten. Das zweite Prinzip christlicher Sozialethik wird von beiden Konfessionen betont: Die Verpflichtung der Menschen zur gegenseitigen Solidarität.

Der über ein Jahrhundert (Erste Sozialenzyklika: Rerum Novarum 1891) entwickelten und den sozialen Wandel begleitenden katholischen Soziallehre stehen auf evangelischer Seite weit weniger geschlossene gesellschaftspolitische Leitvorstellungen gegenüber. Die evangelische Sozialethik betont die Verantwortlichkeit des Menschen. Er allein hat sich vor Gott zu rechtfertigen. Sein Verhalten den Mitmenschen gegenüber ist dabei bedeutsam. Solidarität und tätige Nächstenliebe sind die Grundlagen jeglichen menschlichen Zusammenlebens. Diese Einsicht gilt für den einzelnen, ist aber auch eine Verpflichtung für die Institutionen der Sozialordnung, die diese Basis menschlichen Zusammenlebens stärken sollen. Staatlich veranlaßte soziale Sicherung ist aus christlicher Anschauung damit ebenso begründbar wie eine Beeinflussung der Arbeitswelt durch Regeln sozialen Zusammenlebens. Sozialpartnerschaft statt Klassenkampf oder einseitige Ausbeutung ist das Anliegen beider Kirchen zum Arbeitgeber-Arbeitnehmer-Verhältnis.

In einem aktuellen Sozialwort beider Kirchen »Für eine Zukunft in Solidarität und Gerechtigkeit« (1997) kommt die Sorge zum Ausdruck, daß der soziale Grundkonsens der Gesellschaft verloren zu gehen droht. Eindringlich beschworen wird die Notwendigkeit eines Wertekonsenses in den grundsätzlichen gesellschaftspolitischen Fragen. Als leitende Prinzipien werden die Gottes- und Nächstenliebe, der Vorrang der Armen, Schwachen und Benachteiligten, soziale Gerechtigkeit, Solidarität, Subsidiarität und – im Blick auf die Umwelt – Nachhaltigkeit herausgestellt. Anlaß dieses Sozialwortes ist die Massenarbeitslosigkeit und die erkennbaren Ansätze einer neoliberalen

Umverteilung der Belastungen auf die sozialökonomisch Schwächeren. Dem Konzept der Marktwirtschaft pur wird eine ökologisch-soziale Marktwirtschaft als Leitbild entgegengestellt, von dem man glaubt, daß es die besseren und vor allem gerechteren Antworten auf die neuen Herausforderungen der Zeit (wachsende Macht des Kapitals, Globalisierung, Individualisierung, Umweltbelastung) geben kann. (Vgl. auch Wiemeyer 1995).

Freiheitlicher Sozialismus: Im Zuge der Entwicklung der Sozialdemokratie von der revolutionären Klassenpartei der Arbeiter zu einer reformorientierten Volkspartei wurden marxistische Theorien wie die Vorstellung der geschichtsnotwendigen revolutionären Entwicklung zu Sozialismus und Kommunismus und die Aufhebung von Konkurrenzwirtschaft und Privateigentum an Produktionsmitteln aufgegeben oder revidiert (Revisionismus: vgl. dazu das Godesberger Programm der SPD von 1959). Zur Verwirklichung der Grundwerte Freiheit, soziale Gerechtigkeit und Solidarität für alle Menschen wird auf der Basis der bürgerlichen parlamentarischen Demokratie eine Sozialordnung angestrebt, die die negativen Effekte des kapitalistisch-marktwirtschaftlichen Systems für die Arbeitnehmer und die unteren sozialen Schichten abmildert und möglichst beseitigt.

> »Sozialpolitik ist der institutionelle Niederschlag der sozialen Idee im Kapitalismus ... Merkmal der Sozialpolitik ist ihre revolutionär-konservative Doppelpoligkeit. Sie verwirklicht Stück um Stück die soziale Idee innerhalb des Kapitalismus und sichert dadurch seinen geordneten Fortgang«,

so schrieb Eduard Heimann 1929 (Heimann 1980, 167f.). Die permanenten Veränderungen und Häutungen des dynamischen Marktsystems – wie sie derzeit in der Globalisierung zum Weltmarkt in Erscheinung treten – erfordern ständige Wachsamkeit und sozialreformerische Anstrengungen. Eine besondere gesellschaftspolitische Aufgabe wird außerdem in der Unterstützung pluralistischer, vielgestaltiger, auf Eigeninitiative und Selbstverwaltung gründender Wirtschafts- und Sozialgebilde gesehen. Gegenüber dem Ordoliberalismus grenzt sich der freiheitliche Sozialismus vor allem durch die Betonung der Notwendigkeit einer nachhaltigen Korrektur der Vermögensverteilung, staatlicher Eingriffe in das Wirtschaftsgeschehen (Konjunktur-, Struktur- und Arbeitsmarktpolitik) und der Forderung nach Mitbestimmung der Arbeitnehmer in den Großunternehmen ab. Im Vergleich zu den christlichen Leitbildern sieht der freiheitliche Sozialismus die Chancen zu einem neuen übergreifenden Wertekonsens als gering an und glaubt weniger an die Wirkung ethischer Appelle an die Kapitalseite als an die Notwendigkeit der Stärkung der Gegenmacht der Arbeitnehmer gerade in Zeiten der Globalisierung der Weltmärkte.

Im schnellen sozialökonomischen Wandel heute verändert sich auch das politische Kräfteverhältnis der Weltanschauungen. Im Kapitel »Perspektiven der Sozialordnung« gehen wir dieser Frage weiter nach.

3.3 Verteilungsprinzipien

In der öffentlichen und wissenschaftlichen Diskussion werden immer wieder Prinzipien oder Leitbilder verfochten, wie eine sozial gerechte Verteilung von Lebenslagen auszusehen hat. Im Mittelpunkt stehen dabei das Egalitäts-, das Leistungs- und das Bedarfsprinzip. Fragt man sich, inwieweit Leitbilder, Ziele oder Prinzipien überhaupt einer wissenschaftlichen Analyse zugänglich sind, dann läßt sich zunächst auf Analyse- bzw. Beurteilungskriterien hinweisen, die in der Nachfolge Max Webers u. a. von Hans Albert (1975) und Bernhard Külp (1971) entwickelt wurden. In unserer Matrix sind die Kriterien, die bei einer kritischen Zieldiskussion zu beachten sind, in der ersten Spalte aufgeführt. Zu fragen ist also,

- welcher Zustand mit dem Leitbild konkret angestrebt wird (Leitbildkonkretisierung)
- wie es begründet wird (Leitbildbegründung)
- welche Konflikte mit anderen Zielen auftreten können (Zielkonflikte)
- wie der derzeitige Zielerreichungsgrad ist (Zielaktualität)
- wie populär es bei der Bevölkerung ist (Leitbildakzeptanz)

Wir können hier nur wenige Hinweise zur Matrix geben. Während das Bedarfsprinzip für bestimmte lebenswichtige Güter als Korrekturprinzip weithin anerkannt ist, stehen sich Egalitäts- und Leistungsprinzip in scharfer Konkurrenz gegenüber. Für Verfechter des Leistungsprinzips ist eine egalitäre Verteilung äußerst produktivitätshemmend, in einer Marktwirtschaft nicht realisierbar und führt in der Konsequenz zu einer miserablen Versorgung für alle. Umgekehrt grenzt die Verwirklichung des reinen Leistungsprinzips die weniger Leistungsfähigen sozial aus. Das *Weisser-Rawls-Kriterium* (Weisser 1971, Rawls 1973) oder *Differenzprinzip* sucht diesen Konflikt durch einen Kompromiß zu entschärfen. Wenn man davon ausgeht, daß tatsächlich eine bestimmte Differenzierung von Einkommen und Lebens-

Leitbilder der Einkommensverteilung

	Egalitätsprinzip	**Leistungsprinzip**	**Bedarfsprinzip**	**Differenzprinzip (Weisser/Rawls-Kriterium)**
Konkretisierung	»Jedem-das-Gleiche«-Problem: Was wird gleich verteilt? Wer ist Einkommensbezieher?	»Wenn gleiche Leistung, dann gleiches Einkommen« – zumeist marktbezogen definiert: Marktpreise (auch Löhne) werden als leistungsgerecht angesehen	»Jedem-nach-seinem-Bedarf«-Problem der Kluft zwischen dem gesellschaftlich anerkannten Bedarf und den individuellen Bedürfnissen	»Den Ärmsten so viel wie möglich« bei minimaler Einkommensdifferenzierung (Maximin-Regel)
Begründung	Höhere soziale Gerechtigkeit. Eine instrumentelle Begründung ist z. B. die Behauptung einer beschäftigungsfördernden Wirkung.	Verteilung muß nicht politisch hergestellt werden, sondern kann dem Markt überlassen werden. Dies führe zu einem hohen Maß an individueller Freiheit, optimaler Allokation und Wachstum.	Vor allem als Korrekturprinzip extremer Auswirkungen des Leistungsprinzips genannt: insbesondere bei bestimmten Gütern wie Wohnen, Essen, Gesundheit.	Kompromißformel im klassischen Gleichheit-Effizienz-Konflikt.
Zielkonflikte	Negative Auswirkungen auf Leistungsbereitschaft. Produktivitäts- und Wachstumshemmend.	Konflikt mit dem Ziel des sozialen Ausgleichs und der sozialen Sicherheit (Was passiert in Zeiten ohne Leistung?)	Von liberaler Seite Konflikte mit dem Leistungsprinzip gesehen, je nach Umfang der »Korrektur«.	Klassischer Leistungs-Gleichheits-Konflikt soll durch Kompromiß befriedigt werden.
Aktualität/ Zielerreichungsgrad (Ist-Analyse)	Geringer Zielerreichungsgrad, da die tatsächliche Verteilung weit vom Egalitätsprinzip abweicht.	Hoher Zielerreichungsgrad: Leistung »das« zentrale Prinzip unserer Gesellschaft	Mittlerer bis hoher Zielerreichungsgrad bei bedarfsorientierten Leistungen (Gesundheit, Wohnen). Bei »Recht auf Einkommen« nur soziales Existenzminimum	Kontrovers, je nachdem, ob untere Einkommen bei gleicher Effizienz als noch steigerbar angesehen werden. – In der konkreten Anwendung nur schwer operationalisierbar
Popularität/ Akzeptanz	Niedrige Popularität wegen verbreiteter Akzeptanz des Leistungsprinzips. Gewinner-Verlierer-Problematik	Hoher Popularitätsgrad, allerdings unter der Voraussetzung sozialer Korrektur	Je nach sozialer Schicht: Gering bis sehr hoch die Spender-Empfänger-Problematik	Rawls behauptet, daß unter der Voraussetzung fairer Abstimmung alle dafür sind.

lage als Leistungsanreiz (Spornung) notwendig ist, dann rechtfertigt sich aus sozialen Gründen nur eine Differenzierung, die auch den ärmeren Schichten eine bessere Versorgung bringt. Gehen die Lebenslageunterschiede darüber hinaus oder bleibt das Mehrprodukt in den Händen der Reichen, wird die Differenzierung dysfunktional und der soziale Ausgleich empfindlich gestört. Die soziale Grundnorm lautet also: Maximiere die Einkommens- und Lebenslage der sozial Schwächeren bei minimaler Einkommensdifferenzierung. Auch wenn es in der Praxis schwerfällt, den optimalen Grad an Egalität bzw. Differenzierung zu bestimmen, weist das Weisser-Rawls-Kriterium immerhin die Richtung zu einem historisch jeweils neu zu bestimmenden Verteilungskompromiß.

4.
Die Eigenvorsorge

4.1 Die soziale Grundpflicht der Eigenvorsorge

Die Basis jeder Sozialordnung in einem freiheitlichen Rechtsstaat ist das Recht und die Pflicht der Bürger zur Eigenvorsorge und Selbsthilfe. Für autoritäre politische Systeme ist kennzeichnend, daß sie ihren arbeitsfähigen Bürgern die Pflicht zur Arbeit auferlegen und ansonsten eher betreuen und entmündigen. In den Rechtsordnungen der kommunistischen Staaten – so auch in der DDR – schuldeten die Staatsbürger ihre Arbeitskraft der Gesellschaft und dem Staat. Dieser Anspruch war systemimmanent, denn der Staat deckte durch Zuteilung alle Bedürfnisse seiner Bürger. Er mußte deshalb auch konsequenterweise die Arbeitskraft seiner Bürger beanspruchen, um seine Zuteilungsaufgabe erfüllen zu können.

Im liberalen Rechts- und Sozialstaat gibt es dagegen keine direkte Arbeitsverpflichtung. Freilich stellt sich die Problematik des Angewiesenseins auf die Leistungen der Bürger auch für ihn. Sie wird auf verschiedenen Wegen gelöst:

- Sofern Gesellschaftsmitglieder von den Erträgen ihres Eigentums und Vermögens leben können, bedarf es keiner besonderen Verpflichtung zur Eigenvorsorge und natürlich auch keiner Arbeitsverpflichtung. In diesen Fällen liegt sogenanntes *fundiertes Einkommen* vor, von dem der Lebensunterhalt bestritten werden kann. Der Prozentsatz derjenigen, die von fundierten Einkommen leben können, ist aber gering. Und selbst Angehörige relativ wohlhabender Mittelschichten haben immer wieder erleben müssen, daß infolge unvorhersehbarer Vermögensverluste (Inflation, Kriegsfolgen usw.) die Quellen des fundierten Einkommens versiegten und dann doch die persönliche Berufsarbeit notwendig wurde, um weiterhin Eigenvorsorge zu sichern. Sozialpolitisch ist der Kreis derjenigen, die Eigenvorsorge aus fundiertem Einkommen sichern können, ziemlich uninteressant. Ordnungspolitisch geht es aber um das Prinzip, daß in einer Sozialordnung, die das Privateigentum in bestimmten verfassungsrechtlichen Grenzen respektiert, Eigenvorsorge aus fundiertem Einkommen grundsätzlich gesichert werden kann und es daher einer besonderen Arbeits- und Berufspflicht nicht bedarf. Davon unberührt bleibt das allgemeine moralische Gebot, daß auch der Vermögende seine Talente entwickeln und mit seiner Arbeitskraft der Gemeinschaft nutzbar machen soll.

- Die weit überwiegende Mehrheit der Gesellschaftsmitglieder verfügt nicht über fundiertes Einkommen, das zum Bestreiten des Lebensunterhaltes ausreicht. Von diesen Gesellschaftsmitgliedern muß auch der liberale Rechts- und Sozialstaat verlangen, daß sie sich selbst vorsorgen und deshalb ihre Arbeitskraft zur Vorsorge einsetzen. Wenn der Sozialstaat auf der einen Seite soziale Grundrechte gewährt, muß er auf der anderen Seite die *soziale Grundpflicht der Eigenvorsorge* auferlegen. Wir stoßen hier auf das liberale Prinzip des Austausches von Leistung und Gegenleistung (do ut des). Natürlich kann von denjenigen Gesellschaftsmitgliedern, die aus objektiven Gründen zur Eigenvorsorge nicht, noch nicht oder nicht mehr imstande sind, der Leistungsanspruch nicht erhoben werden. Ihre Absicherung ist entweder der Familienselbsthilfe oder sozialen Sicherungssystemen überantwortet (Solidarprinzip). Das Ausmaß ihrer sozialen Sicherung beschränkt sich dabei nicht auf das physische Existenzminimum. Nach dem Sozialhilferecht z. B. soll ein »menschenwürdiges Dasein« (§ 1 BSHG) gewährleistet sein.
- Die Inpflichtnahme der Arbeitnehmer ohne fundiertes Einkommen geht aber noch weiter. Die Gesellschaft erhebt nicht nur einen Leistungsanspruch für die Eigenvorsorge, sondern es wird sogar in Grenzen die Verwendung des Einkommens zur Abdeckung typischer Risiken vorgeschrieben. Mit der Pflichtmitgliedschaft in der Sozialversicherung wird Eigenvorsorge »erzwungen«. In der Krankenversicherung ist eine Versicherungspflichtgrenze für Angestellte eingeführt. Erst jenseits dieser Einkommensgrenze wird die Eigenvorsorge ähnlich wie bei den Beziehern fundierten Einkommens der freien Disposition überlassen. Bei den Pflichtbeiträgen handelt es sich im Grundsatz um private, individuelle Vorsorge (freilich nicht auf der Grundlage des reinen privatwirtschaftlichen Versicherungsprinzips). Eine Reihe von Autoren sieht bereits hierin das Prinzip der Selbsthilfe verwirklicht (z. B. Wilfried Schreiber). Vielfach wird in der gesetzlichen Sozialversicherung der Kern des Sozialstaats gesehen. Der Staat tritt hier aber keineswegs als Wohltäter der Versicherten auf, denn die Beiträge stammen von den Versicherten selbst. Daran ändert die Tatsache auch nichts, daß in der Regel die Hälfte der Beiträge zur gesetzlichen Kranken-, Renten- und Arbeitslosenversicherung von den

Arbeitgebern getragen wird. Dieser sogenannte Arbeitgeberanteil (in der gesetzlichen Unfallversicherung sogar 100 %) muß ökonomisch als Lohnbestandteil angesehen werden. Der Sozialpolitiker Wilfried Schreiber bemerkte schon im Jahre 1957, »daß die Arbeitgeberbeiträge zu den Sozialversicherungen echte Lohnanteile sind«. Würden die gesetzlichen Soziallasten z. B. wegfallen, käme es zu einer ausgleichenden Erhöhung der Tariflöhne.

4.2 Das System der Unterhaltspflichten

Heute dominiert in den meisten Wohlfahrtsstaaten die Kleinfamilie als sozialökonomische Einheit. Bevor wir uns der privaten Selbsthilfe und Selbstvorsorge der Kleinfamilie als einer tragenden Säule unserer Sozialordnung zuwenden, darf nicht übersehen werden, daß die Sozialversicherung die Familie mittelbar oder unmittelbar schützt (Hinterbliebenenrente, Waisenrente, Mitversicherung der Familienangehörigen in der gesetzlichen Krankenversicherung). Zentrale Sicherungsfunktionen bleiben auch heute noch der Eigenvorsorge der Familie überlassen und werden gesetzlich eingefordert: die privaten Unterhaltspflichten und der erbrechtliche Pflichtteilanspruch (§ 2303 BGB)

Es gibt gesetzliche Unterhaltspflichten der Ehegatten untereinander (§§ 1360 ff., 1608 BGB). Nach § 1601 sind Verwandte in gerader Linie verpflichtet, einander Unterhalt zu gewähren, und zwar ohne Rücksicht auf den Grad der Verwandtschaft. Also sind Kinder, Eltern, Großeltern gegenseitig zur Hilfe verpflichtet, nicht dagegen Verwandte in der Seitenlinie (Geschwister, Verschwägerte). Eine Unterhaltsberechtigung setzt die Bedürftigkeit der Verwandten voraus. Bei volljährigen Kindern ist diese gegeben, wenn weder Vermögenseinkünfte noch Einkünfte aus Erwerbstätigkeit erzielt werden.

Faktisch sind diese Unterhaltsansprüche durch die sozialen Netze der Arbeitslosenhilfe und der Sozialhilfe deutlich reduziert worden. Erstens werden Unterhaltsansprüche gegenüber den Verwandten zweiten und entfernteren Grades nicht mehr aufrechterhalten (vgl. § 138 AFG). Zweitens existieren Freibeträge für die Unterhaltsverpflichteten, die verhindern, daß – wie Hippel (1979) es einmal formulierte – die Eltern mit ihren Kindern das letzte Stück Brot teilen müssen. Drittens sind im Fall der Bedürftigkeitsprüfung nach der Arbeitslosenhilfe die Eltern volljähriger Kinder nicht mehr zu einer Offenlegung ihrer Einkommens- und Vermögensverhältnisse gezwungen (Grundsatzurteil BSG 1992, Az.: 11 Rar 125/90). Das bedeutet faktisch, daß in diesem sozialen Netz auf die Elternhilfe verzichtet werden muß.

	Arbeitslosenhilfe		Sozialhilfe (HLU)	
	Unterhalts-verpflichtete	**Freibeträge**	**Unterhalts-verpflichtete**	**Freibeträge**
Einkommen	Eltern gegenüber minderjährigen, nicht verheirateten Kindern (eher seltener Fall)	geringe Freibeträge, d. h. Eltern müssen meist den ganzen Unterhalt sichern	Eltern gegenüber minderjährigen, unverheirateten Kindern	125 % des Regelsatzes + 125 % des Regelsatzes für jede zu unterhaltende Person
	Ehegatten und Personen in eheähnlicher Gemeinschaft untereinander	Partner muß Unterhalt sichern	Ehegatten und Personen in eheähnlicher Gemeinschaft	+ Miete + Mehrbedarf (nachzuweisen)
	Eltern gegenüber volljährigen Kindern	Grundsatzurteil BSG: Offenlegung der Einkommens- und Vermögensverhältnisse der Eltern nicht erzwingbar: Faktisch ist dies die Aufgabe der Unterhaltsverpflichtung	Eltern gegenüber volljährigen, unverheirateten Kindern (auch hier greift allerdings das nebenstehende Urteil des BSG)	200 % des Regelsatzes + 150 % des Regelsatzes für jede zu unterhaltende Person + Miete
	Übrige Verwandte ersten Grades untereinander	nach BGB: angemessener Unterhalt muß verbleiben, Maßstab: Einkommens- und Lebensumstände: auch hier greift Grundsatzurteil BSG	Kinder gegenüber Eltern	+ 10 % des Nettoeinkommens für den angemessenen Lebensstandard + 10 % des Nettoerwerbseinkommens als Beschäftigungsanreiz
Vermögen	Ehegatten und Personen in eheähnlicher Gemeinschaft in einem Haushalt	8000 DM Die Verwertung des Vermögens muß zumutbar sein	gesteigert Unterhaltspflichtige	nach BGB: notwendiger Lebensunterhalt darf nicht gefährdet sein. Aufzählung des auf jeden Fall geschützten Vermögens im BSHG
	Eltern gegenüber minderjährigen, nicht verheirateten Kindern	12.000 DM	nicht gesteigert Unterhaltspflichtige	nach BGB: angemessener Lebensunterhalt darf nicht gefährdet sein

Die sozialethische Beurteilung der verschiedenen Unterhaltspflichten in der Gesellschaft ist in den letzten Jahrzehnten einem starken Wandel unterworfen worden, und es nimmt nicht wunder, wenn angesichts der Pluralisierung der Lebensentwürfe diese Pflichten heute sehr unterschiedlich beurteilt werden.

Die »Single-Gesellschaft« kann mit diesen Pflichten nur noch wenig anfangen. Wie lassen sich diese Pflichten überhaupt noch rechtfertigen?

- Die Unterhaltspflichten der Ehegatten untereinander legitimieren sich ordnungspolitisch aus der Ehe als einer sozialökonomischen Einheit. Unabhängig davon, ob beide Ehepartner erwerbstätig sind oder nur einer und wie die Arbeitsteilung innerhalb der Ehe organisiert ist, wird man sagen können, daß das Familieneinkommen gemeinsam erzielt wird und die Ehe als Solidargemeinschaft den gegenseitigen Unterhalt begründet. Seitdem es nach einer Entscheidung des Bundesverfassungsgerichts aus dem Jahre 1959 nicht mehr den Stichentscheid des Mannes gibt, sondern die Ehepartner grundsätzlich unter paritätischem Einigungszwang stehen, müssen auch ökonomische Entscheidungen in der Ehe gemeinsam getroffen werden. Freilich ist das Eherecht in Vermögensangelegenheiten von dem Grundsatz der Vertragsfreiheit beherrscht, so daß die Ehepartner über die Ordnung ihrer Vermögensverhältnisse weitgehend frei bestimmen können (Gütergemeinschaft, Gütertrennung, Ausgleich des Zugewinns oder Verzicht des Ausgleichs auf Zugewinn). Die gegenseitigen Unterhaltsansprüche können aber nicht ausgeschlossen werden. Eine besondere Bedeutung gewinnt die Festsetzung der gegenseitigen Unterhaltsansprüche im Falle der Scheidung der Ehe. Hier werden seit dem Jahre 1977 im *Versorgungsausgleich* die während der Dauer der Ehe erworbenen Rentenanwartschaften auf die geschiedenen Ehepartner aufgeteilt (*Rentensplitting*).
- Sehr weitreichend sind die Unterhaltsverpflichtungen der Eltern gegenüber den Kindern. Die Unterhaltsverpflichtungen der Eltern enden keineswegs mit der Volljährigkeit der Kinder. Einen Ausbildungsunterhaltsanspruch (§ 1610 II. BGB) können Kinder u.U. noch über das 30. Lebensjahr hinaus geltend machen (Studium). Bei der Inanspruchnahme der Eltern durch die Sozialhilfe werden zwar deren Einkommensverhältnisse berücksichtigt, aber ordnungspolitisch bleibt bedeutsam, wie weit auch heute noch die private Eigenvorsorge reicht. Wenn die Eltern ihren Unterhaltsverpflichtungen nicht nachkommen (§ 1610, Abs. 2 BGB), finanziert die Sozialhilfe den Unterhalt und nimmt anschließend die Eltern in Regreß.
- Auf den ersten Blick entspricht es der sozialen Symmetrie, daß Kinder gegenuber den Eltern unterhaltsverpflichtet sind. Sittlich bestehen überhaupt keine Zweifel, daß z.B. erwachsene Kinder gegenüber den älter werdenden Eltern eine besondere Fürsorgepflicht haben. Das kann sowohl mit dem Äquivalenzprinzip als auch mit dem Solidaritätsprinzip begründet werden. Bei dem Fehlen kollektiver Systeme sozialer Sicherung in Ent-

wicklungsländern werden Kinder noch immer als Alterssicherung angesehen. So erklärt sich die hohe Geburtenrate in diesen Ländern teilweise aus dem Bestreben, im Alter durch die Fürsorge der Kinder gesichert zu sein. Einige Autoren vertreten die These, daß in modernen Gesellschaften mit ihren Systemen kollektiver sozialer Sicherung verbindliche Unterhaltspflichten der Kinder grundsätzlich nicht mehr gerechtfertigt seien. Nach dem Generationenvertrag in der gesetzlichen Rentenversicherung leiste nämlich die aktiv im Erwerbsleben stehende Generation bereits ihren Beitrag zur Alterssicherung der nicht mehr erwerbstätigen Generation (Rentenbeiträge). Wenn also außerdem noch individuelle Unterhaltsverpflichtungen gegenüber den Eltern grundsätzlich wirksam werden, wird die erwerbstätige Generation doppelt belastet. Kritisch ist dazu u. a. anzumerken, daß keineswegs die Gesamtbevölkerung in den Generationenvertrag eingebunden ist (Selbständige). Auch muß sichergestellt werden, daß wir im kollektiven System sozialer Sicherung keine falschen materiellen Anreize setzen, die den Abbau familiärer Hilfen provozieren. Die Familie als Selbsthilfeeinheit sollte keinen unnötigen Funktionsverlust erleiden. Wenn das Netz sozialer Sicherung keine Löcher aufwiese, würden individuelle Unterhaltsverpflichtungen erst gar nicht auf die Kinder zukommen, denn die Eltern müßten selbst hinreichend versichert und versorgt sein. Dennoch gibt es immer wieder Versicherungs- und Versorgungslücken, und es kommt zur Inanspruchnahme unterhaltsverpflichteter Kinder durch die Sozialhilfe. Der Regreß gegen unterhaltsverpflichtete Verwandte zweiten oder höheren Grades (Großeltern und Enkel) ist seit dem Jahre 1974 ausgeschlossen. Die Kommission für wirtschaftlichen und sozialen Wandel hat im Jahre 1977 dem Gesetzgeber empfohlen, zu prüfen, ob nicht auf den Regreß gegen Kinder des Sozialhilfeempfängers verzichtet werden könne. Nach dem geltenden Recht (§ 91 Abs. 3 BSHG) wird von einem Regreß nur abgesehen, soweit dies die unterhaltsverpflichteten Kinder zu stark belastet (siehe Freibeträge in der Übersicht).

4.3 Das soziale Grundrecht der Eigenvorsorge

Der Pflicht zur Eigenvorsorge für sich und die abhängigen Familienmitglieder entspricht auf der anderen Seite das soziale Grundrecht der Eigenvorsorge. Wenn man anthropologisch der Theorie nahesteht, daß der Mensch ein problemverarbeitendes und problemlösendes, also im weitesten Sinne kreatives

Wesen ist, dann dürfte es ein Grundanliegen der Menschen sein, für sich und für die mit ihnen in Gemeinschaft Lebenden selbst zu sorgen. Jede Beschränkung und Behinderung dieses Grundanliegens liefe dann auf Bevormundung und Unmündigkeit hinaus. Weitere Prinzipien wurden aus dieser anthropologischen Grundstruktur menschlicher Natur abgeleitet und gewannen in der Sozialgeschichte große Bedeutung (Methode der naturrechtlichen Begründung). Wir denken an das aus der Arbeiter- und Genossenschaftsbewegung bekannte *Selbsthilfe*prinzip und das in der katholischen Soziallehre in der Auseinandersetzung mit der Selbsthilfeidee der Arbeiterbewegung diskutierte *Subsidiaritätsprinzip*.

Genossenschaftsprinzip: Wenn wir vor diesem sozialgeschichtlichen Hintergrund von Selbsthilfe sprechen, so ist nicht die individualistisch-liberale Idee der Selbsthilfe gemeint. Es geht vielmehr um die organisierte Gruppenselbsthilfe, die gerade die individualistische Selbstvorsorge überschreitet (Associationen, mutualités, friendly societies, Hilfskassen der Gewerkschaft usw.). Gemeinschaftliche Selbsthilfe stößt schnell an Größengrenzen, so daß über kleine Gemeinschaften hinaus Selbsthilfe bereits ein organisatorisch-kollektives Element erhält.

Die organisierte Selbsthilfe von Arbeitern erstreckte sich auf viele Lebensbereiche. Sie wurde von außen oft geradezu erzwungen, als es noch kein System sozialer Sicherung und auch kein den breiten Schichten der Arbeiter zugängliches Bildungssystem gab (Ersatz hierfür Arbeiterbildungsvereine in Selbsthilfe). In der Genossenschaftsbewegung erreichte die Selbsthilfe eine Organisationsform, die sich zum Teil bis heute erhalten hat (Konsumgenossenschaften, Kreditgenossenschaften, Versicherungsvereine auf Gegenseitigkeit). Hier waren es nicht nur Arbeiter, sondern auch kleine Selbständige, die sich zu genossenschaftlicher Selbsthilfe zusammenfanden. Die Genossenschaftsbewegung schöpfte auch aus sozialliberalen Ideen (Schulze-Delitzsch, Raiffeisen). Schon vor der Jahrhundertwende erwies sich die organisierte Selbsthilfe als nicht ausreichend, den Pauperismus und seine Ursachen wirksam zu bekämpfen. Sie ist ideengeschichtlich aber deshalb so wichtig, weil sie den Willen sozial schwacher Schichten zur Eigenvorsorge verkörpert.

Mit der Entwicklung der Institutionen staatlicher Sozialpolitik wurden allmählich viele Formen organisierter Selbsthilfe abgelöst, zum Teil machten sie einen Funktionswandel durch (Genossenschaften). Heute bedarf es der Vorleistung kollektiver sozialer Sicherungssysteme, um die Selbsthilfe zur Entfaltung zu bringen. Die Idee der Selbsthilfe erfährt in jüngerer Zeit eine erstaunliche Renaissance. Vor allem bei der Lösung gesundheitlicher und sozialtherapeutischer Probleme organisieren sich Selbsthilfegruppen. In der Kritik der Grünen und Alternativen an der staatlichen Sozialpolitik und dem industriellen System wird das Selbsthilfeprinzip wieder zu einem bedeutsamen gesellschaftlichen Organisationsprinzip erhoben. Mit der Rückverlagerung der Problemlösungen von der staatlichen in die lokale gesellschaftliche Verantwortung hofft man neue solidarische Ressourcen erschließen zu können.

Subsidiarität: Das soziale Grundrecht der Eigenvorsorge läßt sich auch mit dem in der katholischen Soziallehre diskutierten Subsidiaritätsprinzip legitimieren (vgl. Kapitel 3.2) Wie beim Selbsthilfeprinzip wird man auch beim Subsidiaritätsprinzip nicht in den Fehler verfallen dürfen, aus ihm vorschnell konkretistische Organisationsregeln für die Sozialordnung abzuleiten. In der sozialpolitischen Diskussion ist das Subsidiaritätsprinzip auch zuweilen als ein Argument gegen den weiteren Ausbau des Systems sozialer Sicherung verwendet worden. Dagegen hat Oswald von Nell-Breuning hervorgehoben, daß die kleinere soziale Einheit (vor allem die Familie) nicht etwa nur ersatz- und behelfsweise zu unterstützen, sondern die Hilfe der Gemeinschaft auch über äußerste Notfälle hinaus erwünscht sei. Vielmehr solle präventiv Hilfe geleistet werden, und es seien grundsätzlich die Voraussetzungen zu schaffen, daß die kleinere Einheit sich überhaupt selbst helfen könne, daß ihr Belastungen und Leistungen niedriger Ordnung abgenommen würden, damit sie für höhere Leistungen Kräfte freisetzen könne (positives Subsidiaritätsprinzip).

Im Einklang mit dieser Interpretation steht denn auch die Klarstellung des Subsidiaritätsprinzips in der von Papst Johannes XXIII im Jahre 1961 gegebenen Enzyklika »Mater et magistra«, in der im Bereich der Wirtschaft der Privatinitiative zwar Vorrang gegeben wird (Recht und Pflicht der einzelnen, sich und ihre Angehörigen selbst mit dem Lebensunterhalt zu versorgen), staatliches Eingreifen, »das fördert, anregt, regelt, Lücken schließt und Vollständigkeit gewährleistet«, aber ausdrücklich mit dem Subsidiaritätsprinzip begründet wird.

Recht auf Arbeit: Damit das Recht der Eigenvorsorge wahrgenommen werden kann, muß als seine wichtigste Voraussetzung ein regelmäßiges Einkommen in angemessener Höhe erzielt werden. Wenn beim Eintritt gewisser Risiken (Krankheit, Unfall) der Einkommensfluß unterbrochen ist, werden in unserer Sozialordnung Transferleistungen aus dem System sozialer Sicherung fällig, die den Einkommensausfall so weit kompensieren sollen, daß der Lebensstandard einigermaßen gehalten werden kann. Was uns in diesem Zusammenhang besonders interessiert, ist der Einkommensverlust, der infolge Arbeitslosigkeit eintritt. Auch wenn hier Einkommenstransfers gezahlt (Arbeitslosengeld, Arbeitslosenhilfe) werden, wird derjenige, der arbeiten kann und will, aber keine Beschäftigung findet, in seinem sozialen Grundrecht der Eigenvorsorge verletzt. Mit dem Ansteigen der Arbeitslosigkeit ist auch der Ruf nach einem *»Recht auf Arbeit«* wieder lauter geworden. Ob es sinnvoll ist, ein solches »Recht auf Arbeit« verfassungsmäßig zu verankern, ist umstritten, weil es auch einklagbar und durchsetzbar sein müßte. Es hat sich erwiesen, daß der liberale Rechts- und Sozialstaat in einem marktwirtschaftlichen Wirtschaftssystem die Vollbeschäftigung nicht garantieren kann. Würde man das Recht auf Arbeit einklagbar machen, dann müßten auch eindeutig diejenigen benannt werden, die verpflichtet wären, Arbeit zu geben. Das wäre letzten Endes der Staat. Es würde dies darauf hinauslaufen, daß unser gesamtes Sozial- und Wirtschaftssystem grundlegend zu ändern wäre.

4.4 Hilfen zur Selbsthilfe

Die Darstellung von Pflichten und Rechten der Eigenvorsorge ist notwendigerweise abstrakt und besagt noch nicht, welche tatsächlichen Möglichkeiten der Eigenvorsorge bestehen. Ordnungspolitisch interessiert, was unternommen werden kann, um die Chancen zur Eigenvorsorge zu verbessern.

Chancengleichheit: Sozialpolitisch werden wir regelmäßig mit der Ungleichheit persönlicher Startbedingungen konfrontiert. Vorrangiges Ziel der deutschen Sozialordnung ist eine möglichst weitgehende *Realisierung von Chancengleichheit*: Um dies zu verwirklichen, bedarf es zuvorderst eines Aus- und Fortbildungssystems, das allen Schichten offen steht und dessen erfolgreiches Durchlaufen eine der Voraussetzungen für die spätere Eigenvorsorge schafft (vgl. Kapitel 8.).

Die Selbsthilfefähigkeit von Ehegemeinschaft und Familie wird durch steuerliche Erleichterungen (u. a. Ehegattensplitting) und Sozialtransfers (Familienlastenausgleich, Wohngeld) gestärkt (vgl. Kapitel 7). Unter ordnungspolitischen Gesichtspunkten interessant sind materielle Anreize (Wohnungsbauprämien, Sparprämien, Abschreibungsvergünstigungen u. ä.), die allerdings oft den eigentlichen Adressatenkreis verfehlen (weil dort die Sparfähigkeit aufgrund geringen Einkommens fehlt) und bei anderen Gruppen Mitnahmeeffekte auslösen können.

Vermögenspolitik: Die bisher in der Bundesrepublik praktizierte Vermögenspolitik setzte beim freiwilligen Sparen einkommensschwächerer Schichten an. Durch Prämien oder Minderung der Steuerbelastung wurde die Geldvermögensbildung (Sparprämiengesetz), das Sparen in Lebensversicherungen und die Bildung von Wohnungseigentum (Bausparprämiengesetz) gefördert. Voraussetzung für den Erhalt von Prämien war jeweils eine mehrjährige Anlage der Sparbeträge (Sperrfrist) und ein zu versteuerndes Einkommen des Sparers, das bestimmte Höchstgrenzen nicht überschritt. Da es an der Sparfähigkeit bei den unteren Einkommensschichten mangelte, blieben die Erfolge gerade in dieser Zielgruppe bescheiden.

Einige Schritte weiter führten die fünf Vermögensbildungsgesetze (ab 1961). Nach dem 5. Vermögensbildungsgesetz von 1994 werden Arbeitnehmer, deren Einkommen 54000 DM (Verheiratete) nicht übersteigt, durch eine staatliche Sparzulage von 10 % begünstigt, wenn sie in Bausparverträgen oder Produktivvermögensanlagen sparen. Gefördert wird allerdings nur eine Sparsumme in Höhe von maximal 936,– DM pro Jahr.

Erst durch den Abschluß von Tarifverträgen über vermögenswirksame Leistungen in fast allen Branchen stieg die Zahl der Sparer in den 70er Jahren deutlich an. Da die vermögenswirksame Leistung in diesen Fällen zusätzlich zum Barlohn quasi zwangsgespart wird, wird einerseits eine hohe Arbeitnehmerbeteiligung erzielt, andererseits der zum Lebensunterhalt notwendige Konsumlohn nur in Höhe der evtl. freiwillig hinzugesparten Beträge belastet.

Vermögenswirksame Leistungen können auch als zusätzliche Arbeitgeberleistungen individuell oder in Betriebsvereinbarungen ausgehandelt werden. Auf Antrag muß der Arbeitgeber aber auch Teile des Barlohns nach den Wünschen des Arbeitnehmers vermögenswirksam anlegen. Seit 1990 sind nur noch folgende Anlageformen begünstigt: Bausparen und Anlagen in Produktivkapital (u. a. Wertpapier-Sparverträge, Aktien des Arbeitgebers, Mitarbeiterbeteiligungen). Die Förderung reiner Geldvermögensbildung durch allgemeine Sparverträge läuft aus. Zweck dieser Eingrenzung ist es, die Arbeitnehmer an der Bildung von Produktivkapital zu interessieren. Während bei der Geldvermögensbildung in der Vergangenheit gewisse Fortschritte erzielt werden konnten, ist die Verteilung des Produktivkapitals weiterhin äußerst differenziert. Zwar sind die statistischen Daten hier bezeichnenderweise sehr mangelhaft, dennoch geht man auch heute noch von ähnlichen Verteilungsstrukturen aus wie in der berühmten Studie von Wilhelm Krelle aus den 60er Jahren, wonach 1,7 v. H. der Haushalte ca. 75 Prozent des Produktivvermögens besaßen.

Ein weiteres Ziel des neuen Vermögensbildungskonzeptes ist die Verbesserung der Eigenkapitalausstattung der Unternehmen. Insbesondere durch die

Förderung von Mitarbeiter-Kapitalbeteiligungen gelangt man zu betrieblichen Vermögens- und Gewinnbeteiligungsformen, von denen man hofft, daß sie außerdem motivierend, leistungsfördernd und integrierend auf die Belegschaft wirken. Allerdings beschneidet die relativ niedrige Einkommensgrenze, bis zu der Arbeitnehmer eine Sparzulage des Staates erhalten, den Kreis der Begünstigten.

Der eingeschlagene Weg soll zu einer breiteren Streuung des Produktivvermögens beitragen. Wie die intensive Diskussion von Vermögensbildungsplänen schon in den 60er und 70er Jahren gezeigt hat, ist über eine reine Anreizpolitik, wie sie hier vorliegt, wenig auszurichten. Da eine nachträgliche Umverteilung des bestehenden Vermögens aufgrund verfassungsrechtlicher Entschädigungsansprüche nicht in Frage kommen kann, muß die Neuverteilung des zuwachsenden Einkommens deutliche Ausmaße annehmen. Hier knüpfen Vorschläge zur Einführung von Investivlöhnen oder Modelle zur investiven Gewinnbeteiligung an (Anderson 1976). Im Gegensatz zu den betrieblichen Lösungen nach Art der angesprochenen Mitarbeiter-Kapitalbeteiligungen fordern die Gewerkschaften überbetriebliche Fonds. Ein deutlicher Teil des Gewinns der Unternehmen soll an sog. Arbeitnehmer- oder Sozialfonds abgeführt werden und dann wieder den Unternehmen zu Investitionszwecken zufließen (evtl. auch der Finanzierung öffentlicher Infrastrukturinvestitionen dienen). Die Vorteile sieht man darin, daß alle Arbeitnehmer, nicht nur die in momentan gewinnbringenden Unternehmen, Vermögen bilden und Gewinnanteile erhalten würden. Natürlich müßten auch hier Sperrfristen eine Vermögensauflösung durch die Arbeitnehmer möglichst lange verhindern. Kritiker sprechen hier gerne in diffamierender Absicht von kollektiven Zwangssparplänen, die in unserer Sozialordnung fehl am Platz seien. Wir glauben, daß die Absage an investive Gewinnbeteiligungspläne in der Vergangenheit faktisch den Verzicht auf eine gerechtere breitere Streuung des Produktivvermögens bedeutet hat. Damit wird, wie Thiemeyer schon 1971 den Gewerkschaften ins Stammbuch schrieb, auf die Teilhabe am nicht unmittelbar konsumierbaren Teil des Sozialprodukts, der sich als Investition im wachsenden Produktivvermögen niederschlägt, von seiten der Arbeitnehmer verzichtet. Mit der Vermögenskonzentration geht auch die Zusammenballung politischer Macht und gesellschaftlichen Einflusses einher. Auch wenn hier andere Institutionen unserer Sozialordnung (Mitbestimmung) durchaus Gegenkräfte mobilisieren, muß die eingeschlafene Diskusssion um die Vermögensverteilung wieder ihrer Bedeutung entsprechend belebt werden. In der Erklärung der beiden großen christlichen Kirchen zur sozialen Frage heute wird auch die Vermögensverteilung wieder ins Blickfeld gebracht.

4.5 Einkommensverteilung und steuerliche Umverteilung

Reichtumsverteilung: Über der Reichtumsverteilung in Deutschland liegt ein Schleier des Nicht- oder Halbwissens. Die Besserverdienenden lassen sich nicht gerne in den Geldbeutel sehen. Dennoch lassen sich folgende Thesen gut belegen (Schäfer 1996, Eißel 1996):

- Gewinneinkommen und Lohneinkommen entwickeln sich seit Jahren auseinander.
- Die Verteilung der Geld- und Grundvermögen wird in den letzten Jahren wieder ungleicher
- Die Verteilung des Produktivvermögens ist weiterhin hochgradig ungleich.

Steigerungsrate der verfügbaren monatlichen Haushaltseinkommen von 1980 bis 1994

	Arbeiter-HH	**Angestellten-HH**	**Beamten-HH**	**Selbständigen-HH**
Wachstumsraten der Einkommen	48 %	53 %	56 %	126 %
Durchschnittseinkommen 1994	4447 DM	5455 DM	6471 DM	16477 DM

Quelle: Eißel 1996, S. 467.

Insgesamt führt das momentane ökonomische Kräfteverhältnis zu einer stärkeren Polarisierung der Einkommen und Vermögen. In neoliberaler Sicht ist dies auch notwendig, soll der Standort Deutschland für die Investoren attraktiver werden. Die Globalisierung der Märkte erhöht die Renditeansprüche der Kapitalanleger in Deutschland, die sich am erreichbaren internationalen Niveau orientieren. Je mehr Länder in einem Unterbietungswettlauf Investoren anlocken wollen, desto bessere Bedingungen findet das international operierende Kapital.

Dies gelte es realistisch zu analysieren und entsprechende Veränderungen auch am Standort Deutschland vorzunehmen. Nur Investitionen im Inland schaffen die dringend benötigten Arbeitsplätze. Wenn dies nur um den Preis sinkender Masseneinkommen und steigender Gewinn- und Vermögenseinkommen zu bekommen sei, dann müsse man den Preis eben zahlen. Kritische Einwände, die auf die steigende Armut und den sinkenden Konsum (Nachfrageausfälle) hinweisen, werden mit dem Argument dynamischer Wohlstandseffekte im Fall des erfolgreichen Strukturwandels abgetan. Die Losung lautet, die Gewinnchancen am Standort Deutschland weiter zu verbessern.

Steuerliche Umverteilung: Die Möglichkeiten zur Eigenvorsorge werden durch das Steuersystem mitbestimmt. Die höheren Einkommen sollen stärker zur Finanzierung der Staatsaufgaben beitragen, so daß die Verteilung der verfügbaren Nettoeinkommen durch die entsprechende Ausgestaltung des Steuersystems weniger differiert als die der Bruttoeinkommen. Da bei der Ausgestaltung des Steuersystems auch andere Ziele wie Erhaltung und Förderung der Leistungsbereitschaft und hohe Ergiebigkeit des Steueraufkommens mitzuberücksichtigen sind, sind Konflikte mit dem Umverteilungsziel vorprogrammiert. Eine zu starke Belastung höherer Einkommen kann in einer Marktwirtschaft die Investitionen beeinträchtigen. Kommt es daraufhin zu sinkenden Wachstumsraten und Verlust an Wettbewerbsfähigkeit, werden auch die Lohnbezieher, die von der steuerlichen Umverteilung profitieren sollten, in ihrer Einkommensentwicklung negativ tangiert. Nach dem verteilungspolitischen Leitbild des *Weisser-Rawls- oder Differenzkriteriums* (vgl. Kapitel 3.2) wäre unter diesen Umständen eine weniger egalisierende steuerliche Umverteilung gesamtgesellschaftlich und speziell auch für die ärmeren Schichten vorzuziehen. Bei welchem Steuersatz genau Leistungsunlust ausbrechen soll, ist natürlich sehr umstritten.

Zudem ist in einer Marktwirtschaft keineswegs sicher, daß derjenige, der die Steuern zahlt, auch tatsächlich Lastträger ist. Die Belastungsverteilung oder Inzidenz verschiedener Steuerarten ist bei den Experten umstritten. Einig ist man sich, daß im Normalfall sog. indirekte Steuern, die vom Unternehmen abzuführen sind (Mehrwertsteuer, Verbrauchssteuern), in voller Höhe auf den Verbraucher abgewälzt werden. Bei den direkten Steuern, den Einkommenssteuerarten, muß differenziert werden. Lohn- und Gehaltssteuern gelten als nicht überwälzbar. Der Arbeitnehmer ist Lastträger dieser Steuern.

Da die indirekten Steuern (außer auf Luxusgüter) regressiv wirken, das heißt, die niedrigen Einkommen relativ stärker von Verbrauchssteuern belastet werden als die höheren Einkommensgruppen, deren Konsumquote niedriger ist, sind Umverteilungsziele nur mit Hilfe der Einkommenssteuern (und Vermögenssteuern) zu verwirklichen. Wenn wir uns die Aufteilung des Steueraufkommens auf die Steuerarten anschauen, dann stellen wir fest, daß in der

Bundesrepublik die direkten Steuern einen relativ hohen Anteil am Gesamtsteueraufkommen erreichen.

Aus neoliberaler Sicht ist der Umverteilungseffekt zu hoch. Es wird eine weitere Reduzierung der Einkommenssteuer bei nur teilweiser Gegenfinanzierung aus der Anhebung der indirekten Steuern vorgeschlagen, um eine Nettoentlastung der Bürger zu erreichen. Damit soll der Verbrauch stärker, die Leistung beim Einkommenserwerb geringer belastet werden. Einen Schritt weiter in die Richtung der Forderung »Leistung muß sich wieder lohnen« gehen die Vorschläge zur Ersetzung der Einkommens- durch eine Konsumsteuer und der weiteren steuerlichen Entlastung der Unternehmen.

Nun zeigt die empirische Analyse des Steueraufkommens, daß die Belastung der Bruttoeinkommen aus Unternehmertätigkeit und Vermögen mit Gewinnsteuern (u.a. Einkommenssteuer, Körperschaftssteuer, Gewerbesteuer) von 37 % (1980) auf nur noch 22,5 % (1995) gesunken ist (Eißel 1996, S. 463). Viele Großunternehmen nutzen ihre Möglichkeiten der Gewinnverlagerung ins Ausland, wo – wie in Belgien oder Irland – niedrige Steuersätze locken. Diese Möglichkeiten haben kleine und mittlere Unternehmen nur sehr bedingt. Die Globalisierung führt auch hier zu neuen Ungerechtigkeiten. Der Staat sieht sich nolens volens gezwungen, dort verstärkt zu kassieren, wo eine Steuervermeidung nur schwer möglich ist, wie bei den Lohnsteuern, die an der Quelle abgeschöpft werden. »So haben von 1961 bis 1989 die Bruttolöhne um das 7,7fache zugenommen; die Lohnsteuerbelastung ist dagegen um das 18fache gestiegen – also mehr als doppelt so schnell. Bei der Einkommenssteuerveranlagung ist dagegen die Steuerschuld um das 15,7fache und damit in etwa proportional der Gesamteinkünfte (15,3fache) im gleichen Zeitraum gewachsen« (Eißel 1996, S. 476). Damit stellt sich die Frage, ob das Weisser-Rawls-Kriterium heute nicht eher dadurch verletzt wird, daß den Besserverdienenden Steuern erlassen werden, ohne daß damit noch nennenswerte Anreizeffekte einhergehen. Die Weltmarktgesetze drohen selbst diesen minimalen sozialen Gesellschaftsvertrag zu unterminieren.

Die Reform der Einkommensteuer: Die wichtigste Steuer, mit der überhaupt Umverteilungsziele anzustreben sind, ist die Lohn- und Einkommenssteuer. Ihr Tarif ist allein in den letzten zehn Jahren wiederholt geändert worden, und die Bundesregierung strebte für 1999 neue, umfassende Reformen an. Da ein politischer Kompromiß mit der Opposition, die im Bundesrat die Mehrheit hat, nicht erreicht wurde, ist das Vorhaben zunächst gescheitert, wird aber nach der Bundestagswahl 1998 wieder aktuell werden. Damit bleibt der Vergleich der Reformvorstellungen von Bundesregierung und Opposition weiterhin interessant.

Einkommensteuertarif 1996

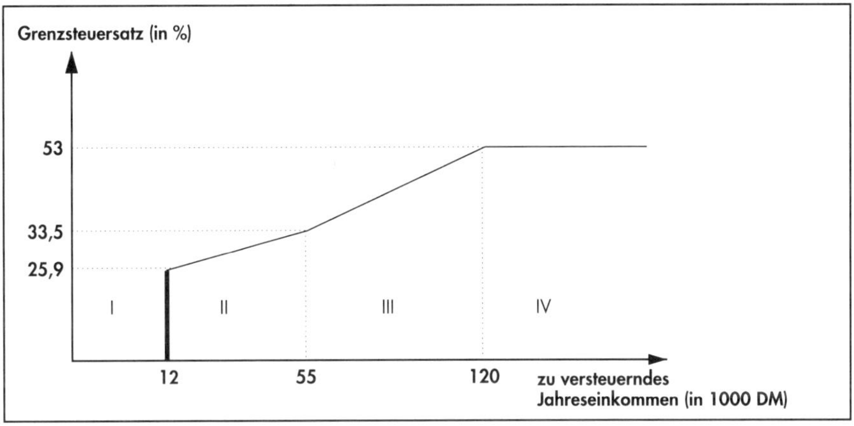

Im Schaubild sehen wir den aktuell noch gültigen Steuertarif abgebildet. Es lassen sich vier Zonen des Tarifverlaufs ausmachen. Zunächst ist in der Grundfreibetragszone (I) der Grenzsteuersatz Null Prozent. Erst nach einem Urteil des Bundesverfassungsgerichts wurde das durch die Sozialhilferegelung definierte Existenzminimum zur Gänze steuerlich freigestellt. Mit dem derzeit gültigen Grundfreibetrag wird also ein Jahreseinkommen bis 12095 DM (Ehepaar: das Doppelte) als Existenzminimum steuerlich nicht belastet. Der *Grenzsteuersatz* ist – etwas vereinfacht dargestellt – der Anteil an jedem hinzu verdienten Hundertmarkschein, der an den Staat als Einkommenssteuer abgeführt werden muß.

Die erste linear progressive Zone des Tarifs beginnt direkt nach dem Grundfreibetrag. In dieser Zone (II) steigt der Grenzsteuersatz von 25,9 % beginnend kontinuierlich an und erreicht bei einem zu versteuernden Einkommen von ca. 55 500 (111 000) DM den Wert von 33,5 Prozent. Dort beginnt sofort die zweite linear-progressive Zone (III), die mit dem Spitzensteuersatz von 53 Prozent bei einem Einkommen von 120000 (240 000) DM endet. Für jeden Hundertmarkschein, um den das Einkommen danach weiter steigt, muß der Steuerzahler dann also 53 DM an das Finanzamt abführen. Diese letzte Zone wird als obere Proportionalzone (IV) bezeichnet. Zu beachten ist, daß ein Einkommensmillionär damit nicht 530 000 DM Steuern zahlen muß. Der Durchschnittssteuersatz ist deutlich geringer als der Grenzsteuersatz. Alle Steuerzahler – auch die Hochverdienenden – bekommen den Grundfreibetrag und die geringeren Grenzsteuersätze ebenfalls angerechnet.

Zudem ist angesichts der vielen Ausnahmeregelungen und hohen Abschreibungsmöglichkeiten die tatsächliche Steuerbelastung der höheren Einkommen weitaus geringer, als es der hohe Grenzsteuersatz suggeriert.

Eine Umverteilungswirkung ergibt sich bei der Einkommenssteuer durch den progressiv gestalteten Tarifverlauf. Danach sollen die höheren Einkommen nicht nur absolut, sondern auch relativ (höhere Steuerlastquote) stärker belastet werden.

Einkommenssteuerreform 1999

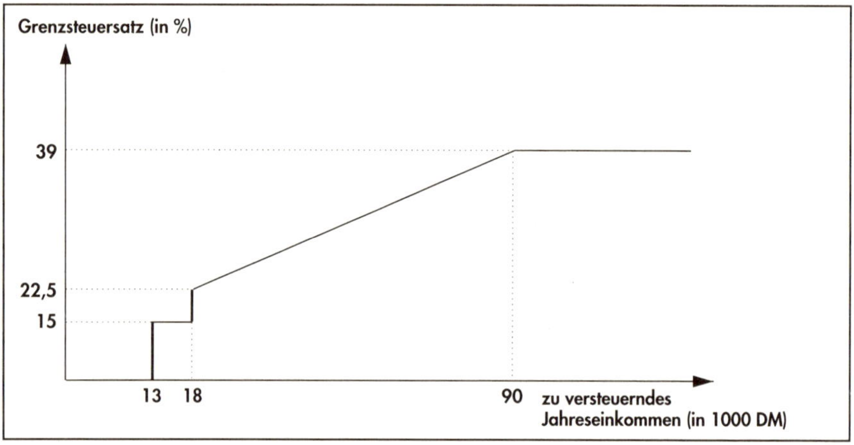

Die Ziele der Bundesregierung für eine Einkommenssteuerreform sind auch nach dem vorläufigen Scheitern des Vorhabens eine allgemeine Einkommenssteuerentlastung für möglichst alle Bürger und – zur Standortsicherung – eine besonders hohe Entlastung bei den Spitzeneinkommen. Das steuerfreie Existenzminimum (Grundfreibetrag) soll auf 13014 DM erhöht werden. Für Ehepaare gelten wieder die doppelten Einkommensgrenzwerte. Der Eingangssteuersatz soll auf 15 Prozent gesenkt werden. Er gilt für Einkommen bis 18000 DM (untere Proportionalzone). Danach beginnt die Progressionszone mit einem Grenzsteuersatz von 22,5 Prozent, der langsam bis auf 39 Prozent ansteigt. Dieser deutlich geringere Spitzensteuersatz soll schon bei einem Einkommen von 90000 erreicht werden (Gutachten Wissenschaftlicher Beirat BMWI 1996b).

Da eine solche Steuerentlastung natürlich zu großen Steuerausfällen führt, ist auch die Gegenfinanzierung interessant und politisch höchst umstritten.

Subventionen sollen gestrichen oder reduziert werden, wobei erfahrungsgemäß harter Widerstand der Betroffenen zu erwarten ist. Staatsausgaben sollen zurückgefahren und Verbrauchssteuern erhöht werden. Vor allem aber strebt man eine Verbreiterung der Steuerbasis an, d.h. die vielen Ausnahmeregelungen im Steuerrecht, die sich als Schlupflöcher für die Besserverdienenden anbieten und damit deren Steuerlast erheblich reduzieren, sollen abgebaut werden. Insgesamt strebt die Bundesregierung eine Nettoentlastung von 24 Milliarden DM an.

Die SPD geht davon aus, daß eine solche starke Steuerentlastung momentan für den Fiskus nicht zu verkraften ist. Sie will vor allem eine so deutliche Entlastung der Besserverdienenden nicht akzeptieren und plädiert für eine vorrangige Entlastung bei den geringen bis mittleren Einkommen (u.a. höherer Grundfreibetrag) und den Familien. Auch ihr geht es um mehr Steuergerechtigkeit durch das Schließen der Schlupflöcher im komplizierten Steuerrecht. Die Senkung des Spitzensteuersatzes wird zwar ebenfalls angestrebt, aber das Ausmaß der möglichen Senkung sei erst im nachhinein kalkulierbar. Der Spielraum hängt ab von der Höhe der Entlastung bei den genannten Gruppen und dem Ausmaß der durchsetzbaren Gegenfinanzierung (u.a. Ökosteuer). Einzelne Stimmen in der Partei sehen den Spitzensteuersatz der Zukunft bei ca. 43-45 %.

Vertiefende Literatur

von Hippel 1979, Köhler 1987 und Thiemeyer 1975; Gutachten Wissenschaftlicher Beirat BMWI 1996b.

5.
Das System der Arbeitsbeziehungen

5.1 Die Arbeitsbeziehungen im Betrieb

5.1.1 Arbeitnehmerschutzrechte heute: Deregulierung oder Humanisierung der Arbeit

Arbeitnehmerschutz: Wie wir im historischen Abriß kurz schilderten, bildeten Schutzrechte für arbeitende Kinder die ersten staatlichen sozialpolitischen Initiativen. Mit dem Preußischen Regulativ von 1839 begann ein langer Weg des Ausbaus und der Verbesserung des Arbeitsschutzes. So vielfältig die Bedingungen und Probleme von Arbeitnehmern in den Betrieben sind, so vielfältig stellt sich inzwischen die staatliche und tarifliche Regulation zum Arbeitnehmerschutz dar. Auf die großen Schutzsysteme der Mitbestimmung, der Tarifautonomie und der Sozialversicherung wird im folgenden genauer einzugehen sein, bilden sie doch den Kernbereich der deutschen Sozialordnung. Die vielfältigen weiteren Regulierungen finden meist weniger Beachtung. Obwohl sie z. T. von erheblicher Bedeutung sind, können auch wir angesichts der Regelungsdichte auf diesem Feld nur einen Blick auf die wichtigsten Ziele und Gesetze werfen. Es geht dabei u. a. um

- den Schutz vor gesundheitlichen Gefahren (Beispiele: Gesetzliche Unfallversicherung (GUV), Arbeitssicherheitsgesetz, Gefahrstoffverordnung, Arbeitszeitgesetz),
- den Schutz gegen Ausbeutung und Übervorteilung (Beispiele: Tarifautonomie, Mitbestimmung, Heimarbeitsgesetz),
- die Sicherung des Arbeitsplatzes (Beispiele: Kündigungsschutzgesetz, Beschäftigungsförderungsgesetz, Arbeitsplatzschutzgesetz),
- die Sicherung der Familie (Beispiele: Arbeitszeitregelungen, Mutterschutzgesetz, Erziehungsgeldgesetz),

- die Abwehr von »mobbing« und Belästigung (Beispiel: Gesetz gegen sexuelle Belästigung im Betrieb),
- den Schutz vor unlauterer Konkurrenz durch Lohndumping (Beispiele: Tarifautonomie, Entsendegesetz: Mindestlöhne für ausländische Arbeitskräfte in der Bauwirtschaft),
- die Abwehr sittlicher Gefährdungen (Beispiel: Jugendarbeitsschutz),
- den Schutz besonders gefährdeter Gruppen (Beispiele: Schwerbehindertengesetz, Mutterschutzgesetz, Sozialplan nach Betriebsverfassungsgesetz).

Träger und Instrumente: Regelungskompetenz haben neben dem Staat und der Sozialversicherung (u.a. gesetzliche Unfallversicherung) auch die Tarifparteien und die Europäische Union, die verschiedene Richtlinien zum Arbeitsschutz erlassen hat. Bedeutsam sind auch Übereinkommen der Internationalen Arbeitsorganisation, die dazu dienen, einen Mindeststandard an Schutzrechten weltweit durchzusetzen. Neben staatlichen Geboten und Verboten mit entsprechenden Kontrollmaßnahmen durch Aufsichtsbehörden (Gewerbeaufsichtsämter, TÜV, Gesundheitsämter), ist die Übertragung bestimmter Aufgaben in die Verantwortung der Unternehmen (gesetzliche Unfallversicherung, Berufsgenossenschaften als Aufsicht) oder der Verbände (Selbstverwaltung in der Sozialversicherung, Tarifautonomie) eine bewährte Instrumenten- und Trägerkombination im Arbeitnehmerschutz. Die Übertragung von kollektiven Vertretungsrechten an Betriebsräte und Arbeitnehmervertreter im Aufsichtsrat stärkt die Gegenmachtposition der Arbeitnehmer im Unternehmen und damit ihre Fähigkeit zum Selbstschutz. Individuelle Schutzrechte (Betriebsverfassungsgesetz: Anhörungs-, Unterrichtungs- und Beschwerderechte) für den einzelnen Arbeitnehmer runden das Arbeitsrecht ab und stärken die Selbsthilfekraft des einzelnen.

Die meisten Schutzmaßnahmen beziehen sich auf die Sicherung der Gesundheit. Wir gehen auf diese Maßnahmen später im Zusammenhang mit der Unfallversicherung in Gliederungspunkt 7.3.3 näher ein. Exemplarisch soll hier kurz der Kündigungsschutz skizziert werden.

Kündigungsschutz: Der Kündigungsschutz wird durch das Bürgerliche Gesetzbuch und das Kündigungsschutzgesetz geregelt. Eine Kündigung muß begründet sein, und der Arbeitgeber kann sich nur auf folgende drei Gründe berufen (*soziale Rechtfertigung*): Personelle Gründe (Beispiel: Verlust der Arbeitsfähigkeit), verhaltensspezifische Gründe (u.a. Arbeitsverweigerung) und betriebsbedingte Kündigungen (u.a. Schließung einer Abteilung). Bei der Auswahl der Personen bei einer betriebsbedingten Kündigung sind soziale

Gesichtspunkte (Alter, Familienstand) zu berücksichtigen. Jeder gekündigte Arbeitnehmer kann seine Entlassung vor dem Arbeitsgericht anfechten. In der derzeitigen Arbeitsmarktkrise steigt die Zahl der Klagen, rund ein Drittel aller Arbeitsgerichtsverfahren sind heute Kündigungsanfechtungen. Auch wenn erfolgreich geklagt wurde, kann das Arbeitsgericht auf Antrag des Arbeitgebers dennoch das Arbeitsverhältnis auflösen, wenn dieser keine Chance für eine weitere vertrauensvolle Zusammenarbeit sieht. In diesem Fall erhält der Arbeitnehmer eine Abfindung. Dies ist zur Regel geworden, so daß von einem eigentlichen Schutz vor Arbeitsplatzverlust nicht gesprochen werden kann. Anders sieht es nur bei dem besonderen Kündigungsschutz zugunsten bestimmter Gruppen (u.a. Betriebsratsmitglieder, schwangeren Frauen, Behinderten) aus. Kleinbetriebe bis zu zehn Beschäftigten benötigen bei Kündigungen keine soziale Rechtfertigung nach dem Kündigungsgesetz. Obwohl die Betriebe in Deutschland auch bisher ohne große Schwierigkeiten (zumeist über Abfindungen) ihre Arbeitnehmer entlassen können, ist der Kündigungsschutz 1996 gesetzlich weiter gelockert worden.

Deregulierung oder weiterer Regulierungsbedarf?: In der derzeitigen *Deregulierungsoffensive* sind schon der Kündigungsschutz, das Lohnfortzahlungsgesetz, das Arbeitszeitgesetz (1994) (u.a. Neuregelung der Arbeitszeiten für Frauen, der Schichtarbeit, der Sonn- und Feiertagsarbeit), das Ladenschlußgesetz und die Arbeitsvermittlung im neoliberalen Sinne reformiert worden. Dies wird damit begründet, daß eine zu starke Einschränkung der Verfügbarkeit des Faktors Arbeit auch die ökonomische Initiative der Unternehmen lähmen kann und andererseits bestimmte wohlgemeinte Schutzrechte sich durchaus zum Nachteil der vermeintlich Geschützten auswirken können. So wird beispielsweise ein starker und für die Unternehmer kostspieliger Behindertenschutz – u.a. Kündigungsschutz – zwar die Lage der Behinderten, die den Zugang zu den Betrieben geschafft haben (insider), verbessern, die Außenstehenden (outsider) stoßen jedoch auf hohe Einstellungsbarrieren. Manche Sozialpolitiker sprechen sich aus diesem Grund denn auch eher für positive Anreize wie (zeitlich begrenzte) Lohnsubventionen für Behinderte aus (vgl. Kapitel 7.6.2).

An weiteren Vorschlägen zu Veränderungen im Arbeitnehmerschutz mit dem Ziel der Steigerung von Arbeitnehmermobilität und Unternehmensflexibilität herrscht kein Mangel (vgl. etwa Deregulierungskommission 1991). Doch entgegen der scheinbar unaufhaltsamen weltweiten Entwicklung hin zum neoliberalen Zeitgeist, der z.B. in England in Gestalt der konservativen Regierung die Arbeitnehmerschutzrechte wie eine Dampfwalze überrollte, ist die politische

Landschaft in Deutschland durchaus differenzierter. So wurde letztlich von der CDU/CSU neben den Deregulierungsmaßnahmen mit dem Entsendegesetz (1996) ein neues Schutzrecht gegen Lohnunterbietungskonkurrenz aus den anderen EU-Ländern durchgesetzt, das Mindestlöhne für ausländische Bauarbeiter festschreibt. Gefordert wird nicht nur in der Opposition eine bessere Garantie auf eine betriebliche Berufsausbildung für alle Jugendlichen. Auch wenn das Instrument der *Berufsbildungsabgabe* für nicht ausbildende Betriebe ordnungspolitisch umstritten ist, erscheinen Regulierungsmaßnahmen anderer Art in diesem Fall durchaus konsensfähig. Selbst für die Abschaffung oder Modifizierung der Sozialabgabenbefreiung bei sog. *geringfügig Beschäftigten* – den *610-Mark-Jobs* – scheint eine kleine Chance zu bestehen. Zu expansiv breitet sich diese Form der ungesicherten Beschäftigung im Handel aus, und viele Vollzeitstellen wurden schon umgewandelt. Als vorläufiges Fazit läßt sich sagen: Deregulierung um jeden Preis ist in Deutschland nicht mehrheitsfähig.

Humanisierung der Arbeit: In den 70er Jahren entstand ein neues Leitbild für die Arbeitswelt: Das Konzept zur *Humanisierung der Arbeit* wurde offensiv von den Gewerkschaften und Arbeitssoziologen vorgetragen und sollte zu einer dem arbeitenden Menschen gerechten Neugestaltung der Arbeitsplätze und der innerbetrieblichen Arbeitsbedingungen beitragen. Die Idee machte schnell Furore, und Modellvorhaben in den Betrieben wurden im Rahmen eines Forschungsprogramms der sozialdemokratisch geführten Bundesregierung mit erheblichen Mitteln gefördert und wissenschaftlich begleitet. Gefördert wurde die Entwicklung von menschengerechten Arbeitstechnologien, Modelle menschenwürdiger Arbeitsorganisation und neuer Formen der Zusammenarbeit am Arbeitsplatz.

Nach anfänglicher euphorischer Bewertung dieser »Bewegung« zur Humanisierung der Arbeit vor allem bei den Forschern kehrte in den 80er eine gewisse Ernüchterung ein. So sehr das Leitbild der Humanisierung uneingeschränkte Sympathie verdient, so sehr bleibt die praktische Durchführung möglicher Humanisierungsstrategien von den gesellschaftlichen Rahmenbedingungen abhängig und damit konfliktträchtig. In unserem Wirtschaftssystem werden betriebliche Maßnahmen immer zuerst mit dem Maßstab der Rentabilität gemessen. Sicher gibt es auch hier Spielräume für Humanisierungsmaßnahmen, die rentabilitätsneutral sind oder sogar Produktivitätszuwächse erbringen. Maßnahmen dagegen, die weiter zielen und Produktivität und Rentabilität eines Unternehmens einschränken, werden nur in konfliktträchtigen Auseinandersetzungen durchzusetzen sein. Dafür aber sind die Zeiten hoher Arbeitslosigkeit und geringen Wachstums wenig geeignet.

5.1.2 Gruppenarbeit und Mitbestimmung am Arbeitsplatz

Die Forderung nach mehr Mitbestimmung am Arbeitsplatz wird aus unterschiedlichen Motiven erhoben. Dahinter stehen sehr gegensätzliche weltanschauliche Positionen.

Radikale Basisdemokratie: Die Studentenunruhen von 1968 führten u.a. auch dazu, daß ältere anarchistische und basisdemokratische Ideen wieder aufgegriffen wurden. Gefordert wurde der Aufbau einer Arbeitergegenmacht in den Betrieben von unten und die Aufbrechung verkrusteter Gewerkschafts- oder Betriebsratsstrukturen, die nur eine repräsentative Teilnahme der Arbeiter an den Willensbildungsprozessen erlauben. Das ganze Betriebsverfassungssystem und seine Sozialpartnerschaftsideologie wurden abgelehnt und – in romantischer Verklärung – das revolutionäre Potential der englischen »shop stewards« und der Idee einer Arbeiterselbstverwaltung in den romanischen Ländern zum Vorbild erklärt. Im Gegensatz etwa zu Italien konnten diese Ideen nur geringen Einfluß auf die Arbeitnehmer in Deutschland gewinnen, und sie sind nunmehr nach dem Zusammenbruch des Sozialismus auch weitgehend aus dem akademischen Diskurs kritischer Sozialwissenschaftler verschwunden.

Gewerkschaftliche Vertrauensleute: Unruhen an der Basis, wilde Streiks zu Anfang der siebziger Jahre ließen auch die Gewerkschaften neu über Konzeptionen einer Mitbestimmung am Arbeitsplatz nachdenken. Mit den *gewerkschaftlichen Vertrauensleuten* glaubt man über eine gut funktionierende Institution zu verfügen, die es weiter auszubauen gilt. Der gewerkschaftliche Vertrauensmann wird von den gewerkschaftlich organisierten Arbeitnehmern in kleinen Betriebseinheiten gewählt. Als rein gewerkschaftlicher Funktionsträger besitzt er keine rechtliche Absicherung in der gesetzlichen Betriebsverfassung. Der Vertrauensmann, der als Anlaufstelle und Kollege der Arbeiter am Arbeitsplatz deren Probleme aus erster Hand erfährt, soll zum einen als eine Art Gruppensprecher die Interessen seiner Kollegen artikulieren, zum anderen ist er gewerkschaftlicher Solidarität verpflichtet.

Qualitätszirkel und Gruppenarbeit im Konzept der lean production: Über neue Formen der Mitarbeitermitwirkung wurde schon früh in Managerseminaren nachgedacht. Erste *Cooperative-Management-Konzeptionen* stammen aus den siebziger Jahren. Man versprach sich erhebliche Produktivitätsfortschritte durch eine Ausweitung der Mitwirkungsrechte der einzelnen Arbeitnehmer an ihrem Arbeitsplatz. Die oft streng hierarchisierten Leistungskontrollen sollen durch motivierende Personalführung ersetzt, Konflikte durch ein gewisses Maß an Selbstbestimmung des Arbeitsablaufes reduziert und über direkte Beschwerdewege bis zur Unternehmensführung möglichst unter Umgehung des Betriebsrates oder der Gewerkschaften kanalisiert werden. Man verspricht sich heute hiervon die verstärkte Integration der einzelnen Arbeitnehmer, ihre Anbindung an den Betrieb und die Eindämmung des organisierten Arbeitnehmereinflusses.

Erste konkrete Konzeptionen in den 70er Jahren zielten darauf, durch Erweiterung *(job-enlargement)*, Bereicherung *(job-enrichment)* des einzelnen Arbeitsplatzes oder durch Bildung kleiner *(teil)autonomer Arbeitsteams* den Spielraum für Eigeninitiative und -verantwortung zu erhöhen. Insgesamt fanden diese Konzepte trotz ihrer Verbindung zum Humanisierungsprogramm und der daraus fließenden Subventionen der Bundesregierung eher zögerlich Eingang in die Personalführung der deutschen Unternehmen. Das lag – neben einer eher konservativen Haltung der erfolgsgewohnten deutschen Industrie – wohl vor allem daran, daß sich diese Form der Gruppenarbeit, wie sie vor allem in der schwedischen Automobilindustrie ausprobiert wurde, nicht als sonderlich produktivitätssteigernd erwies.

Mit den Erfolgen der japanischen Produktionsweise *(lean production)* mit dem wichtigen Element der *Gruppenarbeit* entflammte die Diskussion zu Beginn der neunziger Jahre neu. Nach dem Motto »Lerne von den Erfolgreichen« sollen Teile des japanischen Erfolgsmodells in den deutschen Betrieben implantiert werden (Lecher 1995). Die japanische Arbeitsgruppe arbeitet selbstverantwortlich nach dem Konzept der umfassenden Qualität (total quality). Die Gruppe ist hohen Anforderungen (Produktivität, enger Zeitrahmen, Qualität) ausgesetzt (Stressmanagement). Permanent wird über den Informationsaustausch in Qualitätszirkeln eine Verbesserung der Produktion angestrebt und mit einer Vielzahl von laufenden Vorschlägen zur Verfahrensverbesserung auch erreicht. Dies wird durch Prämien belohnt und durch ein Entgeltsystem, bei dem nur ca. 70-80 Prozent als Fixlohn, der Rest als Gewinnbeteiligung ausgezahlt wird. Die Identifizierung der Arbeiter mit ihrem Unternehmen wird durch die Garantie des Arbeitsplatzes auf Lebenszeit entscheidend verstärkt. Zudem ist es äußerst schwierig, einen gleichwertigen Arbeitsplatz in einem anderen Unternehmen zu finden. Damit geht das japanische Unternehmen kein Risiko ein, wenn es seine Ausbildungsinvestitionen verstärkt. Das Humankapital ist fest mit dem Unternehmen verbunden. Umgekehrt gehen die Arbeitnehmer kein Risiko ein, durch eigene Verbesserungsvorschläge freigesetzt zu werden. Technischer Fortschritt und Produktivitätssteigerung sind auch zu ihrem Vorteil.

Läßt sich dieses Konzept auf Deutschland übertragen? Die Soziologen argumentieren mit kulturbedingten Mentalitätsunterschieden. Der europäische Mensch von heute sei auf dem Weg zur Selbstverwirklichung. Zwänge wie die permanente Beaufsichtigung durch Vorgesetzte, aber auch die Bevormundung durch Gewerkschaftsfunktionäre lehne er ab. Mitgestaltungsmöglichkeiten am Arbeitsplatz ohne weitergehende Ansprüche an Systemveränderung sind sein Ziel. Konkret will der Arbeitnehmer heute mehr Zeitsouveränität (flexible Arbeitszeiten), Eigenverantwortung, Berücksichtigung seiner Verbesserungsvorschläge und vor allem eine entsprechende Honorierung dieser Leistungen.

Dies alles geht mit dem Produktionsmodell à la Japan nur zum Teil konform. Die dort geforderte, fast vollkommene Unterordnung unter die Ziele des Unternehmens und der permanente Gruppendruck des »management by stress« läuft mit dem individuellen Selbstverwirklichungsideal des modernen Europäers auf Konfrontationskurs.

Aber auch die Institutionalisten unter den Ökonomen argumentieren, daß das Modell Japan ein so ausdifferenziertes und ausbalanciertes Anreizgefüge darstelle, daß die Übertragung einzelner Elemente nicht erfolgversprechend sei. Als Beispiel können die Qualitätszirkel dienen. Deutsche Arbeiter müssen mit Freisetzungseffekten durch technischen Fortschritt rechnen, ihr Entgeltsystem enthält keine Gewinnbeteiligungskomponente. Das Letztere ließe sich vielleicht noch einrichten, eine Arbeitsplatzgarantie wie in Japan jedoch verletzt das erste Gebot neoliberaler Politik: Freiheit der Arbeitsbeziehungen. Wir werden daher in Europa eigene Wege zur Vereinbarkeit von hoher Produktivität und Mitwirkung am Arbeitsplatz finden müssen (Kuhn 1996).

5.1.3 Betriebliche Mitbestimmung über den Betriebsrat

In unserem historischen Überblick haben wir gezeigt, daß Formen betrieblicher Mitwirkung schon früh praktiziert und 1920 in der Weimarer Republik gesetzlich verankert wurden (Betriebsrätegesetz 1920) (Teuteberg 1961). Heute regelt das Betriebsverfassungsgesetz von 1972 (zuletzt geändert 1994) die betriebliche Mitbestimmung. Das Gesetz zielt darauf ab, der Abhängigkeit der Arbeitnehmer im Betrieb entgegenzuwirken, ihren Freiheitsspielraum zu erweitern und den Arbeitsvollzug menschlicher zu gestalten. Es enthält neben den oben angesprochenen wenigen individuellen Arbeitnehmerrechten im Schwerpunkt eine umfassende Regelung der kollektiven Interessenvertretung der Arbeitnehmer im Betrieb.

Betriebsratswahlen 1994

(Stimmanteile der Gruppen in Prozent)

DGB	DAG	CGB	ULA	SONSTIGE	Nicht-Organisierte
66,7	4,3	1,6	0,0	0,9	26,5

Quelle: Informationsdienst des Instituts der deutschen Wirtschaft, 20. Jg., 32 /1994.

Aufgaben des Betriebsrats: Schaltstelle der betrieblichen Mitbestimmung ist der *Betriebsrat*, der durch alle wahlberechtigten Arbeitnehmer in geheimer und unmittelbarer Wahl auf vier Jahre gewählt wird. Die Wahlbeteiligung bei der Wahl 1994 mit 78,8 Prozent bei den Arbeitern und 76,6 Prozent bei den Angestellten zeigt das hohe Interesse und die Bedeutung dieser Institution für die Arbeitnehmer. Die Anzahl der Betriebsratsmitglieder hängt ab von der Anzahl der im Betrieb beschäftigten Arbeitnehmer. Bei 5 bis 20 Wahlberechtigten wird ein Betriebsobmann gewählt. In einer Vorabstimmung wird entschieden, ob eine gemeinsame Wahl von Angestellten und Arbeitern (1994: bei ca. 60 Prozent der Wahlen) oder eine Gruppenwahl der beiden Arbeitnehmergruppierungen stattfindet.

Die Rechte des Betriebsrates lassen sich in *Informations-*, *Mitwirkungs-* und *Mitbestimmungsrechte* in bestimmten sozialen, personalen und wirtschaftlichen Angelegenheiten einteilen.

Mitbestimmung in sozialen Angelegenheiten heißt u. a., daß der Betriebsrat bei der Regelung der Arbeitszeit, bei der Aufstellung von Urlaubsplänen, der Einführung von Entlohnungsformen und der Wahl von Maßnahmen zur Unfallverhütung zu beteiligen ist. Im Konfliktfall kann eine paritätisch besetzte *Einigungsstelle* mit einem neutralen Vorsitzenden angerufen werden. Im Bereich der personellen Angelegenheiten sind außer im Falle einer beabsichtigten Entlassung von Betriebsratsmitgliedern nur Informations-, Mitwirkungs- und Einspruchsrechte bei Einstellungen und Kündigungen gesetzlich vorgesehen. Es handelt sich hierbei also um eine Art *Mißbrauch*skontrolle. Ähnlich reduziert sich die Beteiligung an wirtschaftlichen, also unternehmerischen Entscheidungen im engeren Sinne, vor allem auf Informationsrechte. Bedeutsam sind die Beteiligungsrechte bei Betriebsänderung, also Betriebsstillegungen, -verlegungen und -zusammenschlüsse und schwerwiegenden Veränderungen der betrieblichen Abläufe.

Bei Änderungen, die wesentliche Nachteile für die Arbeitnehmer bedeuten, haben sich Unternehmer und Betriebsrat um einen Interessenausgleich zu

Rechte des Betriebsrats (BR)

Qualitätsgrade der Mitbestimmung	**Rechte des BR in sozialen Fragen**	**Rechte des BR in personellen Fragen**	**Rechte des BR in wirtschaftlichen Fragen**
Informationsrechte	§ 80: umfassende und rechtzeitige Auskunftsansprüche des BR	§ 80: umfassende und rechtzeitige Auskunftsansprüche des BR § 105 Einstellung leitender Angestellter	§ 80: umfassende und rechtzeitige Auskunftsansprüche des BR § 106 Wirtschaftsausschuß
Anhörungs- und Beratungsrechte		§ 92 Allgemeine Personalplanung	§ 111 Betriebsänderungen
Vorschlagsrechte		§ 96 Förderung der Berufsbildung	
Vetorechte		§ 99 Personelle Einzelmaßnahmen (Mißbrauchskontrolle)	
Zustimmungsrechte AG darf Maßnahme nur mit Einverständnis des Betriebsrats durchführen, BR hat kein Recht zur Durchsetzung einer Alternative		§ 95(1) Auswahlrichtlinien bei Einstellungen, Versetzungen, Umgruppierungen und Kündigungen in Betrieben unter 1000 AN § 103 Kündigung von Betriebsräten	
Durch Initiative erzwingbare AG-Maßnahme		§ 95 (2): Auswahlrichtlinien bei u. a. Kündigungen bei Betrieben über 1000 AN	
Mitbestimmung im engeren Sinn: AG und BR haben gleiches Initiativrecht; Entscheidungen nur gemeinschaftlich; **Einigungsstelle** zur Pattauflösung	**§ 87: Herzstück der Mitbestimmung:** u. a. Betriebsordnung, Unfallverhütung, Lohngestaltung, Arbeitszeitregelung, Urlaubsplanung		wenig Rechte: Ausnahmen: § 112/112a Sozialplan

bemühen. Die Aufstellung eines *Sozialplans* zur Milderung der wirtschaftlichen Nachteile der von Entlassung oder Umgruppierung betroffenen Arbeitnehmer ist vom Betriebsrat nach dem Betriebsverfassungsgesetz erzwingbar. In Beschäftigungskrisen, bei denen infolge von Rationalisierungsmaßnahmen viele Arbeitnehmer ihren Arbeitsplatz verlieren, hat sich diese Regelung bewährt, obwohl die Mitentscheidung darüber, nach welchen sozialen Kriterien Arbeitnehmer entlassen, umgesetzt oder entschädigt werden sollen, für Betriebsräte nicht leicht zu fällen und mitzutragen ist. Die Einigungsstelle ist in jedem Fall verpflichtet, bei der Abfindung die Gegebenheiten des Einzelfalles zu berücksichtigen und dabei den Bestand des Unternehmens nicht zu gefährden.

Weitere Institutionen der Betriebsverfassung sind nach dem Betriebsverfassungsgesetz die Jugendvertretung, der Schwerbehindertenvertrauensmann und die vierteljährlich einzuberufende Betriebsversammlung, die dem Informations- und Meinungsaustausch zwischen Betriebsrat und der Belegschaft dient.

Kritische Einschätzung: Die betriebliche Mitbestimmung wird unterschiedlich eingeschätzt. Zum einen ist der Betriebsrat an dem gesamten Betriebsgeschehen verantwortlich mitbeteiligt, er unterliegt dem Gebot der *vertrauensvollen Zusammenarbeit*, der *Friedenspflicht*, die eine Organisierung von Arbeitskämpfen ausschließt und dem Verbot partei- und gewerkschaftspolitischer Betätigung im Betrieb. Diese eher integrativen, partnerschaftlichen Regelungen beruhen jedoch keineswegs auf einer Machtsymmetrie oder Parität. Der Einfluß des Betriebsrats auf die wichtigen Unternehmensentscheidungen ist verhältnismäßig gering und nur in einigen sozialen Fragen mit dem des Managements vergleichbar. Die Mitbestimmungsrechte sind eher Schutz- und Mißbrauchskontrollen und zeichnen den Betriebsrat als eine kontrollierende, jedoch nicht gleich starke Gegenmacht der Arbeitnehmer im Betrieb aus. Aus der Funktion, zugleich Integrationsfaktor im Betrieb und Interessenvertretung der Arbeitnehmer zu sein, entsteht ein Spannungsverhältnis, das jeder Betriebsrat in der Praxis ausbalancieren muß.

Um allerdings die relative Macht von Arbeitnehmern und Unternehmern richtig einschätzen zu können, muß noch der zweite Teil des *dualistischen Systems der Arbeitsbeziehungen in Deutschland* – die Tarifverhandlungen – näher betrachtet werden (vgl. Gliederungspunkt 5.2). Auch wenn der Betriebsrat nicht direkter Träger der Tarifpolitik ist, kann er als Kontrollstelle zur Überwachung der Tarifverträge angesehen werden. Das gilt natürlich nur für die tariflich gebundenen Mitgliedsunternehmen von Arbeitgeberverbänden. Die Tarifvereinbarungen über Löhne und Arbeitsbedingungen setzen hier den Mindeststandard. In sog. *Betriebsvereinbarungen* zwischen dem einzelnen Unternehmen und dem Betriebsrat sind übertarifliche Löhne oder Arbeitsbedingungen aushandelbar.

Firmengröße und Betriebsrat[1]

Mitarbeiterzahl	5-19	20-49	50-99	100-299	300-999	über 1000
Betriebsratsquote	4,3	36,7	67,7	86,4	97,2	100

[1] Anteil der Firmen mit Betriebsräten (in %) nach Betriebsgrößen in Niedersachsen; *Quelle:* Infratest Sozialforschung, Erste Welle Hannoveraner Firmenpanel 1994.

Aufgrund der vielen Kleinbetriebe haben nur etwa 20 Prozent der Betriebe einen Betriebsrat, während immerhin 73 Prozent aller Arbeitnehmer durch einen Betriebsrat vertreten werden. Zwei Drittel der Betriebsräte sind DGB-Gewerkschaftler. Das heißt allerdings nicht, daß es keine Konflikte zwischen Betriebsräten und Gewerkschaften gibt. Es ist eine im internationalen Vergleich einzigartige Konstellation der Arbeitsbeziehungen. Die Gewerkschaften haben ihren Einflußbereich vor allem oberhalb der Betriebsebene beim Abschluß von Branchentarifverträgen. Dagegen kanalisiert und begrenzt das Betriebsverfassungsgesetz bewußt den direkten Gewerkschaftseinfluß im Betrieb. So muß den Gewerkschaften nach Unterrichtung des Arbeitgebers Zugang zum Betrieb gewährt werden, sie verfügen zudem über ein Teilnahmerecht an Betriebsratssitzungen und Betriebsversammlungen, ein Antragsrecht zur Abberufung von Betriebsräten und ein Klagerecht gegenüber den Arbeitgebern bei groben Verstößen gegen das Betriebsverfassungsgesetz. Dies reicht den Gewerkschaften nicht, sie fordern größeren Einfluß auf die Wahl der Betriebsräte, die Aufstellung der Wahllisten und fordern eine Verpflichtung des Betriebsrates zur Zusammenarbeit mit ihnen, um verstärkt eine betriebsübergreifende Arbeitnehmersolidarität durchsetzen und betriebsegoistische Alleingänge von Betriebsräten verhindern zu können.

Die innerbetriebliche Mitbestimmung im öffentlichen Dienst unterliegt einer eigenen Gesetzgebung. Das Bundespersonalvertretungsgesetz in seiner Fassung von 1974 gilt für Bundesbehörden und enthält Rahmenrichtlinien für die Länder, die sich jeweils eigene Landespersonalvertretungsgesetze gegeben haben. Die Mitwirkungsrechte entsprechen im wesentlichen denen des Betriebsverfassungsgesetzes, Abweichungen werden durch die besondere Struktur und Aufgabenstellung des öffentlichen Dienstes begründet, dessen »Arbeitgeber« eine in demokratischen Wahlen legitimierte politische Führung ist.

Die *Personalräte* haben zum Beispiel keine Möglichkeit, ihre Rechte mittels gerichtlicher Zwangsmaßnahmen (Bußgeld, usw.) durchzusetzen. Des weiteren gelten für die Gruppe der Beamten – die in einem besonderen Loyalitätsverhältnis zum Staat stehen – die Mitwirkungsrechte des Personalrats nur in abgeschwächter Form. Ähnliche Einschränkungen finden wir auch im Betriebsverfassungsgesetz bezogen auf sogenannte Tendenzschutzbetriebe, deren Betriebszweck einem schutzwürdigen öffentlichen Interesse entspricht (Zeitungsunternehmen, kirchliche Betriebe usw.).

5.1.4 Mitbestimmung auf Unternehmensebene

Auf der Unternehmensebene existieren drei gesetzliche Mitbestimmungsregelungen nebeneinander.

Montanmitbestimmung: Die älteste Regelung – die *Montanmitbestimmung* – gilt seit 1951 für die Unternehmen der Kohle- und Stahlindustrie. Sie ist gleichzeitig die einzige Regelung, die eine volle Parität von Arbeit und Kapital im Aufsichtsrat garantiert (qualifizierte Mitbestimmung). Der Aufsichtsrat teilt sich in eine gleichstarke Arbeitnehmer- und Anteilseignerbank, die Anzahl der Aufsichtsratsmitglieder hängt von der Unternehmensgröße ab. Auf der Arbeitnehmerbank sitzen Belegschafts-, zumeist Betriebsratsvertreter des mitbestimmten Unternehmens und, um die überbetrieblichen Arbeitnehmerinteressen einzubringen, Vertreter der zuständigen Gewerkschaft. Pattsituationen, in denen Arbeitnehmer- und Anteilseignervertreter gegeneinanderstimmen, können durch den »neutralen Mann«, ein beiden Bänken genehmes und auf deren Vorschlag gewähltes Aufsichtsratsmitglied, entschieden werden.

Die Montanregelung sieht nicht nur im Aufsichtsrat, dem Kontrollorgan nach dem deutschen Aktiengesetz, Mitbestimmungsrechte vor, sondern reserviert auch eine Vorstandsposition (Arbeitsdirektor) im Führungsorgan der Unternehmen: für die Arbeitnehmerseite. Er kann nicht gegen die Mehrheit der Arbeitnehmervertreter im Aufsichtsrat bestimmt werden. Damit sind im Bereich Personal- und Sozialwesen die Arbeitnehmerinteressen hervorragend vertreten, wenn man zugleich noch die Einwirkungsmöglichkeiten der Betriebsräte bedenkt. Infolge der Unternehmenskonzentration entstanden immer mehr Groß- und Mischkonzerne, die zum Teil aus dem Regelungsbereich der Montanmitbestimmung hinauswuchsen. Durch verschiedene Ergänzungs- und Fortgeltungsgesetze (zuletzt 1987) wurde die Montanmitbestimmung dennoch größtenteils erhalten. Erfaßt werden von ihr heute noch rund 600 000 Arbeitnehmer. Die überwiegende Mehrheit der montanmitbestimmten Unternehmen ist in Konzernen eingebunden; sie bleiben so lange montanmitbestimmt, wie die Montan-Töchter insgesamt mindestens 20 % der Konzernwertschöpfung erzielen oder mehr als 2000 Arbeitnehmer beschäftigen.

Mitbestimmung nach Betriebsverfassungsgesetz: Die zweite Mitbestimmungsregelung geht auf die Betriebsverfassungsgesetze von 1952 und 1972 zurück. Im Aufsichtsrat von kleinen Kapitalgesellschaften (AG, Kommanditgesellschaft auf Aktien) mit weniger als 2000 Beschäftigten sind die Arbeitnehmer nur zu einem Drittel vertreten. Ausgenommen sind Familiengesellschaften mit weniger als 500 Arbeitnehmern. Außerdem gilt die Ein-Drittel-Beteiligung auch bei GmbHs, Wirtschaftsgenossenschaften und einigen anderen Gesellschaftsformen, soweit sie mehr als 500 Arbeitnehmer beschäftigen. Die Institution des Arbeitsdirektors analog der Montanmitbestimmung fehlt. Der faktische Einfluß auf die Unternehmenspolitik von seiten der Arbeitnehmer ist damit insgesamt als relativ gering einzuschätzen.

Mitbestimmung 1976

Grundmodell für Unternehmen mit mehr als 2000 AN

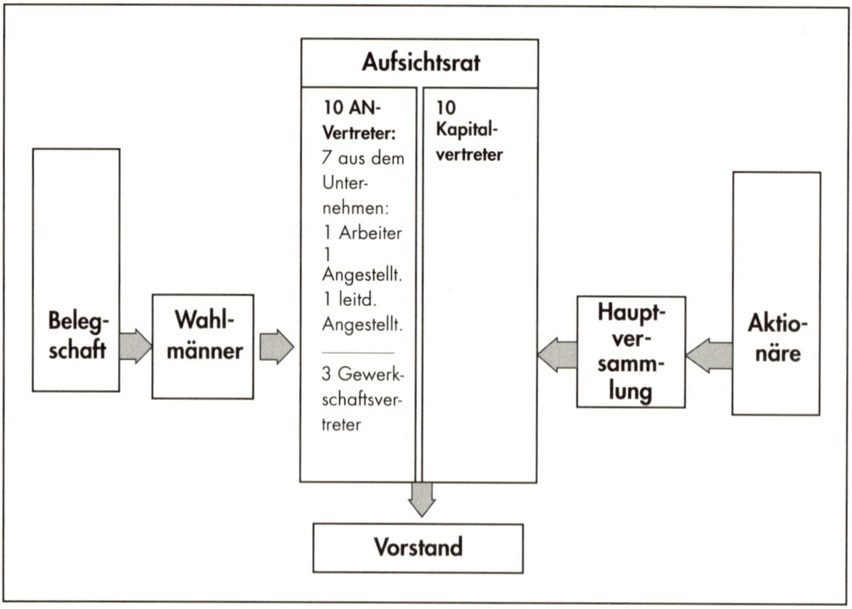

Die dritte Mitbestimmungsregelung auf Unternehmensebene – *das Mitbestimmungsgesetz von 1976* – erfaßt heute ca. 500 große Kapitalgesellschaften und Genossenschaften mit über 2000 Beschäftigten. Arbeitnehmerbank und Anteilseignerbank sind auch in diesem Modell gleich stark besetzt. Trotz erheblichen Drucks der Gewerkschaften wurde keine wirkliche Parität von Kapital und Arbeit im Aufsichtsrat zugestanden. Vielmehr wächst in Pattsituationen dem Aufsichtsratsvorsitzenden eine zweite Stimme zu. Da der Vorsitzende des Aufsichtsrats nicht gegen die Mehrheit der Stimmen der Vertreter der Anteilseigner bestimmt werden kann, wird im Normalfall ein Vertreter dieser Gruppe gewählt und wird deren Interessen durchzusetzen suchen. Weitere Forderungen der Gewerkschaften wurden ebenfalls nicht erfüllt. So ist zwar der Gewerkschaftseinfluß auf der Arbeitnehmerseite im Aufsichtsrat gesichert, aber im Gegensatz zur Montanmitbestimmung ein Übergewicht der betrieblichen Arbeitnehmervertreter gegeben. Zudem gehört zu ihnen ein Vertreter der leitenden Angestellten, deren Solidarität mit den übrigen Arbeitnehmern von den Gewerkschaften bezweifelt wird. Die Gewerkschaften argumentieren, daß der Vertreter der leitenden Angestellten im Falle eines Konflikts eher für die Kapitalseite stimmen werde. Von Verfechtern einer Aufteilung der Arbeitnehmerbank in Arbeiter, Angestellte und leitende Angestellte wird dagegen betont, daß gerade die leitenden Angestellten über den notwendigen Sachversand verfügten und sich in Konfliktfällen für die sachgerechte, den Unternehmensinteressen dienende Lösung entscheiden würden.

Damit war das Gesetz für die Gewerkschaften nur eine Zwischenstufe im Kampf um die volle paritätische Mitbestimmung. Zwanzig Jahre später allerdings verdichtet sich der Eindruck, daß das Ziel einer verbesserten Unternehmensmitbestimmung bei den Gewerkschaften durch andere Themen (Kampf gegen Arbeitslosigkeit und neoliberale Deregulierung) verdrängt worden ist.

Problemfelder: Während den Gewerkschaften das Mitbestimmungsgesetz von 1976 nicht weit genug geht – auch der Arbeitsdirektor unterliegt in dieser Konstruktion keinem besonderen Einfluß der Arbeitnehmer –, sahen die Arbeitgeberverbände in ihm einen Verstoß gegen die vom Grundgesetz vorgegebenen Sozialordnungsprinzipien und reichten Klage beim Bundesverfassungsgericht ein. Befürchtet wurde die Aushöhlung des Rechts auf Eigentum, da die Verfügungsgewalt der Kapitalgeber über ihr Eigentum am Produktivkapital der Unternehmen durch die Mitbestimmung über Gebühr eingeschränkt werde. Ferner sahen sie die Tarifautonomie gefährdet. Die durch Mitbestimmung erworbenen Kenntnisse der Gewerkschaften über die Situation der Unternehmen schwäche die Verhandlungsposition der Arbeitgeberseite in Tarifauseinandersetzungen entscheidend. Der Zangengriff von gewerkschaftlicher Gegenmacht bei den Tarifauseinandersetzungen und direktem gewerkschaftlichen Einfluß auf die Unternehmensführung begründe eine verfassungswidrige Überparität. Das Bundesverfassungsgericht hat die Klage der Arbeitgeber gegen das Mitbestimmungsgesetz von 1976, das immerhin von allen Parteien des Bundestages verabschiedet worden ist, abgewiesen. Neuere Erkenntnisse zeigen, daß die Anteilseigner ihre Interessen wenn möglich am Aufsichtsrat vorbei in die Vorstandspolitik des Unternehmens einzubringen versuchen.

Die Mitbestimmungsprogrammatik des Deutschen Gewerkschaftsbundes (DGB) erstreckt sich noch auf eine weitere Ebene: die *gesamtwirtschaftliche Mitbestimmung*. Gedacht ist an die Errichtung von *Wirtschafts- und Sozialräten*. Den historischen Anknüpfungspunkt bildet der Reichswirtschaftsrat in der Weimarer Republik. Die Aufgaben derartiger Gremien werden sehr unterschiedlich definiert. Während nach Vorstellungen aus dem Kreis der CDU-Sozialausschüsse Wirtschafts- und Sozialräte zu Beratungsorganen des Parlaments würden, schlägt der DGB eine verfassungsrechtliche Absicherung und ein Initiativrecht gegenüber der gesetzgebenden Körperschaft vor.

Die Auseinandersetzungen um das System von Mitbestimmungsrechten finden nicht nur zwischen Gewerkschaften und Arbeitgebern, sondern auch im Arbeitnehmerlager selbst statt. Die in Deutschland entwickelte Form der Arbeitnehmermitbestimmung wurde in der Vergangenheit von den Gewerkschaften im europäischen Ausland weitgehend abgelehnt. Ihr ging der Ruf voraus, ein *Integrations- und Befriedungsinstrument* zu sein, das die eigentlich anzustrebenden Ziele der Arbeiterschaft – Kontrolle des Produktionsprozesses und Selbstbestimmung – verfehle. Inzwischen ist das Modell für die Gewerkschaften in anderen europäischen Ländern kein rotes Tuch mehr. Dafür ist jedoch die Idee der Partnerschaft im Unternehmen mit starkem gewerkschaftlichem Einfluß für die Unternehmensseite momentan kein Thema.

Sowohl der konservativen als auch Teilen der linken Kritik an der Mitbestimmung ist gemeinsam, daß sie die Institutionen unserer Wirtschafts- und Sozialordnung letztlich als nicht demokratisierungsfähig ansehen. Von Arbeitgeberseite wird immer wieder betont, demokratische Strukturen beeinträchtigen die Funktionsfähigkeit und sachadäquate Leitung eines Unternehmens, so daß Verluste im harten Konkurrenzkampf zu befürchten seien und das Unternehmen Gefahr laufe, gänzlich aus dem Markt auszuscheiden. Dem ist entgegenzuhalten, daß die Funktionsfähigkeit moderner Unternehmen gerade durch autoritäre Entscheidungsprozesse und hierarchische Strukturen gefährdet ist. Die paritätische Mitbestimmung beinhaltet demgegenüber die

Chance zur positiven Integration, da sie die Betroffenen an den demokratischen Entscheidungen mitbeteiligt. Glauben auf der anderen Seite linke Kritiker, diese Integration unter kapitalistischen Bedingungen von vornherein als korrumpierungsverdächtig abtun zu können, werden Demokratisierungschancen leichtfertig vertan. Die Hoffnung, daß sich in sozialistischen Gesellschaften die Probleme von Integration und Kontrolle in den Unternehmen von selbst lösen würden, erwies sich als schöne Illusion.

5.2 Die Struktur des Arbeitsmarktes

5.2.1 Gewerkschaften und Arbeitgeberverbände: Sozialpartner und Kontrahenten

Die Struktur des Arbeitsmarkts erfuhr im sozialökonomischen Wandlungsprozeß seit der industriellen Revolution tiefgreifende Veränderungen. Aus der originären Monopolstellung der Arbeitgeber den nichtorganisierten Arbeitnehmern gegenüber, die im Frühkapitalismus ihre Arbeitskraft zu Niedrigstlöhnen verkaufen mußten, entwickelte sich in zum Teil härtesten Auseinandersetzungen (Klassenkampf) die organisierte Gegenmacht der Gewerkschaften und, teils im Vorgriff, teils in Gegenreaktion, Arbeitgebervereinigungen als »Antistreikvereine«. Ein gegenseitiges Hinaufschaukeln des verbandlichen Zentralisierungsgrades führte zu einem – modellhaft vereinfacht – zweiseitigen Monopol auf dem Arbeitsmarkt in den entwickelten Ländern. Dabei kam es allerdings zu sehr unterschiedlichen Zentralisationsgraden der Tarifverhandlungen.

Die goldenen Zeiten machtvoller Gewerkschaften scheinen inzwischen vorbei. Im Zuge der *Globalisierung* der Weltmärkte, bei dem Schwellenländer und neu industrialisierte Länder über Kostenvorteile in den europäischen Markt drängen, stehen die erreichten Sozialstandards und zuvorderst der Einfluß der organisierten Arbeitnehmer zur Disposition. Transnationale Unternehmen spielen die Nationalstaaten gegeneinander aus und zwingen sie zu einem Unterbietungswettbewerb um günstige Standortbedingungen. Nirgendwo verändert der sozialökonomische Wandel das Gesicht der Sozialordnungen westlicher Länder so stark wie auf dem Arbeitsmarkt. Während in vielen westlichen Ländern (USA, England, Frankreich) die Gewerkschaften sehr stark in die Defensive gedrängt wurden, bilden in Deutschland die organisierten Arbeiter noch eine starke Gegenmacht gegen neoliberale Versuche, zum

»doppelt freien Lohnarbeiter« (Karl Marx) des Frühkapitalismus zurückzukehren. Die weitere Zukunft ist ungewiß. Konnte man bis in die 80er Jahre hinein von einer Sozialpartnerschaft der Arbeitsmarktverbände sprechen, in der die Konflikte über gemeinsam anerkannte Regulierungsverfahren erfolgreich gelöst wurden, so steht auch dies heute auf dem Spiel. Nationale und/oder gewerkschaftliche Strategien gegen den Globalisierungsdruck werden noch gesucht. Ob die Hoffnungen vieler Menschen, daß eine gemeinsame europäische Politik in Zukunft das Aufweichen der Sozialstandards verhindern kann, aufgehen werden, ist eher ungewiß.

Gewerkschaftliche Organisationsgrade international

(in Prozent der Beschäftigten)

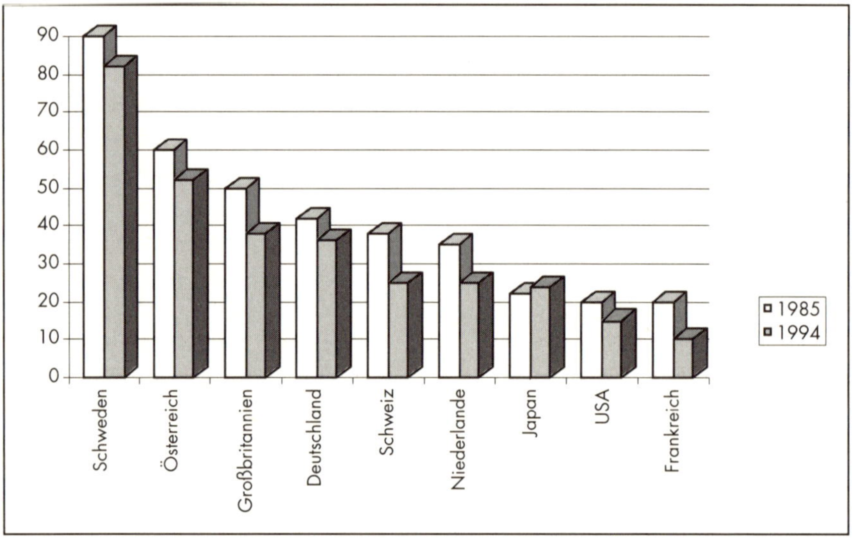

Quelle: Informationsdienst des Instituts der deutschen Wirtschaft, 22. Jg., 39/1996, Globus 7141

Die Arbeitsangebotsseite wird in der Bundesrepublik vor allem durch den Deutschen Gewerkschaftsbund (DGB) mit seinen 15 Einzelgewerkschaften und ihren ca. 9 Mio. Mitgliedern (1996) organisiert. Von einigem Gewicht sind außerdem die Deutsche Angestelltengewerkschaft (DAG) (ca. 500 000 Mitglieder), der Deutsche Beamtenbund (gut 1 Mio.) und der Christliche Gewerkschaftsbund (300 000). Aus der Streikkasse sowie dem gewerkschaftlichen Organisationsgrad läßt sich in etwa auf die Schlagkraft und Konfliktfähigkeit der Gewerkschaften schließen. Die Streikkassen sind in Deutschland meist gut gefüllt. Dagegen sind nur gut ein Drittel (36 % in 1995) der abhängig Erwerbstätigen in der Bundesrepublik Gewerkschaftsmitglieder. Zudem sind zwischen den Branchen, die von den einzelnen Industriegewerkschaften abgedeckt werden, erhebliche Unterschiede festzustellen. Ein besonderes Problem stellen immer noch die Angestellten dar, die nur zu etwa einem Fünftel organisiert sind, während ca. die Hälfte der Arbeiter in einer Gewerkschaft ist. Auch die Quote der organisierten Frauen ist mit etwa einem Viertel sehr niedrig. Immerhin gelang es dem DGB – im Gegensatz zu den starken Verlusten der Gewerkschaften in den meisten westlichen Ländern –, die Mitgliederzahlen in den 80er Jahren zu stabilisieren. Schon früh war abzusehen, daß der Mitgliedergewinn in den neuen Bundesländern nach der Vereinigung nicht voll gehalten werden konnte. So ist inzwischen der gesamtdeutsche Organisationsgrad seit 1991 um fast 5 Prozent zurückgegangen.

Viele Sozialwissenschaftler sind sich einig, daß ökonomischer Trend und neuer Zeitgeist die gewerkschaftliche Mitgliederwerbung erschweren. Die traditionellen Rekrutierungshochburgen in den Großindustrien bröckeln, die Organisierung von Angestellten und Frauen sowie in kleinen bis mittleren Dienstleistungsbetrieben ist weitaus mühsamer. Der Zeitgeist zur *Individualisierung* erschwert solidarische Aktionen, schließt jedoch zweckrationale Mitgliedschaft nicht aus, wenn damit direkte eigene Vorteile verbunden sind.

Vor der Zerschlagung der deutschen Gewerkschaften durch die Nationalsozialisten im Jahre 1933 war die Struktur der Gewerkschaften gekennzeichnet durch die Existenz von weltanschaulich geprägten Richtungsgewerkschaften und der Fortdauer von Berufsverbänden und berufsständischen Organisationen. Diese Struktur konnte mit dem Neubeginn nach dem Zweiten Weltkrieg überwunden werden. Es gelang, eine von weltanschaulichen und berufsständischen Orientierungen weitgehend unabhängige Einheitsgewerkschaft zu gründen. Ihren Unterbau bildeten noch 1995 16 unterschiedlich starke, nach dem Industrieprinzip organisierte Einzelgewerkschaften. Der Konzentrationsprozeß schreitet dabei schnell voran, so ist 1996 die Gewerkschaft IG BAU aus dem Zusammenschluß der IG Bau-Steine-Erden mit der Gewerkschaft Gartenbau, Land- und Forstwirtschaft hervorgegangen. 1997 entstand die IG Bergbau-Chemie-Energie (IGBCE), der sich auch die IG Leder anschloß. Weitere Fusionen werden erwartet, und manche erwarten am Ende nur noch fünf große Einzelgewerkschaften.

Die Einzelgewerkschaften tragen den Dachverband, den Deutschen Gewerkschaftsbund (DGB). Die politische, wirtschaftliche und soziale Stabilität der Bundesrepublik ist zweifellos auch zu einem erheblichen Teil der Einheitsgewerkschaft zu verdanken. Der Vorteil der Industriegewerkschaften, die alle Arbeitnehmer einer Industrie, unabhängig von ihrem ausgeübten Beruf, vertreten, wird in dem größeren Druckpotential gegenüber den Arbeitgebern und in einer besseren Durchsetzung solidarischer Politik gegenüber berufsständischen Egoismen gesehen. Wie Beispiele in anderen Ländern zeigen, ist zwar die Konflikthäufigkeit bei berufsständischen Gewerkschaftstypen unter Umständen höher, das reale Verteilungsergebnis gewerkschaftlicher Lohnpolitik letztlich aber nicht besser, die Entwicklung der gesamtwirtschaftlichen Produktivität und damit auch der Arbeitnehmereinkommen durch die Konservierung veralteter Berufsstrukturen, unwirtschaftlicher Arbeitsplätze, unsolidarischer Lohnkämpfe vergleichsweise gehemmt.

Deutscher Gewerkschaftsbund

Mitglieder 9,3 Mio. in 1995

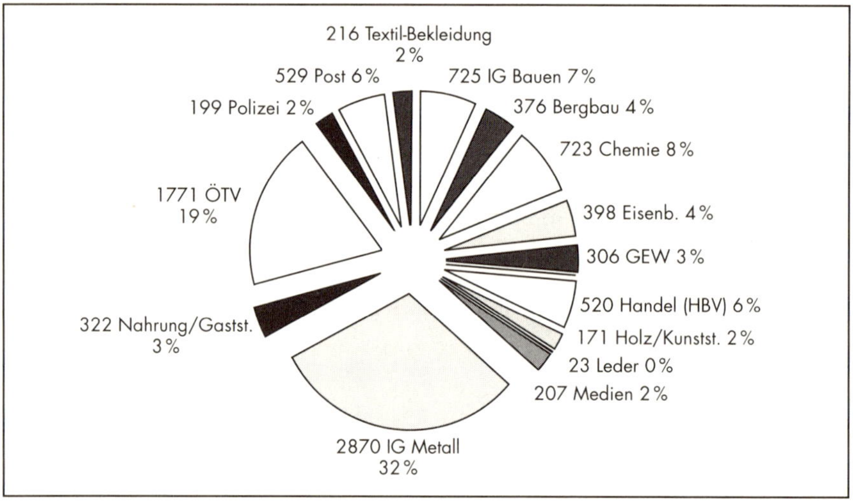

Quelle: Statistisches Jahrbuch 1996

Auf der anderen Seite besteht die Gefahr, daß eine große Gewerkschaft bei zentralisierten Verhandlungen Tendenzen zur Bürokratisierung zeigt und sich die Prozesse der innergewerkschaftlichen Meinungs- und Willensbildung von der Mitgliederbasis entfernen. Von einer derartigen *Oligarchisierung* und einem Abbau demokratischer Strukturen und Einflußmöglichkeiten kann allerdings in der deutschen Gewerkschaftsbewegung kaum gesprochen werden. Die Dachorganisation DGB ist nur für die gewerkschaftspolitischen Aufgaben zuständig, die nicht unmittelbar, wie zum Beispiel Tarifverhandlungen, von den Einzelgewerkschaften wahrgenommen werden. Die Einzelgewerkschaften sind, soweit sie dem DGB nicht Kompetenzen übertragen haben, autonom und vor allem finanziell unabhängig. In der Finanzkraft der Einzelgewerkschaften gibt es aber große Unterschiede. Eine informelle Lohn- und Tarifführerschaft wird von den großen Einzelgewerkschaften, vor allem der IG Metall, praktiziert. Ähnlich wie bei der Diskussion über die Mitbestimmung wird die Auseinandersetzung über die Frage, ob die Gewerkschaften eher einen Ordnungsfaktor unserer Sozialordnung oder eine Gegenmacht verkörpern, je nach ideologischem Standpunkt anders entschieden. Für beide Positionen lassen sich Argumente anführen. In ihrem neuen Grundsatzprogramm von 1996 bekennen sich die DGB-Gewerkschaften zur sozialen Marktwirtschaft und nahmen Abschied von Sozialisierungsideen. Unverzichtbar ist in ihrer Interpretation der sozialen Marktwirtschaft eine starke sozial- und arbeitsmarktpolitische Verantwortlichkeit des Staates.

Die Nachfrageseite des Arbeitsmarktes wird durch die Arbeitgeberverbände organisiert, die in einem Spitzenverband, der *Bundesvereinigung der Deutschen Arbeitgeberverbände* (*BDA*), zusammengeschlossen sind. Daneben existieren weitere Verbände zur Vertretung der wirtschaftlichen Interessen der Unternehmer (u.a. der Bundesverband der Deutschen Industrie), die aber keine sozial- und tarifpolitischen Aufgaben im engeren Sinne verfolgen. Ähnlich den Gewerkschaften sind auch die Tarifpartner auf der Arbeitgeberseite auf Branchenebene als Fachverbände organisiert (etwa 80 Einzelverbände) und regional (Landesverbände; lokale Untergliederungen) strukturiert. Weitaus die meisten Unternehmen sind Mitglied ihrer zuständigen Fachverbände. Allerdings zeigen sich hier zunehmende Dissenzen, und die Bereitschaft steigt, bei Unzufriedenheit mit den tarifpolitischen Ergebnissen aus dem Verband auszuscheren. Auch hier liegt die finanzielle Autonomie bei den Branchenverbänden, die Beitragshoheit besitzen. Neben ihrer primären Rolle als kollektive Interessenvertretung in tarifpolitischen Auseinandersetzungen sind ihnen ordnungspolitische Aufgaben zugewiesen, wie die Mitarbeit an der sozialpolitischen Gesetzgebung im vorparlamentarischen Raum und die Vertretung der Arbeitgeber in den Selbstverwaltungsorganen der Sozialversicherungen. Manche Beobachter sprechen von einer Schwächeperiode einiger der vormals so mächtigen Verbände. Insbesondere der Arbeitgeberverband Gesamtmetall steht hier unter dem Druck unterschiedlicher Interessen seiner Mitglieder, die einerseits mittelständische Betriebe, andererseits Großunternehmen umfaßt. Günstiger für eine gemeinsame Arbeitgeberstrategie erscheint demgegenüber die vor allem von der Großindustrie geprägte Interessenlage in der Chemiebranche.

5.2.2 Tarifautonomie und Lohnpolitik

Der Flächentarifvertrag: Die besondere Struktur des Arbeitsmarktes, auf dem sich in Gewerkschaften organisierte Arbeitnehmer und in Arbeitgeberverbänden zusammengeschlossene Unternehmen gegenüberstehen, führt zu einem *zweistufigen Lohnbildungsprozeß.* Auf der ersten und entscheidenden Stufe ist es den Tarifparteien vorbehalten, im Rahmen ihrer vom Grundgesetz und durch das Tarifvertragsgesetz von 1949 garantierten Tarifautonomie *Mindestbedingungen* für Löhne und Arbeitsbedingungen auszuhandeln. In der zweiten Stufe findet oftmals eine betriebliche Aufbesserung durch übertarifliche Zuschläge statt (Lohndrift).

Der ausgehandelte Tariflohn kommt als Mindestlohn nicht nur den Organisierten, sondern auch den nicht gewerkschaftlich zusammengeschlossenen Arbeitnehmern zugute. Daraus ergeben sich Probleme bei der Organisierung und Mitgliederwerbung. Es entsteht das in den Sozialwissenschaften breit diskutierte *Schwarzfahrer- oder Free-rider-Problem*, daß auch nicht organisierte Arbeitnehmer, die keine Mitgliedsbeiträge entrichten, an den gewerkschaftlich erkämpften Verteilungsergebnissen, also Lohnerhöhungen und Verbesserungen der Arbeitsbedingungen, teilhaben.

Unterstellt man ein zweckrationales, den Eigeninteressen dienendes Verhalten der Arbeitnehmer, so ist, wie das *Olson-Theorem* (Olson 1968) behauptet, ein Beitritt zu einer Gewerkschaft aus *individueller Rationalität* unvorteilhaft. Diese kurzschlüssige Rationalität ist für die Arbeitnehmerschaft, die eine starke Gegenmacht gegenüber den Arbeitgebern benötigt *(kollektive Rationalität* der Gruppe), äußerst verhängnisvoll, weil sie zu dem relativ niedrigen Organisationsgrad der Gewerkschaften beiträgt. Um dieser *»Rationalitätenfalle«*- individuelle und kollektive Rationalität geraten in Konflikt – zu entgehen, haben die Gewerkschaften versucht, »Beitrittszwänge« durchzusetzen. Mit den Unternehmen wird vereinbart, daß nur Gewerkschaftsmitglieder beschäftigt werden dürfen (closed-shop), oder in Tarifverträgen werden bestimmte Vorteile nur für Gewerkschaftsmitglieder ausgehandelt. Wir kennen diese und ähnliche Strategien vor allem von amerikanischen Gewerkschaften. In der Bundesrepublik gibt es sie nicht, weil sie nach Auffassung des Bundesarbeitsgerichts nicht mit dem Grundgesetz vereinbar sind (negative Koalitionsfreiheit). Problematisch bleibt, daß nur ein Teil aller Arbeitnehmer mit ihren Beiträgen die Arbeit der Gewerkschaften finanziert, die von den Gewerkschaften erstrittenen Leistungen aber grundsätzlich der gesamten Arbeitnehmerschaft zugute kommen.

Die Ebene, auf der die Tarifverhandlungen stattfinden, ist von großer Bedeutung für das Verhandlungsergebnis und hat damit bedeutenden Einfluß auf die Betriebe. Grob lassen sich drei Ebenen unterscheiden. Verhandlungen auf zentralstaatlicher Ebene wie in Österreich und bis vor kurzem noch in Schweden, auf regionaler und Branchenebene wie in Deutschland und auf betrieblicher Ebene wie in den USA und in England.

Die in Deutschland üblichen Flächentarifverträge sind sehr differenziert und beachten Regions- und Branchenunterschiede in der Wirtschaftlichkeit der Betriebe. Schon die Zahl von etwa 43 000 aktuell gültigen Verträgen zeigt dies an. Jeder Tarifvertrag enthält für Arbeiter bis zu zehn und für Angestellte im Durchschnitt sechs Gehaltsgruppen (Lohnspreizung) (Lorenz/Clasen 1995).

Im Flächentarifvertrag legen die Arbeitsmarktparteien *verbindliche Mindestbedingungen* für die Arbeitnehmer bezüglich Lohnhöhe, Arbeitszeiten und Arbeitsbedingungen fest. Ergänzt und ausgefüllt werden die Tarifvereinbarungen auf der Betriebsebene durch Betriebsvereinbarungen zwischen Betriebsräten und Unternehmensleitung. In der Feinjustierung auf die jeweiligen betrieblichen Belange werden etwa flexible tarifliche Rahmenvorgaben über die Regelung der Arbeitszeit konkretisiert oder die tariflichen Mindestlöhne durch *übertarifliche Zuschläge* aufgebessert. Nach dem *Günstigkeitsprinzip* dürfen Abweichungen vom Verbandstarif nur getroffen werden, wenn sie sich zugunsten der Arbeitnehmer auswirken. In Unternehmen, die nicht Mitglied im Arbeitgeberverband sind, gelten die Flächentarife nicht, so daß hier auch untertarifliche Bezahlung an der Tagesordnung ist. Dies kann durch eine sog. *Allgemeinverbindlichkeitserklärung* verhindert werden, indem der abgeschlossene Flächentarifvertrag für alle Unternehmen verbindlich erklärt wird (notwendige Zustimmung des Bundesministers für Arbeit und Sozialordnung). Von der Regelung wird nur sparsam in einigen Problembranchen wie Bau und Gaststättengewerbe Gebrauch gemacht.

Die übertariflichen Lohnzuschläge und deren Zunahme, die *Lohndrift*, sind für die Gewerkschaften nicht ganz unproblematisch. Wenn die Gewerkschaften immer wieder auf sogenannte Effektivklauseln drängen, geht es ihnen vor allem um die Absicherung des lohnpolitisch Erreichten, das in Gefahr ist, wenn etwa in einem Konjunkturabschwung Lohnzuschläge abgebaut werden sollen. Die tarifliche Absicherung über sog. Effektivklauseln ist nach Maßgabe eines Urteils des Bundesarbeitsgerichts jedoch unwirksam.

Kritik am Flächentarifvertrag: Das Zusammenspiel von Flächentarifvertrag und Betriebsvereinbarungen ist seit einigen Jahren verstärkt in die Kritik geraten. Es mehren sich die Stimmen, die dieser Regelung die notwendige Flexibilität absprechen und den Übergang zu betrieblichen Tarifverhandlungen fordern. Internationale Vergleiche zeigen weltweit einen *Trend zur Dezentralisierung* der Verhandlungen (Franz 1995). Die Verfechter des Flächentarifvertrags weisen ihrerseits auf seine erheblichen Vorteile hin. Da ist zunächst seine *zweiseitige Schutzfunktion*, die den einzelnen Arbeiter, aber auch das einzelne Unternehmen vor mächtigen Verhandlungspartnern schützt. Bei einem Übergang zu betrieblichen Verhandlungen sind in unserer Tarifordnung keineswegs die Betriebsräte dann verhandlungsberechtigt, sondern weiter die Gewerkschaften. So fürchten gerade die Verbandsvertreter in den Arbeitgeberverbänden, daß sich die Gewerkschaften in diesem Fall nach einer *Dominostrategie* die einzelnen Unternehmen nach und nach vornehmen und ihre lohnpolitischen Forderungen weitaus besser als bisher durchsetzen werden. Neoliberale Ökonomen plädieren daher für die Ausweitung der Tarifhoheit auf die Betriebsräte, von denen man größere Rücksicht aus Angst um die Arbeitsplätze erwartet. Erhebliche Vorteile bietet der Flächentarifvertrag für die ungestörte Produktion in den Unternehmen durch die tarifliche *Friedenspflicht*. Alle Unternehmen einer Branche können während der Laufzeit der Tarifverträge darauf vertrauen, während bei Haustarifen, also in betrieblichen Verhandlungen, diese Koordination fehlt und ständige Störungen durch Arbeitskämpfe bei Zulieferern zu befürchten sind.

Als weiteres Argument für den Flächentarifvertrag wird auf seine *Ordnungsfunktion* hingewiesen. Einheitliche Tarifvorgaben für die Branche in einer Region schaffen gleiche Konkurrenzbedingungen auf der Lohnseite. Dies entlastet die Betriebe von Lohnverhandlungen, spart damit erhebliche *Transaktionskosten* und führt zu Innovations- und Produktivitätskonkurrenz statt eines Lohnunterbietungswettbewerbs. Dies stärkt nach Überzeugung der Verfechter auch die volkswirtschaftliche Stabilität, da eine angemessene, am Produktivitätsdurchschnitt der Betriebe orientierte Lohnpolitik praktiziert wird und damit der Konsum als zentrale Nachfragegröße abgesichert wird. Im Gegensatz zu betriebsnahen Tarifverhandlungen müßten in den Flächentarifverträgen in Deutschland die Gewerkschaften ihrer gesamtwirtschaftlichen Verantwortung gerecht werden und immer die Auswirkungen ihrer Lohnpolitik auf die Beschäftigung mitbedenken (*Stabilitätsfunktion*).

Dies gerade bestreiten die neoliberalen Kritiker. Zwar sei bis Ende der 60er Jahre eine stabilitätsbewußte Lohnzurückhaltung praktiziert und auch Rücksicht auf die *Grenzunternehmer*, also die schwächeren Unternehmen einer

Branche, genommen worden. Seitdem aber sei die Verantwortung der Gewerkschaften für die arbeitslosen *outsider* abhanden gekommen. Zu hohe Lohnabschlüsse führen zur *klassischen Form der Arbeitslosigkeit* speziell bei den schlechter Qualifizierten. Von betriebsnahen Lohnverhandlungen verspricht man sich Läuterung. Dies scheint allerdings weder theoretisch noch empirisch gut belegt. So zeigen internationale Vergleiche, daß der Lohnstückkostenanstieg in Ländern mit zentraler Verhandlungsebene im Durchschnitt kaum von denen mit Haustarifen abweicht. Ausgerechnet England, in dem erst in den 80er Jahren zu betriebsnahen Verhandlungen übergegangen wurde, steht hier an der Spitze der Lohnenentwicklung in den 90ern.

Lohnpolitische Konzeptionen: Die Tarifautonomie gibt den Arbeitsmarktkontrahenten einen erheblichen Gestaltungsspielraum. Während das tarifpolitische Ziel der Arbeitgeber früher eher defensiv in einer möglichst geringen Lohnerhöhung und Kostenbelastung lag, verfolgten die Gewerkschaften das *Konzept der aktiven oder expansiven Lohnpolitik*. Einmal sollten die Arbeiter am Produktivitätsfortschritt und dem dadurch wachsenden Volkseinkommen beteiligt werden, zum anderen sollten die zu erwartenden Preissteigerungen kompensiert werden, und nicht zuletzt sollte eine Umverteilung des Volkseinkommens zugunsten der Arbeitnehmer erreicht werden. Während die beiden ersten Ziele im Laufe der letzten Jahrzehnte im großen und ganzen erreicht wurden, ist die Umverteilung nicht gelungen. Die *Lohnquote*, der Anteil der Löhne und Gehälter am gesamten Volkseinkommen, stieg zwar von 1960 bis 1980 beträchtlich von 60,1 % auf 75,8 %. In den 80er Jahren ging die Lohnquote dann deutlich bis auf 69,6 % 1990 zurück und erreichte in 1995 den Wert von 71,5 %. Bereinigt man diese Entwicklung aber um die Umschichtung der Erwerbspersonenstruktur (immer mehr Selbständige wurden zu Arbeitnehmern), dann zeigt sich der erstaunliche Befund, daß wir inzwischen wieder auf dem Niveau der frühen 60er Jahre angelangt sind.

Zum einen ist das damit zu erklären, daß es den Unternehmen zumeist gelingt, Lohnerhöhungen, die über die Produktivitätsentwicklung hinausgehen und damit die Durchschnittskosten erhöhen, auf die Preise abzuwälzen (Lohn-Preis-Spirale). Der expansiven Lohnpolitik wird nun allenthalben der Vorwurf gemacht, so etwa vom *Sachverständigenrat* zur Begutachtung der gesamtwirtschaftlichen Entwicklung, sie führe zu fruchtlosen Verteilungskämpfen zwischen den Tarifparteien, bei denen letztlich keiner gewinne und nur die Inflation angeheizt werde bzw. bei einer Politik knappen Geldes durch die Bundesbank die Arbeitslosigkeit sich ausweite. Vorschläge zu einer *stabilitätskonformen Lohnpolitik*, wie das Konzept der *produktivitätsorientierten* oder das der *kostenniveauneutralen* Lohnpolitik, wurden propagiert und den Gewerkschaften der Verzicht auf Umverteilung des Volkseinkommens zugunsten der Arbeitnehmer nahegelegt, um die Investitionsbereitschaft der Unternehmer nicht zu schwächen. Erfahrungen in anderen Ländern zeigen, daß eine derartige Lohnpolitik keineswegs immer von den Unternehmen mit dem Verzicht auf Preiserhöhungen honoriert wird, so daß ein Rückgang der Lohnquote, also eine Verschlechterung der Verteilungsposition der Arbeitnehmer, wahrscheinlich ist. Die Gewerkschaften stehen hier vor einem Dilemma. Welche Perspektive eine Politik der Vermögensumverteilung durch Investivlohnpolitik bietet, die immer wieder als Alternative zur expansiven Lohnpolitik hingestellt wird, ist schon im Kapitel 4.4 diskutiert worden.

Die Geschichte der Arbeitszeitverkürzung in Deutschland

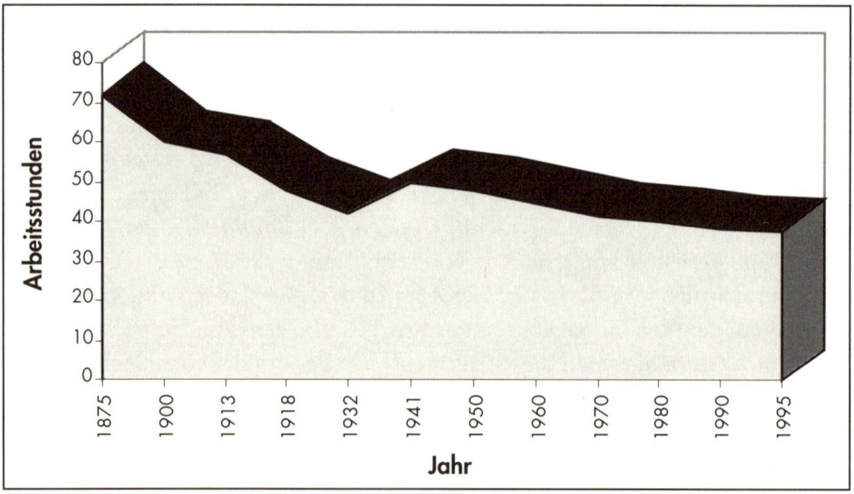

Quelle: Institut der Deutschen Wirtschaft, Zahlen zur wirtschaftlichen Entwicklung der Bundesrepublik Deutschland 1997, Tabelle 33; Globus G 8306.

Beschäftigungssicherung durch tarifliche Arbeitszeitverkürzung: Die steigende Massenarbeitslosigkeit und die Rationalisierungsmaßnahmen großen Ausmaßes ließen die Gewerkschaften ihre tarifpolitischen Ziele überdenken. Die Tarifrunden des letzten Jahrzehnts waren dann auch weniger von lohnpolitischen Forderungen geprägt. Im Vordergrund standen Verhandlungen um Rationalisierungsschutzabkommen und Arbeitszeitverkürzung. Hier liegen auch die Ursachen für den starken Rückgang der Lohnquote in den 80er Jahren. Einmal gelang es den Arbeitgebern, unter dem Druck der Massenarbeitslosigkeit und unterstützt durch den politischen Klimawechsel, den Gewerkschaften erhebliche Lohnzugeständnisse abzuringen. Unter dem Motto »die Gewinne von heute sind die Investitionen von morgen und die Arbeitsplätze von übermorgen« erreichten die Arbeitgeberverbände eine deutliche Korrektur der Einkommensverteilung und eine Steigerung der Profitquote. Da große Teile der deutschen Gewerkschaften (voran IGM und IG Druck) in sozialer Verantwortung für die steigende Zahl der Arbeitslosen das Schwergewicht ihrer tarifpolitischen Forderungen auf die Arbeitszeitverkürzung (die in sog. Manteltarifverträgen längerfristig geregelt wird) verlagerten, mußten zwangsläufig Kompromisse bei der Lohnpolitik gemacht werden. So kam es in verschiedenen Jahren sogar zu leichten Reallohnverlusten, da die geringen Tarif-(Nominal-)lohnsteigerungen von den Preissteigerungen übertroffen wurden. Das Ziel des vollen Lohnausgleichs bei der Arbeitszeitverkürzung wurde also nicht erreicht. Auch waren die tatsächlich durchgesetzten Verkürzungen der Wochenarbeitszeit zu gering, um die Arbeitslosigkeit deutlich abzubauen, da der Produktivitätsfortschritt die arbeitsplatzschaffende Wirkung zu schnell auffraß.

In der Konjunkturkrise 1993 kam es zu weiteren Zugeständnissen. Um den Beschäftigungsabbau zu verhindern, wurde u. a. bei der Volkswagen AG ein neuartiger Pakt geschmiedet. Gegen die Zusicherung mehrjähriger Arbeitsplatzsicherheit wurde einer massiven Arbeitszeitverkürzung ohne oder mit nur partiellem Lohnausgleich von seiten der Gewerkschaften und Betriebsräte zugestimmt. Diese Form der Arbeitszeitverkürzung ist natürlich rein defensiv, schafft keine neuen Arbeitsplätze, sondern kann nur den Abbau hinauszögern, wenn nicht in der Zwischenzeit eine betriebliche Sanierung gelingt. Dennoch spielt dieses Modell eine zunehmende Rolle in den strategischen Überlegungen in einzelnen Gewerkschaften, stößt aber auch zum Teil auf scharfe Kritik.

Flexibilisierung des Flächentarifvertrags: Nach und nach gelangten die Arbeitgeber so aus ihrer defensiven Stellung in eine Position, aus der sie offensiv Forderungen nach einer *Deregulierung und Flexibilisierung* der Flächentarifverträge stellten. Auch wenn ihre Branchenverbände die extremen neoliberalen Vorschläge des vollständigen Übergangs zu betrieblichen Verhandlungen strikt ablehnen, da sie die oben erläuterte *Dominostrategie* der Gewerkschaften fürchten, weisen sie auf eine tarifliche Überregulierung hin und fordern deutlich größere Spielräume für die Unternehmen. Sie geraten dabei zunehmend unter Druck aus den eigenen Reihen. Immer mehr Klein- und Mittelbetriebe verlassen die Verbände oder handeln mit ihren Betriebsräten tariflich nicht abgedeckte Lohn- und Arbeitsbedingungen aus (Schröder/Ruppert 1996). Um diese Entwicklung zu bremsen, tritt man für einen »schlanken Tarifvertrag« ein. Dabei geht es vor allem

- um die Autonomie der Betriebe, ihre Arbeitskräfte zur Verlängerung der Maschinenlaufzeiten oder bei Stoßzeiten flexibel und bedarfsgerecht einsetzen zu können.
- um Öffnungsklauseln in Flächentarifverträgen, die sanierungsbedürftigen Betrieben zeitweise eine untertarifliche Bezahlung gestatten würde.
- um mehr Spielräume für leistungsbezogene Entgeltsysteme.

Die Einzelgewerkschaften reagieren auf diese neue Herausforderung durchaus unterschiedlich, wobei die Einsicht in notwendige Korrekturen zunimmt. Insgesamt folgt man einer *Taktik der Paketkompromißlösung,* indem man Zugeständnisse in diesen Fragen an Beschäftigungsgarantien knüpft. Während einige Gewerkschaften (Textil, Chemie) in ihren Flächentarifverträgen recht erhebliche Flexibilisierungsbereitschaft gezeigt haben, versuchen andere (IG Metall) die Dominanz der zentralen Vorgaben bei maßvoller Flexibilisierung zu sichern. Statt allgemeiner Öffnungklauseln wurde hier 1994 ein Beschäftigungssicherungsvertrag geschlossen, der den Betrieben zwar Wahlmöglichkeiten einräumt, die Ausgestaltung aber nicht den Betrieben überläßt, sondern im Tarifvertrag konkret ausfüllt. Um in wirtschaftlich schwachen Unternehmen kurzfristig Arbeitsplätze zu sichern, wurden zwei Wege einer Verkürzung der Arbeitszeit ohne vollen Lohnausgleich eröffnet. Einmal kann die Arbeitszeit für alle bis auf 30 Stunden gesenkt werden, wenn eine Beschäftigungssicherung garantiert wird. Wenn nur Teile eines Unternehmens betroffen sind, kann ebenfalls eine Verkürzung erfolgen, wobei allerdings ein teilweiser Lohnausgleich zu zahlen ist.

Eine solche *Menuekartenlösung* eröffnet Spielräume, ohne den gewerkschaftlichen Einfluß nachhaltig zu schwächen. Um im Bild zu bleiben: Die Betriebe kochen nicht selbst ihre Suppe, sondern können nur unter mehreren Angeboten wählen. Das fixe Angebot reicht vielen Unternehmen nicht. Sie sehen die Gunst der Stunde auf ihrer Seite und fordern mehr betriebliche Gestaltungsmöglichkeiten. Dies sei auch die einzige Chance für neue Arbeitsplätze.

Neokorporatismus und Bündnis für Arbeit: Eine andere Strategie befürworten Sozialdemokraten und Gewerkschaften. In einem *Bündnis für Arbeit,* in das alle wichtigen Gruppen (Staat, Arbeitgeber- und Arbeitnehmerverbände, Bundesanstalt für Arbeit) eintreten, will man in einer konzertierten Aktion die Massenarbeitslosigkeit bekämpfen. Um den Rückfall in die Zeit klassenkämpferischer Auseinandersetzungen zu verhindern, will man an die erfolgreichen Jahre *neokorporatistischer Zusammenarbeit* von Staat und Verbänden anknüpfen.

Anhand des Vorschlags der IG Metall im Frühjahr 1996 läßt sich diese Konzeption genauer beschreiben. Jedem der beteiligten kollektiven Akteure wird eine Aufgabe zugeteilt, die er erfüllen soll. Die Arbeitnehmer verzichten für eine gewisse Zeit auf Lohnerhöhungen, die über die Inflationsrate hinausgehen. Das bedeutet, daß etwaige Produktivitätsgewinne nur den Unternehmen zufließen. Die Arbeitgeberseite verpflichtet sich, diese Gewinne zur Schaffung zusätzlicher Arbeitsplätze in einem genau vorgegebenem Mindestumfang zu schaffen. Damit verknüpft man also das neoliberale Konzept der Lohnzurückhaltung mit der keynesianischen Forderung nach Lohnsummensteigerung zur Nachfragebelebung im makroökonomischen Kreislauf (vgl. Kromphardt 1996). Von der Bundesregierung wird die Preisgabe ihrer rigorosen Sparpolitik verlangt. Arbeitslosenunterstützung, Arbeitsbeschaffung und Sozialhilfe sollen zur Nachfragesicherung und aus sozialen Gründen auf dem bisherigen Niveau gehalten werden. Außerdem soll eine Ausbildungsgarantie an alle Jugendlichen gegeben werden und nicht ausbildende Betriebe zur Mitfinanzierung herangezogen werden.

Auch wenn dieses Modell an den Widerständen von Regierung und Arbeitgebern 1996 gescheitert ist, wird es hier gewürdigt, um die wirtschaftspolitischen Alternativkonzepte von Gewerkschaften und Opposition zu verdeutlichen. Ob der Neokorporatismus wieder eine politische Chance bekommen wird, hängt allerdings nicht nur von der Zusammensetzung der Regierung ab. Die deutsche Öffentlichkeit scheint solche Bündnisse in Krisenzeiten durchaus zu wünschen, so daß es schon 1997 weitere Anläufe gab, ein neues Bündnis für Arbeit zu initiieren.

Zukunftssorgen: Dualisierung der Gesellschaft: Die weitere Entwicklung wird heute mit viel, vielleicht zuviel Skepsis gesehen. Die Arbeitnehmer fürchten, daß die neuen Technologien und Organisationsformen den gewerkschaftlichen Zusammenhalt schwächen werden. Da zunehmend auch die Arbeitnehmer je nach Familienstand, Geschlecht und Freizeitinteressen unterschiedliche Arbeitszeitwünsche äußern (Individualisierung), wird es immer schwerer, ein allgemein verbindliches Arbeitskonzept durchzusetzen. Ob sich Tendenzen einer Dualisierung und Polarisierung der Arbeitsgesellschaft in gut verdienende Facharbeitskräfte in sicheren Positionen und niedrig entlohnten Randbelegschaften in gefährdeten Jobs und wachsender »technologischer« Reservearmee von Arbeitslosen verdichten werden (Auflösung des *Normal-*

*arbeitsverhältnis*ses in dieser Schicht), wie Sozialwissenschaftler mit dem Hinweis auf die Entwicklung in Japan und den USA prognostizieren, hängt u. E. auch von (tarif-)politischen Entscheidungen ab und ist nicht eine quasi naturwüchsige Entwicklung. Wenn es allerdings nicht gelingt, diese Entwicklung einzudämmen, steht die ganze Sozialordnung, die sich auf dem Normalarbeitsverhältnis aufbaut, auf dem Spiel.

Ein aktuelles Beispiel kann die Probleme, aber auch mögliche staatliche Gegenmaßnahmen besser verdeutlichen: Mit der Öffnung der deutschen Arbeitsmärkte in der Europäischen Union gerieten viele Bauarbeitsplätze durch Subunternehmen aus dem Ausland in Gefahr, die billige ausländische Arbeitskräfte beschäftigten und damit die deutschen Bauarbeiter, die nach Tariflohn bezahlt werden müssen, verdrängten. Erst nach langen Verhandlungen konnten Ende 1996 dann politische Gegenmaßnahmen duchgesetzt werden: Ein Mindestlohnsatz von 17 DM (15,64 DM in den neuen Bundesländern) wurde vom Bundesarbeitsminister für allgemeinverbindlich erklärt (Tarifvertragsgesetz). Die notwendige Zustimmung der Arbeitgeberseite im *Tarifausschuß*, der paritätisch mit je drei Vertretern der Spitzenorganisationen von Arbeitgebern und Gewerkschaften besetzt ist, konnte erst nach langen Verhandlungen erreicht werden. Darauf aufbauend soll nun ein nationales Entsendegesetz alle ausländischen Baubetriebe zwingen, ihren Beschäftigten zumindest diesen Lohnsatz zu zahlen.

5.2.3 Tarifkonflikte und die Regulierung von Arbeitskämpfen

Konfliktstrategien und -lösungen bei Tarifauseinandersetzungen sollen exemplarisch anhand eines Arbeitskampfes dargestellt werden. Im Juli 1984 endeten die zwei härtesten Arbeitskämpfe in der Geschichte der Bundesrepublik im Metall- und im Druckgewerbe. Brisanz erhielten diese Arbeitskämpfe einmal durch das gewerkschaftliche Hauptziel des Einstiegs in die 35-Stunden-Woche, das die Unternehmer zum Tabu erklärt und schon 1978 nach einem langen Arbeitskampf der Metaller erfolgreich abgewehrt hatten.

Auf beiden Seiten wurden die rechtlich zulässigen Kampfmittel Streik und Aussperrung Zug um Zug eingesetzt. Dabei griffen die Gewerkschaften zu neuen beweglichen Streikformen (Schwerpunkt-, Warn- und Solidaritätsstreiks), um ein schnelles Austrocknen ihrer Streikkasse, wie es bei Flächenstreiks unvermeidlich ist, zu verhindern. Die Schärfe dieser Tarifauseinandersetzung erhöhte sich noch durch den Einsatz neuer Kampfmittel auch auf seiten der Unternehmer, die nach und nach die Schraube der sogenannten kalten *Aus-*

sperrung, die vom BAG 1980 als zulässig erklärt worden war, anzogen. Hierbei sperren Unternehmer aus, die nur mittelbar von den Tarifauseinandersetzungen etwa aufgrund von Lieferschwierigkeiten der bestreikten Zulieferbetriebe wirtschaftlich tangiert sind.

Nach Schätzungen der Gewerkschaften waren im Arbeitskampf der Metallindustrie in den beiden Tarifbezirken Nord-Württemberg/Nordbaden und Hessen zuletzt ca. 57 000 Metaller im Streik und 155 000 ausgesperrt, während von der kalten Aussperrung bundesweit etwa 195 000 Arbeitnehmer betroffen waren. Die Entscheidung der Bundesanstalt für Arbeit, in diesen Fällen keine Arbeitslosenunterstützung zu leisten, um Neutralität im Arbeitskampf zu wahren, erhöhte die Spannung zusätzlich. Rechtlich war diese Leistungsverweigerung umstritten. Dies war der Anlaß zur gesetzlichen Neufassung des § 116 Arbeitsförderungsgesetz (AFG). Exemplarisch waren auch die Versuche zur Regulierung und Beendigung des Arbeitskampfes in der Metallindustrie. Nachdem die Tarifkommission der Gewerkschaften die Verhandlungen für gescheitert erklärt hatte, wurden die gewerkschaftlich organisierten Arbeitnehmer des Tarifbereichs zur *Urabstimmung* gerufen, bei der die zum Streik notwendige Mehrheit von 75 % erreicht wurde.

Spielregeln für Tarifverhandlungen und Arbeitskampf

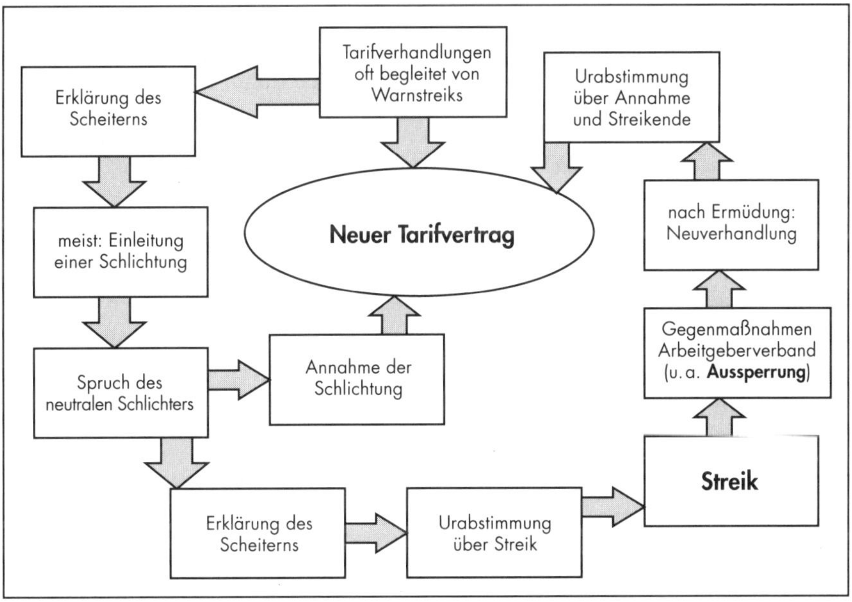

Erst nach relativ langer Streikdauer wurde dann auf das Verfahren der *Schlichtung* zurückgegriffen. Für die meisten Branchen existiert ein tariflich vereinbartes Schlichtungsabkommen, bei dem in der Regel durch Anrufung schon einer Partei ein beiden Kontrahenten genehmer neutraler Schlichter eingesetzt wird, unter dessen Leitung dann erneut die Verhandlungen aufgenommen werden. Wird der Schlichter vor Ausbruch des Arbeitskampfes angerufen, so sehen fast alle Schlichtungsabkommen eine Friedenspflicht bis zum endgültigen Scheitern der Verhandlungen durch Ablehnung des Schiedsspruchs des Schlichters vor. Die Schlichtung war in diesem Fall erfolgreich, nachdem die Erwartungen beider Parteien durch den langen Arbeitskampf eine Annäherung erfahren hatten.

Damit hatte die Institution der Tarifautonomie, die unter Entlastung des Staates als unabhängiges Konflikregulativ notwendige Anpassungen des Verhältnisses von Arbeit und Kapital besorgt, wieder einmal eine harte Bewährungsprobe bestanden. Wie schon in der Einleitung zu diesem Buch näher ausgeführt wurde, ist gerade diese Art der Konfliktbewältigung unter aktiver Beteiligung der Betroffenen aus konflikttheoretischer Sicht (Hirschman 1994) die vielleicht wichtigste Institution unserer Sozialordnung zur Stabilisierung der Gesellschaft. Will man diese positive Ordnungsfunktion der Gewerkschaften und der Tarifautonomie für unsere Sozialordnung erhalten, gilt es, das *Gleichgewicht der Kräfte und die Kampfparität* auf dem Arbeitsmarkt zu erhalten. Nach einer Beurteilung des Bundesarbeitsgerichts (10.6.1980) wären Tarifverhandlungen ohne das Recht zum Streik im allgemeinen nicht mehr als kollektives Betteln. Die Rechtmäßigkeit eines Arbeitskampfes ist allerdings an strenge Vorgaben geknüpft:

- Nur tariffähige Parteien (Gewerkschaften, einzelne Arbeitgeber und Arbeitgeberverbände) dürfen Arbeitskämpfe führen.
- Arbeitskämpfe dürfen nur um tarifvertraglich regelbare Ziele geführt werden.
- Es gilt das Gebot der Kampfparität (Waffengleichheit).
- Der Arbeitskampf muß verhältnismäßig sein (Ausschöpfung aller friedlichen Mittel, keine Existenzvernichtung des Gegners, Ultima-ratio-Prinzip).
- Es gilt das Gebot der fairen Kampfführung (u. a. Durchführung notwendiger Wartungsarbeiten, Verbot von Betriebsblockaden).

Auch die Aussperrung als Gegenstrategie der Unternehmen ist nach der Rechtsprechung des Gerichts unter bestimmten Bedingungen eine legitime Waffe im Arbeitskampf zur Erhaltung der Kampfparität. Aus der Sicht der Gewerkschaften zeigt die Erfahrung aus vielen Arbeitskämpfen, daß diese

Einschätzung kritisch zu überdenken ist. Sie argumentieren u. a., eine Aussperrung treffe die Arbeitnehmer unmittelbar in ihren Existenzgrundlagen, während die Arbeitgeber allenfalls wirtschaftliche Einbußen durch Streiks hinnehmen müßten. Zudem bringe ein Streik auch materielle Härten für die Arbeitnehmer selbst mit sich, so daß diese Waffe wirklich nur als letztes Mittel eingesetzt würde.

Einen wichtigen Schritt zur Neubewertung und Relativierung der Aussperrung als Arbeitskampfmittel bildeten die Bundesarbeitsgerichtsurteile zu Klagen der Gewerkschaften vom Juni 1980, in denen die Aussperrung als ein dem Streik nicht gleichwertiges Arbeitskampfinstrument bewertet wird. So wird zur Wahrung des Gleichgewichts der Kräfte auf dem Arbeitsmarkt zwar die *Abwehraussperrung* gegen gewerkschaftliche Schwerpunktstreiks als rechtmäßig bezeichnet, Angriffsaussperrungen und gezielte selektive Aussperrung von Gewerkschaftsmitgliedern werden dagegen in der Regel als rechtswidrig angesehen. Zudem darf auch die Abwehraussperrung nur in einem *angemessenen Verhältnis* zum Umfang des Angriffsstreiks erfolgen. Bundesweite, zeitlich unbefristete Aussperrungen – wie in der Druckindustrie 1978 – als Antwort auf regional begrenzte Teilstreiks werden als unverhältnismäßige Überreaktionen eingestuft. Es überrascht nicht, daß diese Rechtsprechung des Bundesarbeitsgerichts auf die Kritik der Arbeitgeber gestoßen ist; aber auch die Gewerkschaften haben sie keineswegs mit Beifall aufgenommen, weil sie ihr eigentliches Ziel, das grundsätzliche Verbot von Aussperrung, nicht erreicht haben. In einem späteren Urteil des BAG vom Dezember 1980 wurde zudem die sog. *kalte Aussperrung* in nicht direkt vom Arbeitskampf erfaßten Unternehmen, die etwa aufgrund von Lieferschwierigkeiten der bestreikten Betriebe nicht mehr produzieren können, als zulässig erklärt.

Aus der Sicht der Arbeitgeber sind Warn- und Sympathiestreiks illegal. Sie werden von den Gewerkschaften als »Nadelstichtaktik« eingesetzt, um festgefahrene Verhandlungen voranzutreiben. Das BAG hat 1985 *Sympathiestreiks* für im Grundsatz unzulässig erklärt, da die betroffenen Unternehmen Forderungen, die gar nicht direkt an sie gerichtet sind, auch nicht erfüllen könnten.

Im Fall von *Warnstreiks*, die nach Ablauf der Friedenspflicht noch während der laufenden Verhandlungen durchgeführt werden, hatte das BAG in zwei Urteilen von 1976 und 1984 Abstriche vom *ultima-ratio-Prinzip* gemacht, nach dem Arbeitskämpfe nur als letztes Mittel bei gescheiterten Tarifverhandlungen gesellschaftspolitisch akzeptabel sind. Warnstreiks, die nur milden Druck und geringen Schaden verursachen, wurden als zulässig erklärt. 1988 erfolgte jedoch eine Neubewertung durch das Gericht, das in einem Urteil feststellte, daß die Definition, was milder Druck und geringer

Schaden sei, einen großen Ermessensspielraum beinhalte. Damit stellen Warnstreiks während laufender Tarifverhandlungen für die Gewerkschaften wieder ein gewisses Risiko auf Schadenswiedergutmachung dar. Nach Ansicht der Gewerkschaften schützt die Europäische Sozialcharta auch die Warnstreiks in Form der neuen beweglichen Arbeitskampftaktik (Bobke-von Camen 1989).

Die Rahmenbedingungen für Streiks wurden Mitte der 80er Jahre durch den Gesetzgeber verändert, der eine Neufassung des *§ 116 Arbeitsförderungsgesetz* (AFG) verabschiedete. Streiks, z.B. Schwerpunktstreiks, die Auswirkungen auf andere Tarifbezirke haben, können hier aufgrund fehlender Material- und Vorproduktlieferungen zu Kurzarbeit und Produktionseinstellungen führen. Die so *»kalt ausgesperrten«* Arbeiter der gleichen Branche erhalten nunmehr weder Kurzarbeiter- noch Arbeitslosengeld, wenn in ihren Tarifbezirken annähernd gleiche gewerkschaftliche Forderungen erhoben wurden, wie im Tarifgebiet des »heißen« Arbeitskampfes. Die gewerkschaftliche Streikkasse wird ähnlich wie bei einem Massenstreik belastet. Die Tatsache, daß Unternehmen durch ihre kostensparende, zunehmend geringe Vorratshaltung selbst für Materialengpässe verantwortlich sind bzw. Engpässe sogar manipulieren können, wird hier nicht berücksichtigt. Ob die Arbeitskampfparität und Waffengleichheit der Tarifparteien damit noch gewahrt ist, wird sehr unterschiedlich bewertet. Das Bundesverfassungsgericht hat 1995 diese Neuregelung des § 116 AFG für verfassungskonform erklärt. Sollten allerdings in Folge dieser Regelung die von den Gewerkschaften und einigen Arbeitsrechtlern befürchteten Beeinträchtigungen der Kampfparität eintreten, ist der Gesetzgeber zu einer Nachbesserung aufgefordert. Wenn es sich also herausstellen sollte, daß Streikmaßnahmen in Zukunft schnell mit kalter Aussperrung in anderen Tarifbezirken beantwortet werden, dann ist das finanzielle Risiko von Streiks erheblich angestiegen und diese unverzichtbare Waffe droht stumpf zu werden.

Die Gewerkschaften sehen sich durch diese Vorgaben und die strukturellen Entwicklungen auf dem Arbeitsmarkt (Massenarbeitslosigkeit, Deregulierung und Angriff auf den Flächentarifvertrag) in die Defensive gedrängt. Im Gesetz zur Absenkung der *Lohnfortzahlung* im Krankheitsfall von 1996 sehen sie einen weiteren Beweis für – zumindest indirekte – staatliche Eingriffe in die Tarifautonomie. Allerdings könnte gerade dies Gesetz eine Solidaritätswelle bei den Arbeitnehmern erzeugen, die hart erkämpfte Rechte in Gefahr sehen. Im Gegensatz zu der Lage in anderen westlichen Ländern ist die Gewerkschaftsbewegung in der Bundesrepublik weiterhin stark. Mit dem Trend zur Dezentralisation der Tarifverhandlungen – sollte er sich denn durchsetzen – ist zunächst eher die Kampfkraft der Arbeitgeberverbände gefährdet. Wir befinden uns derzeit in einer Entwicklungsphase, in der die Weichen für die Zukunft erst noch gestellt werden, so daß weitergehende Prognosen schwer zu treffen sind.

Internationaler Vergleich: Deutschland gehört im internationalen Vergleich zu den streikarmen Ländern.

Verlorene Arbeitstage durch Arbeitskampf
je 1000 Beschäftigte im Jahr
(Jahresdurchschnitt 1970-1993)

Italien	928	**Großbritannien**	382	**Schweden**	106
Griechenland	734	**Neuseeland**	315	**Norwegen**	73
Spanien	673	**USA**	270	**Japan**	56
Kanada	640	**Dänemark**	189	**Westdeutschland**	37
Irland	502	**Belgien**	172	**Niederlande**	26
Finnland	456	**Portugal**	124	**Österreich**	7
Australien	440	**Frankreich**	124	**Schweiz**	1

Quelle: Informationsdienst des Instituts der deutschen Wirtschaft, 21. Jg., 11/1995, S. 5.

Insgesamt nimmt weltweit das Niveau der Streikhäufigkeit seit Mitte der 80er Jahre deutlich ab. Das liegt an verschiedenen Faktoren wie der hohen Arbeitslosigkeit, dem Strukturwandel zur Dienstleistungsgesellschaft mit verringerten gewerkschaftlichen Organisationsgraden und der geringeren Mobilisierbarkeit der Arbeitnehmer heute.

Zum Schluß sei die Frage aufgeworfen, ob der weitgehende Verzicht auf die gesetzliche Ausgestaltung des Arbeitskampfrechts und die Überantwortung in die richterliche Verantwortung von BAG und Bundesverfassungsgericht als ein Versagen der Politik oder als geschickter Schachzug zu werten ist, diesen hochsensiblen Bereich unserer Sozialordnung so weit wie möglich einer Selbstregulation zu überlassen.

5.2.4 Arbeitsbeziehungen in den neuen Bundesländern

Eine besondere Entwicklung nahmen die Arbeitsbeziehungen in den neuen Bundesländern (Keller 1996). Waren Löhne und Arbeitsbedingungen in der DDR letztlich weitgehend von den Vorgaben auf der zentralen politischen Ebene bestimmt, so wurde mit der Wirtschafts-, Währungs- und Sozialunion das bundesdeutsche System der Arbeitsbeziehungen mit vollem Einverständnis fast aller politischen Akteure ohne Verzögerung auf die neuen Bundesländer übertragen. Damit beeinflussen die in diesem Kapitel dargestellten Systeme der Mitbestimmung und Tarifautonomie inzwischen schon ein halbes Jahrzehnt die Arbeitsbeziehungen in den neuen Ländern. Gerade deshalb dürften die erheblichen Unterschiede in den tatsächlichen praktischen Beziehungen vor Ort in West und Ost überraschen und Sorgen bereiten.

Besonderheiten auf der Verbändeebene: Die verbandliche Organisation sowohl von Arbeitnehmer- wie vor allem von Arbeitgeberinteressen gelang bisher nicht in dem Umfang, den sich Gewerkschaften und Arbeitgeberverbände gewünscht hätten. So mußten die Gewerkschaften nach großen Scheinerfolgen der Mitgliederwerbung zu Beginn inzwischen erheblich Federn lassen und haben ca. 40 Prozent ihrer Mitglieder wieder verloren. Die gewerkschaftliche Entwicklung im Osten steht momentan vor einem negativen Zirkel von steigenden Kosten bei Beratung und Vertretung, sinkenden Mitgliederzahlen und damit sinkenden Beiträgen, so daß ein flächendeckendes Angebot zu teuer wird, was wiederum die Attraktivität für potentielle Mitglieder schmälert.

Auch die Arbeitgeberverbände konnten zunächst durch die Verpflichtung der *Treuhandbetriebe* zur Mitgliedschaft Boden gewinnen. Viele der inzwischen privatisierten Betriebe kündigten ihre Mitgliedschaft wieder, und nur wenige der neu entstandenen kleinen und mittleren Betriebe wurden Mitglied ihres zuständigen Arbeitgeberverbandes. 1995 waren im industriellen Bereich nur noch 27 Prozent der Betriebe (mit allerdings 64 Prozent der Beschäftigten!) Verbandsmitglieder (Keller 1996, S. 98). Die Gründe für diese Verbandsflucht auf beiden Seiten sind vor allem enttäuschte Erwartungen. Auf Seiten der Arbeitnehmer hatte man blühende Landschaften versprochen bekommen, und nun erfuhr man die wachsenden wirtschaftlichen Probleme am eigenen Leib. Die Strategie westdeutscher Gewerkschaften, unrentable Betriebe nicht um jeden (Subventions-)Preis erhalten zu wollen und strukturelle Probleme eher über arbeitsmarktpolitische Mittel zu bekämpfen, enttäuschte die davon Betroffenen. Ganz anders empfanden es viele kleine und mittlere Unternehmer. Sie sahen sich durch die anfängliche Tarifpolitik einer schnellen Lohnangleichung unter einen kaum zu bewältigenden Kostendruck gestellt und reagierten mit Verbands- oder *stiller Tarifflucht* mit der Konsequenz untertariflicher Bezahlung. Der Vorwurf, diese Verbandspolitik hoher Löhne sei bewußte Strategie zum Vorteil der Konkurrenz im Westen, verbreitete sich schnell, auch wenn man den Verbänden damit wohl Unrecht tut. Insgesamt ist jedoch das Übergewicht der Interessen westdeutscher Arbeitnehmer und Betriebe in den jeweiligen Spitzenverbänden ein Problem.

Besonderheiten der Tarifbeziehungen: Trotz vieler Warnungen der Ökonomen wurde in der Erwartung sehr hoher Wachstumsraten der Produktivität und aus sozialen Gründen eine Politik schneller Lohnangleichung von den Tarifparteien in allen relevanten Branchen angestrebt. Mittel der Wahl waren neben kurzen Laufzeiten der Lohntarifverträge (ÖTV) *mittelfristige Stufenabkommen.* So vereinbarte die IG Metall 1991 einen dreistufigen Anpassungsprozeß der Tarifgrundlöhne an das westliche Niveau bis 1994. Nun wird die Entwicklung der Lohnstückkosten von zwei Faktoren bestimmt: Steigende Arbeitsproduktivität senkt die Stückkosten, steigende Lohnsätze erhöhen sie. Die Ausgangslohnsätze wurden 1990 und 1991 im Vergleich zur westlichen Konkurrenz viel zu hoch gesetzt. Zwar lagen sie deutlich unter dem Westniveau, aber die Produktivitätsunterschiede waren weitaus größer, so daß die Lohnstückkosten gleich von Anfang an deutlich über dem Westniveau lagen. Das war also eher eine Lohnpolitik zur Schaffung von Arbeitsplätzen im Westen. In den folgenden Jahren kam es zu deutlichen Produktivitätssteigerungen, die aber in ihrer absenkenden Wirkung auf die Lohnstückkosten von den Lohnschüben aus den Stufenverträgen zum großen Teil ausgeglichen wurden. Die Wettbewerbsnachteile der Betriebe im Osten verfestigten sich. Der Arbeitgeberverband Gesamtmetall zog die Notbremse und kündigte zum ersten Mal in der Geschichte der Bundesrepublik einen Tarifvertrag, indem er sich auf die vereinbarte Revisionsklausel bezog. Nach dem ersten harten Arbeitskampf in den neuen Bundesländern kam es zu einem Kompromiß, der eine Verkleinerung der Anpassungsstufen und damit eine zeitliche Verschiebung der Lohnniveauangleichung bis 1996 vorsah. Der Erfolg war eher bescheiden. 1996 lagen die Lohnstückkosten im Osten noch immer um über 30 Prozent höher als im Westen.

Noch bedeutsamer war aus verbandsstrategischer Sicht die Vereinbarung einer *Härteklausel,* die zum ersten Mal eine zeitlich begrenzte Aussetzung der Lohnvorgaben des Flächentarifvertrags vorsah, um Betrieben in Not (drohende Insolvenz) eine Sanierung zu erleichtern. Diese Härteklauseln, die auch in anderen Branchen vereinbart wurden, sind zumeist keine eigentlichen Öffnungsklausel, da nicht der Betriebsrat der betroffenen Unternehmen über ihre Anwendung befinden kann, sondern eine paritätisch besetzte Schiedsstelle auf Verbandsebene, so daß der Gewerkschaftseinfluß gewahrt blieb. Manche Sozialwissenschaftler sehen hier einen Entwicklungsprozeß, der zu neuen Verhandlungssystemen führen wird. Dies ist jedoch – wenn es so eintritt – nicht der Wiedervereinigung zuzuschreiben. Allenfalls wurde damit der Prozeß angestoßen oder beschleunigt, die eigentlichen Ursachen liegen tiefer, wie unsere Überlegungen gezeigt haben.

Besonderheiten der betrieblichen Ebene: Wenn die betriebliche Ebene der Arbeitsbeziehungen zuletzt angesprochen wird, dann erklärt sich das aus der Beobachtung, daß die Entwicklung auf dieser Verhandlungsebene am besten als Reaktion auf die Vorgaben der übergeordneten Ebenen erklärt werden kann. In der Anfangsphase kam es zu einer schnellen Einführung von Betriebsräten in den meisten Industriebetrieben. Im Zuge der raschen Privatisierung durch die Treuhand kam es zu massenhaftem Personalabbau und Personalumschichtung, bei der die Betriebsräte – oft überfordert – um die soziale Abfederung (Sozialpläne) bemüht waren. In dieser Bedrängnis kam es bei einer Reihe ostdeutscher Betriebsräte zu einer gewissen Entfremdung gegenüber den Positionen der Gewerkschaften. So setzten sich vielfach verständliche betriebsegoistische Motive zur Sicherung möglichst vieler Arbeitsplätze auch um den Preis untertariflicher Bezahlung durch. Gerade die hohen Lohnvorgaben aus den Flächentarifverträgen wurden zum Teil als Bedrohung empfunden, und die Tarifflucht vieler Unternehmen, die ihrem Arbeitgeberverband und dessen Lohnpolitik den Rücken kehrten, wurde von den Betriebsräten durchaus unterstützt.

Diese aus der Notlage heraus durchaus verständlichen Entwicklungen müssen allerdings nicht zu einer nachhaltigen Störung des Zusammenwirkens von Gewerkschaften und Betriebsräten führen, wenn es gelingt, die wirtschaftliche Entwicklung in den neuen Ländern bald zu stabilisieren. Im anderen Falle wird von den Arbeitnehmern und Betriebsräten ein zunehmender Druck auf die Tarifabkommen hin zu mehr betrieblicher Flexibilität ausgehen.

Vertiefende Literatur zu 5.1

Müller-Jentsch 1986, Kittner 1996 (wird jedes Jahr aktualisiert).

Vertiefende Literatur zu 5.2

Bispink 1995, Hardes 1988, Heinelt u. a. 1994, Keller 1996.

6.
Arbeitsmarkt- und Beschäftigungspolitik

Die enge Verzahnung von Wirtschaftssystem, Sozialordnung und politischem System wird nirgends deutlicher als auf dem Arbeitsmarkt. Vor allem die Weltwirtschaftskrise nach 1929 hat den Zusammenhang, daß ökonomische Krisen über hohe Arbeitslosigkeit zu einer Bedrohung demokratischer politischer Systeme führen können, in seiner ganzen Tragweite bewußt gemacht.

Entwicklung der Arbeitslosigkeit in Westdeutschland

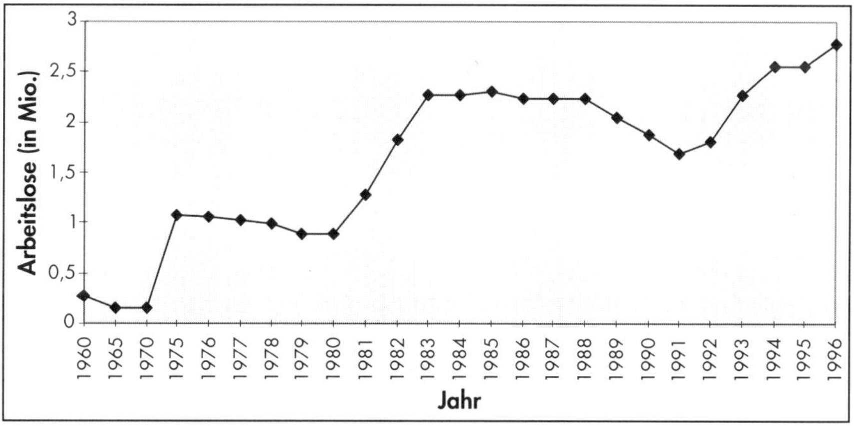

Quelle: Bundesanstalt für Arbeit, Amtliche Nachrichten

Das Arbeitsverhältnis dient nicht nur als wesentliche Erwerbsquelle des größten Teils der Bevölkerung der materiellen Absicherung des einzelnen und seiner Familie, sondern ist auch entscheidender Faktor der gesellschaftlichen Statuszuweisung. Arbeitslosigkeit bedeutet mithin für den einzelnen Einkommensverluste, sozialen Abstieg und psychische Verunsicherung, gesamtgesellschaftlich entstehen hohe soziale Kosten und eine politische Radikalisierung ist nicht auszuschließen. Wie unter den polit-ökonomischen Rahmenbedingungen der Bundesrepublik dieses permanente Problem vor allem marktwirtschaftlich-kapitalistischer Gesellschaften gelöst werden kann, ist die vielleicht entscheidende Frage zur Zukunft unserer Sozialordnung.

6.1 Stabilitätspolitik durch Globalsteuerung

In der Aufbauphase der Nachkriegszeit konnte durch eine forcierte Wachstumspolitik (Investitionsanreize, Steuererleichterungen für investierende Unternehmen) im Rahmen der marktwirtschaftlichen Ordnung der ursprünglich hohe Sockel von Arbeitslosen zügig abgebaut werden. Wesentliche Antriebskräfte waren dabei ein immenser Nachholbedarf zur Befriedigung der Grundbedürfnisse auf der Konsumseite, der hohe (Ersatz-)Investitionsbedarf zur Erneuerung der zerstörten Produktionskapazitäten und die weltweite Nachkriegsprosperität.

Als sich diese günstige Konstellation der ökonomischen Rahmenbedingungen Mitte der 60er Jahre veränderte und der erste spürbare Konjunkturabschwung in die Rezession von 1966/67 einmündete, wurde die beschäftigungspolitische Frage wieder aktuell. Die Antwort wurde in einer Erweiterung und qualitativen Ergänzung des beschäftigungspolitischen Instrumentariums gesucht, das im Stabilitätsgesetz 1967 und im Arbeitsförderungsgesetz von 1969 (AFG) verankert wurde. Diese Gesetze brachten eine generelle wirtschaftspolitische Neuorientierung. Die Krisenanfälligkeit einer sich weitgehend selbst überlassenen, nur ordnungs- und geldpolitisch beeinflußten Marktwirtschaft hatte sich erneut gezeigt und den ökonomischen Ideen Auftrieb gegeben, die eine stärkere Intervention politischer Instanzen für die Stabilität der Volkswirtschaft forderten. Die theoretischen Grundlagen dazu waren vor allem von *John Maynard Keynes*, dem berühmten englischen Nationalökonomen, entwickelt worden.

Das Stabilitätsgesetz kann als instrumentelle Umsetzung der Keynesschen Wirtschaftstheorie aufgefaßt werden. Durch staatliche *Globalsteuerung* der gesamtwirtschaftlichen Nachfragekomponenten Konsum, Investition und Staatsnachfrage soll permanent ein angemessenes *Gesamtnachfrageniveau* nach Gütern und Diensten gesichert werden, das zur Erfüllung des volkswirtschaftlichen Zielkatalogs des sog. magischen Mehrecks – Vollbeschäftigung, Preisniveaustabilität, angemessenes Wirtschaftswachstum und außenwirtschaftliches Gleichgewicht (§ 1 StabG)-Voraussetzung ist. Hauptinstrument dieser Wirtschaftspolitik ist die antizyklische Fiskalpolitik des Staates. Wenn – so die theoretische Konzeption der Keynesianer – Konjunkturabschwächung, wirtschaftliche Rezession mit hoher Arbeitslosigkeit ursächlich auf eine zu geringe gesamtwirtschaftliche Nachfrage, umgekehrt aber Boomphasen mit hohen Inflationsraten auf eine überschäumende Nachfrage zurückzuführen sind, ist es Aufgabe des Staates, hier gegenzusteuern. In Rezessionszeiten ist die gesamtwirtschaftliche Nachfrage durch Staatsausgaben und/oder Steuersenkungen zur Erhöhung des Konsums und der Investition anzukurbeln und in Überhitzungsphasen der Konjunktur durch Senkung staatlicher Ausgaben und Erhöhungen staatlicher Einnahmen das Nachfrageniveau zu senken. Dies sollte geschehen, ohne die marktwirtschaftliche Ordnung zu beeinflussen. Die Feinsteuerung über Märkte und Preise sollte durch die Globalsteuerung der Konjunktur ergänzt werden. Karl Schiller – der zuständige Wirtschaftsminister – sprach emphatisch von der Synthese von »Freiburger Imperativ und Keynesscher Botschaft«.

Positive Erfahrungen mit den Instrumenten des Stabilitätsgesetzes in der 66/67er Rezession weckten die Hoffnungen, hier ein wirksames Instrumentarium für eine erfolgreiche Vollbeschäftigungspolitik in der Hand zu haben. Insgesamt waren dies die auch weltweit goldenen Jahre eines Wirtschaftsmodells der Nachkriegszeit, das auch als Fordismus (nach Henry Ford, der seinen Automobilarbeitern produktivitätsorientierte Löhne zahlte) bezeichnet wird. Die Massenkaufkraft stieg parallel zur Produktivität, und die Keynessche Wirtschaftspolitik konnte kleinere konjunkturelle Einbrüche schnell beheben. Das bundesdeutsche Modell ließ sich außerdem als ein neokorporatistisches System charakterisieren, in dem die Arbeitsmarktparteien an der gesamtwirtschaftlichen Entwicklung orientierte stabilitätsgerechte Lohnabschlüsse anstreben und friedliche Konfliktlösungsmöglichkeiten voll ausschöpfen, so daß Arbeitskämpfe die Ausnahme darstellen.

6.2 Arbeitsmarktpolitik der Bundesanstalt für Arbeit (BA)

Während man also glaubte, die konjunkturelle Arbeitslosigkeit durch die Instrumente des Stabilitätsgesetzes wirksam bekämpfen zu können, sollte der Ausbau der arbeitsmarktpolitischen Mittel der BA gezielt auf die anderen Arten von Arbeitslosigkeit abgestimmt sein.

Ziele der Arbeitsförderung: In § 1 AFG findet eine präzise Zielansprache statt. Angestrebt wird

- ein vorbeugender Schutz bei Arbeitslosigkeit,
- der Abbau vorhandener Arbeitslosigkeit,
- der Schutz besonders von Arbeitslosigkeit gefährdeter Gruppen,
- ein Schutz ausgebildeter Arbeitnehmer vor unterwertiger Beschäftigung,
- die materielle Absicherung im Fall von Arbeitslosigkeit (vgl. dazu Kapitel 7.3.4),
- eine verbesserte Beschäftigtenstruktur.

Instrumente der Arbeitsförderung: Der umfangreiche Mittelkatalog des AFG berücksichtigt die unterschiedlichen Ursachen von Arbeitslosigkeit. Der folgende Überblick verdeutlicht die Zuordnung der Instrumente.

Arten von Arbeitslosigkeit[1]	**Zugeordnete Instrumente des AFG**
strukturelle	Fortbildung und Umschulung (FuU) Eingliederungszuschüsse Arbeitsmarkt und Berufsforschung
konjunkturelle	Berufsberatung Arbeitsbeschaffung (ABM) Kurzarbeitergeld
Hysterese (= Langfrist-AL-Entwertung von Humankapital)	ABM Besondere ABM § 249
saisonale	AFG-Maßnahmen abgebaut: Winterbauförderung/Schlechtwettergeld
Such-Arbeitslosigkeit (u. a. friktionelle AL)	Arbeitsvermittlung Sanktionsmaßnahmen gegen freiwillige Arbeitslosigkeit (z. B. Aussetzung oder Sperrung von Arbeitslosengeld)
Problemgruppen-Arbeitslosigkeit	besondere Förderung durch FuU Berufliche Rehabilitation (soziale Betreuung) spezielle Eingliederungshilfen Lohnzuschüsse Sonderprogramme

[1] vgl. dazu Rothschild 1994.

Schwerpunkt der Bemühungen ist die Vorsorge gegen *strukturelle Arbeitslosigkeit*. Im Arbeitsförderungsgesetz wurden Folgerungen aus der Erkenntnis gezogen, daß der rasche wirtschaftliche und technologische Wandel in unserer Zeit einmal erworbene Kenntnisse, Fähigkeiten und Orientierungen rasch veralten läßt und lebenslanges Lernen und flexibles berufliches Anpassungsverhalten der einzelnen Arbeitnehmer gefordert werden. Strukturelle Arbeitslosigkeit taucht dann auf, wenn in schrumpfenden Wirtschaftszweigen Arbeitskräfte freigesetzt werden, diese aber nicht oder nur zum Teil in Wachstumsbranchen vermittelt werden können, weil entweder die Aufnahmekapazität dieser Branchen nicht ausreicht oder aber das Ausbildungs- und Fähigkeitsprofil der freigesetzten Arbeitnehmer nicht den qualitativen Anforderungen der Arbeitskräfte suchenden Betriebe entspricht (Rothschild 1988).

Wenn der technologische Wandel und die Veränderung der Ansprüche an die Qualifikation der Arbeitnehmer in einer dynamischen Wirtschaftsgesellschaft als gegeben hingenommen, durch internationalen Wettbewerb erzwungen oder sogar positiv als notwendige Voraussetzung steigenden materiellen Wohlstands bewertet werden, muß die – oft schmerzliche – Anpassung auf der anderen Marktseite, nämlich bei den Arbeitnehmern, erwartet und gefordert werden. Diesen Weg beschreitet das AFG. Die individuelle Förderung der beruflichen Bildung durch Fortbildungs- und Umschulungsmaßnahmen ist Kernstück dieser *aktiven Arbeitsmarktpolitik* zur Erzielung eines hohen Beschäftigungsstandes und zur Verbesserung der Beschäftigtenstruktur (§ 1 AFG). Gefördert werden auf Antrag Personen mit *Unterhaltsgeld*, denen ein erfolgreicher Abschluß zugetraut wird, die bestimmte Ansprüche als Beitragszahler geltend machen können und Bildungsmaßnahmen, die im Einklang mit der Arbeitsmarktsituation stehen – das heißt Knappheiten in bestimmten Berufen –, abbauen und nicht etwa ein Überangebot noch erhöhen. Seit 1970 haben Millionen Arbeitnehmer an berufsfördernden Maßnahmen wie Umschulung, Fortbildung und betrieblicher Einarbeitung teilgenommen und zu etwa 80% das Schulungsziel erreicht. Parallel mit der wachsenden Arbeitslosigkeit wurden auch die FuU-Maßnahmen ausgeweitet (vgl. Tabelle), wobei allerdings immer wieder aus Kostengründen Einsparungen vor allem beim Unterhaltsgeld erfolgten.

Wichtiges Instrument zur Vermeidung der sog. *Sucharbeitslosigkeit* ist die unentgeltliche Arbeitsvermittlung zur Erhöhung des Arbeitsmarktüberblicks der Arbeitsuchenden. Das lange währende Monopol der BA zur Vermittlung ist seit einigen Jahren aufgehoben. Allerdings ist der Marktanteil privater Vermittler bisher nur bei speziellen Berufsgruppen erwähnenswert.

Immer bedeutsamer wurden Arbeitsmarktinstrumente, die Anreize für die Unternehmen zur Einstellung und Weiterbeschäftigung von Arbeitnehmern beinhalten. Dies sind Eingliederungsbeihilfen und Einarbeitungszuschüsse (Lohnsubventionen) an Arbeitgeber und Kurzarbeitergeld.

Arbeitsförderung durch FuU und ABM

(Bestand an Teilnehmern im Jahresdurchschnitt in 1000)

Teilnehmer (in 1000) Jahr	ABM-West[1]	ABM-Ost[1]	FuU-West	FuU-Ost
1980	41		91	
1988	115		334	
1990	83		350	
1991	82	183	364	435
1992	78	388	372	491
1993	50	237	348	381
1994	57	192	309	259
1995	70	206	304	256

[1] nach § 91 AFG;
Quelle: BA: Amtliche Nachrichten der Bundesanstalt für Arbeit, 44. Jg., Sondernummer: Arbeitsmarkt 1995.

Maßnahmen zur Arbeitsbeschaffung (ABM) sind durch die BA finanzierte Arbeiten, die im öffentlichen Interesse liegen. Dabei werden längerfristig Arbeitslose beschäftigt. War dieses Instrument einmal zur kurzfristigen Überbrückung konjunktureller Arbeitslosigkeit konzipiert, ist es seit den 80er Jahren im Dauereinsatz. Inzwischen kommt ihm eine erweiterte Brückenfunktion zu. Es soll verhindern, daß sich sog. Hysteresephänomene verstärken. Damit ist gemeint, daß zum einen die Qualifikation der Menschen im Zuge längerer Arbeitslosigkeit leidet und zum anderen das Selbstvertrauen und die Tatkraft verloren gehen. Dieser Teufelskreis längerfristiger Arbeitslosigkeit wird immer stärker zum Hauptproblem der Arbeitsmarkt – und der Sozialpolitik insgesamt. Besonders betroffen sind die Frauen in den neuen Bundesländern, von denen jede fünfte derzeit arbeitslos ist. Positiver sieht es dagegen bei den Frauen im Westen aus. Hier lag die Arbeitslosenquote 1995 sogar knapp unter der der Männer. Die Gründe liegen vor allem darin, daß Frauen bei Arbeitslosigkeit eher in die Stille Reserve wandern, aber auch, daß sie zumeist in den wachsenden und konjukturrestistenten Dienstleistungs- und Teilzeitbereichen beschäftigt sind. Im internationalen Vergleich ist auch die relativ geringe Arbeitslosigkeit bei den jungen Menschen positiv hervorzuheben, auch wenn hier durch die sinkende Bereitschaft der Wirtschaft zur Ausbildung zukünftig Probleme entstehen könnten. Wachsende Arbeitslosigkeit trifft auch die Gruppe der ausländischen Mitbürger. Die von 52,6 % (1980) auf 43,9 % (1995) gesunkene Erwerbsquote deutet auf ein hohes ungenutztes Arbeitspotential in der stillen Reserve hin. Dies liegt vor allem an der schlechten Ausbildung, die auch für viele deutsche Arbeitslose zur Barriere in den Arbeitsmarkt wird. So ist von 1975 bis 1994 die Arbeitslosenquote der Arbeitnehmer ohne Ausbildung von 7,4 % auf fast 20 % gestiegen. Mit speziell auf die Defizite abgestimmten Programmen (u. a. Kombination von degressiven Lohnzuschüssen, Qualifizierungen und Projektförderung) versucht die BA der Problemgruppe der Langzeitarbeitslosen zu helfen.

Die Arbeitslosigkeit in Problemgruppen

Jahr	Langzeitarbeitslose in % aller Arbeitslosen	Jugendliche unter 20 Jahren	Ausländer in %	Frauen Ost	Frauen West
1990	29,7	4,0	10,9	–	8,4
1992	25,0	3,0	9,1	21,2	7,2
1995	31,3	2,6	12,1	19,3	9,2

Quelle: Bundesanstalt für Arbeit – Amtliche Nachrichten.

Insgesamt zeichnet den deutschen Arbeitsmarkt eine viel höhere Mobilität aus, als die geringen Veränderungen in den Arbeitslosenzahlen von Monat zu Monat erwarten lassen. Dahinter verbargen sich im Jahr 1996 über 6 Mio. Wanderungsbewegungen als Zugänge in die Arbeitslosigkeit und deutlich über 5 Mio. Abgänge aus Arbeitslosigkeit.

Die Finanzierung der aktiven Politik erfolgt vorwiegend aus Arbeitnehmer- und Arbeitgeberbeiträgen (genauer dazu Kapitel 7.3.4). Dies ist für viele Sozialpolitiker nicht länger verantwortbar, da hier in erheblichem Umfang gesamtgesellschaftliche Aufgaben mitfinanziert werden. Die Höhe der sog. *Fremdleistungen*, die eigentlich über Steuern finanziert werden müßten, hat mit der immensen Belastung des Haushalts der BA durch die aktive Arbeitsmarktpolitik beim Aufbau der neuen Bundesländer eine neue Dimension erreicht. Aus neoliberaler Sicht ist allerdings eine Steuerfinanzierung aktiver Arbeitsmarktpolitik problematisch, da hierdurch die Tarifpolitik von ihrer Verantwortung für die Arbeitslosigkeit entlastet würde und ein Ausufern der gewerkschaftlichen Forderung nach steuerfinanzierten zweiten Arbeitsmärkten zu erwarten wäre. Einsparungen sind aus dieser Sicht die einzig adäquate Lösung.

Bewertung der Arbeitsmarktpolitik: Sind die hochgesteckten Ziele des AFG erreicht worden? Eine illusionslose Bestandsaufnahme wird dies zum großen Teil verneinen müssen. Insbesondere die präventive Verhinderung von Arbeitslosigkeit insgesamt und bei den Problemgruppen ist offensichtlich außerhalb der Reichweite der Instrumente. Der Schutz vor unterwertiger Beschäftigung wurde in verschiedenen AFG-Novellen sogar bewußt ausgehöhlt (Neuregelung der Zumutbarkeit einer auch unterwertigen Beschäftigung), so daß selbst hochqualifizierte Arbeitnehmer beruflichen und sozialen Abstieg bei längerer Arbeitslosigkeit in Kauf nehmen müssen.

Das Arbeitsförderungsgesetz hat in seinen vielen Novellierungen nach Ansicht einiger Kritiker seine eigentliche Substanz eingebüßt. Selbst wenn man sich dieser harschen Beurteilung nicht anschließt, ist es sicher richtig, daß erhebliche Leistungseinschränkungen für Arbeitslose und in Fortbildungsmaßnahmen befindliche Personen in den letzten 15 Jahren durchgesetzt wurden.

Andererseits ist es wohl falsch, zu hohe Erwartungen als Maßstab anzulegen. Trotz verschiedener schmerzlicher Einschnitte ist doch zumindest der Bereich der sog. operativen Maßnahmen einer aktiven Arbeitsmarktpolitik zur Eindämmung von Arbeitslosigkeit mit anhaltender Massenarbeitslosigkeit deutlich ausgeweitet worden. Selbst wenn man das als noch ungenügend einschätzt, hat das AFG in diesen Grenzen eine wichtige Schutzfunktion ausgeübt. Auch beim Übergang der neuen Bundesländer in die Marktwirtschaft konnte einzig und allein der massive Einsatz dieser Instrumente einen Kollaps des Beschäftigungssystems verhindern.

Allerdings steigen mit der Ausweitung eines *zweiten Arbeitsmarktes*, d.h. mit immer mehr öffentlich subventionierter Beschäftigung, die ordnungspolitischen Befürchtungen der Marktwirtschaftler. Sicher ist nicht von der Hand zu weisen, daß bei weiterem Ausbau zweiter Arbeitsmärkte reguläre Arbeit verdrängt werden könnte und Lohnkostenzuschüsse zu erheblichen Mitnahmeeffekten führen, die wiederum wettbewerbsverzerrend wirken. Der begonnene Abbau dieser Maßnahmen in den neuen Bundesländern folgt dieser Überlegung, steht jedoch in der Kritik, Kahlschlag zu produzieren. Noch erscheinen die regulären Arbeitsmärkte nicht genügend aufnahmefähig.

6.3 Arbeitsmarkt- und Beschäftigungspolitik in der Krise

Anfang der 70er Jahre geriet das keynesianisch-fordistische Modell weltweit in die Krise. Die Erwartungen, mit den Stabilitäts- und Arbeitsförderungsgesetzen Massen- und Dauerarbeitslosigkeit verhindern zu können, wurden nur noch unzureichend erfüllt. Allerdings wird die pauschale Ablehnung, wie sie inzwischen von manchen Seiten dem Stabilitätsgesetz insgesamt und dem Arbeitsförderungsgesetz in weiten Teilen entgegengebracht wird, den differenzierten Erfahrungen nicht gerecht.

Im Gefolge der 1. Ölkrise 1973/74 stieg die Arbeitslosenzahl in der Bundesrepublik schlagartig von 270000 auf über eine Million an. Trotz günstiger konjunktureller Entwicklung in der zweiten Hälfte der 70er Jahre und nicht unerheblicher keynesianischer Konjunkturprogramme blieb ein hoher Arbeitslosensockel von über 800000 erhalten, wobei die *stille Reserve* der nicht beim Arbeitsamt erfaßten Erwerbslosen unberücksichtigt ist. Die ökonomische Schule der Angebotstheoretiker sah darin den Beweis für das eklatante Versagen einer Nachfragesteuerung à la Keynes und machte diese Politik für alle ökonomischen Übel der Zeit wie Inflation und Wachstumsschwäche (*Stagflation*) verantwortlich.

Die Keynesianer wiesen zur Verteidigung ihrer Konzeption auf durchaus vorhandene Erfolge hin. So wäre ohne die massive staatliche Konjunkturstütze die Arbeitslosigkeit schon Ende der 70er Jahre deutlich über die Millionengrenze angestiegen. Hier wird insbesondere das Zukunftsinvestitionsprogramm hervorgehoben, das über 4 Jahre ca. 20 Milliarden DM bereitgestellt hat und damit neben einem geschätzten Beschäftigungseffekt von 400 000 (Gesamtzunahme der Zahl der abhängig Beschäftigten 1977-1980 immerhin 931000!) auch wichtige (infra-)strukturelle Vorleistungen für die 80er Jahre erbrachte.

Selbstkritische Keynesianer gestanden auch konzeptionelle Fehler ein. So machten sie *»offene Flanken«* der Globalsteuerung ausfindig, die das unbefriedigende Ergebnis erklären sollen. Eine Ergänzung und Erneuerung der Instrumente zur Konjunktursteuerung wurde angestrebt. So wird heute eine bessere Abstimmung von Geld- und Fiskalpolitik gefordert. Die Autonomie der Bundesbank – so vorteilhaft sie einerseits sei – berge auch Probleme, wenn etwa eine expansive Fiskalpolitik von einer zu vorsichtigen Politik knappen Geldes konterkariert würde. Weiterhin sieht man erhebliche Effizienzverluste durch föderale Abstimmungsprobleme, die es bisher verhindert hätten, daß eine gemeinsame antizyklische Politik von Bund, Ländern und Gemeinden über einen angemessenen Zeitraum zustande kam. Zum Hauptproblem der Globalsteuerung wurde in vielen Ländern die Lohnpolitik. Sorgt der Staat über Globalsteuerung für Vollbeschäftigung, sehen sich Arbeiter und Gewerkschaften in einer starken Tarifverhandlungsposition. Ihre hohen Lohnforderungen stoßen bei den Unternehmen auf relativ wenig Gegenwehr, da sie gute Überwälzungsmöglichkeiten der Lohnkosten auf die Preise haben. Dies wiederum führt zu Nachschlagsforderungen bei den Löhnen. In den USA und England kam es zu zweistelligen Inflationsraten. Die hier kurz beschriebene *Lohn-Preis-Spirale* führt dann makroökonomisch zu Inflation und stellt die Globalsteuerung vor das Dilemma: Vollbeschäftigung sichern oder Inflation bekämpfen (*sog. Phillipskurven – Zielkonflikt*). Einige Keynesianer ziehen daraus die Konsequenz, auch die Lohn- und Einkommenspolitik einer stärkeren öffentlichen Kontrolle zu unterziehen. Dies hieße jedoch, die Tarifautonomie aufzukündigen. In der Bundesrepublik trat aufgrund einer zumeist gemäßigten, die Produktivitätsentwicklung berücksichtigenden Lohnpolitik der Gewerkschaften die Lohn-Preis-Spirale nur Anfang der 70er Jahre zeitweilig auf. Ein Eingriff in die Tarifautonomie kann so also nicht gerechtfertigt werden.

Die keynesianische Konzeption der Beschäftigungspolitik wurde im Gefolge der zweiten Ölkrise nach 1979/80 durch die *erfolgreiche Konterrevolution der neoklassischen Angebotsökonomik* in der Wirtschaftspolitik vieler Länder (neoliberale Wende) förmlich abgefertigt (Flassbeck 1982, Giersch 1983). Die 80er Jahre sollten zum Testfall dieses Programms werden. Wie sieht die Konzeption der Angebotstheoretiker aus? Vordringliche Aufgabe des Staates ist die Rückführung der Defizite im öffentlichen Haushalt durch Beschränkung der Ausgaben, Konzentration auf die eigentlichen öffentlichen Aufgaben, der Abbau von Subventionen und die Umschichtung des Haushalts hin zu den investiven Infrastrukturausgaben. Die dadurch möglichen erheblichen steuerlichen Entlastungen sollen Konsum und Investitionen anregen und einen Wachstumsschub bewirken. Flankierend ist die öffentliche Überregulation und Bürokratisierung in allen Gebieten zurückzuführen, um dem freien Spiel der Marktkräfte wieder mehr Raum zu geben. Gelingt es zudem, die Löhne insbesondere bei den Arbeitsplätzen ohne besondere Qualifikation wieder an die geringe Produktivität dieser Arbeitsplätze anzugleichen, dann erübrigt sich eine eigenständige Beschäftigungspolitik.

In Großbritannien *(Thatcherismus)* wurde dieses Konzept weitgehend durchexerziert. Sehenswerten Erfolgen bei der Sanierung der Staatsfinanzen und der Senkung der Inflationsrate stehen sehr bescheidene Fortschritte bei der Schaffung von Arbeitsplätzen gegenüber. Zum Teil wurden die Statistiken geschönt, um ein besseres Bild zu vermitteln. In den 90er Jahren sank die trotz hoher Umverteilung zugunsten der Gewinnempfänger niedrige Investitionsquote der Inländer weiter ab. Die Staatsfinanzen gerieten durch steigende Ausgaben für Sozialfürsorge für die wachsende Zahl der Armen (Dualisierung der Gesellschaft) wieder ins Defizit, obwohl die Unterstützungsleistungen auf ein im Vergleich zur Bundesrepublik bescheidenes Niveau gekürzt wurden (Sozialabbau). Der Aufschwung seit 1993 ist vor allem der massiven Abwertung des Pfundes und den daraus resultierenden Exporterfolgen zuzuschreiben. Alles in allem ist es – trotz heftigen Schönredens durch die Neoliberalen – eine mehr als bescheidene Erfolgsbilanz.

Demgegenüber sprechen viele vom US-amerikanischen Beschäftigungswunder. Die Politik der 80er Jahre (Reagonomics) stellt sich im nachhinein als eine brisante Mischung aus Super-Keynesianismus (Rüstungsboom, riesige Staatsdefizite) und angebotsorientierter Umverteilungspolitik zugunsten der Reichen dar. Die Beschäftigungserfolge sind auf den ersten Blick äußerst eindrucksvoll. Bei näherem Hinsehen verliert die amerikanische Beschäftigungsmaschine allerdings an Glanz. Es entstanden vor allem Niedriglohnarbeitsplätze. Arbeit schützt vor Armut nicht mehr (working poor)! Riesige Probleme blieben ungelöst: Verrottete Infrastruktur, Slumbildung, Ausbildungsdefizite und große Lücken in der sozialen Sicherung.

Betrachtet man im Rückblick die Beschäftigungsentwicklung in der Bundesrepublik in den 80er Jahren, so sind durchaus – entgegen der landläufigen Meinung – gute Erfolge zu erkennen. Die Zahl der Erwerbstätigen stieg nach der Konjunkturkrise Anfang der 80er Jahre zunächst sehr zögerlich an. In dem langen Aufschwung bis zum Ende des Jahrzehnts kam es erst spät zu einem Zuwachs gegenüber 1980 von knapp einer Million. Gegenüber 1983, dem konjunkturellen Tiefpunkt, betrug der Zuwachs gut 2 Millionen. Im *Vereinigungsboom* erhöhte sich die Zahl dann noch mal um knapp eine Million bis 1992.

Dennoch sank die Zahl der Arbeitslosen im Zeitraum von 1983 bis 1991 nur um 570 000. Dies ist vor allem auf die starke Zunahme des Erwerbspersonenpotentials zurückzuführen. Zum einen führte die steigende Erwerbsquote der Frauen zu einem Zuwachs von ca. 1,6 Mio. in diesem Zeitraum (Erwerbsquotenanstieg um 4,1 %), zum anderen kam es zu einer erheblichen Zuwanderung von außen.

Zuwanderung in Deutschland (Saldo in 1000)
(bis 1990: Westdeutschland)

Zeitraum	Aussiedler	Ausländer
1985-1990	1137	1326
1991-1994	894	1444

Quelle: Institut der deutschen Wirtschaft, Zahlen zur wirtschaftlichen Entwicklung der Bundesrepublik 1996

Zwar bleibt ein großer Teil der Zuwanderer dem Arbeitsmarkt fern (Asylbewerber, ältere Aussiedler), dennoch ist die Zunahme der Erwerbspersonenzahl beträchtlich. Liberale Ökonomen weisen gerne auf den Wachstumseffekt von Zuwanderung hin und vertreten die These, daß sich junge, dynamische Migranten quasi ihre Arbeitsplätze selbst schaffen, der Verdrängungseffekt nur gering sei. Auch wenn an dieser These etwas Wahres ist, so war die Anpassungsdynamik in Deutschland offensichtlich nicht groß genug, und es traten Verdrängungseffekte zu Lasten der weniger leistungsfähigen Inländer auf.

Läßt sich der lange Aufschwung der 80er Jahre der Wirtschaftspolitik gutschreiben? Insgesamt war sie relativ ausgewogen. Angebotsorientierte Maßnahmen blieben maßvoll und wurden von nachfragestärkenden Effekten unterstützt. So hat die dreistufige Einkommenssteuerreform mit einem Entlastungseffekt von ca. 40 Milliarden DM erhebliche Konsumeffekte ausgelöst. Im Gegensatz zu den 70er Jahren unterstützten günstige internationale Entwicklungen den Aufschwung: Dollaraufwertung und Ölpreisverfall erhöhten den Exportüberschuß gewaltig. Arbeitsmarktpolitisch wurde eine Qualifizierungsoffensive in FuU erfolgreich gestartet. Maßnahmen zur Arbeitszeitverkürzung, die die Gewerkschaften in harten Arbeitskämpfen gegen neoliberale Dogmen durchsetzten, sind bei der Ursachenanalyse des Beschäftigungseffekts mitzurechnen. Der Boom im Zuge der Wiedervereinigung ist eindeutig keynesianisch zu erklären. Der Aufbau Ost wurde zunächst vor allem kreditfinanziert, und der Nachholbedarf der ostdeutschen Bevölkerung trieb die Konsumgüternachfrage bis an die Kapazitätsgrenzen. 1993 kam es zum Konjunkturabschwung, der sich auch durch eine Politik sehr knappen Geldes zur schweren Rezession verschärfte. Der nachfolgende Aufschwung im Jahre 94 verlor 1995 seine Schubkraft. Die Zahl der registrierten Arbeitslosen überschritt im Winter 1995/96 schon die 4-Millionengrenze und erreichte im Winter 1996/97 4,7 Mio. Selbst durch einen längeren Konjunkturaufschwung wird der Sockel von weit über drei Millionen Arbeitslosen nur schwer zu verringern sein. Hinzu kommt eine *stille Reserve* von Arbeitssuchenden, die nicht beim Arbeitsamt gemeldet sind. Wir wollen hier nicht auf die z. T. sehr hohen Schätzungen eingehen, zumal hier die ebenso schwer schätzbare Zahl der in der Schattenwirtschaft Tätigen gegengerechnet werden müßte.

Damit stellt sich wieder die Frage nach wirksamen wirtschaftspolitischen Konzepten zur Krisenbewältigung. Auch hier scheiden sich die Geister, denn einfache Antworten auf dieses Problem gibt es nicht, auch wenn die herrschende ökonomische Angebotstheorie schnell alten Wein in neue Schläuche füllt. Auch die Antworten der oppositionellen Keynesianer bleiben ihrem alten Denkschema treu. Staatliche Nachfrage- und damit Wachstumsbelebung unter Vermeidung der alten Fehler (Schließung der »offenen Flanken«) ist und bleibt das Programm. Die Krise der ökonomischen Theorie wird auch für Laien immer deutlicher.

Ernst zu nehmen sind sicher die Warnungen vor einer zu großen Belastung der Masseneinkommen der abhängig Beschäftigten. Der Konsum ist das Rückgrat der Gesamtnachfrage! Aber auch hier ist die Schuldzuweisung unterschiedlich. Während die Nachfragetheoretiker, Sozialdemokraten und Gewerkschaften darauf hinweisen, in welchem Maße sich Gewinn- und Lohnquote zu Lasten der letzteren auseinanderentwickelt haben, sehen die Angebotstheoretiker das Problem in der nach der Vereinigung extrem hohen Abgabenbelastung der Arbeitnehmer begründet.

6.4 Alternative Konzepte einer Arbeitsmarkt- und Beschäftigungspolitik

Deregulierung und Flexibilisierung: das neoliberale Konzept: Die wirtschaftspolitische Wende ist aus neoliberaler Sicht auch nach anderthalb Jahrzehnten Regierungskoalition von CDU/CSU und FDP nicht vollendet (Giersch 1994). Die Inflexibilitäten auf dem Arbeitsmarkt seien nicht beseitigt, die Belastungen der Unternehmen mit Lohnkosten und Steuern nach wie vor zu hoch. Weitere Reformen der Arbeitsmarktpolitik werden gefordert. Um den *Produktionsstandort Deutschland* auch zukünftig attraktiv zu halten, ist aus dieser Sicht eine Revitalisierung der Marktwirtschaft unverzichtbar. Neben tiefen Einschnitten ins soziale Netz zur Begrenzung der Lohnnebenkosten und zurückhaltender Lohnpolitik gilt es, Leistungsanreize freizusetzen und einen neuen Motivationsschub in der Gesellschaft auszulösen. *Deregulierung und Flexibilisierung* gelten dabei als Mittel der Wahl einer umfassenden Reform des Arbeitsmarktes. Soweit sich diese Forderungen an die verbandliche Tarifpolitik richten, sind wir im Kapitel 5.2 schon näher darauf eingegangen.

Den Einstieg in die Flexibilisierung bildete das Beschäftigungsförderungsgesetz von 1985. Neben der Förderung von Teilzeitarbeit ging es hier vornehmlich um eine Verlängerung der zulässigen Befristung von Arbeitsverträgen bei Neueinstellungen. Man versprach sich davon den Abbau von Einstellungsbarrieren auf Seiten der Unternehmen. Statt Überstunden zu fahren, können sie nun ohne Risiko frühzeitig – bei verbessertem Auftragseingang und steigender Auslastung – neue, zunächst befristete Arbeitsverträge abschließen. Insgesamt sind die Erwartungen kaum erfüllt worden. Dennoch wurde 1996 eine weitere Verlängerung der Befristungen durchgesetzt. Allerdings sind auch die Befürchtungen der Kritiker, Befristungen könnten zur Regel werden, nicht eingetreten. Der nächste größere Schritt in Richtung Deregulierung wurde Anfang der 90er Jahre auf der Grundlage der Vorschläge der *Deregulierungskommission* (1991) gemacht (Müller/Seifert 1991). So wurde 1994 das Arbeitsvermittlungsmonopol der BA abgeschafft, um durch private Konkurrenz die Sucharbeitslosigkeit zu vermindern. Immerhin wurde die BA dadurch zu einer Vermittlungsoffensive motiviert. Die Zahl der privaten Vermittlungen war 1995 noch mehr als bescheiden.

In den Spargesetzen der Jahre 1993 bis 1996 wurden weitere Mosaiksteine dem neoliberalen Reformprogramm hinzugefügt: Die Verringerung der Arbeitslosenunterstützung und des Unterhaltsgeldes bei FuU (1993) soll Drückebergerei und mangelnde Mobilität bestrafen. Die Senkung der Lohnkostenzuschüsse bei ABM und die gesetzlichen Vorgaben, in Arbeitsbeschaffungsmaßnahmen möglichst unter Tarif zu entlohnen, zielen darauf ab, den Verbleib im zweiten Arbeitsmarkt unattraktiver zu machen und die Anstrengungen der Betroffenen zur Rückkehr in ein normales Beschäftigungsverhältnis zu verstärken. Durch die Reduzierung der Lohnfortzahlung im Krankheitsfall auf 80 Prozent soll der Krankenstand gesenkt und »Blaumachen« verteuert werden.

Weitere Punkte können hier nur kurz aufgelistet werden: Verpflichtung der Empfänger von Arbeitslosenhilfe zu Gemeinschaftsarbeiten, Sanktionsverschärfung gegen Schwarzarbeit und Abbau des Kündigungsschutzes (gilt erst in Betrieben ab 10 Mitarbeitern).

Den neoliberalen Reformern geht das alles nicht weit genug. Der Abstand der Lohnersatzleistungen und der Sozialhilfe von den Tariflöhnen ist ihnen noch viel zu gering. Da die Löhne in den unteren Lohngruppen als zu hoch eingeschätzt werden, kann nur ein deutliches Absenken der Lohnersatzleistungen (Krankengeld, Arbeitslosenhilfe usw.) Hilfe bringen. Um die so gestärkten Anreize zur Arbeitsaufnahme noch positiv zu unterstützen, sollte ein zusätzlicher Verdienst nur teilweise (z.B. nur zu 30 Prozent) bei der Sozialhilfe angerechnet werden (Modell einer *negativen Einkommenssteuer*). Auch die Dauer des Bezugs von Lohnersatzleistungen sei zu lang und eine stärkere Absenkung mit der Dauer der Arbeitslosigkeit empfehlenswert. Niedrige Sozialleistungen erfordern nur geringe Beiträge und entlasten damit die Masseneinkommen, so daß neben dem Motivierungseffekt auch erhebliche Konsumnachfrageeffekte zu erwarten seien. Das berühmte *Saysche Theorem*, nach dem gute Anbieterbedingungen auch genügend Nachfrage schaffen, bildet dabei die theoretische Basis.

Auch die aktive Arbeitsmarktpolitik wird kritisch beleuchtet. Sie muß sich ordnungspolitisch einfügen und darf das marktwirtschaftliche Anreizsystem nicht beeinträchtigen. Nur als zeitlich begrenzte Brücke in den regulären Arbeitsmarkt, nicht jedoch als Dauereinrichtung darf sie genutzt werden. In der aktuellen *Standortdebatte* wird der massive Einsatz von FuU und ABM beim Aufbau Ost, der in der ersten Phase vielleicht noch gerechtfertigt werden konnte, inzwischen scharf kritisiert. Der zweite, der subventionierte ABM-Arbeitsmarkt, bedränge zunehmend den ersten, die Weiterbildung war in vielen Fällen qualitativ ungenügend oder eine allokative Fehlleitung, da kein ausreichender Bedarf der Wirtschaft nach diesen Qualifikationen bestand. Der Beweis dafür wird in der unbefriedigenden Übernahme der Absolventen durch die Betriebe gesehen. Dies ist allerdings sehr umstritten.

Mit dem Arbeitsförderungs-Reformgesetz von 1997 wird eine weitere Rückführung der aktiven Maßnahmen in den neuen Bundesländern eingeleitet.

Ein Beschäftigungspakt für Deutschland: das sozialdemokratische Gegenmodell: Das keynesianische sozialdemokratische Lager quält sich mit erheblichen Selbstzweifeln, ob die weltwirtschaftlichen Rahmenbedingungen überhaupt noch eine eigenständige nationale Beschäftigungspolitik zulassen (Scharpf 1987, Rothschild 1994, S. 72ff.). Das Geldkapital und zunehmend auch die Investitionen der Unternehmen orientieren sich weltweit und suchen nach den besten Anlagemöglichkeiten. Die nationale Geld- und Fiskalpolitik steht heute unter Kontrolle des Weltkapitalmarktes. Wir werden im Kapitel 10 auf diese Frage zurückkommen.

Das sozialdemokratische Gegenmodell – wie wir es hier nennen möchten – liegt nicht im engeren Sinne eines parteipolitischen Entwurfs vor. Vielmehr handelt es sich um eine Zusammenschau kritischer Gegenentwürfe zum herrschenden neoliberalen Paradigma, die sich zum großen Teil ergänzen, z.T. aber auch Widersprüchliches beinhalten. Gemeinsamer Ausgangspunkt der Überlegungen ist der Glaube, daß die Selbstheilungskräfte der Märkte allein nicht ausreichen. Auch wenn von vielen nicht bestritten wird, daß Bürokratisierung und Regulationen zu Arbeitsplatzverlusten geführt haben, liegt die Lösung nicht im Rückzug des Staates, sondern in einer ordnungspolitisch verbesserten Regulation, vor allem aber in einer konzertierten Aktion von Staat und Arbeitsmarktverbänden zu einem Beschäftigungspakt für Deutschland. Eine solidarische Aktion bildet die Basis dieses gesellschaftspolitischen Gegenmodells zur Deregulierung. Der Staat soll seine beschäftigungspolitische Verantwortung nicht abgeben. Höchste Priorität kommt dem Ziel der Beseitigung der Arbeitslosigkeit zu.

Dahinter steckt die Hoffnung, das bewährte fordistisch-keynesianische Regulationsmodell der Nachkriegszeit und die neokorporatistische Lohnabstimmung nach Jahren neoliberaler Angriffe wieder stärken zu können. Tatsächlich sind diese Strukturen in Deutschland zwar geschwächt worden, aber durchaus noch lebendig. Internationale Vergleiche zeigen, daß im Zeitraum von 1970 bis 1990 die Länder, deren Tarifverbände miteinander und mit dem Staat gut kooperierten, sowohl das Beschäftigungs- als auch das Stabilitätsziel besser erreicht haben. Allerdings hatten die anderen Ländergruppen höhere Wachstumsraten des BIP aufzuweisen (Schnabel 1992).

Um der Massenarbeitslosigkeit und der schleichenden Ausgrenzung eines Teils der Bevölkerung aus dem Erwerbssystem zu begegnen (Schlagwort: »Dualisierung« der Gesellschaft), gibt es allerdings kein Wundermittel. Erforderlich ist der gezielte Einsatz vieler beschäftigungswirksamer Mittel. Bei einem Überblick über die aktuelle Diskussion unter den Verfechtern dieses Konzepts kristallisieren sich zentrale Politikbereiche heraus, die jedoch auch in dieser Gruppe umstritten sind. Insgesamt ist das Meinungsbild noch sehr heterogen und dadurch auch politisch weniger schlagkräftig als ihre neoliberale Konkurrenz (vgl. Seifert 1995). Folgende Konzepte sind kurz zu betrachten:

1. Aktualisierte staatliche Globalsteuerung
2. Arbeitszeitverkürzung
3. Verbindung von Arbeitsmarkt und Strukturpolitik – Ausweitung des zweiten Arbeitsmarktes
4. Neue Konzeptionen für einen *dritten* öffentlich geförderten Arbeitsmarkt

Die Keynessche Globalsteuerung soll aktualisiert werden. Dabei lassen sich zwei Ansätze unterscheiden. Zum einen wird zur Überwindung der gegenwärtigen Konjunkturflaute ein auf mittlere Sicht angelegtes staatliches Investitionsprogramm gefordert. Gedacht ist an eine Neuauflage des Zukunftsinvestitionsprogramms (1977-1980). Sinnvolle Einsatzfelder werden in der Umweltsanierung, dem Umweltschutz, der Energieeinsparung und der Stadtsanierung gesehen. Zum anderen wird an eine langfristige Verstetigung der staatlichen Ausgabenpolitik gedacht. Statt antizyklischer Politik sollen die Staatsausgaben dem langfristig erwarteten Wachstumstrend entsprechend kontinuierlich ausgedehnt werden, so daß von dieser Nachfragekomponente dauerhafte und verläßliche Wachstumsimpulse ausgehen (Kromphardt 1986 und 1992).

Im Mittelpunkt des Konzepts eines Beschäftigungspaktes steht weiterhin die Forderung nach einer stetigen Arbeitszeitverkürzung. Kreative Modelle wie Bildungsurlaub oder Sabbatjahre muten noch etwas exotisch an, momentan geht es hauptsächlich um die Wochen- und Lebensarbeitszeit (Seifert 1993). Eine langfristige weitere Verkürzung ist nach allen Erfahrungen nur bei Lohnausgleich für die Arbeitnehmer akzeptabel. Dabei wird ein Teil des Produktivitätszuwachses nicht als Lohnerhöhung, sondern in Form der (üblicherweise) Wochenarbeitszeitverkürzung weitergegeben. Die Löhne (Monatslohn) können dennoch um den restlichen Teil des Produktivitätszuwachses steigen. In der Krise sind Belegschaften auch zu größeren Zugeständnissen bereit. Um bedrohte Arbeitsplätze zu erhalten, wurde u. a. bei VW eine massive Arbeitszeitverkürzung mit Lohnverzicht vereinbart. Beide Modelle der Arbeitszeitverkürzung sind *defensiv,* sie schützen die *insider,* schaffen aber keine neuen Arbeitsplätze. Um dieses zu erreichen, müßte man in prosperierenden Firmen eine massive Arbeitszeitverkürzung mit deutlichem Lohnverzicht durchsetzen. Das erscheint eher illusorisch.

Auf die Möglichkeiten, durch eine Verkürzung der Lebensarbeitszeit und frühere Verrentung die Arbeitslosigkeit abzubauen, gehen wir in Kapitel 7.3.1 unter dem Stichwort: »Rentenreform und Arbeitsmarkt« genauer ein.

Ein weiteres Anliegen des sozialdemokratischen Gegenmodells ist eine Reform der Arbeitsmarktpolitik. Hier liegt auch schon ein ausformulierter Entwurf der SPD-Bundestagsfraktion vor: Das *Arbeits- und Strukturförderungsgesetz* (AFSG). Es weist der aktiven Politik zur Bekämpfung der Arbeitslosigkeit Vorrang zu (Adamy/Deeke/Jetter 1993). Statt Arbeitslosigkeit zu finanzieren, sollen noch mehr Mittel – mindestens 50 Prozent der Gesamtausgaben der BA – in die Weiterbildung, ABM und Eingliederungshilfen gesteckt werden.

In Verzahnung mit der regionalen Strukturförderung soll die BA Projekte zur Strukturverbesserung vor allem im Umweltbereich durch Lohn- und

Sachkostenzuschüsse fördern. Man geht dabei von einer hohen *Selbstfinanzierung* dieser Programme aus, da man Arbeitslosengelder einsparen kann und Wachstumseffekte erwartet, die wiederum zu Mehreinnahmen bei Staat und Sozialversicherung führen. Weitere Vorschläge sind verbesserte Existenzgründungshilfen, Förderung der innerbetrieblichen Qualifizierung, zielgenaue Problemgruppenprogramme über Wiedereingliederungspläne und ein Rechtsanspruch auf ABM nach längerer Arbeitslosigkeit. Ein auch in der SPD umstrittener Punkt ist die vorgesehene langfristige Förderung von *sozialen Betrieben*, die Arbeitslose aus den Problemgruppen beschäftigen sollen.

Immer mehr Arbeitsmarkttheoretiker kommen zu dem Schluß, daß ein Teil der Menschen in Deutschland die steigenden Qualifikationsansprüche auch beim besten Willen nicht erfüllen kann. Der Marktanteil der Jobs mit geringen Anforderungen geht zurück. Will man diese Menschen nicht aus der Arbeitswelt ausgrenzen und auf Sozialhilfe verweisen, muß man einen *dritten Arbeitsmarkt* errichten. Dieser dritte Arbeitsmarkt ist nicht vorrangig als konjunkturelle oder strukturelle Brücke wie ABM gedacht, sondern als ein Dauerbeschäftigungsprogramm ähnlich wie die Behindertenwerkstätten heute schon. Auch bei den sozialen Betrieben stellt sich die Frage nach der Höhe der möglichen Entlohnung und der Bewahrung der Tarifautonomie.

Kritik und Gegenkritik: Daß es generell besser sei, Arbeit statt Arbeitslosigkeit zu finanzieren, bestreitet u. a. der *Sachverständigenrat.* Ein zeitlich verlängerter zweiter oder gar ein dauerhafter dritter Arbeitsmarkt setzt aus der Sicht des neoliberalen Modells völlig falsche Anreize und gefährdet den ersten Arbeitsmarkt, so daß mit steigender Arbeitslosigkeit zu rechnen ist. Damit erledigt sich auch die These einer hohen Selbstfinanzierung dieser Projekte. Auf den Märkten wird nichtsubventionierte Arbeit verdrängt und andere volkswirtschaftlich sinnvollere Investitionsvorhaben müssen zurückgestellt werden.

Die Politik des zweiten Arbeitsmarkts führe dazu, daß eine schnelle Anpassung und Mobilität der Arbeitslosen behindert und Hysterese am Arbeitsmarkt sogar gefördert werde (Pfahler 1995). Umstritten ist auch die »richtige« Höhe der Entlohnung in AB-Maßnahmen. Eine untertarifliche Bezahlung wird von den liberalen Ökonomen gefordert, aber auch im Lager ihrer Kritiker nicht von allen abgelehnt. Um Anreize zum Wechsel in den regulären Arbeitsmarkt zu setzen, wird ein Lohn zwischen Lohnersatzleistung und Tariflohn trotz Bedenken akzeptiert.

In seinem Gutachten zur »Langzeitarbeitslosigkeit« schlägt der Wissenschaftliche Beirat beim Bundeswirtschaftsministerium (BMWI-Studienreihe

Nr. 92, 1996) statt dessen Lohnsubventionen, Senkung der Entlassungskosten bei den Unternehmen und befristete Arbeitsverträge vor. Vorgezogen werden also Maßnahmen zur Reintegration in den regulären Arbeitsmarkt. Eine nachhaltige Reduzierung der Arbeitslosigkeit in den Problemgruppen ist auf diesem Wege – so betont der Beirat – nur durch Wachstum und Lohnreduktion im Sektor der Jedermann-Qualifikationen wie in den USA zu erreichen.

Diese Alternative faßt mit F. W. Scharpf (1995) auch ein Vertreter des sozialdemokratischen Gegenmodells ins Auge. Auch er zweifelt inzwischen an den Möglichkeiten zweiter und dritter Arbeitsmärkte und sucht einen Weg, das amerikanische Beschäftigungswunder in Deutschland zu kopieren, ohne sich das Trauma »Armut trotz Arbeit (working poor)« gleichzeitig auch einzuhandeln. Sein Vorschlag greift auf Elemente des amerikanischen Modells einer negativen Lohnsteuer zurück, das unter Präsident Clinton erheblich ausgeweitet wurde. Um viele neue Arbeitsplätze zu schaffen, sollen Niedriglöhne zugelassen werden. Um Armut trotz Erwerbsarbeit zu verhindern, sollen diese Löhne durch staatliche Transfers aufgebessert werden.

Modell eines degressiv subventionierten Stundenlohns für Geringverdiener

(Mindestlohn: 5 DM; negativer Steuersatz: 50 %)

Stundenlohn (in DM)	5	7	9	11	13	15
Staatszuschuß (in DM)	5	4	3	2	1	0
Gesamtstundenlohn (in DM)	10	11	12	13	14	15

Quelle: Scharpf 1995

Die staatliche Subvention soll dabei bei steigendem Stundenlohn abnehmen, so daß z. B. ein Mindestlohn von 5 DM eine Aufstockung um 5 DM erfährt, bei 11 DM noch ein Transfer von 2 DM hinzukommt, und ab 15 DM Stundenlohn kein Zuschuß mehr gezahlt wird. Natürlich ist auch dieses Modell sehr umstritten. Den Gewerkschaften wird abverlangt, die tariflichen Mindestlöhne stark zu senken. Entsprechend fürchtet man einen Erdrutsch im Lohngefüge. Das Gegenargument lautet, daß gut qualifizierte Arbeitnehmer weiterhin entsprechend ihrer Produktivität entlohnt würden und sogar über Wachstumseffekte und steigenden Beschäftigungsstand die Lohnkonkurrenz abnehmen könnte. Für die neoliberale Position ist dieses Modell nur dann akzeptabel, wenn ein sehr niedriger Mindestlohn die Transferbelastung des Staates in engen Grenzen hält. Damit bliebe das Armutsproblem jedoch ungelöst. Arbeitgebervertreter signalisieren ebenfalls ihr Interesse an diesem Vorschlag. Im neuen wirtschaftspolitischen Grundsatzpapier der SPD-Führung (Schröder-Papier) wurde dieses Modell der Subventionierung niedriger Erwerbseinkommen inzwischen als ein wichtiger Beitrag zur Bekämpfung der Massenarbeitslosigkeit positiv herausgestellt.

Solche neuen kreativen Ideen zur Lösung des Problems der Massenarbeitslosigkeit sind selten und werden von den herrschenden Verbandsinteressen meist schnell beiseite geschoben, wie es auch dem Weitzman-Vorschlag (1987) erging.

6.5 Zur aktuellen Reform des Arbeitsförderungsgesetzes

Mit dem Arbeitsförderungs-Reformgesetz (AFRG) leitet die Bundesregierung tiefgreifende Veränderungen ein. Das beginnt bei der Zielansprache. Die Möglichkeiten der aktiven Arbeitsmarktpolitik zur präventiven und akuten Bekämpfung von Arbeitslosigkeit werden aufgrund der gemachten Erfahrungen bescheidener beurteilt. Die zugrunde liegende Philosophie dieser Reform ist es, auch die Arbeitsförderung so zu gestalten, daß die Hauptverantwortung der Tarifparteien für die Beschäftigung betont bleibt. Damit entspricht die Konzeption dieser Reform vornehmlich dem neoliberalen Modell, wenn auch einige Anleihen dem Gegenmodell entnommen sind.

Hier können nur die wichtigsten strukturellen Ansatzpunkte der Reform angesprochen werden. Statt eines Ausbaus des zweiten Arbeitsmarkts werden Lohnkostenzuschüsse zur wichtigsten Brücke in den regulären Arbeitsmarkt. Dabei werden finanzielle Anreize gesetzt, um eine untertarifliche Bezahlung für die Einarbeitungszeit durchzusetzen. Die Gewerkschaften sollen damit zu niedrigen Eingangstarifen, wie sie in der Chemiebranche schon vereinbart wurden, gedrängt werden. Das Prinzip eines deutlichen Lohnabstands für AB-Maßnahmen wird durchgesetzt und ihre Durchführung verstärkt an private Unternehmen delegiert. Die Zumutbarkeitsregelung wird verschärft. So wird schon nach sechs Monaten erwartet, daß der Arbeitslose für ein Einkommen in Höhe des Arbeitslosengeldes arbeitet, also Lohneinbußen von ca. 40 Prozent akzeptiert. Der Berufsschutz entfällt ganz!

Ob diese und weitere Maßnahmen zur Sanktionierung der Arbeitslosen

Mißbrauch verhindern und die Sucharbeitslosigkeit nachhaltig verkürzen, ist sehr zweifelhaft. Vielmehr ist von einer verschärften Verdrängungskonkurrenz zu Lasten der weniger Qualifizierten und Problemgruppen auszugehen. Die Aufgabe des Berufsschutzes kann auch zu volkswirtschaftlich unsinniger Verschwendung teuren Humankapitals führen.

Weniger umstritten sind Reformen zur Erhöhung der Flexibilität und Effizienz von Trägern und Instrumenten. So soll der Wettbewerb unter den Arbeitsämtern eingeführt werden. Sie erhalten eine größere Autonomie beim Einsatz der aktiven Mittel (eigener Eingliederungshaushalt, Innovationstopf), müssen jährlich in Form von *Eingliederungsbilanzen* eine Art Erfolgsrechnung vorlegen und stehen damit über mögliche »Betriebsvergleiche« unter öffentlicher Kontrolle. Stärker als bisher sollen die Mittel auf die Förderung der Problemgruppen konzentriert werden. Auch hier liegt das Hauptaugenmerk auf der Wiedereingliederung. Neben Lohnkostenzuschüssen werden neue Instrumente wie Trainingsmaßnahmen zur Vermittlung beruflicher Kenntnisse und Eingliederungsverträge mit den Unternehmen konzipiert, die diese von den Kosten möglicher Fehlzeiten durch Krankheit entlasten. Einführung eines Teilarbeitslosengeldes, Eingliederungsverträge für Langzeitarbeitslose und Zuschüsse zu beschäftigungswirksamen Sozialplanmaßnahmen sind weitere interessante Innovationen. Insgesamt soll diese Reform auch einen deutlichen Spareffekt von ca. 35 Milliarden DM im Zeitraum von 1997 bis 2000 erzielen.

6.6 Prognosen über die zukünftige Entwicklung des Arbeitsmarktes

Die mittel- bis langfristigen Arbeitsmarktprognosen klingen zwar nicht ausgesprochen optimistisch, gehen jedoch alle davon aus, daß eine langsame Besserung möglich ist (vgl. den Überblick über die Szenarien der Wirtschaftsforschungsinstitute bei Bach 1996). Nach den Szenarien des DIW in Berlin werden allein in Westdeutschland bis zum Jahre 2000 zwischen ein bis zwei Mio. neue Arbeitsplätze entstehen. Nach einer Schätzung des Instituts für Arbeitsmarkt- und Berufsforschung bei der BA (IAB) ist eine Wachstumsrate der Erwerbstätigenzahl bis zum Jahre 2010 von 0,5 Prozent pro Jahr möglich. Bei einer nur mäßigen Zunahme des Erwerbspersonenpotentials, also der Zahl der Arbeit nachfragenden Menschen, könnte die Arbeitslosigkeit in Gesamtdeutschland um eine Million gegenüber heute zurückgehen. Es blieben immer noch 3 Millionen erwerbslos! Längerfristige Szenarien setzen auf die demographische Entlastung, die zu einem deutlich sinkenden Erwerbspersonenpotential und damit zu rapide abnehmender Arbeitslosigkeit ab 2010 führen könnte.

Alle diese Schätzungen sind mit hoher Unsicherheit behaftet. So zeigt der Blick in vergleichbare ältere Prognosen der Institute IAB und Prognos, daß man die Arbeitsmarktentwicklung der 80er Jahre völlig falsch eingeschätzt hatte. Auf der Arbeitsangebotsseite hatte man das Ausmaß der Zuwanderung unter- und auf der Nachfrageseite die Wachstumsrate der Arbeitsproduktivität deutlich überschätzt. Die neuen Prognosen gehen nunmehr von einem deutlich geringeren Produktivitätswachstum aus. Diese Wachstumsrate gibt die sog. *Beschäftigungsschwelle* an, ab der ein Wirtschaftswachstum neue Arbeitsplätze schafft.

Der Tertiarisierungsdruck: Die *Tertiarisierung* der Wirtschaft, also die Zunahme des Dienstleistungssektors und die Abnahme des Güter produzierenden Sektors, führt zu einer weiteren Abnahme der durchschnittlichen Arbeitsproduktivität, da viele Dienstleistungen nicht oder nur wenig rationalisierbar sind. Dies war schon für *Jean Fourastié* die große Beschäftigungshoffnung für das ausgehende Jahrhundert. Auch wenn die Entwicklung aufgrund der Kostenkrankheit vieler Dienste (vgl. dazu Kapitel 9) nicht so reibungslos verläuft, wie von Fourastié gedacht, bleiben die Dienste dennoch unsere Hoffnung! Den Erwartungen der Institute ist zuzustimmen, daß schon mäßiges kontinuierliches Wachstum des BIP von deutlich unter 2 % pro Jahr Arbeitsplätze zu schaffen verspricht. Allerdings stehen die Hochlohnbranchen unter starkem internationalem Wettbewerb und werden auch in Zukunft Arbeitsplätze wegrationalisieren müssen. Arbeitsplätze im Dienstleistungsbereich entstehen nur, wenn dort die Lohnentwicklung moderat bleibt. Das wird zunehmend einen Verteilungskonflikt zwischen Industrie- und Dienstleistungsgewerkschaften auslösen. Nur im ersten Sektor sind u. U. auch in Zukunft relativ hohe Lohnsteigerungen möglich. Werden diese durchgesetzt, gibt es zwei Alternativen. Folgen die Dienstleistungsgewerkschaften dieser Lohnführerschaft, werden zu wenig Arbeitsplätze rentabel und Massenarbeitslosigkeit die Folge sein. Schließen sie deutlich unter dem Lohnniveau der Industrie ab, werden zwar Arbeitsplätze entstehen, die aber als Arbeitsplätze zweiter Klasse im Vergleich zur Industrie gelten würden. Daraus und aus der Verschärfung des internationalen Wettbewerbs erwächst wiederum ein Druck auf die Industriegewerkschaften, Lohnabschlüsse unterhalb der Wachstumsrate der Arbeitsproduktivität abzuschließen. Gibt man diesem Druck nach, könnte es zu einer Auseinanderentwicklung von (potentiellem) Produktionswachstum und lohngespeister Konsumnachfrage kommen. Zwei Auswege wären denkbar. Zum einen könnte die deutsche Industrie bei weiter hohem Qualitätsstandard die Nachfrage wie in der Vergangenheit schon verstärkt im Export finden. Zum anderen könnte der internationale Wettbewerbsdruck die Unternehmen zwingen, auch auf den heimischen Märkten ihre gestiegene Produktivität statt in Lohnsteigerungen für die Belegschaften in Preissenkungen für die Verbraucher weiterzugeben. Lohn- und Gewinnquote blieben so im Lot! Dieses ist das neoliberale Szenario! Auch wenn man diesem Mechanismus durchaus eine gewisse Wirksamkeit einräumen muß, ist u.E. aufgrund der starken Stellung auf heimischen Märkten mit einem Anstieg der Gewinnquote zu rechnen. Dies wird jedoch nicht zu einem vergleichbaren Anstieg der Investitionsquote führen, wenn der Binnenkonsum relativ stagniert. Das Kapital wird vermehrt als Geldkapital auf dem globalen Kapitalmarkt vagabundieren. Damit wäre das fordistische Gleichgewicht zwischen Kaufkraft und Produktivitätsentwicklung nachhaltig gestört und die Stabilität der Volkswirtschaft in hohem Maße gefährdet.

Gibt es einen Ausweg aus diesem Dilemma gewerkschaftlicher Lohnpolitik? Überzeugende Antworten werden noch gesucht. Wir glauben, daß eine (konsumtive) Gewinnbeteiligung der Arbeitnehmer ein Teil der Lösung sein könnte. Um auch hier eine Zweiklassengesellschaft innerhalb der Arbeitnehmer zu verhindern, wären auch die Arbeitnehmer in gewinnschwachen Branchen partiell, also nicht gleichberechtigt zu beteiligen. Eine Kombination aus Fixlohn und Gewinnbeteiligung hätte dann weitere positive Effekte: Effizienzsteigerung durch bessere Leistungsanreize und vor allem, wie die hervorragende Analyse von Weitzman (1981) belegt, einen deutlichen Beschäftigungseffekt. Das Scheitern des schwedischen Modells der Arbeitnehmerfonds ist kein Gegenbeleg. Dort sollten ökologische und infrastrukturelle Projekte finanziert werden, während im hier vertretenen Modell eine konsumtive Verwendung der Gewinnanteile durch die Arbeitnehmer durchaus gewollt ist, da dies die Massenkaufkraft verbessern und das fordistische Gleichgewicht wiederherstellen könnte.

Zuwanderungsdruck: Die zweite Schwachstelle der Arbeitsmarktprognosen der Vergangenheit lag auf der Arbeitsangebotsseite: Die Zuwanderung von Arbeitskräften ist nur schwer zu schätzen. Die leicht sinkenden Arbeitslosenzahlen bis 2010 errechnen sich in den eingangs skizzierten Gutachten nur unter der Bedingung einer mäßigen Zuwanderung von außen. Die starke Zuwanderung im letzten Jahrzehnt brachte – trotz nicht zu unterschätzender Stimulierungseffekte für die Wirtschaft insgesamt – auch Verdrängungseffekte für die Problemgruppen (Klauder 1993). Eine weitere starke Zuwanderung könnte diese Probleme weiter verschärfen. Aber auch das wird im Lichte differierender wissenschaftlicher oder weltanschaulicher Standpunkte ganz unterschiedlich gewertet. Die einen sehen darin eine Gefahr für den sozialen Frieden und die Integrationskraft von Wirtschaft und Gesellschaft und befürchten eine steigende Ausgrenzung von Problemgruppen (darunter auch die weniger leistungsfähigen Zuwanderer), wachsende Armut, Wohnungsnot, Kriminalisierung und immens zunehmende Soziallasten. Die extrem neoliberale Gegenposition des Kieler Weltwirtschaftsinstituts argumentiert mit historischen Beispielen der erfolgreichen Zuwanderung hochmotivierter Menschen und sieht gerade in der Zuwanderung ein Vehikel zur notwendigen Veränderung des deutschen Tarifsystems. Die dadurch zunächst wachsende Langzeitarbeitslosigkeit wird in diesem Szenario einen steigenden Druck auf die Gewerkschaften zur Herabsenkung der Mindestlöhne ausüben. Wenn dieser Wall gebrochen ist, soll sich das amerikanische Beschäftigungswunder auch hier einstellen.

Hier scheiden sich allerdings die Geister auch in der Regierungskoalition. Die ansonsten neoliberale Arbeitsmarktkonzeption wird vor allem von der CSU in der Frage der Zuwanderung entschieden korrigiert. Aber auch die SPD ist in dieser Frage gespalten. Gerade das klassische Wählerpotential aus der Arbeiterschaft sieht sich von starker Zuwanderung bedroht. Ein angestrebtes Einwanderungsgesetz ist umstritten und wird von manchen wohl eher zur Abwehr unerwünschter Massenzuwanderung herbeigewünscht. Anderen soll es als Selektionsinstrument zur Auswahl hochwertiger Arbeitskräfte dienen, die zur Sicherung der Renten gebraucht werden könnten. Es spricht u.E. vieles dafür, daß eine ungesteuerte Zuwanderung angesichts der vielen Menschen, die in Osteuropa und anderswo ihre bedrückende Lebenslage durch Auswanderung nach Westeuropa zu verbessern hoffen, arbeitsmarkt- und sozialpolitisch kaum zu verantworten ist, auch wenn humanitäre Bedenken gegen eine »Wagenburgpolitik« ernst zu nehmen sind.

6.7 Arbeitsmarkt und Arbeitsmarktpolitik in den neuen Bundesländern

Der Arbeitsmarkt in den neuen Bundesländern ist nach der Wiedervereinigung einem Veränderungsprozeß ausgesetzt worden, der historisch ohne Beispiel ist (vgl. Heinelt u. a. 1994). Die Gründe für den tiefen Beschäftigungseinbruch lagen in der mangelhaften Wettbewerbsfähigkeit der ostdeutschen Betriebe, die nach langen Jahren der Planwirtschaft über Nacht der kalten

Dusche des internationalen Wettbewerbs ausgesetzt wurden. Mit der Wirtschafts-, Währungs- und Sozialunion (WWU) im Sommer 1990 kam es durch die Einführung der DM zu einer massiven Aufwertung. Auch die deutlich niedrigeren Löhne konnten den erheblichen Rückstand in der Arbeitsproduktivität nicht ausgleichen. Die Lohnstückkosten der ostdeutschen Betriebe waren zu hoch, Qualität und Angebotspalette zu unattraktiv im Vergleich zur westdeutschen Konkurrenz. In der Diagnose der eigentlichen Gründe dieser Krise sind sich die Ökonomen weitgehend einig: Ein maroder Kapitalstock nach langen Jahren viel zu geringer Investitionen und planwirtschaftliche Fehllenkungen (Allokation) von Arbeit und Kapital gelten als zentrale Ursachen. Im nachhinein ist es eine eher theoretische Frage, ob eine andere Strategie den notwendigen Transformationsprozeß sozial verträglicher bewältigt hätte. Faktisch kam es in kurzer Zeit zu einem Rückgang in der Zahl der Erwerbspersonen von 9,6 Mio. (1989) auf 7,6 Mio. (1993). Viele Frauen zogen sich in Ermangelung von Angeboten aus dem Erwerbsleben zurück (Stille Reserve), Arbeitnehmer über 55 wurden vielfach frühverrentet oder in den Vorruhestand versetzt (Entlastungseffekt 1993: ca. 800000). Die registrierte Arbeitslosigkeit erreichte im Durchschnitt der letzten Jahre über eine Million. Die Arbeitslosenquote betrug damit ca. 15-16 Prozent. Die Quote der Frauen von 19-21 Prozent signalisiert einen erheblichen Verdrängungseffekt zu Lasten des weiblichen Geschlechts.

Arbeitslosigkeit in den neuen Bundesländern

Jahr	**1991**	**1992**	**1993**	**1994**	**1995**	**1996**
Arbeitslose in Mio.	0,913	1,170	1,149	1,142	1,047	1,169
Arbeitslosenquote	10,3	16,1	15,8	16,0	14,9	16,7

Quelle: Bundesanstalt für Arbeit

Von den verbliebenen Erwerbstätigen von ca. 6,5 Mio. befindet sich laufend ein erheblicher Teil in FuU und ABM (vgl. Diagramm). Die erste Phase nach der WWU läßt sich als eine arbeitsmarktpolitische Notfallaktion kennzeichnen: Frühverrentung und Kurzarbeitergeld waren die Mittel der Wahl. Einerseits wurde das Arbeitsangebot sozialverträglich reduziert und andererseits wurden die Folgen der Produktionseinbrüche für die Arbeitnehmer abgemildert. So erhielten im Jahr 1991 bis zu 2 Mio. Menschen Kurzarbeitergeld. Parallel zu diesen *Notfallmaßnahmen* wurde die Infrastruktur der BA in den neuen Bundesländern aufgebaut und so die nächste Phase des arbeitsmarktpolitischen Aufbaus Ost eingeleitet.

Aktive Arbeitsmarktpolitik in den neuen Bundesländern (in 1000)

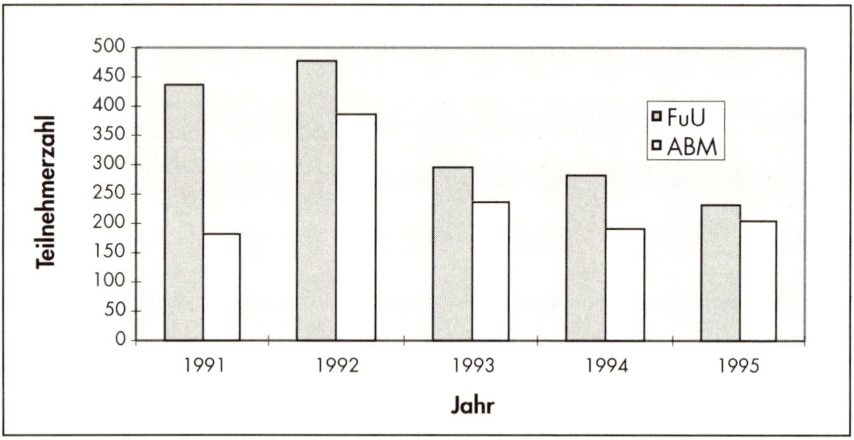

Quelle: Bundesanstalt für Arbeit

Schon 1992 kam es zu einer Substitution des Kurzarbeitergeldes durch die in den alten Ländern seit langem bewährten Instrumente FuU und ABM. Der Druck der Verhältnisse begünstigte dabei auch innovative Gestaltungsideen. Unter anderem wurden Arbeitsbeschaffungsprogramme mit Weiterbildungsmaßnahmen gekoppelt, projektorientierte ABM zielte auf Verbesserungen der Infrastruktur und auf Umweltsanierung. Ein Teil davon wurde in Großprojekten (sog. *Mega-ABM*) realisiert, die u.a. von ABS-Gesellschaften (Arbeitsförderung, Beschäftigung, Strukturentwicklung) getragen wurden. ABS-Betriebe wurden auf Druck der Gewerkschaften als Alternative zu Betriebsstillegungen in einer Phase durchgesetzt, als erkennbar wurde, daß die Privatisierung der ostdeutschen Betriebe durch die Treuhandanstalt zu größeren Beschäftigungsverlusten als erwartet führte. Sie sollten eine produktive Alternative zu Betriebsschließungen bilden und öffentlich geförderte Arbeiten z.T. verbunden mit Weiterbildung ausführen.

Mit dem § 249h AFG wurde 1993 eine neue Variante von Arbeitsbeschaffungsmaßnahmen aus der Taufe gehoben. Die BA subventioniert hier die Lohnkosten privater Unternehmen (auch ABS-Gesellschaften), wenn diese z.B. kommunale oder Landesprojekte im Bereich von Umweltsanierung oder sozialer Dienste durchführen und dabei Arbeitslose beschäftigen. Die Vergabe des Projektauftrags erfolgt im wettbewerblichen Ausschreibungsverfahren, so daß der Auftraggeber und die BA das für sie kostengünstigste respektive beschäftigungsförderlichste Angebot auswählen kann. Kostensenkend wirkt sich im Vergleich zur klassischen ABM der auf die Höhe des durchschnittlichen Arbeitslosengeldes fixierte Lohnkostenzuschuß aus. Die Entlohnung der subventionierten Arbeitnehmer im Projekt muß untertariflich erfolgen oder mit einer 20prozentigen Arbeitszeitverkürzung verbunden sein. Hiervon soll eine höhere Anreizwirkung, sich um reguläre Beschäftigung zu kümmern, ausgehen. Mit diesem ersten Zug eröffnete die Bundesregierung die aktuelle Auseinandersetzung um die Senkung der Tariflöhne für Einsteiger und gering Qualifizierte, wie es von neoliberaler Seite schon lange gefordert wurde. Nach anfänglichen Schwierigkeiten wurden 1995 ca. 90 000 Stellen in dieser ABM -Variante subventioniert.

Nach einem äußerst massierten Einsatz 1992 wurden die aktiven Maßnahmen um einiges zurückgefahren und auf einem immer noch sehr hohen Niveau bis 1996 stabilisiert. Inzwischen mehren sich die kritischen Stimmen, und negative Erfahrungen mit dem zweiten Arbeitsmarkt häufen sich. Berichtet wird von steigender Verdrängung privater Anbieter in den ABM-Schlüsselbranchen Garten und Landschaftsbau, sozialen Diensten sowie Bau- und Industriegeländeerschließung. Hier wird besonders über die ABS-Gesellschaften und ihre gewerblichen Ausgründungen geklagt. Da zudem die anfänglich hohe Wiedereingliederungsquote in reguläre Beschäftigung mittlerweile auf ca. 10 Prozent abgesunken ist, wird mit dem Arbeitsförderungsreformgesetz die nächste Phase der Arbeitsmarktpolitik Ost eingeleitet und eine schrittweise, aber deutliche Rückführung der aktiven Maßnahmen angestrebt. Dabei geht es der Bundesregierung auch um eine Senkung der ausufernden Kosten und der Bundesbeteiligung.

Ausgaben der Bundesanstalt für Arbeit in den neuen Bundesländern
(in Mio. DM)

Jahr	Gesamtausgaben	aktive Arbeitsmarktmaßnahmen in %	Lohnersatzleistungen in %	Arbeitslosenhilfe (Bundeshaushalt)
1991	29855	26,3	35,4	271,3
1992	46032	41,8	46,4	1488,5
1993	50615	38,5	52,5	3657,8
1994	41647	37,0	53,1	5056,9
1995	38284	44,9	40,1	7576,0

Quelle: Keller 1996b, S. 93

Bis zum Jahr 2000 sollen annähernd 20 Milliarden DM im Bereich ABM, Lohnkostenzuschüsse und Qualifizierung eingespart werden. Für die Arbeitsmarktpolitiker in der Opposition und quer durch die Parteien in den neuen Bundesländern gilt dieses Streichprogramm als nicht verantwortbar. Solange der selbsttragende Aufschwung noch auf sich warten läßt, sollte allein schon aus der Perspektive, den sozialen Frieden zu sichern, der zweite Arbeitsmarkt unbedingt erhalten werden. Dazu läßt sich von unserer Seite anmerken, daß die negativen Effekte eines ausufernden zweiten Arbeitsmarktes ernst zu nehmen sind und innovative Konzepte in der Arbeitsmarktpolitik – wie sie oben angesprochen wurden – dringend erprobt werden sollten. Diese kommen im AFRG – wie schon oben dargestellt – zu kurz, werden aber auch bei den Kritikern, die eine Ausweitung der bisherigen Politik trotz ihrer negativen Nebenwirkungen fordern, eher zögerlich angegangen.

Ob es tatsächlich zu den geplanten Einsparungen kommen wird, hängt von der allgemeinen wirtschaftlichen Entwicklung in den nächsten Jahren ab. Die Prognosen differieren sehr stark. Die neuesten Schätzungen des Bundeswirtschaftsministeriums gehen von einem Anpassungszeitraum von 15 Jahren zur Überwindung der ungleichen Lebenslagen in West und Ost aus. Bei einem forcierten Wachstum in den nächsten Jahren könnten die Planungen zur Rückbildung des zweiten Arbeitsmarktes durchaus aufgehen. Sollte sich jedoch die jetzige konjunkturbedingte Wachstumsschwäche länger hinziehen, läßt sich prognostizieren, daß die politischen Widerstände eine Durchsetzung verhindern werden.

Vertiefende Literatur

Adamy/Steffen 1985, Gutachten des Wissenschaftlichen Beirats beim BMWI 1996a, Heinelt/Bosch/Reissert 1994, Keller 1996a, Kittner 1996, Müller/Seifert 1991, Seifert 1995, van Suntum 1989.

7.
Das System der sozialen Sicherung

7.1 Gestaltungsprinzipien der sozialen Sicherung

Es erstaunt immer wieder, wenn man sich die Fülle der teils harmonierenden, teils konkurrierenden Gestaltungsprinzipien im System der sozialen Sicherung vergegenwärtigt. Dies ist aus der Sicht rigoroser ordnungspolitischer Positionen ein erhebliches Manko, droht doch der rote Gestaltungsfaden im Gestrüpp der Institutionen verloren zu gehen. Andere sehen es als Ergebnis eines notwendigerweise flexiblen Umgangs mit einem sehr vielschichtigen Problemgemenge, für das es keine einfachen Lösungen gibt.

Das Ziel »soziale Sicherheit«: Soziale Sicherungssysteme sollen kalkulierbare Risiken begrenzen und die Folgen ihres Eintritts für den einzelnen Menschen erträglicher machen. Es geht dabei um typische Lebens- und Arbeitsweltrisiken der breiten Masse der Bevölkerung. Wie wir bei den einzelnen Sozialversicherungen genauer sehen werden, wird meist nur eine kleine Gruppe von Selbständigen der eigenen Verantwortung überlassen. Alle übrigen sind pflichtversichert. Die Gegenleistung, die man für seinen Beitrag erhält, ist das Versprechen, daß bei Eintritt des Risikos bestimmte Ausgleichsleistungen fällig werden. So wird im Krankheitsfall die gesetzliche Krankenversicherung medizinische Leistungen übernehmen. Das Risiko selbst wird also zunächst nicht verringert, sondern die Folgen werden in einer Versicherungsgemeinschaft auf alle Schultern verteilt. Das ist besonders dann rational, wenn der Schaden bei Eintritt eines Risikos groß und die Eintrittswahrscheinlichkeit des Risikos gering ist. Liberale Theoretiker wie Friedrich von Hayek weisen darauf hin, daß den Menschen heute mit den sozialen Sicherungssystemen ein Sicherheitsgefühl vermittelt wird, das die ökonomischen Unsicherheiten des sozialen Wandels verdrängt. Deshalb ist die Unterscheidung zwischen kalkulierbarem Risiko und unkalkulierbaren Unsicherheiten in der Zukunft so wichtig. Existentielle Unsicherheit kann weder eine Sozialversicherung noch ein staatliches Versorgungssystem direkt begrenzen. Dennoch leistet ein soziales Sicherungssystem als übergreifende Solidargemeinschaft erheblich mehr als private Vorsorge durch Kapitalbildung und Privatversicherung. Es kann auch Hilfestellungen in und nach großen Katastrophen geben, wie dieses Jahrhundert mehrfach gezeigt hat.

Kernstück der sozialen Sicherung in Deutschland ist die Sozialversicherung mit ihren fünf Teilbereichen. Unverzichtbar ist heute mehr denn je – entgegen allen Prognosen aus früheren Jahrzehnten – die Sozialhilfe als letztes Auffangnetz bei versagender Selbsthilfe und fehlenden Ansprüchen an die Sozialversicherung.

Prinzipiell kann die gesellschaftliche Risikovorsorge nach drei Maximen gestaltet werden:

- (Sozial-)Versicherungsprinzip,
- Versorgungsprinzip,
- Fürsorgeprinzip.

Sozialversicherungsprinzip: Wenn wir von der Sozialversicherung etwa der gesetzlichen Krankenversicherung als einer Versicherung sprechen, können wir das nur unter Vorbehalten tun. Wichtige Grundprinzipien einer Versicherung wie gegenseitige Risikodeckung im Rahmen einer Gefahrengemeinschaft, Beitragsfinanzierung und Risikoabschätzung für die Gefahrengemeinschaft sind ohne Zweifel vorhanden. In den verschiedenen Sozialversicherungszweigen treten Strukturelemente hinzu, andere Elemente privater Versicherungen werden modifiziert, so daß man letztlich von einer Sozialversicherung als einer Versicherung sui generis, einer Versicherung eigener Art sprechen kann, die folgende Elemente enthalten kann:

- Zwangs(Pflicht-)versicherung bestimmter Gruppen (u. U. Ausschluß anderer Gruppen oder freiwillige Mitgliedschaft),
- Staffelung der Beitragshöhe nach Einkommen und nicht nach dem eingebrachten individuellen Risiko,
- Modifizierung des versicherungstechnischen *Äquivalenzprinzips* gleicher Leistung und Gegenleistung durch das *Solidarprinzip* mit der Konsequenz einer Belastungsumverteilung zugunsten der relativ Ärmeren in der Versicherungsgemeinschaft (oder bestimmter Gruppen),
- Verzicht auf eine Bedürftigkeitsprüfung (also keine Anrechnung sonstigen Einkommens und Vermögens),
- Zuschüsse des Staates zur Finanzierung (oft, nicht immer),

- Selbstverwaltung und Parafiskalität,
- Gesetzliche Fixierung der Leistungen (evtl. Spielräume für Zusatzleistungen).

Insgesamt handelt es sich um eine Institution, die dem Gesetzgeber einen breiten Gestaltungsspielraum bietet und so eine flexible Anpassung an die sozialpolitischen Zielvorgaben gestattet.

Versorgungsprinzip: Versorgungssysteme werden vom Zentralstaat gestaltet und aus Steuern finanziert. Eine Selbstverwaltung durch Verbände und/oder Betroffene existiert nicht. Den Begünstigten – das können bestimmte Gruppen sein (Beispiel: Kriegsopferversorgung in Deutschland, vgl. 7.6.2) oder auch alle Staatsbürger (Beispiel: Die Gesundheitsversorgung in der ehemaligen DDR oder in England) – haben einen Rechtsanspruch auf die gesetzlich fixierten Versorgungsleistungen. Diese Rechtsansprüche gründen sich also nicht auf eine Beitragsvorleistung. Vorleistungen anderer Art können allerdings für Versorgungsansprüche eine Rolle spielen (Beispiel: Beamtenversorgung). In Deutschland sind versorgungsstaatliche Regulierungen die Ausnahme.

Fürsorgeprinzip: Wird das Fürsorgeprinzip bei einer Sozialleistung angewendet, bedeutet dies in erster Linie, daß eine Bedürftigkeitsprüfung stattfindet. Auch hier besteht ein Rechtsanspruch auf diese Leistungen, wenn die Einkommens- und Vermögenslage des Betreffenden eine Selbsthilfe verhindert. Die Leistungen werden aus Steuern finanziert und manchmal – wie bei der Sozialhilfe – nur dem Grunde nach gewährt, d.h. auf den Einzelfall abgestimmt. Anwendungsbeispiele, bei denen die Leistungen gesetzlich fixiert sind, sind die Ausbildungsförderung und das Wohngeld.

Selbstverwaltung und Parafiskalität: In der Bundesrepublik dominiert eindeutig das Sozialversicherungsprinzip. Die Vorteile dieses historisch gewachsenen Systems sind durchaus weiter beachtenswert (vgl. etwa Wagner 1994). Sie liegen unter anderem in seiner *Parafiskalität* und seiner Chance zur *Selbstverwaltung*. Parafiskalität verweist auf eine gewisse Unabhängigkeit der Sozialversicherungen vom staatlichen Haushalts- und Steuergebaren durch das Beitragsverfahren. Diese Ausgliederung des Haushalts der Sozialversicherung verschafft den Sozialversicherungsträgern eine gewisse Autonomie und reduziert – so hoffen zumindest die Befürworter – die politischen Eingriffe. Dies führe zu einer im sozialen Bereich notwendigen Verstetigung. Nun sind allerdings die Erfahrungen der letzten Jahre, in denen ein Spargesetz nach dem anderen die Sozialversicherungen heimsuchte, kein guter Beleg für diese

These. Es scheint allerdings, daß die Politik dazu neigt, in Krisenfällen staatlichen Versorgungssystemen noch stärker die Finanzmittel zu beschneiden.

Als Nachteile des Sozialversicherungsprinzips werden herausgestellt: Verhinderung einer weitergehenden Umverteilung, wie sie bei progressiv gestalteten Steuersätzen in Versorgungssystemen zustande kommt, Neigung der politisch Verantwortlichen, einem Parafiskus immer neue und auch sachfremde Aufgaben zuzuweisen, ohne gleichzeitig die Finanzierung, etwa über Steuererhöhungen, sicherstellen zu müssen.

Selbstverwaltung der Sozialversicherung
(Bundesversicherungsanstalt für Angestellte)

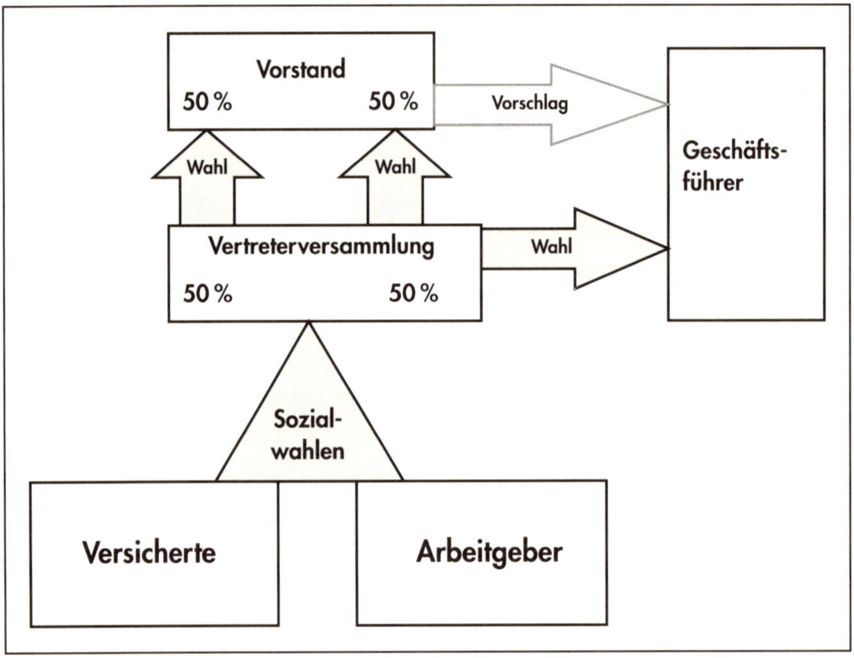

Die Selbstverwaltung bietet die Chance, stärker als bei einer staatlichen hoheitlichen Sozialverwaltung, die Interessen der Betroffenen aufzunehmen und den Sachverstand der an der Selbstverwaltung der Verbände beteiligten Gruppen auszuwerten. Hier liegen gerade für die Zukunft wichtige Aufgaben der Selbstverwaltung, nämlich soziale Bedürfnisse ihrer Versicherten zu erkennen und politisch zu vertreten. Gelingt das nicht, wird das gegliederte System, das ohne Zweifel gegenüber einer *Einheitsversicherung* oder einem staatlichen Versorgungssystem auch Nachteile aufweist – mögliche Konkurrenz der Träger zu Lasten der Betroffenen, Unübersichtlichkeit, ungleiche Leistungen, mangelhafte Koordinierung –, stärker in die Kritik kommen.

Pflichtversicherungsprinzip: Die Sozialversicherungspflicht für Arbeitnehmer ist zum Teil in den hohen (Versicherungspflichtgrenze in der Krankenversicherung) und bei *geringfügiger Beschäftigung* in den unteren Einkommensklassen aufgehoben. Die geringfügige Beschäftigung wird in § 8 SGB IV definiert. Unter anderem muß die wöchentliche Arbeitszeit unter 15 Stunden betragen und das Einkommen darf eine Grenze (1997: 610 DM pro Monat) nicht übersteigen. Durch die starke Zunahme dieser Beschäftigungsform sehen u. a. die SPD und große Teile der CDU/CSU das eigentliche Ziel der Sozialversicherung gefährdet, alle Arbeitnehmer gegen die Lebensrisiken abzusichern. Außerdem fehlen der Sozialversicherung diese Beiträge. Gefordert wird daher die Einbindung in die Sozialversicherung. Dagegen sehen Befürworter diese Beschäftigungsform vor allem als Chance für einen Zusatzverdienst verheirateter Frauen, die über ihren Ehemann versichert sind, und prognostizieren einen starken Rückgang dieser Verdienstmöglichkeiten, wenn die Sozialversicherungsbeiträge den Lohn in die Höhe treiben.

Kausal- versus Finalprinzip: Bei der Anwendung des Kausalprinzips auf den Schadensausgleich nach einem Risikoeintritt wird zunächst danach gefragt, welche Ursache (causa) den Schaden herbeigeführt hat. Danach wird entschieden, ob und in welcher Höhe eine ausgleichende Sozialleistung erfolgen soll.

Im Gegensatz dazu wird bei der Anwendung des Finalprinzips die Leistung vorrangig danach bemessen, ob sie ausreicht, einen eingetretenen Schaden »sozial befriedigend« zu regulieren (Zweck- oder Zielorientierung).

In einer Sozialordnung wie der unsrigen, in der das Sozialversicherungsprinzip zum tragenden Prinzip wurde, ist auch über die Dominanz des Kausalprinzips vor dem Finalprinzip mitentschieden worden. Dies gilt allerdings nur für die Geldleistungen wie Renten, Krankengeld oder Arbeitslosengeld. Bei den Sach- und sozialen Dienstleistungen hat sich dagegen mehr und mehr das Finalprinzip durchgesetzt.

Betrachten wir zunächst ein Beispiel aus dem Bereich der Geldleistungen, nämlich das Risiko ausfallenden Erwerbseinkommens bei einem Arbeitnehmer. Eine final orientierte Sozialleistung wäre hier z. B. ein garantiertes Mindesteinkommen für jeden, der – aus welchen Gründen auch immer – kein ausreichendes Einkommen bezieht. Eine Bedürftigkeitsprüfung in irgendeiner Form – und sei es über die Einkommenssteuerprüfung – dürfte hier unerläßlich sein. Damit zieht die Entscheidung für das Finalprinzip bei sozialen Einkommenstransfers letztlich den Einbau von Kontrollelementen des Fürsorgeprinzips nach sich. Dies gilt letztlich auch für ein Mindesteinkommen für jeden nach dem Bürgergeld-Modell. Die Befürworter erhoffen sich allerdings vom Finanzamt eine weniger diskriminierende Kontrolle im Vergleich zum Sozialamt.

Eine am Kausalprinzip orientierte Lösung fragt demgegenüber nach den Ursachen des Einkommensverlustes und wird je nachdem, ob Invalidität, Krankheit, unfreiwillige Arbeitslosigkeit oder auch Faulheit vorliegt, unterschiedliche Leistungen erwägen. Offensichtlich bietet sich hier das Versicherungsprinzip geradezu zur konkreten Umsetzung des Kausalprinzips an. Jeder Versicherungszweig, Krankenversicherung, Renten- oder Arbeitslosenversicherung, setzt an unterschiedlichen Risiken des Einkommensausfalls an und kann – wenn sozialpolitisch gewollt – unterschiedliche Einkommensersatzleistungen anbieten und entsprechend den Beitrag kalkulieren. So unterscheiden sich in der Bundesrepublik auch die Höhe der Einkommensersatzleistungen in den genannten Sozialversicherungen einschließlich der Sozialhilfe erheblich. Die Anwendung des Kausalprinzips in der Sozialversicherung bietet erhebliche Differenzierungsmöglichkeiten, die beim Finalprinzip weitgehend entfallen. Diese Differenzierung stößt auch auf breite Zustimmung in der Bevölkerung und wird als sozial gerecht empfunden.

Bei den Sach- und sozialen Dienstleistungen wurde dagegen das Finalprinzip im deutschen Sozialstaat weitgehend durchgesetzt. Am Beispiel einer Behinderung läßt sich erkennen, daß wohl die meisten Menschen darin die sozial gerechtere Lösung sehen. Während noch bis 1974 je nach Ursachen der Behinderung (Arbeitsunfall, Kriegsfolgen, Unfall im Haushalt oder Behinderung von Geburt an) und dafür zuständigem Träger auch unterschiedliche Leistungen für medizinische und berufliche Rehabilitation gewährt wurden, gilt heute das Bedarfsprinzip. Jeder hat Anspruch auf die von Fachleuten für angemessen erachtete Behandlung. Dies bedeutet die Durchsetzung des Finalprinzips in dem Bereich der sozialen Sach- und Dienstleistungen.

Prinzip der Ordnungskonformität: Dieses Prinzip wird seit langer Zeit in verengter Form als Marktordnungskonformität von den (Ordo-)Liberalen verfochten. In seiner erweiterten Form, die Marktordnung und Sozialstaat als gleichrangige Grundelemente der Sozialordnung akzeptiert, fordert das Prinzip der Ordnungskonformität eine gegenseitige Abstimmung beider Teilordnungen aufeinander (Lampert 1996, 438 ff). Die disziplinübergreifende Forschung über den Menschen zeigt uns inzwischen die Konturen menschlichen Verhaltens deutlicher. Psychologische und soziobiologische Evolutionstheorien mit unterstützenden Analysen aus der Theorie strategischer Spiele (Axelrod 1988) zeigen den Menschen als ein soziales, auf Kooperation angelegtes Wesen, dem allerdings auch ein gehöriger Schuß Egoismus beigefügt ist (Modell des reziproken Altruismus). Kooperatives Verhalten ist danach auf lange Sicht auch in Massengesellschaften der reinen Ellbogenmentalität überlegen. Radikale Marktwirtschaft und reines Konkurrenzdenken ist aus dieser Sicht ein falscher Weg. Er ist auch unter der verengten Zielrichtung der Einkommensmaximierung nicht der erfolgreichste. Diese These wurde, wenn auch mit anderen Argumenten, schon lange von den christlichen Soziallehren, aber auch von neuliberalen Autoren der ersten Stunde (Röpke 1979) vertreten.

Ein konkretes Beispiel soll die Argumentationslinie verdeutlichen. Nach liberaler Auffassung ist Kündigungsschutz nicht (arbeits-)marktordnungskonform. Dem ist sicher zuzustimmen. Damit ist aber die Frage noch nicht beantwortet, ob diese Einrichtung mit einer sozialen Marktwirtschaft konform geht, die auf ein Zusammenspiel von Kooperation und Konkurrenz als überlegene Form der Sozialordnung setzt. Der Tanz um das goldene Kalb ist heute der Tanz um die »Innovation«. Wird Innovation eher in Systemen und Unternehmen zu erzielen sein, die auf Konkurrenz der Arbeitnehmer untereinander setzen und wo jeder befürchten muß, durch innovative Rationalisierung freigesetzt zu werden, oder in Betrieben, die kooperative Mitarbeit belohnen und alles für die Beschäftigungssicherung (u. a. auch Kündigungsschutzabkommen) tun? Die Extreme bilden hier das japanische Modell einer kooperativen Unternehmensverfassung und das angelsächsische der harten Konkurrenz aller gegen alle. Eine endgültige Antwort auf unsere Frage nach der Ordnungskonformität des Kündigungsschutzes im Modell Deutschland haben wir damit nicht gefunden. Vielleicht gibt es noch bessere Kompromisse. Heute setzt sich wieder in einer Art ideologischer Gegenrevolution der Glaube an die Selbstheilungskräfte reiner Marktlösungen durch. Der internationale Konkurrenzkampf um die besten Institutionen nimmt an Schärfe zu. Das Modell Deutschland basiert auf der dynamischen Ordnungskonformität (gegenseitige Anpassung und Rücksichtnahme) von Sozialstaat und Markt, die immer wieder neu, aber nie einseitig zu Lasten der einen Seite zu bestimmen ist. Die hohe Ausstrahlungskraft des Sozialversicherungsprinzips auch heute noch gründet darin, daß hier Leistungsprinzip und Solidarprinzip in unterschiedlichen Mischungen miteinander verbunden werden können.

Sozialpolitische Sanktionen und Kontrolle: Eng an diese Überlegungen knüpft das *Spornungspostulat* von Gerhard Weisser an, das fordert, daß Sozialleistungen vor allem, wenn sie am Bedarf und nicht an der eigenen (Vor-) Leistung des Versicherten orientiert sind, weder die individuelle Leistungsbereitschaft noch den Leistungswillen der Gruppe entscheidend herabsetzen dürfen, da ansonsten weder die ökonomischen noch die sozialen Ziele der Wirtschafts- und Sozialordnung, soweit sie auf Güter- und Dienstleistungsbereitstellung basieren, zu erreichen sind. Auch Weisser fordert unmißverständlich die Abstimmung von Sanktionen und Anreizen (Spornung) mit dem Solidarprinzip.

Faktisch sind die Institutionen der sozialen Sicherung zu Kontrollen der Berechtigung bei der Inanspruchnahme von Leistungen verpflichtet. Sieht man sich die steil angestiegenen Zahlen aufgedeckten Sozialbetrugs bei den Arbeits- und Sozialämtern an, muß über das Kontroll- und Sanktionssystem neu verhandelt werden. Auch wenn dies ein heikles Thema ist und verschärfte Kontrollen ebenso die ohnehin genug belasteten Ehrlichen treffen, ist wachsender, nicht verfolgter Mißbrauch der Anfang vom Ende der Akzeptanz unseres sozialen Sicherungssystems in der Bevölkerung. Die Entschuldigung, das seien im Vergleich zur Steuerhinterziehung nur Kleinbeträge, ist inakzeptabel. Beides ist zu verfolgen und entsprechend zu sanktionieren. So leiteten die Arbeitsämter 1996 472900 Ermittlungsverfahren gegen illegale Beschäftigung und Sozialmißbrauch ein. Die verhängten Bußgelder erreichten die Summe von 110,5 Mio. DM (1995: 92,6 Mio.) und trafen zu drei Viertel Arbeitgeber.

Bei den Sozialämtern sind die Kontrollen bisher von Amt zu Amt sehr unterschiedlich. Manche scheuen vor dieser Aufgabe unter der Vorgabe, dies sei für die Hilfeempfänger unzumutbar, zurück. Andere greifen angesichts der explosiv steigenden Kosten und des offensichtlichen Mißbrauchs zu stärkeren Hauskontrollen und Beobachtungen. Nachgedacht wird schon in der CDU über den Einsatz von Sozialdetektiven wie in England (Kopfprämie pro aufgedeckten Betrug) oder der Auswertung anonymer Anzeigen wie in Italien. Kreativer und humaner erscheint da die Methode aus Lübeck, wo eine ausgegründete Gesellschaft der Stadt allen arbeitsfähigen Antragsstellern auf Sozialhilfe ein Arbeitsangebot macht. Daraufhin wurde der Antrag von fast einem Viertel der Bewerber zurückgezogen. Dies ist ein Hinweis, die Größenordnung des Mißbrauchs nicht zu unterschätzen.

Seit 1991 muß jeder Beschäftigte einen Sozialversicherungsausweis besitzen. Auch dies dient einer besseren Kontrolle illegaler Beschäftigung und einer mißbräuchlichen Ausnutzung der Geringfügigkeitsgrenze bei den 610-DM-Arbeitsverträgen (etwa durch mehrere solcher Stellen).

Im Sinne der Ordnungskonformität und im Anschluß an die Ideen von Adam Smith ist Strukturen der Vorzug zu geben, die als eine Art Selbstkontrolle die eigenen Interessen der Menschen nutzen und Anreize setzen, um mißbräuchliche Nutzung zu verhindern. Verwiesen sei hier auf Modelle einer negativen Einkommenssteuer und degressiver Lohnsubvention, wie wir sie in Kapitel 6.4. vorgestellt haben. Natürlich wird man auf direkte Kontrollen nie verzichten können. Auch die stärker soziale Dienste und Sachleistungen anbietenden Sozialversicherungen – gesetzliche Krankenversicherung und soziale Pflegeversicherung – haben mit einer Übernutzung zu kämpfen. Gerade in der neu eingerichteten Pflegeversicherung häufen sich die Beschwerden über unseriöse Anbieter, die zu viele Leistungen abrechnen und schlechte Qualität anbieten. Hier ist die Kontrollücke offenkundig und muß bald geschlossen werden. Auch im Gesundheitssystem sind ordnungskonforme Verbesserungen der Anreiz- und Kontrollsysteme längst überfällig.

Solidarität und Solidarprinzip: Unter Solidarität versteht man im allgemeinen die gegenseitige Hilfe in einer Gruppe, das unbedingte Einstehen der Mitglieder einer Gruppe füreinander.

In unserem ausdifferenzierten sozialen Sicherungssystem mit seinen großen anonymen Versichertengruppen ist das Element der persönlichen gegenseitigen Hilfe allein nicht mehr tragfähig. Es liegt nahe, dies zu bedauern, wie es in den konservativen, aber auch den alternativen Sozialstaatskritiken häufig geschieht (vgl. Kapitel 11). Die Leistungsfähigkeit der Familien nimmt ab, und nach unserer Einschätzung ist der Entwurf einer solidarischen Selbsthilfebewegung auf der Grundlage kleiner autonomer Gruppen keine wirkliche Alternative. Hier fehlt die Garantie von Beständigkeit, Zuverlässigkeit und sozialer Gleichbehandlung. Als Ergänzung zur sozialen Sicherung allerdings sollte das Selbsthilfemodell in Zukunft an Bedeutung gewinnen. Das *Solidarprinzip* im sozialen Sicherungssystem – wie wir es verstehen – reduziert und konkretisiert sich folgerichtig als ein anonymer Akt der Umverteilung der Belastungen (Finanzierungen) und/oder Leistungen. Dabei gibt es drei Interpretationen des Solidarprinzips.

- Die erste Definition versteht darunter die Zusammenlegung ungleicher Risiken bei gleichem Beitrag oder Beitragssatz. Da private Versicherungen nach eingebrachtem individuellen Risiko unterschiedliche Prämien kalkulieren, ist hier sicher ein wichtiges Element der Sozialversicherung gekennzeichnet.

- Die zweite Interpretation des Solidarprinzips basiert auf dem Modell der *intertemporalen Umverteilung*. So sieht Wilfried Schreiber (1968) das Solidarprinzip in dem Generationenvertrag verwirklicht, der notwendig ist, um eine bedarfsgerechte Umverteilung des individuellen Lebenseinkommens sozialpolitisch zu organisieren. Stellen wir uns den Lebensablauf eines Menschen vor, so sehen wir, daß den Zeiten der Erwerbstätigkeit, in der Leistungseinkommen erzielt wird, Zeiten der Kindheit und Jugend, Schule und Ausbildung, Krankheit, Arbeitslosigkeit, Alter und möglicherweise noch weitere Zeiten einer Verhinderung oder Minderung der Erwerbstätigkeit gegenüberstehen. Wenn man nun annimmt, das gesamte Lebenserwerbseinkommen selbst eines Arbeiters würde in der heutigen Zeit bei richtiger Umschichtung ausreichen, um auch den lebensnotwendigen Bedarf in den Zeiten ohne Leistungseinkommen abzudecken, reicht es aus, wenn das Sozial(Versicherungs-)system diese intertemporale Umverteilung des Lebenseinkommens, die individuell nur ungenügend geschehen kann, in einer Solidargemeinschaft optimal organisiert.
- Die dritte Interpretation sieht das Solidarprinzip nur bei einer merklichen interpersonellen Umverteilung verwirklicht. Solidarisch ist eine Gruppe oder Versichertengemeinschaft erst dann, wenn die Last zugunsten der sozialökonomisch Schwächergestellten zum Teil auf die stärkeren Schultern geladen wird. Eine Umschichtung des individuellen Lebenseinkommens wird als ungenügend angesehen, um den Bedarf an Sozialleistungen aller zu decken. Hinzutreten muß eine Umverteilung von Geld- und Sachleistungen von den Bessergestellten zugunsten der relativ Ärmeren und Bedürftigen.

Alle drei Interpretationen finden sich im deutschen Sozialversicherungssystem verwirklicht. Das Ausmaß der Umverteilung variiert nach dem relativen Anteil der Sachleistungen. Es ist damit bei der Rentenversicherung, wo überwiegend Einkommenstransfers stattfinden, geringer ausgeprägt als bei der Krankenversicherung und der Pflegeversicherung. Insgesamt ist der Umfang der interpersonellen Umverteilung nicht allzu hoch. Das erhöht die Akzeptanz der Sozialversicherung in der Bevölkerung, die auf ein ausgewogenes Verhältnis von Leistung und Gegenleistung achtet.

Gegenseitige Selbsthilfe: Wir sprachen schon an anderer Stelle das *Subsidiaritätsprinzip* der katholischen Soziallehre an. Dieses Prinzip wird zum Teil als eine Aufforderung an den Staat verstanden, die kleineren sozialen Einheiten, insbesondere die Familien, besonders zu fördern, aber auch als ein Votum für kleinere Selbsthilfegruppen und die freien Wohlfahrtsverbände als wichtige Träger der sozialen Sicherung. Alternative sozialpolitische Ansätze in Theorie und Praxis greifen diesen Gedanken auf. Es geht ihnen um die aktive Teilhabe der Betroffenen an der Erbringung sozialer und gesundheitlicher Dienste. Es wird eine »Steigerung der kooperativen Kompetenz des Klienten« angestrebt. So soll die individuelle Fähigkeit, aktiv mit den professionellen Leistungserbringern wie Ärzten, Sozialarbeitern, Sozialpädagogen und Pflegekräften zusammenzuarbeiten, geschult und verbessert werden.

Darüber hinaus sollen in kleinen Selbsthilfegruppen Teile der notwendigen Sozialleistungen unentgeltlich auf Gegenseitigkeit erbracht werden. Diese Strategie der »Stärkung der kleinen Netze« tritt in Konkurrenz sowohl zu entfremdenden wohlfahrtsstaatlichen Systemen als auch zu Absichten, soziale Dienste zu privatisieren. Eine vorsichtige Einschätzung der Möglichkeiten des Selbsthilfeprinzips wird anerkennen, daß noch bedeutende ungenutzte Potentiale an sozialer Initiative und Gemeinnützigkeit zu erschließen sind, auf der anderen Seite jedoch weite Bereiche der sozialen Sicherung sich dieser Maxime verschließen und allenfalls durch Selbsthilfeengagement sinnvoll zu ergänzen sind.

7.2 Sozialbudget und Sozialindikatoren

Seit 1968 legt die Bundesregierung regelmäßig ein Sozialbudget vor, das zu Anfang und Ende jeder Legislaturperiode durch einen Sozialbericht ergänzt wird, der eine Bilanz zieht und die Ziele für die nächsten Jahre absteckt. Das Sozialbudget als eine Zusammenschau sämtlicher sozialer Leistungen in der Bundesrepublik Deutschland und deren Finanzierung dient gleichzeitig der mittelfristigen Prognose der Entwicklung des sozialen Sicherungssystems. Zu den Leistungen zählen Einkommenstransfers, Sach- und Dienstleistungen und Steuervergünstigungen. Die enge Kopplung der sozialen Sicherung mit der wirtschaftlichen Entwicklung bedingt natürlich eine recht hohe Prognoseunsicherheit.

Sozialleistungen und sozialökonomische Entwicklung
(bis 1990: Westdeutschland)

Jahr	BIP[1] in Milliarden DM	Wohnbevölkerung in Mio.	Sozialleistungen in Milliarden DM	Sozialleistungen in v. H. des BIP (Sozialquote)	Sozialleistungen je Einwohner in DM
1970	675,3	60,7	179,2	26,5	2952
1975	1026,8	61,8	348,1	33,9	5633
1980	1472,0	61,5	479,8	32,6	7801
1985	1823,2	61,0	578,8	31,7	9488
1990	2426,0	63,2	715,2	29,5	11320
1991	2853,6	79,98	893,5	31,4	13083
1994	3320,3	81,42	1106,2	33,3	13590
1995	3458,4		1179,3	34,1	

[1] Bruttoinlandsprodukt zu Marktpreisen;
Quelle: Statistisches Bundesamt, Eigene Berechnungen.

Die Tabelle zeigt die Entwicklung der wichtigsten monetären Sozialindikatoren. Als eigentliche Expansionsphase, in der die Sozialleistungen nicht nur absolut, sondern auch relativ zum BIP bzw. pro Kopf rasant stiegen, ist das Jahrzehnt von 1965 bis 1975 auszumachen. Die Aufwendungen pro Kopf stiegen in diesem Zeitraum mit einer jährlichen Wachstumsrate von über 18 % pro Jahr an. Von 1975 bis 1986 reduzierte sich die Rate auf knapp 7 % und verringerte sich dann trotz der deutschen Einheit weiter auf etwa 4,8 % (1987-1994).

Sozialquote: Deutlicher wird die Bedeutung der Sozialleistungen noch durch die Berechnung der sogenannten Sozialquote (auch als Sozialleistungsquote oder Soziallastquote bezeichnet), die Sozialleistungen und das Bruttoinlandsprodukt (die gesamte volkswirtschaftliche Wertschöpfung eines Jahres) zueinander ins Verhältnis setzt. Kritiker des derzeitigen Umfangs der Sozialleistungen sprechen gern von einer Soziallastquote. Diese negative Bewertung zeugt allerdings nach unserer Meinung von einigem Unverständnis für die produktive Funktion eines großen Teils der ausgewiesenen Leistungen, ohne die das Volkseinkommen sicher nicht die heutige imposante Höhe erreicht hätte. Die Sozialquote stieg von 1970 bis 1975 steil an. Über eine Fülle von Sparmaßnahmen und Reformen in nahezu allen Sozialleistungsbereichen und durch den langen Wirtschaftsaufschwung in den 80er Jahren gelang es, die Quote wieder unter die 30-

Prozentmarke zu drücken. Das zeigt, daß der Politik die sozialpolitische Handlungskompetenz, wie Kritiker aus dem liberalen und systemtheoretischen Lager (Luhmann 1981) behaupten, nicht generell abhanden gekommen ist.

Sozialbudget[1]

	1970	1975	1980	1985	1990	1994
	in Milliarden DM					
Sozialausgaben insgesamt in Milliarden DM darunter:	179,2	348,1	479,8	578,8	742,9	1106,2
Rentenversicherung	52,2	101,1	142,6	175,2	222,7	335,5
Krankenversicherung	25,6	61,1	90,1	114,4	151,4	228,2
Unfallversicherung	4,2	7,2	10,0	11,6	13,2	19,4
Arbeitsförderung und Arbeitslosenversicherung	3,9	18,1	23,1	39,4	51,4	126,7
Beamtenpensionen	15,8	26,0	32,9	37,0	43,8	49,9
Altershilfe für Landwirte	0,9	1,9	2,8	3,3	4,4	5,8
Entgeltfortzahlung	12,5	18,5	28,2	27,8	37,5	45,3
Kindergeld	2,9	14,6	17,6	14,5	14,5	21,0
Erziehungsgeld, Kriegsopferversorg.	7,5	11,1	13,5	13,5	12,8	14,7
Wohngeld	0,6	1,8	2,0	2,7	3,9	6,2
Jugendhilfe	2,1	4,3	8,9	10,3	14,2	24,9
Sozialhilfe	3,5	9,2	15,0	23,0	33,8	58,0
Sozialausgaben je Einwohner in DM	2954	5629	7798	9492	11320	13590
Sozialquote[2]	26,5	33,9	32,6	31,7	29,5	33,3
	Finanzierung des Sozialbudgets nach Quellen in %					
Unternehmen	31,3	30,4	31,9	31,8	32,4	30,4
Bund	24,4	24,4	22,4	20,4	18,8	20,0
Länder	13,8	12,1	11,5	10,8	10,2	9,6
Gemeinden	6,4	7,1	7,3	7,7	7,9	8,4
Sozialversicherung	0,3	0,3	0,3	0,3	0,3	0,2
Private Organisationen	0,7	0,7	0,7	0,7	0,7	0,6
Private Haushalte	23,2	24,9	25,9	28,3	29,7	30,8

[1] Ab 2. Halbjahr 1990 einschl. neue Bundesländer. 1993 vorläufige, 1994 geschätzte Ergebnisse. Ohne Zahlungen der sozialen Einrichtungen untereinander.
[2] Sozialausgaben in Prozent des Bruttoinlandsprodukts.
Quelle: Institut der deutschen Wirtschaft, Zahlen zur wirtschaftlichen Entwicklung der Bundesrepublik Deutschland 1997, Tabelle 86.

Mit der deutschen Vereinigung und der schwachen Konjunktur ist die Sozialquote in Gesamtdeutschland wieder deutlich gestiegen (1995: 34,1 %). Dies ist in der besonderen Situation, in der die neuen Bundesländer sich befinden, kein Ausdruck überbordender Ansprüche, sondern der notwendige Solidarbeitrag zu einem möglichst sozialverträglichen Aufbau Ost.

Belastungsgrenzen: Natürlich ist und bleibt es legitim, darüber nachzudenken, ab welcher Schwelle die Abgabenbelastung aus Steuern und Sozialversicherung zu Leistungshemmungen und damit zu volkswirtschaftlichen Wachstums- und Wohlfahrtsverlusten führt. Internationale Vergleiche zur Höhe der Sozialquote und zur Erkennung eines möglichen *breaking point* der Belastung (vgl. Kapitel 10) zeigen, daß sich die Sozialquoten vieler entwickelter Länder in den letzten zwei Jahrzehnten deutlich erhöht haben, so daß der oft behauptete Standortnachteil Deutschlands bis zur Vereinigung geschmolzen war. Sicher ist es notwendig, die Gesamtabgabenquote in Deutschland Mitte der 90er Jahre möglichst bald herunterzufahren. Die besonderen Umstände im vereinigten Deutschland lassen jedoch nur einen relativ geringen Spielraum, will man nicht das gesamte Projekt der Angleichung der Lebenslagen weit in die Zukunft verlagern. Zukünftige weitergehende Ansprüche der Sozialpolitik an das Volkseinkommen sind sicherlich genau zu prüfen und die bestehenden Sozialleistungen konsequent auf ihre weitere Existenzberechtigung, Effizienz und verteilungspolitische Zielgenauigkeit hin abzuwägen. Selbst in diesen schwierigen Zeiten können jedoch auch neue Sozialleistungen, wie sie etwa mit der sozialen Pflegeversicherung begründet wurden, sinnvoll und notwendig sein.

Beitragssatzentwicklung in der Sozialversicherung

(Arbeitgeber plus Arbeitnehmeranteil in der Renten-, Kranken-, Arbeitslosen- und (seit 1995) Pflegeversicherung)

Jahr	Beitragssatz insgesamt	Höchstbeitrag West in DM pro Monat	Höchstbeitrag Ost in DM pro Monat
1960	24,4	162	–
1970	26,5	428	–
1980	32,4	1241	–
1990	35,6	2042	880
1996	40,6	2950	2507
1997	41,8	3120	2723

Quelle: Institut der deutschen Wirtschaft, Zahlen zur wirtschaftlichen Entwicklung der Bundesrepublik Deutschland 1997, Tabelle 87.

Der Blick auf die Beitragssatzentwicklung in der gesamten Sozialversicherung zeigt im Vergleich zur Entwicklung der Sozialquote ein schlechteres Bild. Neben den Faktoren der Leistungsausweitung und den Kosten der deutschen Einheit wirken sich hier drei weitere Entwicklungen abgabensteigernd aus.

- Erstens ist die *Lohnquote*, der Anteil der Einkommen aus Arbeitnehmertätigkeit am Volkseinkommen, seit 1980 gesunken,
- Zweitens wirkt sich hier die sukzessiv gestiegene Arbeitslosigkeit aus,
- Drittens sind die versicherungsfremden Leistungen speziell in der Renten-, Kranken- und Arbeitslosenversicherung sehr hoch und sind im Zuge der Sozialunion mit den neuen Bundesländern noch einmal deutlich angestiegen.

Will man diesen Teil der Lohnnebenkosten senken, sind Reformen notwendig. Einmal geht es um die Suche nach neuen Finanzierungsquellen (vgl. Kapitel 11.2.1) und zum anderen um die Umfinanzierung versicherungsfremder Leistungen aus dem Steueraufkommen.

Insgesamt erreichten die Lohnnebenkosten in Deutschland 1995 ca. 80 % (70 %) der Direktentgelte im Westen (Osten). Damit wird die Arbeit in Deutschland stark verteuert. Um so dringlicher ist auch aus Gründen der Verteilungsgerechtigkeit eine Umschichtung der versicherungsfremden Lasten auf alle Bürger je nach ihrer individuellen Belastungsfähigkeit. Ob dadurch neue Arbeitsplätze in nennenswertem Ausmaß geschaffen werden können, ist wie bei allen Arbeitsmarktmaßnahmen umstritten (Berthold/Thode 1996).

Das soziale Netz in der Bundesrepublik ist weit gespannt. Ob es engmaschig genug ist, die gewünschte soziale Sicherung für alle zu bieten, wird in den folgenden Kapiteln erörtert.

Die Tabelle zeigt den institutionellen Aufbau des Systems und die Ausgabenstruktur 1995. Neben diesen direkten Leistungen von Staat, Sozialversicherungen und Arbeitgebern in Höhe von ca. 1,1 Bio. DM treten noch steuerliche Entlastungen von ca. 78 Milliarden DM. Die gesetzliche Rentenversicherung bildet dabei den größten Ausgabenblock. Die Gesamtaufwendungen für die Einkommenssicherung alter Menschen ist weit höher, da weitere Institutionen für bestimmte Gruppen (Beamte, Landwirte, Freiberufler) zuständig sind.

Direkte Sozialleistungen (Staat, Sozialversicherungen, Arbeitgeber) 1995

(in Milliarden DM)

Rentenversicherung	361,1
Krankenversicherung	240
Arbeitsförderung	129,2
Beamtenpension	56
Lohnfortzahlung	55,2
Sozialhilfe	53,3
Jugendhilfe	29,2
Betriebsrenten	24,1

Kindergeld	21,2
Unfallversicherung	20,0
Beihilfe – Beamte	14,1
Soziale Entschädigung	14,0
Zusatzversorgung Öffentlicher Dienst	13,6
Familienzuschläge für Beamte	13,0
Vermögensbildung	10,5
Pflegeversicherung	10,3

Erziehungsgeld	7,2
Altershilfe Landwirte	6,2
Wohngeld	6,2
sonst. Arbeitgeberleist.	4,6
Öffentl. Gesundheitsdienst	3,4
Wiedergutmachung	3,0
Versorgungswerke freie Berufe	2,6
Ausbildungsförderung	1,9
Lastenausgleich	1,2

Quelle: Sozialbudget 1995.

Ähnlich ist es beim Lebensrisiko Krankheit. Nicht nur die Leistungen der Krankenversicherung, sondern auch die Lohnfortzahlung durch die Arbeitgeber im Krankheitsfall, die Beihilfen für Beamte, der öffentliche Gesundheitsdienst und ein Großteil der Ausgaben der Unfallversicherung müssen den Sozialleistungen für Krankheit zugerechnet werden. Die Arbeitsförderung – nämlich Arbeitslosengeld und -hilfe, Umschulung, Berufsförderung und Arbeitsbeschaffung – beanspruchte aufgrund der hohen Arbeitslosigkeit über 129 Milliarden DM. Alle übrigen Sozialleistungen, von der Kriegsopferversorgung bis zum Wohngeld, von BAFÖG bis zur Jugendhilfe, der Sparförderung und dem Kindergeld, dienen eher der sozialen Gerechtigkeit als zum Schutz vor Risiken. Als »Netz unter dem Netz« ist die Sozialhilfe aufgespannt.

Neben der institutionellen Aufgliederung des Sozialbudgets nach Leistungsträgern wie Renten- und Unfallversicherung interessiert die sogenannte funktionelle Aufgliederung nach Leistungsarten. Die Tabelle (Sozialbudget nach Funktionen) zeigt, daß die Leistungen für Alter und Gesundheit den Löwenanteil (über 70 %) des Sozialbudgets ausmachen. Dies blieb über die Jahre hinweg konstant, während die familienpolitischen Leistungen und die Leistungen für soziales Wohnen relativ zurückgegangen sind. Dafür hat sich durch die anhaltende Massenarbeitslosigkeit der Anteil der Ausgaben für Beschäftigung erheblich erhöht.

Sozialbudget nach Funktionen
(bis 1985 Westdeutschland; Anteile in %)

	1970	**1985**	**1993**
Ehe und Familie, Jugend	17,2	12,4	12,4
Gesundheit	29,2	32,8	33,1
Beschäftigung	3,2	7,9	11,8
Alter und Hinterbliebene	40,5	40,2	38,7
Folgen politischer Ereignisse	2,6	1,0	0,4
Wohnen	3,3	2,0	1,4
Sparförderung	3,4	3,0	1,7
Allgemeine Lebenshilfen	0,6	0,6	0,3
Sozialbudget	100,0	100,0	100,0

Quelle: Sozialbericht (BMA) 1993.

Ausgehend vom Lebenslagetheorem und der Erkenntnis, daß das subjektive Sicherheits- und Lebensgefühl der Menschen sich nicht automatisch mit zunehmenden Einkommen, Sozialleistungen und weiteren sozialen Diensten verbessert, stellt sich die Frage, ob die gerade skizzierte Sozialberichterstattung ausreicht. Dieser Punkt spielte in der sozialpolitischen Diskussion der siebziger Jahre eine große Rolle und führte zu der Forderung nach einer erweiterten Sozialberichterstattung, die über sogenannte Sozialindikatoren auch immaterielle Lebenslagemerkmale und die subjektiven Erfahrungen der Betroffenen zur Bewertung und Weiterentwicklung des Systems sozialer Sicherheit erfassen und verarbeiten sollte. Der Anspruch dieser *Sozialindikatorenbewegung* zielte darauf, eine umfassende Datenbank über die sozialen Verhältnisse in der Bundesrepublik zu entwickeln. Von ausgewählten Sozialindikatoren (zum Beispiel im Bereich der Gesundheitsversorgung: Lebenserwartung, Krankenstand, Säuglingssterblichkeit, subjektives Gesundheitsgefühl der Bevölkerung usw.), die regelmäßig zu erheben sind, sollten drei Funktionen erfüllt werden:

- Informationsbeschaffung, um soziale Problemfelder und Randgruppen zu erkennen

- Steuerung des sozialpolitischen Eingriffs zur Behebung erkannter Not- und Mißstände
- Kontrolle der Ergebnisse sozialpolitischer Maßnahmen (Evaluierung) (vgl. Krupp/Zapf 1987).

Nach anfänglich hohen Erwartungen und aufwendigen sozialwissenschaftlichen Forschungen ist heute eine gewisse Ernüchterung eingetreten. Trotz aller Anstrengungen ist man weit entfernt von einem Sozialindikatorensystem als umfassendem gesellschaftspolitischen Steuerungsinstrument, über dessen Machbarkeit als auch dessen Wünschbarkeit inzwischen Zweifel bestehen. Auch wenn die Erkenntnisansprüche zurückgeschraubt wurden, spielen *weiche Sozialindikatoren*, die auf die Bedeutung immaterieller Lebenslagemerkmale und persönlicher Erfahrungen der Menschen hinweisen, eine immer größere Rolle in der Gesellschaftspolitik. 1984 wurde mit dem Sozialökonomischen Panel (SÖP) ein neuer Weg in der deutschen Sozialforschung beschritten. Hier wird eine für die Bevölkerung der Bundesrepublik repräsentative Gruppe von 12000 Personen im Abstand von wenigen Jahren immer wieder neu befragt, so daß sich soziale Veränderungen, wie z.B. Auf- und Abstiegsprozesse, die für die Armutsforschung relevant sind, nachzeichnen lassen.

Das SÖP und andere Umfrageergebnisse (Wohlfahrtssurveys) zeigen durchgängig eine recht hohe Zufriedenheit der Menschen mit dem System sozialer Sicherheit. Auf einer Rangskala zwischen 0 und 10 wählen die Menschen im Durchschnitt einen Wert von 6,6-7,0. (Rinne/Wagner 1995, S. 290, Tabelle 1) Deutlich unzufriedener sind Arbeitslose und andere von niedrigen Sozialleistungen betroffene Gruppen.

7.3 Die Sozialversicherung

7.3.1 Die gesetzliche Rentenversicherung

Aufgabenstellung: Wie wir im geschichtlichen Überblick dargestellt haben, bildeten in der vorindustriellen Zeit die verschiedenen Familienformen oft mehr schlecht als recht den einzigen Schutz gegen die Lebensrisiken Alter, Krankheit, Behinderung oder Invalidität. War der Sicherungsumfang angesichts der knappen Ressourcen dieser Lebensgemeinschaften schon eng begrenzt, so wurde dieser »innere Generationenvertrag« im Zuge der revolutionären sozialen Wandlungsprozesse der Neuzeit zunehmend überfordert. In Folge der Industrialisierung kam es zur Verstädterung, wachsender Mobilität mit dem Trend zur Kleinfamilie und einer hohen Zahl Alleinlebender. Subsistenzwirtschaftliche Formen des Wirtschaftens wurden zu Randerscheinungen, die Abhängigkeit von abhängiger Erwerbstätigkeit wurde zum Normalfall. Mit der schnell steigenden Lebenserwartung aufgrund besserer Ernährung, Hygiene und des medizinischem Fortschritts stieg die Zahl alter Menschen und ihr Anteil an der Bevölkerung wuchs bei recht schnell abnehmender Geburtenrate. Der hohe Verschleiß menschlicher Arbeit in den Fabriken führte außerdem zu einem wachsenden Risiko, erwerbsunfähig (invalid) zu werden. Da die neuen privaten Sicherungsformen (Kapitalbildung, Versicherungen) für die Masse der Arbeiter keine Lösung versprachen, versuchte man es in Deutschland mit der gesellschaftlichen Innovation der Sozialversicherung. Der Erfolg gab den Reformern recht. Es war die sozialpolitische Innovation schlechthin. Trotz vieler Reformen und Veränderungen sind wesentliche Strukturelemente auch in der gesetzlichen Rentenversicherung der Arbeiter und Angestellten (GRV) von heute erhalten geblieben.

Hauptaufgabe ist nach wie vor die Finanzierung von Sozialrenten, also von Einkommenstransfers an anspruchsberechtigte Versicherte und Hinterbliebene (Erwerbs- und Berufsunfähigkeitsrenten bei Invalidität, Altersruhegeld nach Erreichen der Altersgrenze, Witwen- und Waisenrenten). Sachleistungen in Form von Rehabilitationsmaßnahmen, Heilverfahren zur Gesunderhaltung und Wiederherstellung der Erwerbsfähigkeit versicherter Arbeitnehmer runden die Leistungspalette ab. Diese präventiven Maßnahmen sollen die aktiven Versicherten gesund und leistungsfähig erhalten und gleichzeitig die sozialen Sicherungssysteme entlasten.

Organisation: Kernstück der GRV ist die Arbeiterrentenversicherung (18 Landesversicherungsanstalten, Sonderanstalten), die Angestelltenrentenversicherung (eine Bundesversicherungsanstalt) und die Knappschaftliche Rentenversicherung für die Bergleute. Für selbständig Erwerbstätige bestehen in der Bundesrepublik drei besondere Trägerschaften, die Altershilfe für Landwirte, die Handwerkerversicherung und die Versicherungen bestimmter freier Berufe.

Die Pflichtversicherung dient hier zum Aufbau einer Grundsicherung, die durch die private Vorsorge, die diesen Gruppen zugetraut wird, ergänzt werden sollte. Mit der allgemeinen Öffnung der Rentenversicherung für alle Selbständigen besteht seit 1972 die Beitrittsmöglichkeit zur GRV. Die Alterssicherung der Beamten wird aus Steuern finanziert und fällt damit als Versorgungssystem aus dem üblichen Rahmen der Sozialversicherungslösung. Diese Rentensysteme stellen sehr unterschiedliche Leistungen bereit. Am höchsten sind die Beamtenpensionen, ein mittleres Niveau erreichen die durchschnittlichen Arbeiter- und Angestelltenrenten, während die Landwirte und Handwerker ihren im Durchschnitt geringeren Beiträgen entsprechend relativ niedrige Leistungen aus ihrer Pflichtversicherung erhalten. Es besteht Versicherungspflicht für alle Arbeitnehmer (wenige Ausnahmen).

Ziele und Sozialprinzipien: Das GRV-System verkörpert eine Konkretisierung des Sozialversicherungsprinzips, bei dem eindeutig der Anteil des Äquivalenzprinzips im Mischungsverhältnis im Vergleich zum Solidarprinzip überwiegt. Die Rentenhöhe soll den Vorleistungen (Beitragshöhe und Versicherungsjahre) des Versicherten entsprechend variieren. Umverteilungsprozesse nach dem Solidarprinzip finden wir in der Familienförderung (Witwen/Waisenrenten). Das Bedarfsprinzip gilt bei den präventiven Sach- und Dienstleistungen.

Zwei Ziele werden vorrangig verfolgt. Einmal ist es die Realisierung eines angemessenen Rentenniveaus im Alter unter der Voraussetzung langer (über 40jähriger) Erwerbstätigkeit, aber auch bei schon frühzeitiger Erwerbsunfähigkeit. Dann soll die Rente den Lohnersatz bilden und den Lebensstandard, der im Berufsleben erreicht wurde, in etwa sichern. Auf den Indikator »Standardrente«, der zur Überprüfung der Realisierung dieses Ziels dient, wird noch genauer einzugehen sein. Das zweite wichtige Ziel ist die Dynamisierung der Renten, die Anpassung an die allgemeine Lohnentwicklung.

Generationenvertrag: Die Leistungen der Rentenversicherung sind an Vorleistungen der Versicherten gebunden. Die Beitragsleistungen der Arbeitnehmer begründen individuelle, einklagbare Rentenansprüche an die Solidargemeinschaft der Versicherten. Diese Ansprüche sind im Falle des Risikoeintritts Invalidität oder bei Erreichung der Altersgrenze von der Versichertengemeinschaft einzulösen. Darüber hinaus ist auch der Staat verpflichtet, diese Ansprüche wie Eigentumsansprüche zu behandeln und auch in schwierigen ökonomischen Zeiten so gut wie möglich einzulösen.

Diesen Auftrag hat das Bundesverfassungsgericht aus dem Grundgesetz abgeleitet. Wir sprechen hier von einem *Generationenvertrag*, bei dem die erwerbstätige aktive Generation die ältere Rentnergeneration über Transferzahlungen (Einkommensübertragungen) mit Einkommen versorgt. Dies geschieht in der durch Gesetz und Verfassung abgesicherten Erwartung, daß die nachrückende junge Generation diese Pflicht ebenso übernehmen wird und so fort. Der gesetzlich fixierte Pflichtcharakter dieses Systems sichert der jeweils leistenden Generation zukünftige, der empfangenden Generation gegenwärtige Transferleistungen.

Die Rentenformel: Die Rentenformel ist das Herzstück der GRV. In ihr sind die wesentlichen Ziele des Rentensystems sozialtechnologisch umgesetzt. Die Formel lautet:

Monatsrente in DM = Ep x aR x Raf x Zf

Ep	Entgeltpunkte
aR	aktueller Rentenwert
RaF	Rentenartfaktor
Zf	Zugangsfaktor

Sie enthält vier Faktoren. Die persönliche Versicherungsbiographie jedes einzelnen Arbeitnehmers verdichtet sich in den *Entgeltpunkten* (Ep), die ihm bei seiner Rentenberechnung gutzuschreiben sind. Dies läßt sich an folgendem Beispiel verdeutlichen. Für jeden Monat, in dem Beiträge entrichtet werden, werden dem Versicherten Punktwerte gutgeschrieben. Die Höhe der Punktwerte hängt direkt von der Höhe seiner Beiträge ab, die wiederum um so höher sind, je höher sein Gehalt ist. Ein Arbeitnehmer, der in einem Jahr genau den Durchschnittsverdienst (Bruttoarbeitsentgelt) aller Arbeitnehmer erzielt hat, bekommt für dieses Jahr einen Punktwert von 1,0 angerechnet. Hätte er statt dessen einen Jahreslohn von 80 (130) Prozent des Durchschnittsverdieners erzielt, wären ihm entsprechend 0,8 (1,3) Entgeltpunkte für dieses Jahr gutzuschreiben.

- Wir nehmen nun weiter vereinfachend an, der Arbeiter habe 40 Jahre lang gearbeitet und Beiträge gezahlt. Er habe dabei in jedem Jahr genau 80 Prozent des durchschnittlichen Arbeitnehmereinkommens verdient. Dann errechnen sich die (Gesamt-)Entgeltpunkte des Arbeiters wie folgt: Ep = 40 Versicherungsjahre x 0,8 Entgeltpunkte pro Jahr = 32,00

Der zweite Faktor in der Rentenformel ist der aktuelle Rentenwert (aR). Der aktuelle Rentenwert ändert sich jedes Jahr und folgt der Entwicklung der Nettolöhne. Auf die genaue Formel wird unten genauer eingegangen. Er gibt den monatlichen Betrag der Altersrente in DM an, den derjenige Altersrentenbezieher tatsächlich erhält, der für ein Jahr genau den Durchschnittsbetrag aller Versicherten entrichtet hat (Ruland 1989).

Der aktuelle Rentenwert ist damit also keine abstrakte Größe. Er ist ein Geldbetrag, der im Jahre 1996 für Westdeutschland 46,67 DM und in den neuen Bundesländern 38,32 DM (2. Halbjahr) betrug.

- Was bedeutet das konkret für unseren Arbeiter? Wäre dieser 1996 schon Altersrentner und mit 65 Jahren in den Ruhestand getreten, dann hätte er im Westen für jedes Jahr seiner Erwerbsbiographie einen monatlichen Rentenanspruch von momentan 0,8 x 46,67 DM = 37,33 DM. Wenn man das nun mit den 40 Versicherungsjahren multipliziert, ergibt sich ein Altersruhegeld von monatlich 1493,44 DM.

Da der aktuelle Rentenwert dynamisiert den Nettolöhnen folgt, verändert sich die Monatsrente jedes Jahr. Bisher hat es nur Steigerungen gegeben. Sinkende Löhne allerdings würden auch einen sinkenden aktuellen Rentenwert und sinkende Renten nach sich ziehen.

Es sind noch zwei weitere Faktoren der Rentenformel zu erläutern. *Der Rentenartfaktor* (Raf) beträgt für die Altersrenten 1,0, für die große (kleine) Witwen/Witwenrente 0,6 (0,25); für Voll- (Halb)Waisenrente 0,2 (0,1). Die bis 1999 geltende Erwerbsunfähigkeitsrente hat ebenso wie die neue volle Erwerbsminderungsrente ab dem Jahr 2000 den Faktorwert 1,0, während der halben Erwerbsminderungsrente der Wert 0,5 zugeordnet ist. Wie der Name verdeutlicht, stuft der Rentenartfaktor die Rentenhöhe danach ab, aufgrund welcher Ansprüche und zu welchem Zweck die Rente beantragt wird.

Der *Zugangsfaktor* berücksichtigt das Alter des Versicherten bei Rentenbeginn. Er mindert die Rente bei vorzeitigem und erhöht sie bei späterem Rentenbeginn. Dieser Faktor wird allerdings erst ab 1997 zunehmend an Bedeutung gewinnen. Bis 1996 gab es keinen Abschlag von der Rente bei vorzeitigem Rentenbezug. Mit der allmählichen Anhebung der Altersgrenzen für die Rentenarten

- Altersrente nach Arbeitslosigkeit oder nach Altersteilzeitarbeit (Altersgrenze bisher 60 Jahre – Endstufe: Abschaffung dieser Rentenart, Beginn der Anhebung: 1997)
- Altersrente für Frauen (bisher 60 Jahre – Endstufe: Abschaffung dieser Rentenart bis 2012, Beginn der Anhebung: 2000)
- Altersrente für Schwerbehinderte (bisher 60 Jahre: Endstufe 63 Jahre, Beginn der Anhebung 2000)

- Altersrente für langjährig Versicherte (bisher 63 Jahre: Endstufe ist die Regelaltersgrenze von 65; Beginn der Anhebung: 2000)

ist ein vorzeitiger Rentenbezug nur mit Abschlägen möglich, so daß die Frühverrentung also zunehmend teurer und damit unattraktiver wird.

Ab dem Jahr 2012 können nur noch langjährig Versicherte, die mindestens 35 Jahre Beitragszeiten nachweisen, vorzeitig – und zwar frühestens mit der Vollendung des 62. Lebensjahrs – in den Ruhestand gehen. Wer vorzeitig in Rente geht, muß also in Zukunft versicherungsmathematische Abschläge in Kauf nehmen. Es werden pro Monat 0,3 Prozentpunkte in Abzug gebracht. Umgekehrt erhöht sich bei einer Erwerbstätigkeit über die Regelaltersgrenze von 65. Lebensjahren hinaus die Rente um 0,5 % pro Monat.

- Kehren wir zu unserem Beispiel zurück: Da unser Arbeiter vor 1997 in Altersrente (Rentenartfaktor = 1,0) gegangen ist, gilt für ihn in jedem Fall der Zugangsfaktor 1,0. Die Rentenberechnung erfolgt dann gemäß der Formel:
- Monatsrente = Ep x aR x Raf x Zf = 32 x 46,67 DM x 1,0 x 1,0 = 1493,44 DM
- Unterstellen wir einmal, die Abschläge bei vorzeitigem Rentenbezug, wie sie ab 2000 eingeführt werden, wären schon 1996 gültig und unser Arbeiter sei 1996 mit Vollendung seines 63. Lebensjahrs in Rente gegangen. Für diese zwei Jahre vorzeitigen Rentenbezugs muß er einen Abzug von 7,2 Prozent (24 Monate x 0,3 %) hinnehmen, so daß sein *Zugangsfaktor* auf 1,000 – 0,072 = O,928 sinkt.
- Monatsrente (Frühverrentung) = 32 x 46,67 DM x 1,0 x 0,928 = 1385,91 DM

Eckwerte der Rentenversicherung (Westdeutschland)

Jahr	Durchschnittliches Bruttoarbeitsentgelt (DM)	Beitragsbemessungsgrenze	Aktueller Rentenwert in DM	Nettorentenniveau nach 45 Versicherungsjahren	Beitragssatz in %
1980	29485	4200	–	70,3	18
1985	35286	5400	–	71,8	19,2
1990	41946	6300		67,6	18,7
1995	50665	7800	46,23	71,7	18,6
1996	51108	8000	46,67	70,0	19,2
1997	53806	8200	47,44		20,3

Quelle: BMA und Institut der deutschen Wirtschaft, Zahlen zur wirtschaftlichen Entwicklung der Bundesrepublik Deutschland 1997, Tabelle 95., Statistisches Jahrbuch 1996, S. 462.

Rentendynamisierung: Der aktuelle Rentenwert ist dynamisiert und folgt den Nettolöhnen mit einer Verzögerung von einem Jahr. Die Anpassungsformel zur Fortschreibung des aktuellen Rentenwertes von Jahr zu Jahr lautet:

$$aR(t) = aR(t\text{-}1) \times BE(t) \times NQ(t) \times RN(t) \times DF(t)$$

aR(t)	Aktueller Rentenwert (im Beispiel: 1996 (ab Juli))
BE(t)	Durchschnittliches Bruttoarbeitsentgelt aller Versicherten im Jahre (t-1) dividiert durch das durchschnittliche Bruttoarbeitsentgelt aller Versicherten im Jahre (t-2)
NQ(t)	Nettoquote des Arbeitsentgelts (Anteil des Arbeitsentgelts nach Steuern und Sozialabgaben am Bruttoarbeitsentgelt) im Jahre (t-1) dividiert durch die Nettoquote des Arbeitsentgelts im Jahre (t-2)
RN(t)	Rentennettoquote (Anteil der verfügbaren Rente nach Abzug von Steuern und Krankenversicherungsbeitrag an der Bruttorente) im Jahre (t-2) dividiert durch die Rentennettoquote im Jahre (t-1)
DF(t)	Demographischer Faktor
t	das laufende Kalenderjahr (im Beispiel: 1996)
(t-1)	das vergangene Kalenderjahr (im Beispiel: 1995)
(t-2)	das vorvergangene Kalenderjahr (im Beispiel: 1994)

Beispiel: Berechnung des aktuellen Rentenwerts von Juli 1996 bis Juni 1997

- Der durchschnittliche Bruttolohn stieg von 1994 auf 1995 um 3,4 %. BE(1996) hat damit den Wert von 1,034.
- Die Nettoquote für Arbeitsentgelte sank im gleichen Zeitraum von 65,37 % auf 63,52 %. NQ(1996) hat damit den Wert 63,52/65,37 = 0,9717
- Die Rentennettoquote sank durch einen erhöhten Krankenversicherungsbeitrag von 93,30 % auf 92,85 %. RN(1996) hat damit den Wert 93,30/92,85 = 1,0048.
- Der demographische Faktor kommt erst ab 1999 ins Spiel. So lange bleibt sein Wert 1,0.
- Der aktuelle Rentenwert des Jahres 1995 hat den Wert von 46,23 DM.

Damit errechnet sich der aktuelle Rentenwert des Jahres 1996 nach der Formel:

aR(1996) = 46,23 DM x 1,034 x 0,9717 x 1,0048 x 1,0 = 46,67 DM

und die (Brutto-)Renten wurden 1996 um 0,95 % erhöht.

An diesem Beispiel wird deutlich, wie die steigende Abgabenbelastung der Aktiven – gemessen an der Nettoquote – die Rentendynamik bremst. Nur wenn die Nettolöhne steigen, steigen mit der Verzögerung von gut einem Jahr auch die Renten. Demgegenüber führt die Minderung der Nettorentenquote zu einer Erhöhung des aktuellen Rentenwerts, so daß diese Belastung der Rentner also auch umverteilt wird.

Mit dem 1997 verabschiedeten Rentenreformgesetz ist die Rentenanpassungsformel um den demographischen Faktor DF(t) erweitert worden. Dieser wird erstmals bei der Berechnung des aktuellen Rentenwerts im Jahr 1999 berücksichtigt werden.

DF(t) = ((Leb (t-9)/ Leb (1-8) – 1)/2 + 1), wobei Leb (t-9) die durchschnittliche Lebenserwartung der 65jährigen im zurückliegenden neunten Kalenderjahr ist und Leb (t-8) entsprechend die durchschnittliche Lebenserwartung der 65jährigen im zurückliegenden achten Kalenderjahr bezeichnet. Der innere Klammerausdruck ist damit die Wachstumsrate der Lebenserwartung.

Der Sinn dieser Formelerweiterung soll an unserem Beispiel erläutert werden. Unterstellen wir, diese Erweiterung hätte schon 1996 gegolten, dann müßte die Veränderung der Lebenserwartung der 65jährigen von 1987 auf 1988 berücksichtigt werden. Nehmen wir an, die Lebenserwartung sei von 16 auf 16,2 Jahre gestiegen, dann errechnet sich DF(1996) = ((16/16,2 – 1)/2 +1) = 0,9938. Setzt man diesen Wert in die Rentenanpassungsformel ein, so reduziert sich der aktuelle Rentenwert des Jahres 1996 auf aR (1996) = 46,67 DM x 0,9938 = 46,38 DM.

Damit erschließt sich der Sinn der Reform. Die steigende Lebenserwartung führt zu einer Verlängerung der Rentenbezugszeiten. Um diese steigende Belastung für die Beitragszahler zu verringern, reduziert der demographische Faktor automatisch die Höhe der Rentenanpassung. Zu beachten ist, daß die Wachstumsrate der Lebenszeit in der Formel durch den Faktor 2 gekürzt wird. Das führt dazu, daß die Belastung durch die steigende Lebenserwartung nicht allein auf die Rentner verteilt wird, sondern zur Hälfte bei den Beitragszahlern verbleibt.

Rentenart Altersrenten und Alters-Teilrente: Die verschiedenen Arten der Altersrente sind im Beispiel schon kurz angesprochen worden. Voraussetzung für den Bezug der sog. Regelaltersrente ab Vollendung des 65. Lebensjahrs ist eine Mindestversicherungszeit – die Wartezeit – von 60 Monaten. Anspruch auf *vorzeitige Altersrente für langjährige Versicherte* mit Vollendung des 63. Lebensjahrs hat derjenige, der eine Wartezeit von 35 Jahren nachweisen kann. Dies wird in Zukunft, wie oben gezeigt wurde, zu Rentenabschlägen führen. Mit der großen Rentenreform 1992 ist die Möglichkeit des Teilrentenbezugs eröffnet worden. Sämtliche Altersrenten können zu zwei Dritteln (RaF = 0,7), zur Hälfte (RaF = 0,525) oder zu einem Drittel (RaF = 0,35) in Anspruch genommen werden. Der Anreiz besteht darin, daß die relativ engen *Hinzuverdienstgrenzen* gegenüber dem vollen Rentenbezug deutlich verbessert werden, eine Teilzeitarbeit also ermöglicht wird. Als Faustregel gilt: Bei der 1/3 Teilrente kann bis zu 80 %, bei der 1/2 Teilrente 60 % und bei der 2/3 Rente etwa 40 % des bisherigen Einkommens hinzuverdient werden. Steuervorteile durch die allenfalls geringe Besteuerung der Teilrenten kommen hinzu. Ziele dieses Modells ist die Ermöglichung eines gleitenden Übergangs in den Ruhestand, der den Ruhestandsschock vermeiden hilft und die längere Nutzung der Schaffenskraft noch leistungsfähiger Senioren. Bisher ist das Modell kaum bekannt, zu wenig attraktiv und daher nicht sehr erfolgreich.

Rentenart Witwen- und Waisenrenten: Bei den Witwen- und Witwerrenten unterscheidet man die große und die kleine Rente. Anspruch auf die große Rente hat der hinterbliebene Ehepartner, wenn er über 45 Jahre alt oder erwerbsunfähig ist oder solange er ein Kind zu betreuen hat. Hat die Witwe ein eigenes Erwerbs-, Renten- oder Pensionseinkommen, das einen dynamisierten Freibetrag überschreitet, wird es zu 40 Prozent auf die Hinterbliebenenrente angerechnet. Der Freibetrag beträgt das 26,4fache des aktuellen Rentenwerts und ist damit also dynamisiert. Für 1996 errechnet sich dann für Westdeutschland ein Wert von 26,4 x 46,67 DM, also von abgerundet 1232 DM.

- Zur Verdeutlichung der Berechnung knüpfen wir an unser Beispiel an. Nehmen wir nun an, der Arbeiter stirbt und hinterläßt eine Witwe mit dem Anspruch auf eine große Witwenrente, dann errechnet sich die Witwenrente nach der gleichen Formel. An den Werten ändert sich nur der Rentenartfaktor, der bei der großen Witwenrente 0,6 ist.
- Monatsrente seiner Witwe = 32 x 46,67 DM x 0,6 x 1,0 = 896,06 DM
- Die maximale Hinterbliebenenrente unserer Arbeiterwitwe beträgt nach der Rentenformel also rund 896 DM. Hat sie nun ein eigenes Erwerbseinkommen von 2000 DM, ist zunächst der Freibetrag von 1232 DM abzuziehen. Es bleibt ein Betrag von 778 DM. 40 Prozent von 778 DM sind rund

311 DM. Um diesen Betrag reduziert sich nun die Witwenrente, so daß der Frau 588 DM Rentenanspruch verbleiben.

Wären noch Kinder zu betreuen, besteht neben dem Anspruch auf Waisenrente für die Kinder auch ein Anspruch auf einen höheren Freibetrag bei der Einkommensanrechnung.

Ordnungspolitisch bedenklich ist an dieser Regelung die Einführung von Einkommensprüfungen in die Sozialversicherung. Da es sich bei den Witwenrenten um Solidarelemente handelt, wird allerdings das Äquivalenzprinzip nicht durchbrochen. Nicht unproblematisch ist auch der Sachverhalt, daß nicht alle Einkommensarten (u. a. Vermögenseinkommen) auf die Rente angerechnet werden. Für die nächste Legislaturperiode ist eine Reform der Hinterbliebenenrenten beabsichtigt.

Invaliditäts(Erwerbsminderungs-)renten: Ein Hauptpunkt des Rentenreformgesetzes von 1997 ist die Reform der Renten wegen einer Erwerbsminderung. Wir müssen in der Übergangsphase auch die auslaufende Regelung noch kurz darstellen. Bis 1999 existieren formal noch zwei Arten von Invaliditätsrenten: die Berufsunfähigkeitsrente (BU-Rente) und die Erwerbsunfähigkeitsrente (EU-Rente). Faktisch ist die BU-Rente jedoch nach einem Urteil des Bundessozialgerichts in Zeiten hoher Arbeitslosigkeit nahezu bedeutungslos geworden. Die niedrige Berufsunfähigkeitsrente (RaF= 0,6667), die derjenige erhalten soll, der aus gesundheitlichen Gründen in seinem oder einem anderen zumutbaren Beruf weniger als die Hälfte gesunder Arbeitnehmer verdienen kann, wird zur höheren Erwerbsunfähigkeitsrente (RaF = 1,0) aufgestockt, wenn eine Vermittlung in eine adäquate Teilzeitbeschäftigung etwa aufgrund hoher Arbeitslosigkeit wenig Chancen hat. Die Invalidität eines Arbeitnehmers wird über medizinische Gutachten bescheinigt. Damit die Rentenhöhe auch im Falle von Frühinvalidität den Lebensstandard sichern kann, wird in die Rentenformel eine *Zurechnungszeit* integriert. Es wird dabei unterstellt, der Erwerbsunfähige habe bis zu seinem 60. Lebensjahr Beiträge entrichtet; bis zu seinem 55. Lebensjahr wie im Durchschnitt bisher, in den letzten 5 Jahren nur zu einem Drittel dieses Wertes. Um überhaupt eine Invaliditätsrente zu erhalten, ist eine Wartezeit von fünf Jahren nachzuweisen. Folgendes Beispiel verdeutlicht den Sachverhalt:

- Eine junge angestellte Akademikerin, deren Pflichtversicherung mit Vollendung des 30. Lebensjahrs begonnen hat, wird mit 40 Jahren erwerbsunfähig. Im Durchschnitt hatte sie ein überdurchschnittliches Einkommen und sich mit den Pflichtbeiträgen 1,2 Entgeltpunkte pro Jahr während dieser Zeit bei der GRV verdient. Die zusätzlichen Entgeltpunkte aufgrund der Zurechnungszeit errechnen sich als 15 (Jahre bis Vollendung des 55. Lebensjahrs) x 1,2 Ep plus 5 (Jahre von 55 bis 60) x 0,4 Ep. Das sind 20 Entgeltpunkte, die zusammen mit den 12 aus den Pflichtbeitragszeiten 32 Entgeltpunkte ergeben. Damit errechnet sich die EU-Rente 1996 nach der Rentenformel (Wir berücksichtigen dabei mögliche Anrechnungszeiten (s. u.) aufgrund der Ausbildung nicht.):

- Monatsrente = 32 x 46,67 DM x 1,0 x 1,0 = 1493,44 DM.

Im Zuge der 97er Rentenreform wird ab dem Jahr 2000 eine *zweistufige Erwerbsminderungsrente* die bisherigen Regelungen ersetzen:

- Wer aus gesundheitlichen Gründen nicht mehr als drei Stunden täglich erwerbstätig sein kann, erhält eine volle Erwerbsminderungsrente.
- Wer bis zu sechs Stunden arbeiten kann, erhält die halbe Erwerbsminderungsrente.
- Wer länger als 6 Stunden erwerbstätig sein kann, hat keinen Anspruch auf eine Rente.

Die Arbeitsmarktverhältnisse sollen keine Rolle mehr spielen. Das Risiko, daß die Betroffenen nicht in Arbeit vermittelt werden können und so nichts hinzu verdienen können, bleibt bei ihnen bzw. dem Arbeitsamt. Die Bundesanstalt für Arbeit muß ergänzendes Arbeitslosengeld zahlen. Man schätzt die zusätzlichen Kosten auf knapp 4 Milliarden in 2005. Ein Hinzuverdienst oder ein Ersatzeinkommen aus der Sozialversicherung wird – wenn eine bestimmte Höhe (Freibetrag) überschritten wird – zur Hälfte auf die Rente angerechnet (Begrenzung der Kumulation). Im Zuge der Begrenzung der Frühverrentung wird zur Vermeidung des Ausweichens in die Erwerbsminderungsrente auch diese über den *Zugangsfaktor* reduziert. Für jeden Monat, für den der Versicherte (oder seine Hinterbliebenen) eine Rente vor Vollendung des 65. Lebensjahrs in Anspruch nimmt, reduziert sich der Zugangsfaktor um 0,3 Prozent. Der Abschlag ist aber bei dieser Rentenart auf maximal 10,8 Prozent begrenzt worden. Beginnt eine Rente vor dem 60. Lebensjahr, ist die Vollendung des 60. Lebensjahres maßgebend. Um die frühzeitig erwerbsgeminderten Versicherten nicht zu stark zu belasten, wird die Anrechnung der Zurechnungszeit verbessert. Künftig wird die Zeit zwischen dem 55. und dem 60. Lebensjahr zu zwei Drittel rentensteigernd angerechnet.

- Wie wirkt sich die Neuregelung in unserem Beispiel aus? Die Summe der Entgeltpunkte der Akademikerin steigt aufgrund der verbesserten Zurechnungszeit auf 22 plus 12 = 34. Der Zugangsfaktor sinkt auf 0,892. Unter der

Annahme, daß die Erwerbsminderung maximal eine dreistündige Erwerbsarbeit zuläßt, ist der Rentenartfaktor 1,0.

- Monatsrente: 34 x 46,67 x 1,0 x 0,892 = 1415,40 DM.
- Sollte das medizinische Gutachten eine vierstündige Erwerbsarbeit zulassen, vermindert sich der Rentenartfaktor auf 0,5 und die Erwerbsminderungsrente wird halbiert.

Rentenrechtliche Zeiten (u. a. Babyjahre): Hier bewegen wir uns in einer sehr komplexen Rechtsmaterie, so daß nur die wichtigsten Grundzüge (hoffentlich!) verdeutlicht werden können. Wir haben gesehen, daß die Rentenhöhe nach dem Äquivalenzprinzip sehr stark von den eigenen Beitragszeiten abhängig ist. Zu den Beitragszeiten zählen die Pflichtbeitragszeiten und die Zeiten, in denen freiwillige Beiträge abgeführt wurden. Kindererziehungszeiten (die sog. Babyjahre) werden zu den Pflichtbeitragszeiten gerechnet. Für die Erziehung eines Kindes mit einem Geburtsjahr vor 1992 wird ein Jahr, ab 1992 werden drei Jahre zu jeweils 0,75 Entgeltpunkten angerechnet. Zum aktuellen Rentenwert von 1996 gerechnet bedeutet das einen monatlichen Rentenanspruch von 3 x 0,75 x 46,67 DM = 105 DM im Westen. Mit der Rentenreform 1997 werden die Kinder in Zukunft wertvoller:

Bewertung der Babyjahre

Zeitraum der Kindererziehung	Entgeltpunkte pro Jahr Kindererziehung
vor 30. 6. 1998	0,75
vom 1. 7. 1998 – 30. 6. 1999	0,85
vom 1. 7. 1999 – 30. 6. 2000	0,90
ab 1. 7. 2000	1,00

Ab Mitte 1998 wird auch dem Urteil des Bundesverfassungsgerichts Genüge getan. In Fällen, in denen gleichzeitig Kinder erzogen und Beiträge gezahlt wurden, werden dann die Rentenanwartschaften bis maximal zur Entgeltpunktobergrenze (1995: 1,874) zusammengezählt. Die Diskriminierung erwerbstätiger Mütter wird damit beendet.

Neben den Beitragszeiten führen auch bestimmte beitragsfreie Zeiten zu einer Rentenerhöhung. Man unterscheidet hier *Anrechnungszeiten, Zurech-*

nungszeiten (s. o. bei Invaliditätsrente) und *Ersatzzeiten*. Ersatzzeiten sind unter anderen Kriegsdienstzeiten und Internierungszeiten. Anrechnungszeiten sind u. a. Zeiten von Krankheit und Arbeitslosigkeit, in denen in der Vergangenheit die zuständigen Sozialversicherungen keinen Beitrag an die GRV entrichtet haben, wie das heute üblich ist. Ausbildungszeiten werden bis zu einem gewissen Umfang als Anrechnungszeiten gewertet (ab 1997 maximal 4 Jahre). Diesen beitragsfreien Zeiten müssen gemäß der Logik der Rentenformel jeweils konkrete Entgeltpunkte wie bei den Babyjahren zugeordnet werden. Die komplizierten Vorgaben und Berechnungen nach Gesamtleistungsbewertung lassen sich hier nicht im einzelnen darstellen.

Finanzierung: Die Finanzierung der Renten und Sachleistungen erfolgt über Beiträge der Versicherten und ihrer Arbeitgeber und über Bundeszuschüsse. Die Beiträge werden bis zu einer dynamisierten Beitragsbemessungsgrenze (vgl. Tabelle, S. 163) der Versicherten erhoben. Der Beitragssatz wird jährlich neu berechnet und den erwarteten Ausgaben und Einnahmen entsprechend angepaßt. Arbeitgeber- und Arbeitnehmeranteil machten 1997 zusammen 20,3 % aus. Dieser Beitragsstaffelung entsprechend variieren die Rentenansprüche, während die Sachleistungen, etwa die Rehabilitationsmaßnahmen, nach Bedarf verteilt werden. Der Anteil des Bundeszuschusses am Gesamtbudget beträgt etwa 20 % (59,5 Milliarden in 1997). Vielfach wird eine Erhöhung gefordert, um die Finanzierung sogenannter *versicherungsfremder* öffentlicher Leistungen, die der GRV vom Gesetzgeber aufgebürdet wurden, aus dem öffentlichen Haushalt sicherzustellen. Die genaue Abgrenzung dieser öffentlichen Aufgaben ist strittig. Genannt werden unter anderen Anrechnung von Wehr- und Internierungszeiten, Umverteilung zugunsten der ostdeutschen Rentenbezieher, Finanzierung der Babyjahre und Rente nach Mindesteinkommen.

Die angewandte Finanzierungsart wird als *Umlageverfahren* bezeichnet. Im Gegensatz zum *Kapitaldeckungsverfahren* werden hier die Einnahmen jedes Jahres zur Deckung der laufenden Ausgaben herangezogen. Es wird kein Kapitalstock gebildet, der später, wenn die Renten gezahlt werden, wieder aufgelöst werden kann. Im GRV – System wird nur eine geringe Rücklage vorgehalten, die als Schwankungsreserve kleine Einnahmeschwankungen ausgleichen soll. Eine notwendige Korrektur des Beitragssatzes soll so bemessen werden, daß er voraussichtlich zumindest für die nächsten drei Jahre konstant gehalten werden kann, also zur Ausgabendeckung ausreicht.

Der Bundeszuschuß ist seit der Rentenreform 1992 dynamisiert und wird an die Entwicklung von Beitragssatz und Bruttolohnentwicklung angepaßt. Kommt es zu einer stärkeren Belastung des Rentensystems durch Arbeitslosigkeit oder steigende Alterslast, erhöhen sich tendenziell die Ausgaben der Versicherung. Damit müssen die Einnahmen ebenfalls gesteigert werden. Der Beitragssatz muß erhöht werden. Dieser Effekt wiederum pflanzt sich fort in einer Dämpfung des Anstiegs des aktuellen Rentenwerts und damit der Renten. Gleichzeitig – in einer Art kybernetischem *Selbstregulierungsprozeß* – bewirkt dies einen verstärkten Anstieg des Bundeszuschusses. Der Bund beteiligt sich so an der steigenden Alterslast der Rentenversicherung.

Mit dem Rentenreformgesetz 1997 sollte der Bundeszuschuß soweit erhöht werden, daß der Beitragssatz der Rentenversicherung 1999 um 1 Prozent abgesenkt werden könnte. Das Ziel war, die Unternehmen von den hohen Lohnnebenkosten schon 1999 teilweise zu entlasten, da die Strukturveränderungen (demographischer Faktor) erst später eine nachhaltige Entlastung erwarten lassen. Weil allerdings die Finanzierung nicht gesichert war, galt diese Regelung nur unter dem Vorbehalt, daß die SPD-regierten Länder im Bundesrat einer Erhöhung der Mehrwertsteuer um einen Prozentsatz zustimmten. Da ein Rentenkompromiß zwischen Regierung und Opposition nicht zustande kam, verweigerte die SPD zunächst ihre Zustimmung im Bundesrat. Während die Strukturveränderungen des Rentenreformgesetzes nicht der Zustimmung der Länder bedurften und inzwischen geltendes Recht sind, ist das Projekt der kurzfristigen Beitragssenkung erst nach zähen Verhandlungen doch noch realisiert worden.

Situationsanalyse zur Zielerreichung in der GRV: Es soll nun kurz geprüft werden, wie es um die Realisierung der wichtigsten Ziele der Rentenversicherung bestellt ist. Das vielleicht wichtigste Ziel ist die Vermeidung von Altersarmut. Ein Blick auf die Durchschnittsrenten zeigt, daß die Versichertenrenten der Männer deutlich über dem Existenzminimum der Sozialhilfe liegen.

Rentenhöhen

	West		Ost	
	1994	**1997**	**1994**	**1997**
Standardrente (netto) in DM (2.Halbjahr)	1931	1975	1451	1683
Durchschnittl. Versichertenrente Männer in DM	1762	–	1584	–
Durchschnittl. Versichertenrente Frauen in DM	701	–	1018	–
Durchschnittliche Witwenrente	995		694	

Quelle: Verband deutscher Rentenversicherungsträger, Weiße 1995.

Nun streuen die Renten je nach Erwerbsbiographie erheblich um diesen Mittelwert. Auch heute noch gibt es viele Rentnerinnen, die keine oder nur eine kleine eigene Rente haben und vor allem auf ihre Witwenrente angewiesen sind. Mit der steigenden Erwerbsbeteiligung der Frauen und der Dynamisierung der Renten ist es immerhin zu recht deutlichen Einkommensverbesserungen gekommen (vgl. auch Kapitel 7.6.1). Die Altersarmut scheint bei weiter zunehmender Erwerbsquote der Frauen in Zukunft gebannt. Allerdings muß man sich inzwischen Gedanken machen, ob auf lange Sicht bei wachsender geringfügiger Beschäftigung und Arbeitslosigkeit nicht wieder das Problem der Unterversorgung im Alter auftritt. Eigentlich ist das Ziel noch höher gehängt. Angepeilt wird die Lebensstandardsicherung im Alter bei denjenigen, die auf ein langes Erwerbsleben zurückblicken können. Die Erreichung dieses Ziels wird mit dem Indikator *»Standardrente« (auch Eckrente genannt) bzw. »Nettorentenniveau«* überprüft. Unter der Standardrente ist eine Rente zu verstehen, die derjenige erhält, der 45 Jahre lang als Durchschnittsverdiener gearbeitet und Beiträge gezahlt hat und nicht frühzeitig in den Ruhestand tritt.

Standardrente (1997) = 45 x 47,44 DM x 1 x 1 = 2134,80 DM

Setzt man die Standardrente in Bezug zum durchschnittlichen Nettoeinkommen aller Arbeitnehmer, errechnet sich das Nettorentenniveau. Es erreichte in den Jahren von 1980 bis 1996 jeweils Werte zwischen 67,5 und 72 Prozent. Daraus schließt man, daß der langjährig Versicherte im Alter seinen Lebensstandard in etwa aufrechterhalten konnte. Man unterstellt dabei, daß die Einbußen von ca. 30 Prozent z.T. durch Betriebsrenten oder eigenes Vermögen ausgeglichen werden können.

Mit dem Rentenreformgesetz von 1997 wird – wie oben dargestellt – ein demographischer Faktor in die Rentenanpassungsformel integriert. Dieser soll und wird nach den vorliegenden Schätzungen zu einer allmählichen Absenkung des Nettorentenniveaus bis auf 64 % im Jahre 2030 führen. Eine Absenkung unter diese Zielmarge wird dadurch verhindert, daß der demographische Faktor in dem Fall, daß dieses droht, in der Formel nicht mehr angewendet wird.

Kritiker sehen in der neuen 64 %-Zielmarge die faktische Aufgabe der Lebensstandardsicherungsfunktion der Sozialrente. Bedenkt man, daß die Mehrheit der Versicherten deutlich weniger als 45 Jahre Versicherungszeiten nachweisen kann, werden viele Rentner nicht einmal 60 % ihres früheren Nettoeinkommens als Rente beziehen. Dies ist ein entscheidender Punkt, warum es bei dieser Rentenreform im Gegensatz zur 92er Reform zu keiner gemeinsamen Haltung der im Bundestag vertretenen Parteien kam.

Mit der Konstruktion einer *Rente nach Mindesteinkommen* werden die Beitragsleistungen langjährig Versicherter mit geringem Einkommen besonders gewürdigt. Sie werden so gestellt, als hätten sie das eineinhalbfache des eigenen Beitrags eingezahlt. Maximal erhalten sie 0,75 Entgeltpunkte pro Jahr. Voraussetzung ist eine Wartezeit von 35 Jahren. Diese Umverteilung zugunsten der sozial schwächeren, hart arbeitenden Menschen reicht allerdings gerade hin, um sie über die Armutsschwelle zu heben.

Probleme der gesetzlichen Rentenversicherung: Vielfältige Schwierigkeiten sind derzeit und in absehbarer Zukunft in der GRV zu bewältigen. An Lösungsvorschlägen herrscht allerdings kein Mangel, und bei nüchterner Beurteilung erscheinen die z.T. apokalyptischen Befürchtungen als übertrieben.

Stetigkeit in der Rentenpolitik: Verfolgt man die letzten Jahrzehnte der Rentendiskussion, dann zeigt sich ein zunehmender politischer Aktionismus, der seinerseits sowohl Folge als auch Ursache einer Verunsicherung der Bevölkerung in Rentenfragen ist. Seit den 70er Jahren bemüht man sich vor allem in Krisenjahren um eine Konsolidierung der Rentenversicherung. Die wichtigsten Maßnahmen waren hier die Aussetzung der Anpassung 1979 -1981, die Aktualisierung der Anpassung 1984 mit dem Effekt einer geminderten Rentensteigerung, die Einschränkung der Heilkuren, die zeitliche Verschiebung der Rentenerhöhungen um ein halbes Jahr und der individuelle Beitrag der Rentner zur Krankenversicherung. Nachdem mit der Rentenreform 1992 ein tragfähiges Fundament gelegt zu sein schien, ist die Diskussion in den wirtschaftlich schwachen 90er Jahren wieder entbrannt und sie erreichte mit der Auseinandersetzung um die Rentenreform 1997 einen neuen Höhepunkt auch hinsichtlich der Verunsicherung der Bürger. Konsolidierung in diesem Bereich ist deshalb besonders heikel, weil die Zurücknahme gesetzlich fixierter Leistungen, die auf erworbenen Ansprüchen der Versicherten beruhen (das Bundesverfassungsgericht spricht den Rentenansprüchen den grundgesetzlich geschützten Eigentumscharakter zu), gerade in der Rentenversicherung die notwendige Kontinuität dieser sozialen Institution in Frage stellen und das Vertrauen in den Generationenvertrag erschüttern kann. Bei der Verabschiedung des Rentenreformgesetzes 1997 kam es zum ersten Mal nicht zu einem die großen Parteien übergreifenden Kompromiß. Die Opposition kündigt im

Fall einer Regierungsübernahme 1998 eine Rücknahme der Reform und einen eigenen Gesetzentwurf an. Ruhiges Fahrwasser ist für die Rentenversicherung vorerst nicht in Sicht.

Rentenreform und Arbeitsmarkt: Aufgrund der hohen Arbeitslosigkeit, die insbesondere zu Langzeitarbeitslosigkeit und Ausgrenzung von Problemgruppen aus der Arbeitslosenversicherung geführt hat, kommt es zu Beitragsausfällen, die später niedrigere Renten nach sich ziehen. Hier zeigt sich ein schwerwiegendes strukturelles Problem. Solange jeder Arbeitnehmer in normalen Arbeitsverhältnissen beschäftigt sein kann, greift auch das Lebensstandardsicherungsmodell der Rentenformel. Bei einer befürchteten weiteren Dualisierung des Arbeitsmarktes ist neben der aktuellen Verschlechterung der Lebenslage durch niedrigere Löhne und Arbeitslosigkeit der Betroffenen auch deren Alterssicherung gefährdet. Man muß allerdings betonen, daß für einen Großteil der registrierten Arbeitslosen Beiträge von der Bundesanstalt für Arbeit an die Rentenversicherung gezahlt wird. Die spätere Rente wird aber dadurch gemindert, daß nur Beiträge in Höhe der Lohnersatzleistung (z.B. des Arbeitslosengeldes) gezahlt werden, sich die Entgeltpunkte also deutlich vermindern.

Kann und soll die GRV darauf reagieren? Ist man eher der Überzeugung, daß die Probleme auf dem Arbeitsmarkt andauern und sich sogar verschärfen könnten, sind Anpassungen an die veränderten Rahmenbedingungen unerläßlich. Wir gehen weiter unten auf die wichtigsten Reformmodelle ein.

Der Übergang in den Altersruhestand vollzog sich in der jüngeren Vergangenheit in immer früherem Lebensalter. Dies war politisch gewollt. Um Jüngeren eine Chance auf dem Arbeitsmarkt zu geben, wurde die Lebensarbeitszeit durch Frühverrentung verkürzt. Dies geschah im Interesse aller Beteiligten, allerdings auf Kosten steigender Beitragslasten in der GRV. Dieser Weg der Arbeitsmarktentlastung zu Lasten der Renten wurde inzwischen zunehmend erschwert, wie oben dargelegt wurde. Mit der Reform der Erwerbsminderungs- und Schwerbehindertenrenten wird auch dieser Weg in die Frühverrentung für viele Arbeiter zu teuer sein. Jeder frühere Rentenbezug muß dann mit hohen Rentenkürzungen erkauft werden.

Einen Ausweg soll das *Alters-Teilzeitgesetz* von 1996 (gültig zunächst bis 2001) bieten, das den gleitenden Übergang in den Ruhestand durch die Bundesanstalt für Arbeit subventioniert. Ältere Arbeitnehmer (über 55), die in Teilzeit gehen, erhalten ein um 20 Prozent erhöhtes Teilzeitarbeitsentgelt, und ihre Beiträge zur GRV werden auf der Basis von 90 Prozent des Vollzeitentgelts entrichtet. Der Arbeitgeber erhält diese Mehrkosten erstattet, wenn er die freiwerdenden Arbeitsplätze mit Arbeitslosen wieder besetzt. Tarifvertragliche Aufstockungen sind möglich (vgl. das VW-Modell 1997). Dennoch ist auch diesem Modell kein großer Erfolg zu prognostizieren, da erhebliche Einkommenseinbußen bleiben und die Betriebe durch Überforderungsklauseln geschützt sind.

Die Verteuerung der Frühverrentung dreht ein in der Vergangenheit sehr wirksames Ventil zur sozial verträglichen Lebensarbeitszeitverkürzung fast zu. Wenn es tatsächlich gelingen sollte, die Arbeitslosigkeit deutlich abzubauen und damit die Zahl der erwerbstätigen Beitragszahler entsprechend zu erhöhen, stellt sich die Frage, warum überhaupt der Sozialabbau durch die Rentenabschläge notwendig ist. Die Milliardenbeträge, die heute für die Massenarbeitslosigkeit aufgebracht werden müssen, ständen dann zur Umverteilung auch in den Rententopf zur Verfügung. Sollte die Massenarbeitslosigkeit jedoch andauern, verlagert die Verteuerung der Frühverrentung das Schwergewicht der Arbeitslosigkeit auf die junge Generation mit denkbar fatalen Folgen.

Steigende Alterslast: Die Rentenbezugszeiten werden immer länger. Betrugen sie 1960 noch im Durchschnitt 10,6 (9,6) Jahre für Frauen (Männer), so stiegen sie bis 1994 auf 17,8 (14,0) Jahre an. Da zudem in Zukunft immer mehr ältere Menschen das Rentenalter erreichen werden, sind die Sorgen um die zukünftige Finanzierung zu verstehen.

Die öffentliche Diskussion um die langfristige Entwicklung der Renten leidet vor allem darunter, daß die in der wissenschaftlichen Politikberatung entwickelten Modelle zumeist verkürzt wiedergegeben werden. Das ist allerdings angesichts der Komplexität der Analysen und der wenig »benutzerfreundlichen Sprache« nicht verwunderlich. Die Menschen, die nach der späteren Finanzierung ihrer Rente fragen, erleben Wechselbäder zwischen dramatisierenden Zustandsbeschreibungen in den Medien und beruhigenden Politikeransprachen, die dann oft als Beschwichtigung interpretiert werden. Im folgenden sollen einige offensichtliche Mißverständnisse angesprochen werden, um die Zusammenhänge verständlicher zu machen. Nur Aufklärung kann das Vertrauen in die bewährten Institutionen unserer Sozialordnung stärken und die Verunsicherung, die private Lebensversicherer und andere Anbieter von Zukunftssicherung aus Gewinninteresse noch schüren, abbauen.

Mit der Rentenreform 1992 ist ein überzeugender Beweis für die Reformfähigkeit des Systems geliefert worden. Es wurde für die Herausforderungen, die aus der demographischen Entwicklung resultieren, fit gemacht. Die Maßnahmen zur langfristigen Stabilisierung wurden im Systemüberblick genauer dargestellt: Umstellung der Dynamisierung von der Brutto- zur Nettolohnanpassung, die Erhöhung und Dynamisierung des Staatszuschusses und die Rentenminderung bei vorgezogenem Rentenbezug. Will man die Wirkung dieser Maßnahmen beurteilen, muß man ein Szenario der zukünftigen Entwicklung entwerfen, wie es etwa in den Prognos-Gutachten von 1987 und 1995 geschieht. Im Zentrum der Aufmerksamkeit steht die prognostizierte Beitragsentwicklung bis ins Jahr 2040. Das Prognos-Szenario von 1995 beschreibt die Entwicklung anhand zweier denkbarer Varianten. Die obere Variante geht von einer Verstärkung des Wettbewerbs in einer offenen Volkswirtschaft aus. In diesem Fall erwartet man ein relativ hohes paralleles Wachstum von Einkommen (Bruttowertschöpfung) und Produktivität von 2,1 Prozent im Durchschnitt. Deutschland wird als Einwanderungsland gesehen. Der Wanderungsüberschuß wird auf 13,7 Mio. bis 2040 geschätzt (hoher Sogeffekt). Dennoch sinkt die Bevölkerung von 81 auf 78 Mio. In der unteren Variante geht Prognos von wirtschaftspolitischen Rahmenbedingungen aus, die aus Sicht der neoliberalen Theorie die Wachstumskräfte behindern und zu stärkerer Marktabschottung der großen Handelsblöcke führen. Wachstum von Einkommen und Produktivität verlaufen auch hier in etwa parallel auf niedrigem Niveau von durchschnittlich 1,3 Prozent. Die Zuwanderung ist aufgrund geringerer Sogwirkung deutlich geringer (Wanderungsüberschuß 4,8 Mio.). Die Einwohnerzahl sinkt auf 67 Mio. In beiden Varianten steigen Duchschnittsalter und Altenquotient kontinuierlich an. Auf dem Arbeitsmarkt wird es nach den Prognosen erst ab 2010 zu einem leichten Rückgang der Arbeitslosenquoten kommen. Die Auswirkungen auf die Rentenversicherung und die Abgabenbelastung sind in folgender Tabelle zusammengefaßt:

Abgabenbelastung der Arbeitnehmer

Jahr	1992	2010	2030	2040
Obere Variante:				
Beitragssatz GRV	17,7	22,4	26,3	26,3
Abgabenquote (1)	32,8	35,1	39,6	42,0
Untere Variante:				
Beitragssatz GRV	17,7	23,0	28,5	28,7
Abgabenquote (1)	32,8	35,9	42,4	45,5

Abgabenquote: Belastung der Bruttolohnsumme mit Lohnsteuern und Sozialbeiträgen in Prozent; *Quelle:* Prognos-Gutachten 1995.

Die Abgabenbelastung der Arbeitnehmer wird deutlich steigen. Während für die Rentenversicherung von einem Anstieg des Beitragssatzes von etwa 10 Prozent ausgegangen wird, kommt das Prognos-Gutachten bei dem Versuch, die Beitragsentwicklung für die Sozialversicherung insgesamt zu schätzen, zu günstigeren Zahlen. Entlastungen bei der Arbeitslosenversicherung und recht optimistische Erwartungen für Kranken- und Pflegeversicherung lassen eine teilweise Kompensation der Rentenbelastung erwarten. Der Gesamtbeitragssatz zur Sozialversicherung soll bis 2040 nur um 2,5 bis 4,5 Prozent steigen. Auf den ersten Blick erscheint die Rechnung aus der Sicht der Aktiven der Jahre 2030 bis 2040 eher düster. Ihre Belastung wird in jedem Fall deutlich steigen. Was bedeutet das für ihre realen Nettoeinkommen? Im Prognos-Szenario werden sie im Durchschnitt trotz steigender Abgabenquote erheblich ansteigen. In der unteren Variante würden sie im Zeitraum 2000 bis 2040 um etwa 70 Prozent und in der oberen Variante gar um 100 Prozent zulegen.

Es stellt sich die Frage, wie die Menschen diese Situation bewerten. Die heute Lebenden wären wohl lieber in der Situation des Beitragszahlers von 2030, in der sie trotz hoher Abgabenbelastung ein deutlich gestiegenes Nettoeinkommen beziehen könnten. Umgekehrt wird der Beitragszahler im Jahre 2030 bei dem Vergleich mit seinem (Groß-)Vater vor allem die gestiegene Abgabenlast beklagen.

Unabhängig von dieser Frage nach der generativen Verteilungsgerechtigkeit zeigt die Auslotung des Verteilungsspielraums, daß selbst bei relativ geringen Wachstumsraten und erheblich steigender Rentnerlastquote eine deutliche Erhöhung auf beiden Seiten – bei den Nettolöhnen und den Nettorenten – möglich ist. Dies ganze Szenario steht und fällt mit der Einlösung der Wachstumsprognose, die in der unteren Variante als sehr vorsichtig eingeschätzt werden muß. Auch stellt sich die Frage, ob eine so hohe Zuwanderung, wie sie im Gutachten prognostiziert wird, eine realistische Annahme darstellt. Bei geringeren Zahlen wäre die Zahl der Arbeitslosen wahrscheinlich deutlich geringer, die Erwerbsquoten höher und damit auch die Rentnerlast leichter zu schultern. Aber genau an diesem Punkt gehen die Ansichten auch unter den Experten weit auseinander.

Mit den aufgeführten Maßnahmen blieb die 92er Reform auf der Grundlage der tragenden Prinzipien des existierenden Systems: Sozialversicherungsprinzip, Umlageverfahren und Dynamisierung der Leistungen sind auch im Reformmodell die tragenden Säulen.

Auch die 97er Reform bleibt insofern dem System treu. Die Einfügung des demographischen Faktors in die Rentenanpassungsformel zeigt auf jeden Fall, daß das System über erhebliche immanente Anpassungspotentiale verfügt.

Andererseits ist hier mit der 64 %-Zielmarge die Lebensstandardsicherungsfunktion des Systems gefährlich ausgehöhlt worden. Im Prognosemodell der Regierungskommission »Fortentwicklung der Rentenversicherung« wird eine deutliche Beitragssatzentlastung für wahrscheinlich gehalten.

Jahr	1997	2000	2010	2020	2030
Beitragssatz GRV (ohne 97er Reform) in %	20,3	20,4	20,9	22,9	25,9
Beitragssatz GRV (mit 97er Reform) in %	20,3	19,2[1]	18,7	20,3	22,9

[1] Dies setzt eine Erhöhung des Bundeszuschusses voraus, der Entlastungseffekt durch die Strukturreform tritt erst später ein;
Quelle: Sozialpolitische Nachrichten 6/1997.

Diese Entlastung bei den Lohnnebenkosten soll den Standort Deutschland im internationalen Konkurrenzkampf wieder attraktiver machen. Die Rentenreform 1997 trifft auf harten Widerstand. Während die Arbeitgeber Beitragssätze über 20 Prozent strikt ablehnen und damit für noch niedrigere Renten plädieren, verweisen viele Sozialdemokraten und Gewerkschaftler darauf, daß das Ziel der Lebensstandardsicherung faktisch aufgekündigt wird. Kleine Renten geraten wieder in die Armutsfalle. Schon jetzt muß ein Arbeitnehmer mit 80 Prozent des Durchschnittseinkommens fast 30 Jahre arbeiten, um eine Rente in Höhe der Sozialhilfe zu bekommen. Man kann mit einer Lastverteilung kaum zufrieden sein, die auch den unteren Renteneinkommen prozentual die gleiche Anpassungslast aufbürdet. Allerdings ist das Meinungsbild in dieser Frage sehr heterogen. Ein Teil der Sozialdemokraten und auch die Grünen in ihrem neuen Rentenmodell (1997) könnten sich mit einer Absenkung des Nettorentenniveaus anfreunden, wenn gleichzeitig Vorkehrungen gegen Altersarmut bei den Beziehern niedriger Einkommen (Frauen!) getroffen werden. Sollte es 1998 zu einem Regierungswechsel kommen, steht eine Korrektur der Rentenreform an. Die Mehrheit in der SPD will vor allem die Absenkung des Rentenniveaus über den demographischen Faktor zurücknehmen.

Naturalbeitrag Kindererziehung: Ein besonderes Anliegen des Nestors der katholischen Soziallehre, Oswald von Nell-Breuning (1979), bestand darin, immer wieder deutlich zu machen, daß der Generationenvertrag nicht nur darauf basiert, daß die gerade im Erwerbsleben stehende Generation aus ihren Beiträgen die Renten der Alten finanziert. Genauso bedeutsam ist die Verpflichtung dieser mittleren Generation, die heranwachsende Generation zu versorgen und zu erziehen. Die erste Aufgabe wird heute gesamtgesellschaftlich über das GRV-System organisiert, während die zweite Aufgabe weitgehend in Familienselbsthilfe geschieht. Hinzu tritt allerdings der staatliche Familienlastenausgleich (vgl. Kapitel 7.4). Dem Rentensystem liegt danach ein »halbierter« Generationenvertrag zugrunde. Im Schaubild versorgt die gerade aktive Generation 2 die ältere Generation 1 (do = ich gebe), um später von der Generation 3 ebenfalls versorgt zu werden (ut des = damit du gibst). Dieses monetär verkürzte Äquivalenzdenken unterstellt, daß immer eine nachwachsende Generation in ausreichender Größe, entsprechender Ausbildung und Bereitschaft, diesen Generationenvertrag zu erfüllen, vorhanden ist.

Schaubild des existierenden Generationenvertrags in der GRV

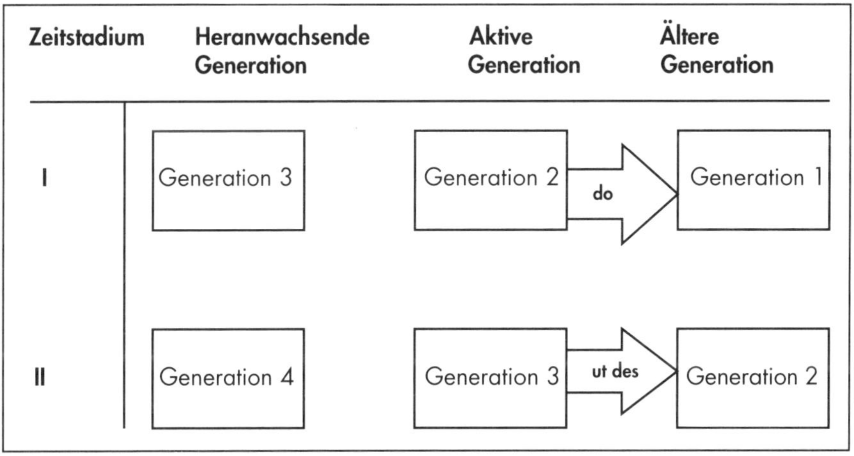

Sozialökonomisch notwendig ist in jeder Gesellschaft aber ein Dreigenerationenvertrag. Die aktive Generation leistet einerseits vor, indem sie die nachwachsende Generation aufzieht (do), sie trägt andererseits die Schuld ab, indem sie der älteren Generation als Gegenleistung für Versorgung und Erziehung Renten zahlt (ut des) (Schaper 1993).

Alleinstehende und kinderlose Eheleute erfüllen nach dieser Sichtweise nur einen Teil des Generationenvertrages. Ohne an der Versorgung der nachwachsenden Generation nennenswert beteiligt zu sein, erwerben sie Rentenansprüche gegen diese Generation. Kinderlose realisieren dadurch im Schnitt einen höheren Lebensstandard in der aktiven Zeit und auch im Alter, da kinderlose Ehepaare oft zwei Renten beziehen, weil ein Partner nicht wegen Zeiten der Kindererziehung die Erwerbstätigkeit unterbrechen oder aufgeben mußte. In einer Zeit, in der die Zahl der »Singles« und kinderlosen Ehepaare wächst und damit die Altenlast vorprogrammiert wird, werde dem geltenden Rentensystem der Boden unter den Füßen weggezogen. Die Kindererziehung wird als notwendiger Naturalbeitrag zur langfristigen Sicherung des Rentensystems angesehen, der genauso unverzichtbar sei wie der Geldbeitrag. Damit müsse aus Gründen der Leistungsgerechtigkeit nach dem Äquivalenzprinzip dem Kinder erziehenden Partner, also meist den Frauen, diese Leistung auch im GRV-System angerechnet werden.

Oft wird gegen diese Vorstellungen polemisiert, man mache damit die Kinderlosen zu moralisch Schuldigen. Das soll geschickt von der Frage nach der Leistungsgerechtigkeit des Rentensystems ablenken. Um persönliche Schuld geht es hier überhaupt nicht.

Dreigenerationenvertrag nach Nell-Breuning

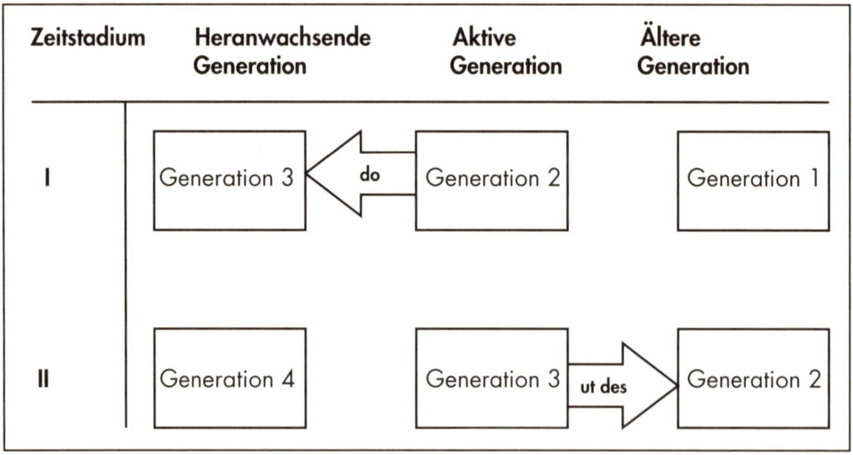

Es werden nun unterschiedliche Lösungsvorschläge unterbreitet. Da wird einmal die »Richtigstellung des Dreigenerationenvertrages durch eine Beitragsstaffelung nach der Kinderzahl« gefordert (Hilzenbacher 1985). Dann gibt es das Modell der Elternrente (Borchert 1993), in dem die Renten der Alleinstehenden halbiert werden sollen und die verbleibende Hälfte als Elternrente den Kindererziehenden gestaffelt nach der Zahl der Kinder zukommen soll. Diese und weitere Vorschläge zielen letztlich darauf ab, die künftige Mehrbelastung aus Gründen einer intertemporalen/intergenerativen Verteilungsgerechtigkeit zu einem gewissen Teil den Kinderlosen aufzubürden. Eine Lösung für die demographische Last bietet dieses Modell kaum, es sei denn, es käme durch die Entlastung der Familien zu einem merklichen Anstieg der Geburtenrate. Aber auch dann verhindert »das Gesetz von der demographischen Trägheit« (Wingen 1997) eine deutliche Entlastung in den nächsten Jahrzehnten.

Eine Arbeitsmarktentlastung wäre dann zu verzeichnen, wenn in mehr Familien einer der Ehepartner eine längere Familienpause einlegen würde. Kritiker sehen hier die konservative Arbeitsmarktlösung »Frauen zurück an den Herd« konzipiert. Es ließen sich allerdings auch partnerschaftliche Lösungen damit verbinden. Die Vorschläge zur Richtigstellung des Generationenvertrages haben wie kein anderes Reformprojekt zu einer harten, oft polemischen Auseinandersetzung geführt. Die Kritiker werfen den Befürwortern »Familienfundamentalismus« vor. Unserer Einschätzung nach sind die Argumente allerdings nicht so leicht vom Tisch zu wischen, wie auch Urteile des Bundesverfassungsgerichts signalisieren, die den Gesetzgeber verpflichten, die Leistung der Kindererziehung höher zu bewerten. Dies kann im Rahmen des bestehenden Systems durch eine Erhöhung der Zahl der Babyjahre und/oder durch eine Anhebung der Entgeltpunkte pro Jahr geschehen. Letzteres ist – wie gezeigt wurde – mit dem Rentenreformgesetz 1997 geschehen. Der aktuelle Vorschlag der Rentenreformkommission (1997), diese Leistungen über eine neue Institution »Familienkasse« steuerlich zu finanzieren, könnte ein weiterer Schritt zur Höherbewertung der Familienleistungen sein. In der CDU und CSU wollen namhafte Politiker wie Stoiber und Schäuble die Familienkasse zu einer Senkung des Beitragssatzes für Familien mit Kindern nutzen.

Weitere Rentenreformvorschläge: Die Ruhe nach der Rentenreform 1992 war nur kurz. Andere Gutachten prognostizieren weit höhere Belastungen in der Zukunft als Prognos. In der aktuellen Standortdiskussion wehren sich die Arbeitgeber vehement gegen Beitragssätze von über 20 Prozent. Der Generationenvertrag steht vor einer Zerreißprobe. Umstritten ist, ob die Rentenreform 1997 mit der Bewahrung der bisherigen Strukturelemente die richtigen Wege weist.

Grundrente: Es existieren Reformmodelle, die eine Lösung im System selbst anstreben (systemimmanente Reform) und andere, die einen Systemwechsel propagieren. Zu letzteren zählen die Vorschläge zu einer *Mindest- oder Grundrente.* Diese Modelle, die im politischen Spektrum von konservativ bis sozialdemokratisch, von liberal bis grün-alternativ verschiedentlich präsentiert wurden, zielen darauf ab, das bisher vorherrschende Versicherungsprinzip in der GRV durch ein finalorientiertes Versorgungsprinzip zurückzudrängen. Zu den bekanntesten Modellen zählen einmal die verschiedenen Vorschläge von Biedenkopf und Miegel/Wahl (1985) zu einer steuerfinanzierten einheitlichen dynamisierten Grundrente für jeden. In seinem neuesten Modell (1997) soll die Höhe der Grundsicherung 55 % des Volkseinkommens pro Kopf betragen und an eine 25jährige Steuerpflichtigkeit gebunden sein. Diese Grundrente hätte 1996 knapp 1500 DM betragen. Sie muß durch betriebliche und individuelle Zusatzversicherungen auf freiwilliger Basis oder durch Kapitalbildung ergänzt werden, um den Lebensstandard der besser Verdienenden im Alter zu sichern. Während dieses Modell vor allem auch zur langfristigen finanziellen Entlastung der Rentenversicherung bei steigender Alterslastquote konzipiert ist, ist ein früherer Vorschlag der Grünen verteilungspolitisch ambitiöser, in dem eine steuerfinanzierte Grundrente auf deutlich höherem Niveau für jedermann – kombiniert mit einer Pflichtzusatzversicherung (Zusatzrente nach Beitragsvorleistung) – angestrebt wurde. Da verschiedene Modellrechnungen den Entlastungseffekt einer Grundrente, die über 1000 DM beträgt, anzweifeln und vielmehr höhere Belastungen in der Zukunft prognostizieren, sind die Grünen inzwischen von diesem Modell abgegangen. Auch bei der Grundrente sind in der Übergangsphase hohe Zusatzbelastungen (Einlösung der alten Rentenansprüche) unvermeidlich.

Mindestrente: Nicht oft genug kann u. E. auch auf die immanente Problematik jährlicher prozentualer Erhöhungen hingewiesen werden. Eine Steigerung von 5 % hebt eine 500-DM-Rente auf 525 DM, ein 5000-DM-Nettogehalt auf 5250 DM an. Die Verteilungsrelation 1/10 bleibt zwar konstant, die absoluten Einkommensunterschiede, die offensichtlich die Kaufkraft- und Lebenslagedifferenz viel besser widerspiegeln, steigen jedoch erheblich an. Dies verletzt das Gerechtigkeitsempfinden vieler Menschen, die an sich durchaus eine gewisse Einkommensdifferenzierung nach der Leistung befürworten. Insgesamt kann eine Belastungsverteilung nicht befriedigen, solange das Problem der Renten am und unterhalb des Existenzminimums nicht gelöst ist. Aus diesem Grund wird immer wieder der Vorschlag einer durch Steuern aufgestockten Mindestrente als solidarische Abrundung und Ergänzung der gegenwärtigen Alterssicherung in die Diskussion gebracht. Die Befürchtung, daß damit auch diejenigen, die bewußt nicht für das Alter vorsorgen, später auf Kosten der ihre Pflichtabgaben leistenden Arbeitnehmer eine unverdiente Rente beziehen, erweist sich als nur schwer übersteigbare Barriere für dieses Modell. Auch der Hinweis, daß niedrige Renten oft aus unverschuldeter Arbeitslosigkeit resultieren und vor allem Frauen, die zwar nicht erwerbstätig waren, gleichwohl aber zumeist schwer gearbeitet haben, daraus Vorteile ziehen würden, überzeugt die Kritiker nicht.

Eigenständige Sicherung der Frau: Zusätzlich griff das Konzept der Grünen Vorschläge *zur eigenständigen Sicherung der Frau* auf, wie sie von H. J. Krupp (1982) und dem Deutschen Institut für Wirtschaftsforschung (DIW) entwickelt wurden. Krupp plädiert konsequent für eine zweite grundsätzliche Möglichkeit, die Probleme der Altersarmut, unstetiger Erwerbsbiographien und steigender Altenlast anzugehen, und zwar im Rahmen der bestehenden, dem Äquivalenzprinzip verpflichteten Sozialversicherung. Um lückenlose Beitragszeiten sicherzustellen, soll in Zeiten der Kindererziehung der Staat (erweiterte Babyjahre), in Zeiten der unfreiwilligen Arbeitslosigkeit das Arbeitsamt und in Zeiten der freiwilligen »Nur-Hausfrau- (Nur-Hausmann-) schaft« der erwerbstätige Ehepartner Beiträge an die GRV für seinen Partner abführen, so daß genügend Beitragsjahre zusammenkämen, um nach der Rentenformel individuelle Alterseinkommen zu garantieren, die einigermaßen den Lebensstandard sichern können. Witwenrenten, die bisher fast ein Drittel der Gesamtausgaben der GRV ausmachen, würden konsequenterweise entfallen. Diese erhebliche Entlastung würde außerdem nach Ansicht der Reformer das demographische Problem deutlich entschärfen. (Rolf/Wagner 1996, kritisch dazu Schmidt 1996).

Diese Reformmodelle sind (noch) nicht mehrheitsfähig, und insbesondere die Grundrente stößt wie alle Versorgungsmodelle auf ein sicher nicht ganz unbegründetes Mißtrauen vieler Bürger (vgl. hierzu die Diskussion um das »garantierte Mindesteinkommen« im Kapitel 11.2.3) in staatliches Haushaltsgebaren, das in Krisenzeiten allzu schnell Leistungen einschränken kann, die nicht wie bei der Sozialversicherungslösung nach Maßgabe der individuellen Vorleistung einer Eigentumsgarantie unterliegen. Miegel schlägt daher eine grundgesetzliche Absicherung des relativen Grundrentenniveaus vor. Auch stößt eine relativ hoch angesetzte Grundrente (oder auch ein hohes Mindesteinkommen wie im Modell der Grünen) bei denen auf Widerspruch, die eine erhebliche Umverteilung zu ihren Lasten befürchten müssen und/oder darin einen starken negativen Leistungsimpuls sehen. Im Modell der eigenständigen

Sicherung der Frau entsteht ein starker Druck auf die Frauen, erwerbstätig zu sein. Damit sind viele neue Arbeitsplätze notwendig. Die registrierte Massenarbeitslosigkeit könnte also noch größer werden. Dann muß die Bundesanstalt für Arbeit die Beiträge zahlen. Die Rentenversicherung wird zwar saniert, die Probleme aber landen verstärkt bei der Arbeitslosenversicherung.

Kapitaldeckung: Ein weiterer immer wieder präsentierter Vorschlag ist der Übergang vom Umlageverfahren zu einem kapitalfundierten Verfahren (vgl. etwa Glismann/Horn 1995). Auch diese Reform zielt auf eine Systemveränderung. Das am häufigsten vertretene Modell ist dabei das sog. Anwartschaftsdeckungsverfahren. Wie in den privaten Lebensversicherungen sollen die Beiträge der Versicherten auf dem Kapitalmarkt verzinslich angelegt werden, so daß im Alter die Rente jedes einzelnen aus den Zinsen und durch Entsparen des von ihm selbst angesparten Vermögens finanziert werden kann. Scheinbar ist das eine elegante Möglichkeit, den Rentenberg zu untertunneln, indem man sich vom späteren Lohneinkommen der Aktiven unabhängig macht und damit den Verteilungskonflikt der Generationen entschärft. Wie schon Gerhard Mackenroth (1952) und später neben vielen anderen Wissenschaftlern Winfried Schmähl (1992) betonen, gerät auch dieses Modell unter demographischen Druck, da der Sozialaufwand jeder Periode immer aus dem laufenden Volkseinkommen finanziert werden muß (*Mackenroth -Theorem*). In den Zeiten einer hohen Rentenlast müssen im Umlagesystem die Beiträge erhöht und/oder die Rentenansprüche gesenkt werden. Im Kapitaldeckungsverfahren ergibt sich volkswirtschaftlich ein vergleichbarer Effekt, weil der Kapitalstock in dieser Phase massiv aufgelöst und von einer deutlich verringerten Zahl Erwerbstätiger gekauft werden müßte. Entweder muß dann der Kaufpreis fallen und die Altersrente sinkt und/oder die pflichtversicherten Erwerbstätigen werden zu höheren Beitragszahlungen, sprich höherer Sparsumme verpflichtet. Ihr Nettoeinkommen sinkt. Ob im Alter diese erhöhte Sparsumme dann wieder ohne Verluste aufgelöst werden kann, ist bei der demographischen Entwicklung zweifelhaft. Weitere Kritikpunkte werden vorgebracht. Ein Kapitalstock ist durch Krisen, Krieg und Inflation gefährdet. Nur ein Generationenvertrag kann dann wieder in Form des Umlageverfahrens als Ausfallbürge einspringen. Das aufzubringende Deckungskapital wäre riesig (Schätzungen sprechen von 10 Billionen DM), adäquate Anlageformen im Inland in ausreichenden Maße kaum zu finden und im Ausland einem hohen (nicht nur Wechselkurs-) Risiko ausgesetzt. Ein neueres Gutachten der Weltbank sieht allerdings das Heil selbst für die Länder der Dritten Welt im Übergang zu einer Kapitalstockbildung zur Sicherung der Renten (Weltbank 1994).

Pfadabhängigkeit des Systems: Wir kommen nun auf den entscheidenden Grund zu sprechen, warum all diese Modelle ganz unabhängig, ob sie überzeugen können oder nicht, kaum Realisierungschancen haben. Die Einführung einer Grundrente, die Ersetzung der Witwenrente (DIW-Modell) und auch der Aufbau eines Kapitalstocks bedürfen langer Einführungsphasen (25-40 Jahre), da die gewachsenen Ansprüche nicht »enteignet« werden können. Damit stoßen wir auf einen entscheidenden Tatbestand, den man als *Pfadabhängigkeit* des Rentensystems charakterisieren könnte. Die aktive Generation, für die eine Grundrente eingeführt werden soll, muß weiterhin eine lange Zeit hohe Beiträge zur Finanzierung der Rentenansprüche der älteren Generation zahlen. Dafür aber erhält sie selbst keine äquivalente Gegenleistung. Vielmehr muß privat erheblich vorgesorgt werden. Im Falle des Kapitaldeckungsverfahrens muß die aktive Generation ebenfalls die garantierten Ansprüche der älteren Generation befriedigen und wird gleichzeitig gezwungen, noch mal einen annähernd gleich hohen Beitrag für sich selbst auf die hohe Kante zu legen. Wie man es auch dreht und wendet, dies ist keiner Generation politisch und ökonomisch zumutbar. Die Abhängigkeit unseres Rentensystems vom einmal beschrittenen Weg ist erheblich. Das mag bei einigen Befürchtungen wecken. Die Verfasser sehen darin eine wünschenswerte Stabilität gegen hysterische Reformideen, die in jeder ökonomischen Krise wuchern. Da dieses System, wie die lange Erfahrung und die theoretische Systemanalyse zeigen, ein hohes Reformpotential besitzt, muß uns nicht bange vor der Rentenzukunft werden.

Zuwanderung: Manche sehen in einer forcierten Zuwanderung die Lösung. Gefordert wird ein *Einwanderungsgesetz* und eine dem Bedarf der Wirtschaft entsprechende Auswahl der Bewerber. Wie das Prognos-Gutachten 1995 darlegt, wird selbst ein Wanderungssaldo von fast 14 Millionen (die reine Zuwanderung von Ausländern würde deutlich höher liegen), nur relativ geringe Entlastungseffekte bringen. Dieses Ergebnis wird durch andere Gutachten gestützt. Wenn man nun die hohen sozialen und politischen Kosten einer Massenzuwanderung gegenrechnet und die Ängste der einheimischen Menschen ernst nimmt, dann ist nur an eine moderate Zuwanderung zu denken. Das Versagen von Politik und Gesellschaft bei der Integration der schon hier lebenden Zuwanderer tritt ohnehin immer krasser zu Tage.

Weitere Faktoren für die Rentenanpassungsformel: Ein neuerer Vorschlag geht dahin, die Rentenanpassungsformel um einen Faktor zu erweitern, der Veränderungen in der Arbeitslosigkeit abbildet und so die Rentenerhöhungen noch stärker als bisher von der Höhe der Arbeitslosenquote abhängig macht (vgl. Müller/Tautz 1996). Schon jetzt führt die steigende Abgabenbelastung der Erwerbstätigen für die Arbeitslosen über die Verringerung der Nettolöhne zu einer geringeren Steigerung des aktuellen Rentenwerts. Dies wird als nicht ausreichend angesehen, um die Belastung der Beitragszahler in Grenzen zu halten. Dagegen ist zu sagen, daß ein weiterer Rentenreduktionsfaktor neben dem demopraphischen Faktor endgültig das Sicherungsziel der Rentenversicherung in Gefahr bringen würde, es sei denn, die Arbeitslosigkeit könnte nachhaltig gesenkt werden.

Umfinanzierung versicherungsfremder Leistungen (Erhöhung des Bundeszuschusses): Für die SPD ist die Rentenversicherung auf mittlere Sicht durch die 92er Reform gesichert. Die aktuellen Probleme der steigenden Beiträge sind nicht auf die demographische Entwicklung zurückzuführen, sondern werden zum einen in der Arbeitsmarktentwicklung und zum anderen in der Kostendynamik der versicherungsfremden Leistungen (Schätzung je nach Abgrenzung: 25 bis 42 Milliarden DM) gesehen. Eine Expertenkommission der SPD schlägt daher vor, die Leistungen nach dem Fremdrentengesetz (1997: ca. 10 Milliarden DM), für die rentenrechtliche SED-Entschädigung (ca. 0,4 Milliarden) und für die Auffüllbeträge in den neuen Bundesländern (ca. 3,7 Milliarden) aus Bundesmittel zu erstatten (Dreßler 1997). Man glaubt, damit könnten die Rentenfinanzen für die nächsten 15 Jahre gesichert werden. Zur Lösung der langfristigen Probleme setzt die SPD auf eine erfolgreiche arbeitsmarktpolitische Strategie, um die Zahl der Beitragszahler zu erhöhen. Gleichzeitig werden damit Beitragssatzsenkungen bei der Bundesanstalt für Arbeit möglich, so daß die Gesamtbelastung mit Sozialversicherungsbeiträgen trotz der steigenden Rentenbeiträge im Rahmen bleibt, wie es auch das Prognos-Gutachten vorausschätzt. Weitergehende Vorschläge möchten Teile einer zukünftigen Ökosteuer in die Rentenkassen lenken.

Sozialversicherungspflicht für geringfügig Beschäftigte: Als unverzichtbar wird außerdem die Einführung der Sozialversicherungspflicht für die meisten der 610-DM-Jobs angesehen. Hier nähern sich die Vorstellungen von CDU/CSU und SPD unter dem Druck der Verhältnisse an. Die Zahl der geringfügig Beschäftigten ist dramatisch gestiegen und dürfte bald die 6-Millionen-Grenze erreichen. Die Einnahmeausfälle bei den Sozialversicherungen werden auf annähernd 15 Milliarden DM geschätzt. Die Bundesregierung bereitet eine Reform vor.

Renten in Ostdeutschland: Zu den versicherungsfremden Leistungen gehören auch die Umverteilungen zugunsten der ostdeutschen Renten. Um die berechtigten Ansprüche der ostdeutschen Rentner abzudecken, wäre eine Steuerfinanzierung, die alle Staatsbürger belastet, gerechter.

Eckwerte der Rentenversicherung in Ostdeutschland

Jahr (immer erstes Halbjahr)	Durchschnittliches Bruttoarbeitsentgelt in DM	Beitragsbemessungsgrenze	Aktueller Rentenwert	Nettorentenniveau nach 45 Versicherungsjahren	Beitragssatz in %
1991	25774	3000	18,35	61,4	17,7
1994	40174	5900	33,34	68,5	19,2
1995	41134	6400	35,45	68,6	18,6
1996	43459	6800	37,92	–	19,2
1997	46233	7100	40,01		20,3

Zum 1. 1. jeden Jahres (Anpassung erfolgt zweimal jährlich);
Quelle: BMA und Institut der deutschen Wirtschaft, Zahlen zur wirtschaftlichen Entwicklung der Bundesrepublik Deutschland 1996, Tabelle 92, Statistisches Jahrbuch 1996, Tabelle 19.4.8.

Will man eine Gruppe herausstellen, die bei der Vereinigung beider deutscher Staaten besonders gewonnen hat, dann sind es sicher die ostdeutschen Rentner. Alle Indikatoren zeigen ein deutlich verbessertes Rentenniveau und eine schnelle Rentenangleichung. So ist unter anderem die Standardrente im Osten von 672 DM in 1990 (gleich 40 Prozent des Westwertes) auf 1522 DM im Jahr 1995 (79 Prozent des Westwertes) gestiegen. Da die meisten alten Menschen im Osten lange Erwerbszeiten nachweisen können und die Lohnspreizung gering war, streuen die Renten weniger stark und die Durchschnittsrenten sind relativ höher als im Westen. Auch die Frauen in den neuen Bundesländern haben lange Wartezeiten angerechnet bekommen, so daß die Durchschnittsrenten schon jetzt deutlich über denen der westdeutschen Rentnerinnen liegen (vgl. Tabelle Rentenniveau). Das ostdeutsche Nettorentenniveau – die Standardrente – liegt über 70 Prozent. Für diese positive Entwicklung sind zwei Gründe verantwortlich: die Übertragung des westdeutschen Rentensystems und die schnelle Lohnanpassung im Osten.

Eine Rente im Osten berechnet sich nach der gleichen Formel. Der aktuelle Rentenwert Ost liegt allerdings noch niedriger als im Westen, d. h. die Ostrenten berechnen sich auf der Basis der durchschnittlichen Gehälter im Osten. Die Rentenanpassung findet zweimal im Jahr statt. Die endgültige Angleichung der aktuellen Rentenwerte Ost und West erfolgt automatisch durch die Lohnangleichung. Das allerdings kann noch einige Zeit dauern. Die Zeit der sprunghaften Verbesserung der Ostlöhne und Renten ist vorbei.

Vertiefende Literatur

Heine 1989, Lampert 1996, Ruland 1989, Übersicht über das Sozialrecht 1997.

7.3.2 Die gesetzliche Krankenversicherung und das Gesundheitssystem

Aufgabenstellung und Prinzipien: Die gesetzliche Krankenversicherung (GKV) ist eine Pflichtversicherung für die überwiegende Zahl der Arbeitnehmer und für weitere Gruppen. Das Verteilungsleitbild ist hier das Bedarfsprinzip! Es soll jedem Versicherten eine dem medizinischen Wissensstand entsprechende und dem Wirtschaftlichkeitsgebot verpflichtete optimale Versorgung mit Gesundheitsleistungen zustehen. Die Solidargemeinschaft der GKV hat die Aufgabe, die Gesundheit der Versicherten zu erhalten (präventive Komponente), wiederherzustellen oder ihren Gesundheitszustand zu verbessern (kurative Komponente). Die Versicherten ihrerseits sind angemahnt, ein gesundes Leben zu führen (SGB V, § 1). Anreize oder Sanktionen zur Einhaltung dieser Verpflichtung existieren allerdings kaum. Das Solidarprinzip in seiner starken Version als interpersonelle Umverteilung ist in der GKV im Vergleich zu den anderen Sozialversicherungen am stärksten ausgeprägt. Die Versicherungspflicht umfaßt alle Arbeitnehmer mit einem Einkommen unterhalb einer dynamisierten Versicherungspflichtgrenze, die etwa bei 130 Prozent des Durchschnittseinkommens liegt. Ebenfalls pflichtversichert sind u. a. Arbeitslose, Behinderte, Studenten, Landwirte und die meisten Rentner. Versicherungsfrei sind Beamte, Richter und die meisten Selbständigen. Ein wesentliches Element des Solidarausgleichs ist die beitragsfreie Mitversicherung des erwerbslosen Ehepartners und der Kinder eines Beitragszahlers. Somit ist heute über 90 Prozent der Bevölkerung in der GKV versichert.

Organisation: Die organisatorische Basis der GKV bildet ein gegliedertes Kassensystem, das 1994 noch 918 einzelne Kassen im Westen und 219 im Osten umfaßte. Aufgrund der Strukturreform nach dem Gesundheitsstrukturgesetz

(GSG) von 1992, das ab 1996 den Wettbewerb um Mitglieder eröffnet hat, sind weitere Zusammenschlüsse zu erwarten. Damit werden sich die Nachteile starker Dezentralisierung (Aufsplitterung der Interessen, geringe Gegenmacht gegenüber Ärzten, Krankenhäusern und Pharmaunternehmen) verringern, ohne daß die Kassenartenvielfalt (Orts-, Innungs-, Betriebskrankenkassen, Ersatzkassen) verloren gehen muß. Der Wettbewerbsdruck wird die noch vorhandenen Unterschiede allerdings weiter einebnen. Die Kassen verwalten sich als eine Körperschaft mit (eingeschränkter) Finanzhoheit selbst. Die Form der Selbstverwaltung ist mit dem GSG reformiert worden. Um mehr betriebswirtschaftliche Effizienz zu erzielen, wird ein hauptamtlicher Vorstand von einem paritätisch aus Arbeitgeber- und Versichertenvertretern zusammengesetzten Verwaltungsrat (30 Mitglieder) gewählt. Der Verwaltungsrat seinerseits wird in den alle sechs Jahre abgehaltenen Sozialwahlen von den Arbeitgebern und den Versicherten (Vorschlagslisten der Gewerkschaften, freie Listen der Versicherten) gewählt.

Bei den Ersatzkassen wird der Verwaltungsrat allein von Versichertenvertretern beschickt, während die knappschaftliche Kranken- und Rentenversicherung der Bergleute ein Verhältnis von 2:1 (Arbeitnehmer-/Arbeitgeber-Vertreter) aufweist.

Leistungen: Wie der Überblick über das Leistungsspektrum der GKV verdeutlicht, bietet sie vor allem Sach- und gesundheitliche Dienstleitungen. Nach der Einführung der Lohnfortzahlung (6 Wochen) durch die Arbeitgeber auch für Arbeiter (1969) ist die Bedeutung der reinen Geldleistungen stark zurückgegangen.

Die Sachleistungen werden nach dem vor allem von den Kassenärzten ermittelten Bedarf verteilt. Die Zulassung zum ärztlichen Berufsstand und zum Kassenarzt ist in den Jahren immer stärker reguliert worden, ohne daß der Zuwachs an Ärzten im ambulanten Bereich und in den Krankenhäusern merklich gedämpft werden konnte. Das häßliche Wort von der Ärzteschwemme macht die Runde, und mit dem GSG scheint es den Ärzteverbänden gelungen, den Marktzugang ab 1999 nun endgültig im Sinne der »Insider« zu kontrollieren. Um den Wettbewerb durch junge Kollegen und damit einen wachsenden Druck auf die eigenen Einkommen zu begrenzen, werden regionale Bedarfspläne und Arztkennziffern den weiteren Zugang weitgehend verbauen. Die Politik glaubt mit diesem Privileg an die alteingesessenen Ärzte die Kostendynamik, die von steigenden Arztzahlen ausgeht, zu vermeiden.

Leistungskatalog der GKV

Sachleistungen	Selbstbeteiligung[1]	Geldleistungen
Kurative Leistungen		
Ärztliche Behandlung (auch: Fachärzte)	Keine Zuzahlung	Krankengeld (nach 6 Wochen Lohnfortzahlung) (70 % des Regellohns, max. 90 % des Nettolohns)
Zahnärztliche Behandlung	Zahnersatz: Festzuschuß plus Bonusregelung für Zahnpflege (deckt nur einen Teil der Kosten); kein Anspruch für vor 1979 Geborene Kieferorthopädie: 20 % (wenn Behandlung abgebrochen wird)	
Krankenhausbehandlung und Unterbringung	17 DM für maximal 14 Tage	
Heilmittel und Hilfsmittel	u. a. Massage: 15 %, Bandagen u. ä. 20 % Brillengestell: 100 %	
Arznei- und Verbandmittelversorgung	nach Packungsgröße: 9, 11 und 13 DM	
Präventive Leistungen		
Verhütung von Krankheiten Früherkennung von Krankheiten	keine Zuzahlung	
Rehabilitationsleistungen		
Medizinische Rehabilitation Ergänzende Reha-Leistungen Belastungserprobung/Arbeitstherapie	Kuren: 30 DM (West); 25 DM (Ost)	
Leistungen bei Schwangerschaft und Mutterschaft		
Mutterschaftshilfe: ambulante Hilfen (u. a.Hebammenhilfe, stationäre Entbindung)		1) Mutterschafts- oder Entbindungsgeld 2) Krankengeld bei der Erkrankung eines Kindes
Hilfen zur Familienplanung		
Empfängnisverhütung künstliche Befruchtung Sterilisation, Schwangerschaftsabbruch	Bei Schwangerschaftsabbruch: Je nach Indikation; teilweise bis vollständige Kostenübernahme	
Flankierende Leistungen		
Häusliche Krankenpflege Haushaltshilfe Fahrkosten	Fahrkostenzuzahlung 25 DM	Sterbegeld (kein Anspruch für Neumitglieder ab 1989)

[1] Beachte: Härtefallregelungen um Überforderung bei sozial Schwachen und chronisch Kranken durch die Zuzahlungen zu vermeiden; Jede Beitragserhöhung in einer Kasse führt automatisch zu einer Erhöhung der Selbstbeteiligung: Je 0,1 % Beitragssatzsteigerung erhöhen sich alle Zuzahlungen um 1,– DM bzw. um 1 %; Dynamisierung der Zuzahlungen ab 1999 im 2-Jahres-Rhythmus.

Ausgabenstruktur der GKV 1995

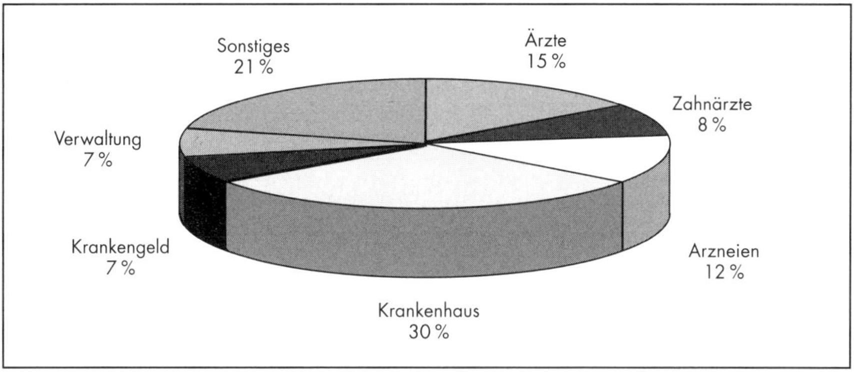

Quelle: Institut der deutschen Wirtschaft, Zahlen zur wirtschaftlichen Entwicklung der Bundesrepublik Deutschland 1996, Tabelle 86, eigene Grafik.

Die Leistungen der anderen Heil- und Pflegeberufe werden von den Kassen nur bei Einschaltung eines Vertragsarztes (Verschreibungs- bzw. Überweisungssystem) getragen. Die meisten niedergelassenen Ärzte sind auch GKV-Vertragsärzte. Sie bilden (vor allem: Allgemeinmediziner, praktische Ärzte und Internisten mit Hausarztfunktion) damit die erste und wichtigste Anlaufstelle für jeden Versicherten, der Leistungen seiner Kasse erhalten will. Im Grunde sollen sie eine Hausarztfunktion übernehmen und den Zugang zu den anderen Leistungen (Krankenhaus, Fachärzte, Arzneirezepte) überwachen (Türwächter- oder »gate-keeper«-Funktion). Dies scheitert aber bisher an den falschen Anreizen, die das System setzt, wie wir bei der Diskussion der Reformvorschläge zeigen werden. Außerdem führt die 1994 eingeführte Krankenversicherten(chip)karte dazu, daß die Versicherten oftmals ohne Überweisung einen Facharzt aufsuchen und evtl. den Arzt wechseln (Doktor-Hopping).

Vertragsärzte und Vertragszahnärzte sind Pflichtmitglieder der regional organisierten Kassen(zahn-)ärztlichen Vereinigungen. Diese Vereinigungen sind genau wie die Krankenhäuser durch Verträge mit den Krankenkassen zur Leistungserbringung verpflichtet. Ein Versorgungsvertrag mit einzelnen Ärzten an den Kassenärztlichen Vereinigungen vorbei ist (bisher) nicht möglich. Die freiberufliche Stellung des Arztes bleibt davon letztlich unberührt.

Vom Sachleistungssystem ist das sogenannte Kostenerstattungssystem zu unterscheiden. Es wird in den privaten Krankenversicherungsunternehmen

(PKV) praktiziert, in denen etwa 8-9 % der Bevölkerung teil- (Beamte) oder vollversichert sind. Der Behandlungsvertrag kommt direkt zwischen Arzt und Patient zustande. Der Privatversicherte tritt in Vorlage, bezahlt die Rechnung und erhält dann alles oder einen Teil (bei Zuzahlungen) von seiner Kasse zurück.

Ab 1997 können auch GKV-Versicherte die Kostenerstattung wählen. Außerdem müssen alle Patienten über die vom Arzt abgerechneten Leistungen informiert werden (Arztrechnung), um betrügerisches Abrechnen zu erschweren.

Während die Sachleistungen nach Bedarf verteilt werden, ist das Krankengeld als wichtigste Geldleistung nach dem Äquivalenzprinzip ausgestaltet. Wer einen höheren Beitrag aufgrund seines höheren Lohnes zahlt, erhält entsprechend höhere Lohnersatzleistungen. Nach sechswöchiger Krankheitsdauer fällt die Lohnfortzahlungsverpflichtung des Arbeitgebers fort und das Krankengeld in Höhe von 70 % des Regellohnes wird als Lohnersatz gezahlt. Es wird maximal 78 Wochen innerhalb von drei Jahren für dieselbe Krankheit gewährt. Die Krankenkasse muß neben der Krankengeldzahlung auch Beiträge zur Renten- und Arbeitslosenversicherung für die versicherten Arbeitnehmer entrichten.

Mit der dritten Stufe der Gesundheitsreform 1997 wird den Kassen die Möglichkeit gegeben, aus ihrer Sicht sinnvolle gesundheitliche Zusatzleistungen (Einschränkungen im Gesetz!) anzubieten. Allerdings muß sie diese allein durch eine Erhöhung der Arbeitnehmerbeiträge finanzieren. Damit sind den Kassen zwar neue Wettbewerbsmöglichkeiten (Parameter) gegeben worden, die Nutzung derselben ist jedoch deutlich erschwert worden.

Finanzierung: Die Finanzierung der Leistungen erfolgt über Beiträge der Mitglieder und zum Teil über Selbstbeteiligung der Patienten. Bei den Arbeitnehmern werden die Beiträge je zur Hälfte von ihnen selbst und den Arbeitgebern aufgebracht. Weitere Beitragszahler sind Rentner und die GRV, Studenten und die Bundesanstalt für Arbeit für die Bezieher von Arbeitslosenunterstützung und Unterhaltsgeld.

Die Beiträge werden nicht dem versicherungstechnischen Äquivalenzprinzip entsprechend nach dem geschätzten Risiko des Versicherten gestaffelt (wie in der privaten Krankenversicherung üblich), sondern berechnen sich als konstanter Prozentsatz des Bruttoeinkommens eines Versicherten bis zur dynamisierten Bemessungsgrenze. Diese ist identisch mit der Versicherungspflichtgrenze für Arbeitnehmer (1997: 6150,– DM (West) und 5325,– DM (Ost)) und berechnet sich jährlich neu nach der Entwicklung der Löhne und Gehälter. Für Mitglieder mit hohem Einkommen sinkt also die prozentuale Belastung. Diese Regression im GKV-Tarif ist verteilungspolitisch umstritten. Ein Verzicht auf eine Obergrenze der Belastung würde allerdings eine starke Abwanderung der Besserverdienenden zur privaten Krankenversicherung bewirken und den Solidarausgleich schwächen. Die Beitragssätze sind jedes Jahr neu zu kalkulieren, um die zu erwartenden Ausgaben der Kassen decken zu können.

Die Besonderheit des integrierten Leistungs- und Finanzierungssystems der GKV im Vergleich zur PKV liegt darin, daß ein vielfältiger *Solidarausgleich* – also sozialpolitisch gewollte Umverteilungen – erfolgen. Erstens bewirkt die Beitragsstaffelung nach der Höhe des Einkommens eine Belastungsumverteilung zugunsten der Bezieher niedriger Einkommen, die Sachleistungen nach dem Bedarfsprinzip beziehen. Zweitens stellt die beitragsfreie Mitversicherung von Familienangehörigen eine erhebliche Entlastung vor allem kinderreicher Familien dar. Weiterhin ist auf die Zusammenlegung aller Risiken hinzuweisen. Im Gegensatz zur PKV, die nach Vorerkrankung und Eintrittsalter Risikogruppen unterschiedlicher Beitragshöhe bildet, werden in der GKV Mitglieder mit schwächerer gesundheitlicher Konstitution bzw. höheren Eintrittsalters nicht höher belastet.

Die Finanzierung der Leistungen über Zuzahlung der Patienten hat in den letzten Jahren an Bedeutung gewonnen. Mit der dritten Stufe der Gesundheitsreform 1997 ist ein Automatismus eingerichtet worden, der die Kassen verpflichtet, bei Beitrittserhöhungen auch die Selbstbeteiligung ihrer Versicherten mit zu erhöhen. Je 0,1 % Beitragserhöhung muß die Zuzahlung in allen Fällen um 1,– DM oder 1 % steigen. Das berechtigt die Versicherten, kurzfristig ihre Versicherung wechseln. Man verspricht sich davon eine Intensivierung des Wettbewerbs um kostensenkende Maßnahmen, um Beitragssteigerungen und Mitgliederverluste zu vermeiden. Im internationalen Vergleich nehmen sich die Selbstbeteiligungen in der GKV noch recht bescheiden aus. Dennoch sind sie sehr umstritten, da sie natürlich für Geringverdiener eine größere Belastung darstellen und den Solidarausgleich gefährden. Um dies in Grenzen zu halten, werden Versicherte mit sehr geringem Einkommen von der Zuzahlung befreit (Bedürftigkeitsprüfung), chronisch Kranke müssen höchstens 1 %, alle übrigen 2 % ihres Bruttoeinkommens für Zuzahlungen aufwenden. Die Selbstbeteiligung pro Jahr ist damit für jeden in der Höhe gestaffelt absolut begrenzt. In Zukunft soll die Selbstbeteiligung alle zwei Jahre an die Lohnentwicklung angepaßt werden.

Risikostrukturausgleich und Wettbewerb: Mit der zweiten Stufe der Gesundheitsreform, dem Gesundheitsstrukturgesetz (GSG) von 1992, ist eine von vielen Experten kaum für möglich gehaltene Strukturreform im Kassenwesen durchgesetzt worden. Seit 1994 findet ein die Kassenarten übergreifender »einnahmeorientierter« Risikostrukturausgleich statt, der für eine Annäherung der weit auseinanderliegenden Beitragssätze gesorgt hat. Ausgeglichen werden die finanziellen Auswirkungen unterschiedlicher Mitgliederstrukturen der Kassen, wobei allerdings nur die Unterschiede in der Grundlohnsumme (unterschiedliche Lohnhöhe), in der Zahl mitversicherter Familienangehöriger, der Altersstruktur und der Verteilung der Geschlechter berücksichtigt werden. Dabei werden nicht die tatsächlichen Kosten einer Kasse z. B. pro Rentner, ausgeglichen, vielmehr bekommt eine Kasse mit höherer Rentnerdichte einen Zuschuß nur in einer Höhe, der die durchschnittlichen Kosten eines Rentners in allen Kassen ausgleicht. Damit werden Kassen, die höhere Ausgaben pro Rentner haben als der Durchschnitt, weiterhin höhere Beitragssätze nehmen müssen. Der Anreiz zu wirtschaftlichem Verhalten soll erhalten bleiben und wird verstärkt durch die ab 1997 geltende regionale Kassenwahlfreiheit für alle Arbeitnehmer bei gleichzeitigem Kontrahierungs(Aufnahme-)zwang für alle AOKs und Ersatzkassen. Auch Innungskrankenkassen und Betriebskrankenkassen können sich freiwillig für alle Pflichtversicherten öffnen, und viele haben es schon getan. Das erste Ziel dieser Strukturreform ist die Stärkung des Solidarprinzips. In der Vergangenheit sind viele der besser verdienenden Angestellten zu den sich exklusiv gebärdenden Ersatzkassen gewechselt, so daß in den Ortskrankenkassen die schlechten Risiken verblieben und deren Mitglieder höhere Beitragssätze tragen mußten. Der Erfolg der Maßnahmen hat nicht lange auf sich warten lassen: Die Beitragssatzunterschiede sind in kurzer Zeit erheblich geschrumpft, und viele Ersatzkassen mußten ihre Sätze deutlich erhöhen.

Das zweite Ziel ist die Steigerung der Effizienz über den Wettbewerb der Kassen. Da diese aber bisher keine nennenswerten eigenen Gestaltungsmöglichkeiten hatten – der Gesetzgeber gab den Pflichtleistungsrahmen und das Versorgungssystem weitestgehend vor –, ist ein Erfolg nur dann zu erhoffen, wenn man den Kassen Spielräume gibt. Dabei befürchten jedoch viele, daß das Solidarprinzip aufgeweicht werden könnte. Die Spielräume wurden in der dritten Stufe der Gesundheitsreform 1997 vorsichtig erhöht. Wir werden dies weiter unten genauer darstellen.

Problemfelder der Gesundheitspolitik: Die Kostenexpansion im Gesundheitswesen ist seit Mitte der 70er Jahre in aller Munde (Schaubild). Eine Vielzahl von Gesetzen, die eine Kostendämpfung bewirken sollten, wurde seitdem verabschiedet. Sie haben nach allgemeiner Einschätzung zu wenig gebracht (Heike 1994). Doch ist hier eine genauere Situationsanalyse anhand verschiedener Indikatoren erforderlich, bevor man sich ein Urteil bilden kann.

Ausgabenentwicklung in der GKV in Mrd. DM

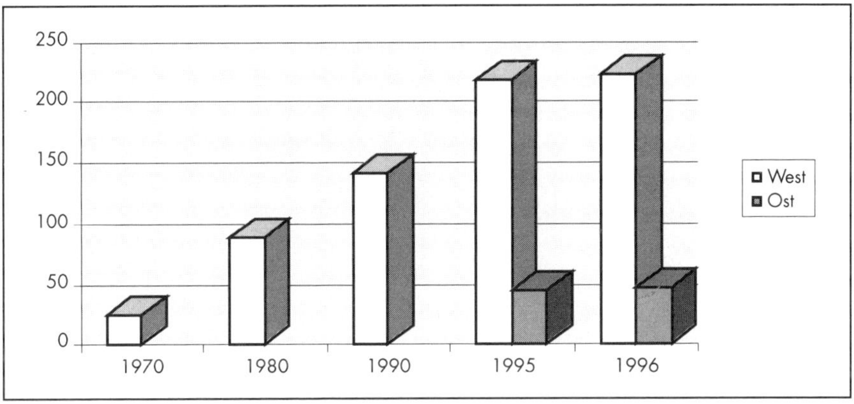

Quelle: Bundesministerium für Gesundheit

Indikatoren zur Kostenentwicklung: Schaut man sich die Kommentare zur Ausgabenentwicklung in der GKV an, dann wird gern zu Bezeichnungen wie Kostenexplosion im Gesundheitswesen gegriffen.

Indikatoren zur Kostenentwicklung in der GKV

(ab 1994 Gesamtdeutschland)

Jahr	Gesamtausgaben GKV in Milliarden DM	Ausgabenquote = Ausgaben/BIP in %	Durchschnittlicher Beitragssatz – West in %	Durchschnittlicher Beitragssatz Ost in %
1970	25,2	3,7	8,2	–
1980	89,8	6,1	11,4	–
1990	141,7	5,8	12,5	–
1995	262,9	7,6	13,2	12,9
1996	270	7,6	13,5	13,6

Quellen: Institut der Deutschen Wirtschaft, Zahlen zur wirtschaftlichen Entwicklung der Bundesrepublik Deutschland 1996, Tabellen 23, 85,86, eigene Berechnungen.

Insgesamt sind die Ausgaben deutlich stärker als die Einnahmequelle – die Grundlöhne – gestiegen. Dadurch kam es zu den deutlichen Beitragssatzsteigerungen. Weniger bedrohlich erscheint dagegen die Relation der Ausgaben zum Bruttoinlandsprodukt. Diese Quote konnte zwischen 1980 und 1990 durch verschiedene Kostendämpfungsgesetze gesenkt werden und ist mit 7,6 % für 1996 im internationalen Vergleich nicht auffällig. Bei den internationalen Vergleichen (OECD) der Quoten werden auch die privaten Ausgaben und die Ausgaben anderer Sozialversicherungen für Gesundheitsgüter einbezogen, so daß in der folgenden Tabelle der Wert für die ausgewiesene Quote höher ist.

Ausgabenquote für Gesundheitsleistungen international

(Ausgaben in % des BIP; Zahlenangaben für 1993/1994)

Land	**USA**	**F**	**A**	**NL**	**D**	**I**	**S**	**J**	**GB**	**DK**
Quote	14,2	9,7	9,7	8,8	8,6	8,6	7,7	7,3	6,9	6,6

Quelle: OECD.

Das immer wieder geforderte Ziel einer Beitragssatzstabilität – auch als Konzept einer einnahmeorientierten Ausgabenpolitik verfochten – konnte also trotz einer Reihe von Kostendämpfungsgesetzen, die zu einer Ausgrenzung und Privatisierung von Leistungen geführt haben, nicht erreicht werden. Wir werden prüfen müssen, ob dieses Ziel überhaupt sinnvollerweise vertreten werden kann. An Expertenratschlägen zur Gesundheitsreform ist kein Mangel, doch die Komplexität und Zielvielfalt des Systems läßt Lösungen aus einem »ordnungspolitischen« Guß, wie sie vor allem die Marktökonomen fordern, offensichtlich nicht zu. Im folgenden sollen die wichtigsten Problemstellen des Gesundheitssystems und einige Lösungsvorschläge diskutiert werden.

Steuerungsdefizit durch ungünstige Anreizstrukturen: Werfen wir zunächst einen Blick auf die Systemstruktur, die sich gut durch ein Regelkreismodell des ambulanten Sektors abbilden läßt (Schaubild).

Die Erfahrungen zeigen, daß sich in diesem System eine Dominanz der Anbieterseite, Vertrags(zahn)ärzte und Kassen(zahn)ärztliche Vereinigung, herausgebildet hat, weil die Nachfrageseite, der versicherte Patient und seine GKV-Kasse, keine adäquate Gegenmachtposition einnimmt. Das liegt einmal

Regelkreis der ambulanten ärztlichen Versorgung

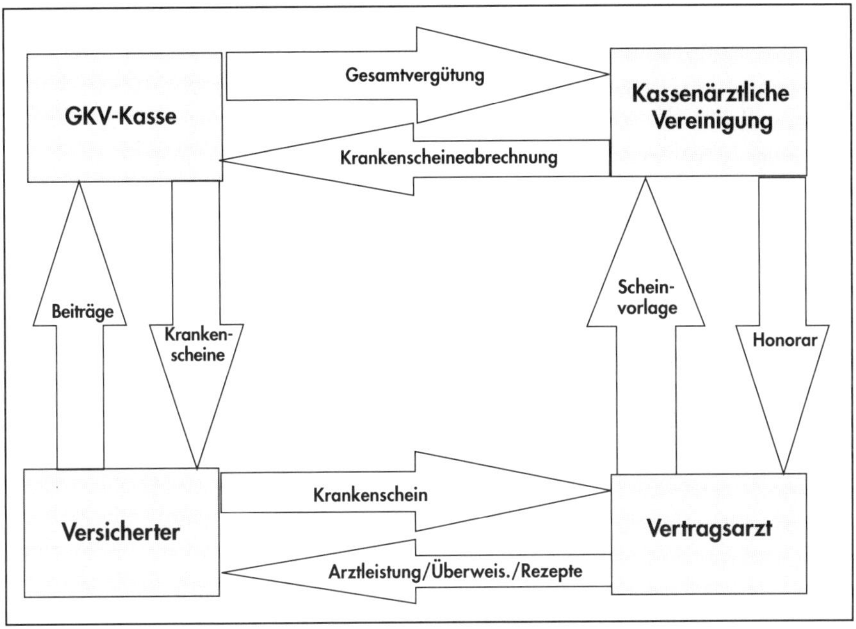

daran, daß die Ärzte als Anbieter letztlich auch über Ausmaß, Angemessenheit und Dringlichkeit der Inanspruchnahme (Nachfrage) medizinischer Leistungen entscheiden. Diese Abhängigkeit des Patienten vom behandelnden Arzt ist angesichts des Expertenwissens des Arztes auch in anderen Gesundheitssystemen anzutreffen.

Allerdings führt das im GKV-System praktizierte System der Einzelleistungsvergütung hier zu besonders gravierenden Folgen. Vergleichen wir kurz alternative Honorierungsverfahren: Kopfpauschale, Einzelleistungsvergütung und Gehalt. Bei der Kopfpauschale erhält der Arzt für jeden in seiner Praxis eingeschriebenen Versicherten – diese müssen sich für einen Hausarzt für eine Periode verbindlich entscheiden – ein bestimmtes Entgelt, unabhängig davon, welche Leistungen er veranlaßt. Wenn man nun von einem normalen menschlichen Verhalten ausgeht, das den eigenen Nutzen mehren will, dann wäre zu erwarten, daß der Arzt seine Patienten möglichst wenig sehen will. Er ist also eher an ihrer Gesundheit interessiert und wird eine möglichst effektive Behandlung im Bedarfsfall anstreben. Im Gegensatz zu den Anreizen bei einem festen Gehalt wird er sich aber um jeden Patienten sehr bemühen, um ihn weiter an sich zu binden. Ganz anders sieht die Anreizlogik im Fall der Einzelleistungsvergütung aus. Mit jeder Leistung am Patienten, die der Arzt weitgehend in eigener Verantwortung trifft, steigt auch sein Einkommen. Er ist daher interessiert, daß a) möglichst viele Patienten zu ihm kommen, b) die Zahl der Behandlungsfälle pro Patient hoch ist, c) er sie oft wiederbestellt und d) er möglichst viele Leistungen pro Fall abrechnet. Die Ärzte in diesem System werden eher an der Krankheit als an der Gesundheit ihrer Patienten interessiert sein. Prävention und Gesundheitsberatung lohnen sich nicht. Ein möglichst schneller Durchlauf der Patienten (Drehtürmedizin), Apparatemedizin und schnelle Überweisung zeitraubender Patienten zu Fachärzten und in Krankenhäuser sind weitere Kennzeichen.

Es versteht sich von selbst, daß hier Kontrollverfahren installiert werden müssen, um dem Wirtschaftlichkeitsgebot Nachdruck zu verleihen. Da ist einmal die Orientierung der Kontrolle der ärztlich erbrachten sowie ärztlich verordneten Leistungen am Durchschnitt der Facharztgruppe in der Region. Der Arzt muß sich bei mehr oder minder deutlichem Überschreiten der Durchschnittswerte vor Prüfgremien rechtfertigen und kann mit Honorarkürzungen sanktioniert werden. Das Verfahren wird gern als »Heckenschnitt« bezeichnet und versagt immer dann, wenn sich der Durchschnitt Zug um Zug nach oben bewegt.

Mit der Krankenversicherungsneuordnung 1997 – der dritten Stufe der Gesundheitsreform seit 1988 – sind weitere Wirtschaftlichkeitsprüfungen entwickelt worden, wie die *Richtgrößenvorgabe*. Hier geben Kassen und Kassenärztliche Vereinigungen für jede Arztgruppe Richtwerte für das Volumen der Leistungen (vor allem: Arzneiverordnungen) vor. Es bleibt abzuwarten, ob die Erwartungen in Erfüllung gehen und der Zuwachs an verordneten Medikamenten gebremst wird. In der Vergangenheit haben die Honorarabwertung der Apparatemedizin und die Aufwertung der »sprechenden Medizin« (ärztliche Beratung) durch Veränderungen der ärztlichen Gebührenordnung (GOÄ) und des einheitlichen Bewertungsmaßstabs für ärztliche Leistungen (EBM) den Trend kaum beeinflussen können. Mit dem neuen EBM (1996) wurden Einzelleistungen zum Teil zu Leistungskomplexen zusammengefaßt. Auch hiervon wird unseres Erachtens keine Dämpfung der Ausgaben ausgehen, da die Anreizstrukturen sich wenig ändern. Um Zeit für strukturelle Reformen zu gewinnen, zog die Gesundheitspolitik im Gesundheitsstrukturgesetz die Notbremse und verordnete für einige Jahre (1993-1996) ein *maximales Gesamtbudget* für die ärztliche Honorierung. Budgetiert wurden auch die Ausgaben für Arzneimittel und im Krankenhaus.

Durch diesen Deckel auf den Topf der Ausgaben konnte man zwar die Steigerung der Gesamtausgaben für die Ärzte im vorgesehenen Rahmen halten, die Ärzte wurden jedoch untereinander in einen Wettlauf getrieben, noch mehr Einzelleistungen zu verrichten (sog. Hamsterradeffekt). Die Folge davon war ein rapider Verfall der Vergütungen pro Leistung. Der DM-Wert für einen Punkt im EBM, der Leistungskomplexe nach Punkten bewertet, sank erheblich. Das wiederum führte fast zu einem Aufstand der Vertragsärzte, und die Politik geriet wieder in Zugzwang. Da auf globale Budgetierungen nach den neuen Vorstellungen der Bundesregierung im Gegensatz zu den Vorstellungen der SPD verzichtet werden soll, stellt sich erneut die Frage, nach welchen Zielgrößen und mit welchen Mitteln gesteuert werden kann.

Mit neuen innovativen Honorierungsformen soll ab 1997 die Entwicklung gesteuert werden. Die gemeinsame Selbstverwaltung von Kassen und KÄV müssen Obergrenzen für die während eines Zeitraums abrechenbaren Leistungen, sog. *Praxisbudgets* vereinbaren, die nach Arztgruppen und Patientenfallzahlen pro Praxis differieren. Der Zweck dieses von der KÄV gemachten Vorschlags ist, die Einkommenskonkurrenz der Ärzte zu reduzieren. Insgesamt ist diesem Verfahren ein hohes Maß an Unübersichtlichkeit eigen, so daß eine Grundregel sozialökonomischer Steuerung, klare und eindeutige Normen vorzugeben, verletzt wird. Entsprechend negativ fallen die Prognosen vieler Experten aus.

Wir haben die Entwicklung der Gesundheitspolitik in diesem Bereich nachgezeichnet, um deutlich zu machen, welche Folgeprobleme sich aus einem ungünstigen Honorierungs- und Anreizsystem ergeben. Es wäre daher hohe Zeit, sich um bessere Alternativen zu kümmern. Wir werden auf solche innovativen Ansätze noch kurz eingehen.

Konfliktfähige Anbieterverbände: Die Dominanz der Anbieterseite wird verstärkt durch die in der Vergangenheit sehr schlagkräftige verbandliche Interessenvertretung der Ärzte, die zum einen als Kassenärzte Pflichtmitglieder in ihren KÄVen sind, und sich zum anderen in freien Ärzteverbänden (z.B. Hartmannbund) organisieren. Die Konfliktbereitschaft und -fähigkeit dieser Verbände und die Bereitschaft der Ärzte, ihnen zu folgen, ist oft genug bewiesen worden. Allerdings zeigt sich zunehmend auch eine Konkurrenz zwischen den Facharztgruppen um die geringer werdenden Einkommenszuwächse. Die politischen Vorgaben zur Verbesserung der Einkommensstellung der Hausärzte im GSG haben zu Umverteilungen zuungunsten mancher Facharztgruppen geführt.

Ein wichtiges Ziel der zweiten Stufe der Gesundheitsreform war die Einführung eines funktionalen Wettbewerbs der Krankenkassen. Damit nahm auch zwischen den großen Kassenverbänden die Konkurrenz um die Mitglieder erheblich zu. Andererseits sind sie aber immer noch zu einer Zusammenarbeit bei den Verhandlungen mit den KÄVen und Krankenhäusern gesetzlich verpflichtet, um die gemeinsamen Interessen der GKV-Versicherten nachhaltig vertreten zu können.

Dieser Spagat dürfte sich als schwierig erweisen. Es stellt sich immer mehr die Frage, ob die regionalen Verhandlungsmonopole auf der Anbieterseite, die KÄVen noch in die wettbewerblich veränderte Landschaft passen. Es mehren sich die Stimmen derer, die das Monopol abschaffen und eine weitgehende Vertragsfreiheit von Kassen und Ärzten (einzeln oder in »gewerkschaftlichen« Gruppen) über alternative Formen ambulanter Versorgung und ärztlicher Vergütung fordern.

Nachdem ein neokorporatistisches Steuerungsinstrument – die konzertierte Aktion im Gesundheitswesen (KZA), die aus Vertretern der relevanten gesundheitspolitischen Verbände bestückt war – in der Vergangenheit mit der Vorgabe von Honorarleitlinien gescheitert ist, befindet sich das System langsam auf dem Weg zu einer stärker dezentralisierten wettbewerblichen Steuerung. Da dies die Entmachtung vormals mächtiger Verbände und Monopole bedeutet und zudem die Anbieterdominanz in Gefahr gerät, wird dies allerdings nicht so einfach und geradlinig verlaufen.

Sozialmedizinische Defizite und mangelhafte Vorbeugung: Aus der Sicht der Sozialmedizin berücksichtigt die ärztliche Ausbildung die heute vorherrschenden Zivilisationskrankheiten und psychosozialen Störungen zu wenig. Die einseitige naturwissenschaftliche Orientierung der heutigen Medizin, die Krankheit als individuelle organische oder seelische Störung versteht und daher das Schwergewicht auf apparativ-technische und medikamentöse Behandlung legt, verstellt den Blick auf die eigentlichen Ursachen wie den Belastungen in der Arbeitswelt, Veränderungen in der natürlichen und sozialen Umwelt und daraus resultierendem Fehlverhalten wie Bewegungsmangel, Fehlernährung, Verlust an Muße und Abhängigkeit von Genußgiften. Ein Kurieren an den Symptomen ist in jedem Fall kostentreibend. Andererseits wird man zugeben müssen, daß eine vorbeugende gesundheitliche Strategie, die Arbeits- und Lebenswelt verändern hilft, erst in Ansätzen existiert. Das liegt vor allem daran, daß es schwer fällt, eingespielte Verhaltensweisen allein durch Aufklärung und Beratung zu verändern.

Zwar liegt es nahe, eine präventive Orientierung und eine entsprechende Umorientierung der Ausgaben politisch zu fordern, wie es durchgängig alle Parteien und Verbände tun, wenn man sich davon eine Dämpfung der Kostenexpansion verspricht. Die Anstrengungen in diese Richtung wurden schon mit dem GRG verstärkt und die Gesundheitsförderung in den Leistungskatalog der Kassen aufgenommen. Inzwischen sind jedoch die entsprechenden Kurse und Beratungsangebote der Kassen in die Kritik geraten. Auch wenn man über einzelne Kurse geteilter Meinung sein kann, sollte das Kind nicht mit dem Bade ausgeschüttet werden, zumal die Einsparungen hier nur wenig Entlastung bringen. Als Überreaktion wurde 1997 die gesamte Gesundheitsförderung nach § 20 SGB V aus dem Pflichtleistungskatalog der GKV gestrichen.

US-amerikanische Untersuchungen deuten darauf hin, daß eine steigende Lebenserwartung durch Prävention auch die Zahl chronisch Kranker und geriatrisch zu Versorgender erhöhen dürfte, so daß auf lange Sicht die Zuwachsrate der Kosten kurativer Leistungen immer höher ist als der Kosteneinsparungseffekt vorbeugender Maßnahmen. Trifft diese These auch nur für einen Teil der präventiven Maßnahmen zu, dann ist eine langfristige Kosteneinsparung nicht zu erwarten, vor allem, da man mit dem Blick auf das ganze System der sozialen Sicherung auch Ausgabenzuwächse in anderen Bereichen (Renten, Pflegekosten) mit einbeziehen müßte. Das heißt natürlich nicht, daß Prävention nicht die wünschenswerte Alternative bleiben muß! Neue Ansätze zu einer besseren Führung und Beratung chronisch kranker Patienten durch den Irrgarten medizinischer Versorgungsangebote stammen aus den USA (case management) und werden in Modellprojekten in Deutschland gegenwärtig getestet. Man verspricht sich hier neben einer qualitativ besseren Versorgung der Betroffenen auch ein hohes Einsparpotential, da diese Gruppe bei schlecht aufeinander abgestimmter Versorgung dauerhaft hohe Ausgaben verursacht.

Rentnerkrankenversicherung: Ein wachsendes Finanzierungsproblem für die Kassen stellt das Defizit bei der Rentnerkrankenversicherung dar, das in Zukunft aufgrund der demographischen Entwicklung noch zunehmen wird. So decken die Einnahmen nur etwa 43 Prozent der GKV-Ausgaben für Rentner. Die Gesamtausgaben pro Kopf betrugen 1994 5688 DM für die Rentner und 2239 DM für die Aktiven. Die Krankenversicherung der Rentner wird mit ca. 3,3 Beitragssatzpunkten alimentiert. Das ist ein erheblicher Solidarbeitrag zum Generationenvertrag. Bis zum Jahr 2040 wird nach dem Prognos-Gutachten von 1995 der Beitragssatz aufgrund des medizinischen Fortschritts und der demographischen Entwicklung um 3 Prozent steigen. Dieses Szenario gilt bei unveränderter Inanspruchnahme von Gesundheitsleistungen. Tatsächlich zeigen die zurückliegenden 10 Jahre eine deutlich stärkere expansive Entwicklung bei der Inanspruchnahme von Leistungen durch die älteren Mitbürger. Dieser Trend wird wohl kaum gestoppt werden können, es sei denn um den Preis einer Rationierung der Gesundheitsleistungen für die Alten.

»Krankes Krankenhaus«: Auch der starke Ausgabenzuwachs im Bereich der stationären Behandlung im Krankenhaus entfällt nicht zum geringen Teil auf die steigende Zahl der Behandlungsfälle alter Menschen. Ein Teil dieser Kosten wird sicher infolge der neuen Pflegeversicherung durch eine verbesserte Versorgung mit kostengünstiger ambulanter und Heimpflege eingespart werden. Insgesamt ist die Expansion an Humankapital (Ärzte, Pflege, Verwaltung und technische Hilfskräfte) und neuester Medizintechnik, wie sie auch in anderen Ländern mit stärker marktwirtschaftlichen Regelungen in diesem Bereich auftreten, auch ein Zeichen für die *»Superiorität von Gesundheitsleistungen«*, die als Teil höherwertiger Dienstleistungen individuell und gesellschaftlich bei steigendem materiellen Wohlstand verstärkt nachgefragt und wohl auch benötigt werden.

Von den 78 Milliarden DM, die von den Krankenhäusern im Jahr 1995 verbraucht wurden, sind über 70 % Personalkosten. Daß dennoch im Bereich der

Versorgungsindikatoren im Gesundheitswesen

Jahr	Ärzte auf 10 000 Einwohner	Zahnärzte auf 10 000 Einwohner	Krankenpflegepersonal auf 10 000 Einwohner	Krankenhausbetten auf 10 000 Einwohner
1960	14,2	5,8	18,9	104,6
1970	16,1	5,1	19,9	112
1980	22,6	5,4	29,7	114,8
1990	30,9	6,6	84,0	81,3
1993	31,9	7,2	79,7	77,4

Quelle: Lampert 1996, Tabelle 16, S. 237.

Pflege erheblicher Mangel herrscht, erklärt sich zum Teil aus der immer üppigeren Ausstattung mit Medizintechnik selbst in kleineren Häusern, die natürlich Fachbedienung benötigen, so daß das technische Hilfspersonal entsprechend erweitert werden mußte. Das Pflegedefizit – das auch in Alten- und Pflegeheimen erhebliche Probleme aufwirft – wird sich in Zukunft durch die immer stärker abnehmende Attraktivität der Pflegeberufe aufgrund ständiger Überlastung bei geringer Bezahlung weiter verschärfen, wenn hier nicht erhebliche Anstrengungen gemacht werden.

Kostensteigernd wirkt sich im Pflegebereich einerseits die steigende Altenlast und andererseits die Kostenkrankheit sozialer Dienste aus (vgl. genauer Kapitel 9). Eine an den Einnahmen orientierte Ausgabenpolitik ist nur um den Preis einer Verschärfung dieses Versorgungsnotstandes zu verwirklichen.

Auch im Krankenhausbereich ist jahrzehntelang auf Anreize zu mehr Wirtschaftlichkeit verzichtet worden (Thiemeyer 1975b). Die Krankenhäuser konnten ihre Kosten ohne große Mühe auf die GKV in Form kostendeckender Pauschalpflegesätze überwälzen (Wachtel 1984). Versuche, die Wirtschaftlichkeit im Krankenhaus zu erhöhen (Krankenhausfinanzierungsgesetz 1985) und bessere Anreize zu setzen, waren auch aufgrund der Widerstände der für die Krankenhausversorgung (Investition) zuständigen Bundesländer wenig erfolgreich. Auch die Budgetierung im GSG ab 1993 wurde von den Ländern behindert. Die Ausgaben stiegen deutlich stärker als geplant. Interessanter sind da schon die strukturellen Reformen, die versuchen, über eine Neufassung der Bundespflegesatzverordnung das Selbstkostendeckungsprinzip zu überwinden und durch ein leistungsbelohnendes Preissystem zu ersetzen. Durch Fallpauschalen und pauschalierte Sonderentgelte werden seit 1996 Anreize zu mehr Effizienz gesetzt (Rath 1996). Doch schon jetzt zeigt sich, daß nur der geringere Teil der Leistungen im Krankenhaus damit erfaßbar ist. Um eine Atempause zu bekommen, sind die Ausgaben in den letzten Jahren nach oben hin begrenzt worden. Auf die weitere Entwicklung der strukturellen Reform der Anreizsysteme kann man gespannt sein. Hier sind sehr harte Bretter zu bohren.

Arzneimittelmarkt: Immer wieder gerät die Arzneimittelversorgung in den Mittelpunkt der öffentlichen Kritik. Diskutiert werden u. a. die Pillensucht, die Gewinne der Pharmaindustrie, die Arzneimittelsicherheit, Tierversuche und Gentechnik. Wir können hier nur kurz auf die Steuerung der Arzneimittelversorgung eingehen. Im Pharmabereich ist fast alles schon ausprobiert worden. So sind einige Erfahrungen mit Selbstbeteilungsformen gesammelt worden (Rezeptgebühr, Ausgrenzung von Bagatellarzneimitteln). Mit dem Gesundheitsreformgesetz(GRG) – erste Stufe der Gesundheitsreform – ist seit 1989 eine interessante neue Steuerungsvariante entwickelt worden: die *Festbeträge für Arzneimittel* (Reher/Reichelt 1989). In der Vergangenheit hatte der Preissenkungswettbewerb bei den älteren bewährten Medikamenten versagt. Trotz preiswerter Nachahmerpräparate (Generica) verschrieben die Ärzte weiterhin die erheblich teureren Originale, da die Patienten daran gewöhnt waren und Kosten nicht beachtet werden mußten. Inzwischen können die Spitzenverbände der Krankenkassen für den größten Teil des Marktes (ca. 75 %) einen Maximalpreis (Festbetrag) z. B. für Arzneimittel mit gleichem Wirkstoff festlegen. Ein höherer Preis wird von den Kassen nicht erstattet. Der Erfolg war durchschlagend. Der Preis auch der Originale sank auf den Festbetrag ab und deutliche Einsparungen sind die Folge. Allerdings konnten die forschenden Pharmaunternehmen den Preis für ihre noch patentgeschützten Arzneien deutlich anheben, so daß das GSG zusätzlich zu den Mitteln des Preismoratoriums (kurzfristiger Preisstop), des Arzneimittelbudgets und der Verschärfung der Wirtschaftlichkeitsprüfung der *ärztlichen Arzneiverschreibungen über Richtlinien* greifen mußte. Letzteres kann erst ab 1997 greifen und soll dann das Hauptsteuerungsmittel sein, die ohnehin durch die hohen Verschreibungen der Ärzte gefährdete Budgetierung also aufgegeben werden (Litsch 1996). Das im GSG gesetzlich verankerte Projekt einer sog. *Positivliste*, die dazu dienen sollte, unwirksame Präparate vom GKV-Markt zu nehmen, wurde nach verbandspolitischen Interventionen (Pharmakonzerne) trotz der vehementen Forderungen der SPD von der Regierung fallengelassen.

Die ordnungspolitischen Alternativen der Gesundheitspolitik: Im Laufe dieser kurzen Analyse des Gesundheitswesens sind wir auf einige grundsätzliche Strukturprobleme gestoßen, die eine nachhaltige Kostendämpfung nicht nur als schwierig, sondern auch als sozialpolitisch problematisch erscheinen lassen. Hierzu zählen die Entwicklung im Altersaufbau der Gesellschaft, die personal- und damit kostenintensive Dienstleistungsproduktion, die teure Medizintechnik auf dem letzten Stand, die starke Stellung der Anbieter, aber auch die offensichtliche Superiorität, die die Menschen der Behandlung von Krankheiten (nicht der »Gesundheit«) einräumen. Zudem zeigt sich bei genauerem Hinsehen: So wünschenswert Vorbeugung bleibt, so wenig garantiert sie auch langfristige Kosteneinsparung. Hier wirkt ein Blick auf internationale input-output-Vergleiche eher ernüchternd. So sind die Länder mit relativ gebremstem Ausgabenwachstum im Gesundheitswesen (z. B. Großbritannien) gemessen an der Lebenserwartung und Erkrankungsraten nicht weniger erfolgreich als die Länder mit den höchsten Ausgaben pro Kopf (Beispiel USA). Auch dies dürfte ein Zeichen dafür sein, daß die traditionelle kurative Medizin bei der Bekämpfung der Zivilisationskrankheiten an den Symptomen kuriert und hier durch verstärkte gesundheitliche Aufklärung und Erziehung, aber auch durch bewußte Ausschaltung von Arbeits- und Umweltrisiken erheblich mehr zu erreichen ist. Dies soll natürlich die Möglichkeit nicht in Frage stellen, daß die aufwendiger arbeitenden Gesundheitssysteme den Menschen im ganzen eine höhere Lebensqualität im Krankheitsfall z. B. durch bessere Versorgung und kürzere Wartezeiten zukommen lassen.

Vor dem Hintergrund dieser Thesen ist die ordnungspolitische Grundsatzdebatte zu beurteilen. Drei Ordnungsalternativen lassen sich in der Diskussion festmachen: *Mehr Markt – mehr Staat – mehr (Selbstverwaltungs-) Gegenmacht.*

Die Marktökonomen sehen in der Ausweitung von Selbstbeteiligungsarrangements den ordnungspolitischen Königsweg. Trägt der einzelne Versicherte keinen deutlichen Teil der Kosten seiner Behandlung selbst, dann besteht die Gefahr der Überinanspruchnahme (*moral hazard-Theorem*) von Leistungen. Wenn die Ärzte dann ihre Türwächteraufgabe mangels richtiger Anreize ebenfalls nicht erfüllen, wird das Gesundheitssystem zu einem Selbstbedienungsladen für Ärzte und Versicherte. Von Zuzahlungen der Patienten erwartet man eine deutliche Verminderung dieser Kostendynamik. Eine Erwartung, die allerdings in stark marktwirtschaftlich orientierten Systemen wie den USA, die mit hohen Selbstbeteiligungsraten arbeiten, nicht erfüllt wurde. Eher scheint das Gegenteil der Fall zu sein, und außerdem ist es hier zu einer Mehr-Klassen-Medizinversorgung gekommen, so daß die Befürchtungen der Gefährdung des Solidarprinzips durch Selbstbehalte in der GKV nicht unbegründet erscheinen. Nun zeigen die bisher gemachten Erfahrungen und internationalen Vergleiche (Schulenburg 1981), daß von Selbstbeteiligungen nur ein zeitlich begrenzter Nachfrageverringerungseffekt ausgeht und die Ausgaben bald wieder dem alten Trend folgen. Außerdem gilt: Sind die Selbstbehalte zu gering, haben sie keinen Nachfrageeffekt, sind sie zu hoch, ist das Solidarprinzip empfindlich tangiert, da nur die Ärmeren auf die Inanspruchnahme verzichten (müssen). Einen Kompromiß stellt die deutsche Lösung in der GKV dar, die Einkommensschwachen nach einer Bedürftigkeitsprüfung von der Zuzahlung zu befreien und die chronisch Kranken je nach Einkommenshöhe zu entlasten. Obwohl die Selbstbeteiligung in Deutschland nach und nach erhöht und auf weitere Gebiete ausgedehnt wurde, ist der relative Anteil der Zuzahlungen im internationalen Vergleich noch gering. Es ist daher zu vermuten, daß dieses Instrument noch lange nicht ausgereizt ist. Dies bestätigen die neuen gesetzlichen Regelungen von 1997.

Die Forderung nach mehr staatlicher Kontrolle und direkter öffentlicher Versorgung im Gesundheitswesen stützt sich auf die Erfahrungen, daß nur die Gesundheitssysteme (z.B. Großbritannien) ein geringeres Ausgabenwachstum zu verzeichnen hatten, die eine ziemlich rigorose Budgetlimitierung durchgesetzt haben, bei der Defizite nicht mehr ausgeglichen werden, die Arztzulassung limitiert ist, als Honorierungsform z.B. das Gehalt statt Einzelleistungsvergütung und eine Preis- und Kostenkontrolle der übrigen Anbieter (Pharmaindustrie) praktiziert wird. Da dieses Vorgehen allerdings mit erheblichen Leistungs- und Serviceeinbußen (Verknappung von Personal und Betten, Qualitätsminderung, Warteschlangen usw.) einhergeht, dürfte es in der Bundesrepublik politisch als Dauereinrichtung nicht durchzusetzen sein, auch ohne daß die Anbieterverbände ihre Macht zeigen müßten. Allerdings zeigen die 90er Jahre, daß die Budgetierung als zeitlich begrenzte Notbremsung der Kostenentwicklung auch in Deutschland politische Mehrheiten gefunden hat.

Gute Chancen, daß Teile ihrer Reformvorschläge realisiert werden, haben die Vertreter eines neokorporatistischen Modells der abgestimmten Steuerung durch Staat und Verbände. Daraus sind schon in der Vergangenheit bei diversen Kostendämpfungsgesetzen Anregungen übernommen worden. In der Begründung der dritten Stufe der Gesundheitsreform wird die verbandliche Kompetenz und Selbststeuerungfähigkeit noch einmal betont.

Angesichts der Stärke der KÄVen, Ärzteverbände und der übrigen Anbieter und ihren Verbänden müßte zunächst einmal eine gewisse Machtparität geschaffen werden und die Position der Krankenkassen in den Verhandlungen deutlich gestärkt werden, so daß diese auf Honorare, Pflegesätze, Krankenhausinvestitionen oder auch die Preisgestaltung der Pharmaindustrie mehr Einfluß nehmen können.

Zukünftige Perspektiven: In drei Reformstufen sollte das deutsche Gesundheitssystem seine zukünftige Gestalt gewinnen. Die Wirkung der ersten Stufe verpuffte bald. Das hat nicht sonderlich überrascht. Das war man von den Kostendämpfungsgesetzen ohne Reformambition gewohnt. Wirklich interessant wurde es dann auf der zweiten Stufe. Hier gelang parteiübergreifend ein wirklich großer Wurf, auch wenn natürlich noch viel zu tun blieb und selbst die Leitidee – zu welchen Strukturen soll die Reform eigentlich langfristig führen – unklar und umstritten blieb.

Mit dem GSG ist der Wettbewerb der GKV-Kassen um die Versicherten eröffnet worden. Ein funktionierender Wettbewerb erfordert, daß den Kassen auch wesentliche Handlungsspielräume eingeräumt werden (Sachverständigenrat 1995). Das war bisher nicht der Fall. Kritiker warnen, daß die Ziele und Prinzipien der GKV, gleicher Leistungskatalog für alle, Bedarfs- und Solidarprinzip verletzt würden, wenn ein Leistungswettbewerb stattfände.

Mit der dritten Stufe der Reform 1997 lichtet sich der Nebel ein wenig und man sieht, daß die GSG-Strukturreform die Akteure zu einem Überdenken ihrer Zielvorstellungen genötigt hat. Auch mit diesem Reformpaket ist nur ein Zwischenschritt getan. Sucht man die Reformelemente, die zukunftsweisend erscheinen, dann zeigen sich u. E. zwei Tendenzen. Zum einen gewinnt die Kostentransparenz und die Selbstbeteiligung der Versicherten an Bedeutung. Hier werden den Kassen auch wettbewerbliche Spielräume (Einführung von Selbstbehalten pro Periode gegen Prämienreduktion, Prämienrückerstattung) gegeben. Zum anderen werden Modellvorhaben und Strukturverträge zu neuen innovativen Versorgungsformen (managed care) ermöglicht. Auch wenn an den solchen neuen Strukturen im Wege stehenden regionalen Monopolen der KÄVen (noch) nicht gerüttelt wird. Damit scheint der weitere Weg vorgezeichnet. Es ist zu erwarten, daß die Kassen in beiden Richtungen Versorgungsangebote entwickeln werden. Ein Teil der Versicherten wird weiterhin die klassische Versicherungsform (freie Arztwahl, hohe Selbststeuerung) auch um den Preis steigender Zuzahlungen und Selbstbehalte wählen. Dieser Weg führt zu abnehmender Solidarität im Kreis der hier Versicherten. Das wäre allerdings aus unserer Sicht noch zu akzeptieren, wenn es gelingt, parallel dazu ein attraktives umfassendes Versorgungsangebot zu schaffen, in dem die solidarischen Elemente erhalten bleiben.

Solche kostensparenden Versorgungsstrukturen sind schon in anderen Ländern (USA, Schweiz) entwickelt worden, und ihre internationalen Ausstrahlungseffekte sind beträchtlich. Zunächst entwickelten sich in den 70er Jahren sog. *Health Maintainance Organizations (HMO)* im Privatversicherungssystem der USA. Diese erzielten von Anfang an hohe Kosteneinsparungen bei vergleichbaren Leistungen wie die traditionellen Versicherungen. Ihr Anreizsystem wurde nach und nach verbessert und neue Formen ausprobiert (Oberbegriff: managed care). Inzwischen sind nur noch sehr wenige der versicherten USA-Bürger nicht bei einer managed care organization (MCO) versichert. Die

Managed Care (MCO/HMO)	**Prinzipien und Instrumente**
Grundsätzliche Strukturmerkmale: Patientenführung und Anbieterkontrolle	1) Türwächter(gate-keeper-)system: begrenzt freie Arzt- und Krankenhauswahl; Arzt wird an effizienter Behandlung materiell und durch externe Kontrollen der MCOs interessiert 2) Vernetztes Budget: Materielle Interessierung der Ärzte an kostensparenden Methoden über alle Versorgungsbereiche hinweg (ambulant, stationär, Pharmaka) 3) Anreize zur Verbesserung des Gesundheitsverhaltens 4) Cost-benefit-Studien zum Effizienzvergleich von Behandlungsvorgaben und daraus abgeleitete Therapievorschläge für die Ärzte 5) Qualitätskontrollen 6) Wettbewerb um die Versicherten
Ärztliches Honorar	Gehalt, Kopfpauschale, Gruppenbudget jeweils mit Gewinnbeteiligung/Prämien für Kosteneinsparungen
Krankenhaus	Großeinkauf von Krankenhausleistungen, Aushandlung von Mengenrabatten (Einkaufsmodell); Verweildauersenkung durch Anreize und Kontrollen
Pharmabereich	Einkaufsmodelle wie im Krankenhaus: Ausnutzung der starken Marktstellung gegen Anbieter

Quelle: Hildebrandt/Domdey/Fuchs, 1995.

wichtigsten Merkmale sind in der folgenden Übersicht zusammengestellt. Der entscheidende Unterschied ist das Anreizsystem, das die Ärzte (aber auch die Versicherten) an einer sparsamen Führung der Patienten durch das medizinische Versorgungssystem interessieren soll (Türwächter- oder gate-keeper-Funktion). Im wettbewerblichen Anpasssungsprozeß sind die MCOs zunehmend von der reinen Kostenkontrolle zu einer Politik der präventiven Patientenführung und eines Qualitätsmanagements übergegangen, wobei die dynamische innovative Entwicklung noch anhält.

Die entscheidende Frage, ob die wichtigen Systemmerkmale der HMO auch in einer Versicherung, in der Elemente des Solidarprinzips zu verteidigen sind, realisierbar sind, ist inzwischen in der Schweiz positiv beantwortet worden. Auch hier gelangen Kostensenkungen von 10-40 Prozent, ohne daß es zu Leistungseinschränkungen oder Entsolidarisierung kam (Geser 1995). Es ist an dieser Stelle nicht möglich, die Auseinandersetzung mit diesen Modellen weiter zu vertiefen. Da wir jedoch glauben, daß auch die Entwicklung im GKV-System langsam in diese Richtung einschwenkt, sollte das Managed-care-System kurz vorgestellt werden.

In Deutschland muß dann allerdings das Monopol der Kassenärztlichen Vereinigung fallen, und die Länder müssen auf ihren Einfluß im Krankenhaussektor verzichten. Dies wird noch erheblichen Widerstand entfachen. Allerdings hat sich inzwischen eine breite Allianz zwischen den GKV-Kassen, den Gewerkschaften und den großen Parteien durchgesetzt, nicht nur in Modellvorhaben (Galas/Stolz 1997), sondern mit neuen längerfristig angelegten Strukturverträgen in Richtung managed care vorzustoßen. Momentan probieren die Kassenarten ihre Vorstellungen von verbesserten Versorgungsstrukturen (u. a. Praxisnetze) in wissenschaftlich begleiteten Modellversuchen aus (Orlowski 1996).

So einleuchtend das Ziel der verschiedenen Kostendämpfungsgesetze seit 1977 – die Realisierung von Beitragssatzkonstanz durch eine einnahmeorientierte Ausgabenpolitik – auch erscheinen mag, es ist angesichts der unabweisbaren Strukturprobleme wenig realistisch. Faktisch wurde das Ziel denn auch permanent verfehlt. Auch für die Zukunft wird man ein überproportionales Anwachsen der Gesundheitsausgaben wohl oder übel akzeptieren müssen, wenn man nicht erhebliche Leistungseinschränkungen oder Ausgrenzungen der ökonomisch Schwachen vornehmen will. Sicher sind deutliche Effizienzsteigerungen durch die HMO-Modelle zu verwirklichen, aber auch das wird nicht ausreichen, den »Hunger nach gesundheitlichen Diensten« zu stillen. Warum soll nicht ein maßvoller Anstieg der Ausgabenquote (Gesundheitsausgaben im Verhältnis zum Bruttosozialprodukt) hingenommen werden, zumal hier Arbeitsplätze entstehen würden, die gesellschaftlich sinnvoll erscheinen, da hier wichtige Bedarfe gedeckt werden. Gesundheit wird in Zukunft bei der älter werdenden Bevölkerung in den Industrieländern eine immer wichtigere Ressource darstellen, in die zunehmend investiert werden muß.

Steigende Beitragssätze in der GKV bei gleichzeitiger Konstanz der Ausgabenquote gemessen am BIP sind auf zwei Faktoren zurückzuführen: sinkende Lohnquote und steigende Arbeitslosigkeit. Wenn es nicht gelingt, die Massenarbeitslosigkeit abzubauen und die Lohneinkommen parallel zu den Einkommen aus Unternehmertätigkeit und Vermögen steigen zu lassen, wird sich der Trend zu steigenden Beitragssätzen fortsetzen. Dies jedoch würde eine sinnvolle Entwicklung des Gesundheitssektors verhindern. Man müßte dann über eine Verbreiterung der Finanzierungsbasis nachdenken und andere Einkommensarten neben den Löhnen mitbelasten.

Vertiefende Literatur

Beske/Brecht/Reinkemeier 1995, Heike 1994, Hinrichs 1994.

7.3.3 Die gesetzliche Unfallversicherung und der Arbeitsschutz

Aufgabenstellung: Der Gesundheitsschutz am Arbeitsplatz kann nicht den einzelnen Unternehmen überlassen werden, von denen einige in ihrem Wettbewerb um Kostenunterbietung auch zu Lasten der Gesundheit ihrer Arbeitnehmer Kosten senken würden. Das würde alle anderen unter Anpassungsdruck setzen. Ein Blick in die ungeregelten Arbeitsbeziehungen vieler Länder der Dritten Welt bestätigt diese fatale Dynamik aufs Schlimmste. Arbeitsschutz ist eine öffentliche Aufgabe für das Gemeinwohl. Er schützt die Arbeitnehmer und erhält den Arbeitgebern die Gesundheit ihrer Beschäftigten. Neben den Unfallrisiken in den Betrieben und auf dem Weg zur Arbeit gefährden Berufskrankheiten die Arbeitnehmer. Diese Unfall- und Krankheitszahlen zu senken und möglichst viele Risiken zu verringern, ist Aufgabe des Gesundheitsschutzes in der Arbeitswelt. Neben der Unfallverhütung und ersten Hilfe bei Unfällen werden medizinische und berufsfördernde Maßnahmen sowie Entschädigungszahlungen (Renten) für die von Unfall oder Berufskrankheit betroffenen Arbeitnehmer getragen. Auch bei einer individuellen Mitschuld an einem Unfall besteht Anspruch auf die Leistungen.

Prävention, Rehabilitation und Kompensation von Unfällen und Berufskrankheiten sind in dieser Rangfolge die drei zentralen Aufgabengebiete der Träger des Arbeitsschutzes. Die Ablösung der Unternehmerhaftung und der Ausschluß der Haftung unter den Arbeitnehmern desselben Betriebs durch eine Sozialversicherung, die sich am Schadensersatzprinzip orientiert, ist seit Bismarck zur weithin akzeptierten Lösung geworden.

Organisation: Der Arbeitsschutz ist in der Bundesrepublik zwei Institutionen anvertraut: Den staatlichen Gewerbeaufsichtsämtern und der gesetzlichen Unfallversicherung (GUV). 1996 wurde die GUV als siebtes Buch in das Sozialgesetzbuch eingeordnet (SGB VII), ohne daß große Veränderungen am geltenden Recht vorgenommen wurden. Die GUV ist als Sozialversicherung in *berufsgenossenschaftlicher Selbsthilfe* konzipiert, während die Gewerbeaufsicht den Bundesländern obliegt. Neben 35 gewerblichen, 19 landwirtschaftlichen Berufsgenossenschaften, Gemeindeunfallversicherungsverbänden, den Bundesländern, dem Bund und der Bundesanstalt für Arbeit existieren noch weitere Träger der GUV. Alle Arbeitnehmer (außer den Beamten), Lehrlinge, Schüler, Studenten und weitere Personengruppen sind gegen die bereits genannten Risiken pflichtversichert, so daß derzeit etwa zwei Drittel der Gesamtbevölkerung von der GUV erfaßt werden. Alle Unternehmen sind Zwangsmitglieder der Berufsgenossenschaft ihrer Branche, deren Gremien (Vertreterversammlung und Vorstand) paritätisch mit Arbeitgeber- und Arbeitnehmervertretern besetzt sind (Selbstverwaltung).

Instrumente und Leistungen: Die *Unfall- und Berufskrankheitenprävention* stützt sich einerseits auf staatliche Gesetze und Verordnungen (wie das Arbeitssicherheitsgesetz und die Arbeitsstättenverordnung) und andererseits auf verbindliche Unfallverhütungsvorschriften der Berufsgenossenschaften für ihre Mitgliedsunternehmen. Die Kontrolle erfolgt durch die Gewerbeaufsicht und die technische Aufsicht der Berufsgenossenschaften, die zur Zusammenarbeit verpflichtet sind. Ihre Instrumente sind Betriebsbegehungen und

Leistungen der gesetzlichen Unfallversicherung 1994

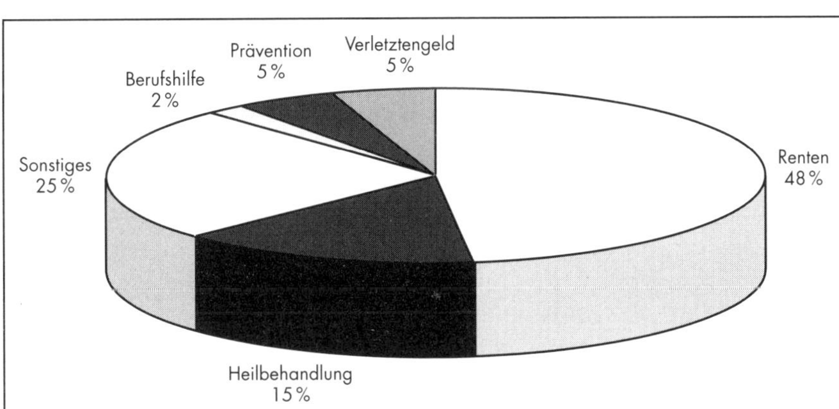

Quelle: Doll 1996, Unfallverhütungsbericht 1994.

Sicherheitskontrollen, Beratung der Betriebe und der Betriebsräte und die Unfallursachenforschung.

Der Löwenanteil der Ausgaben der GUV entfällt auf Kompensationszahlungen in Form von *Unfall- und Berufskrankheitsrenten* (auch für Hinterbliebene), Verletztengeld und Abfindungszahlungen. Die Rentenberechnung ist recht kompliziert, richtet sich nach dem Grad der Minderung der Erwerbsfähigkeit (Gliedertaxe) und der Höhe des Arbeitseinkommens des Verletzten. Die Rente ist dynamisiert und beträgt bei gänzlicher Erwerbsunfähigkeit (Vollrente) zwei Drittel des letzten Jahresarbeitsverdienstes des Versicherten.

Trotz der Betonung der präventiven Verantwortung ist der Anteil dieser Leistungen mit 5 Prozent nach wie vor gering. Mit der Einstellung der GUV in das SGB wurde den Trägern ein erweiterter Präventionsauftrag erteilt. Neben Unfällen und Berufskrankheiten sollen arbeitsbedingte Gesundheitsgefahren in enger Zusammenarbeit mit den Krankenkassen verhütet werden.

Ähnlich wie die Präventivmaßnahmen sind auch die Leistungen zur *Rehabilitation* in den letzten Jahren ausgeweitet und intensiviert worden. Man unterscheidet hier Leistungen zur Wiederherstellung der Erwerbsfähigkeit, zur Heilbehandlung in Form von ärztlicher Behandlung, Kuren, Hilfsmitteln, Sprachtherapie, Krankengymnastik und Pflege und zur Berufshilfe (Fortbildung, Umschulung, Arbeitserprobung).

Es findet eine starke Patientenführung durch Vertrauensärzte und eine im Vergleich zum GKV-System deutliche Kosten- und Qualitätskontrolle der medizinischen Leistungen durch den Kostenträger Berufsgenossenschaft statt. Da diese auch eigene Kliniken führen dürfen, ist hier ein *Managed-care-Konzept,* wie wir es im Kapitel 7.3.2 vorgestellt haben, schon verwirklicht.

Zusätzlich können ergänzende Leistungen wie Pflegegeld, Übergangsleistung oder die Erhöhung einer Teilrente wegen Arbeitslosigkeit gewährt werden.

Finanzierung: Die GUV wird über ein Umlageverfahren allein durch Beiträge der Unternehmen finanziert. Die Beitragshöhe richtet sich nach der Lohnsumme der Betriebe und ist nach Gefahrenklassen gestaffelt. Unterschiedliche Beitragsausgleichsverfahren in den einzelnen Berufsgenossenschaften sollen als finanzieller Anreiz zum Ausbau des Unfallschutzes im Betrieb dienen. So werden Unternehmen, die geringere Unfallquoten und -kosten als vergleichbare Betriebe aufweisen, Beitragsnachlässe gewährt oder auch Prämien für den Ausbau der betrieblichen Sicherheit ausgeschüttet. Zur Finanzierung der vielfältigen Aufgaben wurden 1994 über 22,8 Milliarden DM aufgewendet. Trotz der rückläufigen Zahl der Unfälle und Rentenempfänger stiegen die Leistungen und damit die Ausgaben kontinuierlich an. Sie lagen 1991 noch bei 18,7 Milliarden DM.

Situationsanalyse Zielerreichung: Der Blick auf die Unfallstatistik zeigt einen kontinuierlichen und über die Jahre hinweg sehr deutlichen Rückgang der Unfallzahlen. Nachdem Anfang der 90er Jahre durch den Einbezug der neuen Bundesländer eine Niveauverschiebung nach oben stattfand, zeigen die neuesten Zahlen bis 1996 eine Fortsetzung dieses rückläufigen Trends in Gesamtdeutschland. Ein Unfall wird dann angezeigt, wenn der Verletzte mehr als drei Tage teilweise arbeitsunfähig ist. Als aussagekräftiger Indikator gilt die Zahl der Arbeitsunfälle je 1000 Vollarbeiter. Diese Zahl ist von 109 im Jahre 1960 (Westdeutschland) auf 48 in 1994 in Gesamtdeutschland gesunken (Unfallverhütungsbericht 1995). In den einzelnen Branchen ist die Lage sehr unterschiedlich. Spitzenreiter bei den Unfällen bleibt der Bau mit 120 Unfällen pro 1000 Vollarbeiter (1994). Hier wie auch bei einigen anderen Branchen und bei den Wegeunfällen zur Arbeit liegen noch Verhütungsdefizite. Auch die Unfallhäufigkeit bei den Schülern ist auf den hohen Wert von 82 im Jahr 1994 gestiegen. Bei den Berufskrankheiten ist die Zahl der Verdachtsanzeigen seit 1983 stark expandiert. Anerkennung findet nur ein Teil. Im Jahr 1994 summierten sich 97 900 Anzeigen, anerkannt wurden von allen vorliegenden Fällen 21 000 (Unfallverhütungsbericht 1994). Davon erhalten jedoch nicht alle eine Rente, weil viele Krankheiten ausgeheilt werden können oder nicht zu einer Minderung der Erwerbsfähigkeit von mindestens 20 Prozent führen.

Probleme: Verbesserungsfähig sind die materiellen Anreizsysteme zur Unfallverhütung. Die weitgehende Ausgliederung der finanziellen Verantwortung für Arbeitsunfälle aus der Haftung des einzelnen Betriebes und der Verzicht, die Unfallentschädigung vom tatsächlichen Verschulden der Unternehmen abhängig zu machen, weisen neben den offensichtlichen Vorteilen für Betriebe und Arbeitnehmer auch einen bedeutsamen Nachteil auf. Neben den sozialen Kosten der Arbeitsunfälle tauchen auch die betriebswirtschaftlichen Kosten nur noch zum Teil (Ausfall des Arbeitnehmers) oder vermittelt (als Prämien zur Unfallversicherung) in den einzelwirtschaftlichen Kostenrechnungen auf.

Damit entfällt ein wesentlicher materieller Anreiz zur Unfallverhütung im Betrieb. Um so mehr bedarf es daher der Kontrolle von seiten der Berufsgenossenschaft, der Gewerbeaufsicht, der Gewerkschaften und der Arbeitnehmer der Betriebe.

Besondere Probleme gibt es seit langem bei der Prävention, Anerkennung und Entschädigung von Berufskrankheiten. Die Anerkennungsverfahren sind für die Betroffenen schlecht überschau- und kontrollierbar, die Gutachten der medizinischen Experten z.T. widersprüchlich und berufsbiographische Gutachten fehlen zumeist.

Die Folge von Intransparenz und Expertenstreit, insbesondere bei neuen Berufskrankheiten, ist eine eher restriktive Anerkennungs- und Entschädigungspraxis durch die Rentenausschüsse der GUV.

Auch hier zeigt sich die Dominanz von Geschäftsführung und Verwaltung über die eigentlichen paritätisch besetzten Entscheidungsgremien. Die faktischen Anforderungen, die an den Nachweis einer arbeitsbedingten Erkrankung gestellt werden, erscheinen z.T. überzogen und überfordern die Betroffenen, obwohl die »wesentliche Teilverursachung durch arbeitsbedingte Faktoren bei hinreichender Wahrscheinlichkeit« nach Gesetzeslage zur Anerkennung ausreicht. Noch schwieriger erweist sich die Durchsetzung der Aufnahme neuer Krankheiten in das Register anerkannter Berufskrankheiten, wie das Beispiel der Asbestose eindringlich gezeigt hat.

Defizite im Bereich der Rehabilitation treten durch das Fehlen eines einheitlichen Gesamtkonzepts über alle GUV-Träger auf. Das Recht auf gleiche Sach- und Dienstleistungen bei Kranken- und Berufshilfe ist daher nicht durchgesetzt, und erhebliche Reha-Leistungsunterschiede zwischen den Trägern bestehen fort. Nachzudenken wäre daher, ob nicht auch auf diesem Gebiet ein Wettbewerb um die Mitglieder Kosten senken und das Leistungsniveau verbessern könnte.

Auch bei der Prävention werden Versäumnisse angemahnt. Zwar ist man sich über den hohen technischen Standard des Arbeitsschutzes einig, bei den Kontrollen jedoch wird die ungenügende Zusammenarbeit von Gewerbeaufsicht und der technischen Aufsicht der Berufsgenossenschaften beklagt. Mit der Einfügung der GUV in das Sozialgesetzbuch ist nunmehr eine Verpflichtung zur Zusammenarbeit erlassen worden. Der Gesetzgeber tut sich schwer, die fortschrittliche EG-Rahmenrichtlinie Arbeitsschutz in nationales Recht umzusetzen (Konstanty/Zwingmann 1996). Hier geht es vor allem um ein erweitertes Verständnis von Gesundheit, die Betonung der Arbeitgeberpflichten und eine Erweiterung der Arbeitnehmerrechte. Während die Gewerkschaften eine Grundsatzreform des Arbeitsschutzes anstreben, mehren sich die Widerstände bei den Arbeitgebern, die auf die Kostenseite verweisen und Standortnachteile bei zu hohen Schutzstandards befürchten.

Vertiefende Literatur

Lampert 1996, Marstedt/Merger 1995, Neumann 1992.

7.3.4 Die Arbeitslosenversicherung

Aufgabenstellung: Neben den schon im Kapitel 6 behandelten Maßnahmen der aktiven Arbeitsmarktpolitik zur Verhinderung von Arbeitslosigkeit werden auch die klassischen Aufgaben einer Arbeitslosenversicherung, nämlich die arbeitslos gewordenen Arbeitnehmer materiell zu unterstützen (passive Maßnahmen), von der Bundesanstalt für Arbeit (BA) in Nürnberg wahrgenommen. Die gesetzliche Grundlage bildet auch hier seit 1969 das Arbeitsförderungsgesetz (AFG), ab 1998 SGB Buch III).

Organisation: Die BA gliedert sich in die Hauptstelle, 11 Landes- und 184 örtliche Arbeitsämter, die eine bürgernahe Betreuung ermöglichen. Daneben existieren noch besondere Dienststellen wie eine zentrale Vermittlungsstelle für gehobene Berufe und ein Institut für Arbeitsmarkt- und Berufsforschung. Die Bundesanstalt ist eine *Selbstverwaltungs*körperschaft, deren Gremien auf den verschiedenen Ebenen (Verwaltungsausschüsse, Verwaltungsrat und Vorstand) drittelparitätisch von Gewerkschaftsvertretern, Arbeitgebervertretern und Vertretern der öffentlichen Hand gebildet werden. Alle Arbeitnehmer, mit Ausnahme der Beamten, sind pflichtversichert.

Leistungen: Die Geldleistungen an Arbeitslose sind Arbeitslosengeld, Arbeitslosenhilfe und Konkursausfallgeld. Weitere Lohnersatzleistungen werden als Unterhaltsleistungen an Arbeitnehmer gezahlt, die an Fortbildungs- und Umschulungsmaßnahmen teilnehmen. Das Kurzarbeitergeld hat entsprechend Lohnzusatzfunktion. Die Lohnersatzleistungen sind seit den frühen 80er Jahren infolge der anhaltenden Massenarbeitslosigkeit deutlich vermindert, und gleichzeitig sind die Anspruchsvoraussetzungen zum Bezug der Leistungen heraufgesetzt worden (Adamy 1996).

Wichtigste Voraussetzungen für den Rechtsanspruch auf Arbeitslosengeld ist eine bestimmte Mindestdauer der Beschäftigung, d.h. eine gewisse Beitrags- oder Anwartschaftszeit und die Bereitschaft, sich wieder in eine zumutbare Arbeit vermitteln zu lassen. Bestimmte Verhaltensweisen, wie freiwillige Kündigung, grundlose Verweigerung von Umschulungsmaßnahmen oder Ablehnung zumutbarer Arbeitsplatzangebote, werden mit zeitweisem Entzug von Unterstützungsleistungen geahndet (Sperrfristen).

Das *Arbeitslosengeld* beträgt 67% des vorherigen Nettoarbeitsentgelts. Kinderlose Versicherte erhalten nur 60%. Es ist dynamisiert, wird aber nur für eine bestimmte Dauer je nach Länge der individuellen Anwartschaftszeit gezahlt. Für Arbeitslose unter 45 Jahren ist die Anspruchsdauer maximal

312 Tage, während langjährig versicherte ältere Arbeitnehmer nach Lebensalter und Anwartschaftsdauer gestaffelt deutlich länger Arbeitslosengeld beziehen können.

Finanzielle Entwicklung der Bundesanstalt für Arbeit
(in Milliarden DM)

Jahr	**1970**	**1980**	**1992 (West)**	**1995 (West)**	**1992 (Ost)**	**1995 (Ost)**
Einnahmen	3,57	19,05	76,3	86,2	3,3	4,0
Ausgaben (ohne Alhi)	3,91	21,67	58,2	61,3	46,0	35,8
davon						
Arbeitslosengeld	0,65	8,11	19,7	35,5	12,7	12,7
berufliche Bildung	0,78	2,93	7,1	7,5	7,0	7,3
ABM	0,14	1,75	2,5	2,6	6,9	6,8
Arbeitslosenhilfe (Alhi)	0,02	0,36	7,5	14,8	5,1	5,7

Quelle: BA, Amtliche Nachrichten

Danach übernimmt die Arbeitslosenhilfe die Lohnersatzfunktion. Die Mindestanwartschaft für Arbeitslosenhilfe ist außerdem geringer, so daß einige Arbeitslose direkt auf die Arbeitslosenhilfe angewiesen sind. Allerdings erfolgt hier, anders als im Fall des Arbeitslosengeldes, eine Bedürftigkeitsprüfung (Fürsorgeprinzip), bei der Einkommen und Vermögen des Arbeitslosen und die Einkommen im gleichen Haushalt lebender Familienangehöriger, wenn sie eine bestimmte Höhe übersteigen, angerechnet werden (vgl. Kapitel 4.2). Dies führt zur Verminderung oder gar zur Aussetzung der Arbeitslosenhilfe. Die Arbeitslosenhilfe beträgt max. 57 % (für Kinderlose 53 %) des ausfallenden Nettoarbeitsentgelts, und die Dauer ihrer Gewährung ist – solange die Bedingungen erfüllt bleiben – unbegrenzt. Eine zeitliche Begrenzung ist jedoch in der politischen Diskussion. Auch wenn die Arbeitslosenhilfe nicht dynamisiert ist, wird sie regelmäßig (alle drei Jahre) überprüft und an die Lohnentwicklung angepaßt.

Finanzierung: Die Mittel der Bundesanstalt für Arbeit werden zum größten Teil aus Beiträgen der pflichtversicherten Arbeitnehmer und ihrer Arbeitgeber aufgebracht. Der Beitragssatz beträgt seit 1993 6,5 % des Bruttoeinkommens bis zu einer Beitragsbemessungsgrenze, die sowohl Beiträge als auch spätere Leistungsansprüche begrenzt (1997: West: 8200 DM /Ost: 7100 DM). Während die Ausgaben für Arbeitslosenhilfe seit 1980 vom Bund aus Steuern finanziert werden, wird das Konkursausfallgeld über eine nachträgliche Umlage jährlich von den Berufsgenossenschaften aufgebracht. Im Falle von Liquiditätsschwierigkeiten des Bundesanstalt für Arbeit ist der Bund zuschußpflichtig, so daß die Leistungserbringung auch in Zeiten steigender Ausgaben in Folge hoher Arbeitslosigkeit gesichert ist.

Probleme: Die Letztverpflichtung des Bundes ist durchaus angemessen, da das Risiko Arbeitslosigkeit nicht privat versicherbar ist und die Konstruktion einer Arbeitslosenversicherung, die sich allein aus den Beiträgen der Arbeitnehmer finanziert, die gesamtgesellschaftliche Verantwortung für auftretende Arbeitslosigkeit und ihre Folgen verleugnen würde. Gefordert wird daher ein Arbeitsmarktbeitrag derjenigen (Beamten, Selbständige), die nicht vom Risiko der Arbeitslosigkeit betroffen sind, aber zumindest indirekt von dieser Institution und ihrer sozialpolitischen Stabilisierungsfunktion profitieren. Fast einhellig wird inzwischen die allgemeine Strategie der Bundesregierung kritisiert, den Bundeshaushalt zu entlasten und der Sozialversicherung und hier vor allem der BA öffentliche Auf- und Ausgaben, also versicherungsfremde Leistungen zuzuschanzen. Nicht nur beim Aufbau Ost sind die Arbeitnehmer über ihre Arbeitsmarktbeiträge als Lückenbüßer herangezogen worden. Wenn dann gleichzeitig über die Erhöhung der Lohnnebenkosten geklagt wird, verwundert das einigermaßen.

Die Arbeitslosenquote als Maßstab zur Messung der Arbeitslosigkeit berücksichtigt nicht die große Zahl der »stillen Reserve« oder »stillen Erwerbslosen«, die von Sachverständigen heute auf über eine Million geschätzt wird. Auch wenn diese Zahlenangaben umstritten sind, ist die Zahl der Arbeitssuchenden, die aus verschiedenen Gründen nicht beim Arbeitsamt registriert sind, sicher beträchtlich. Dem ist natürlich die Zahl der in der Schattenwirtschaft (Schwarzarbeit) Beschäftigten entgegenzustellen. Die EG-Statistiken zur Arbeitslosigkeit (vgl. Kapitel 10.2.) berücksichtigen beides implizit.

Auf der anderen Seite erhält ein großer Teil der registrierten Arbeitslosen in den Zeiten lang andauernder Massenarbeitslosigkeit keine Unterstützung von der BA mehr. Der längere Bezug von Arbeitslosengeld für ältere Arbeitnehmer hat hier nur eine leichte Verbesserung gebracht. Betroffen sind vor allem die ohnehin benachteiligten Gruppen der Jugendlichen, Frauen und Erwerbslosen ohne Berufsausbildung. Wenn ein derartig großer Personenkreis damit auf die Sozialhilfe oder die Eigenhilfe in der Familie verwiesen wird, stellt sich eindringlich die Frage nach einer Erweiterung des versicherten Personenkreises und damit nach einer Neugestaltung der Risikoabdeckung und Leistungsgewährung.

Langzeitarbeitslosigkeit

Jahr	**Langzeitarbeitslose** (über 1 Jahr)	**Langzeitarbeitslose** (über 2 Jahre)
1980	64 389	41 756
1985	363 110	302 683
1990	239 272	274 133
1992	239 330	234 985
1994	473 587	323 977

Quelle: Bach 1986, S. 123, Abbildung 2.

An der Arbeitslosenhilfe scheiden sich die Geister. Während die einen die Bedürftigkeitsprüfung und den Nachrang dieser Hilfe als Mittel ansehen, mit dem legitime Leistungsansprüche abgewehrt werden sollen, möchten andere die Bezugsdauer begrenzen. Tatsächlich erhalten die Arbeitslosen, die früher gut verdient haben, Arbeitslosenhilfe oberhalb der Sozialhilfe, während viele andere auf ergänzende Sozialhilfe angewiesen sind. Dies kann man sozialethisch als Zweiklassensystem in der Existenzminimumsicherung ansehen.

Aktuelle Reform: Insgesamt waren die Reformen der letzten Jahre vornehmlich auf die Begrenzung der Ausgaben und damit auf Leistungskürzungen gerichtet (Adamy 1996). Mit dem Arbeitsförderungs-Reformgesetz (AFRG) wird ab 1997 die Zumutbarkeitsregel verschärft. Schon nach sechs Monaten wird ein Erwerbseinkommen in Höhe des Arbeitslosengeldes zugemutet. Das bedeutet rund 40 Prozent Einbuße. Ein Berufsschutz soll ganz entfallen und

Wegezeiten von drei Stunden sind zu akzeptieren. Alle drei Monate muß der Arbeitslose beim Arbeitsamt vorstellig werden. Diese Maßnahmen sollen vor allem die Sucharbeitslosigkeit reduzieren. Zu befürchten ist, daß es zu Verdrängungen der weniger Qualifizierten kommt. Die Arbeitslosenhilfe für die etwa eine Million Empfänger soll nochmals gekürzt werden.

Vertiefende Literatur

Bach 1996, Kittner 1996 (wird laufend aktualisiert), Lampert 1996.

7.3.5 Die gesetzliche Pflegeversicherung

Aufgabenstellung: Der soziale Wandel und die demographische Entwicklung führen zu einer bedrohlichen Unterversorgung mit Pflegeleistungen. Immer weniger der immer älter werdenden Menschen können sich auf eine hinreichende Familiensolidarität verlassen, sei es, daß überhaupt keine Kinder vorhanden sind, sei es, daß die Kinder ihren Lebensmittelpunkt woanders gefunden haben. Zudem wählen immer mehr Frauen die Verbindung von Beruf und Familie und sind somit mit zusätzlichen Altenpflegeleistungen überfordert, da die vielbeschworene neue Arbeitsteilung zwischen Männern und Frauen nur zögerlich vorankommt. Alles in allem findet aus diesen Gründen eine soziale Sicherungslösung inzwischen breite Zustimmung. Nachdem die Reformdiskussion sich mehr als zwei Jahrzehnte hinzog, wurde 1994 endlich die soziale Pflegeversicherung als fünfte Säule der Sozialversicherung aus der Taufe gehoben. Leistungsberechtigt sind Pflegebedürftige, die dauerhaft wegen einer körperlichen, geistigen oder psychischen Krankheit oder Behinderung auf erhebliche Hilfe bei der täglichen Lebensführung angewiesen sind. Vorrang hat die ambulante Versorgung als Stütze der verbleibenden Familiensolidarität vor der stationären Unterbringung in Pflegeeinrichtungen. Je älter der Mensch wird, um so höher ist das Risiko der Pflegebedürftigkeit: bei den 70 bis 75jährigen beträgt es 2 % und bei den 80jährigen schon fast 7 %.

Organisation: Nach dem Grundsatz: »Die Pflegeversicherung folgt der Krankenversicherung« ist die Versicherungspflicht für praktisch jedermann begründet worden. Die *soziale* Pflegeversicherung umfaßt alle GKV-Versicherten (über 90 Prozent der Bevölkerung), während die *privat* Krankenversicherten (auch: Beamte) eine private Pflegeversicherung abschließen müssen, deren Leistungen und maximale Beitragshöhe der sozialen Versicherung entsprechen müssen. Träger der sozialen Pflegeversicherung sind also die gesetzlichen Krankenkassen, die allerdings Kranken- und Pflegeversicherung als getrennte Sparten zu führen haben.

Leistungen: Die Pflegebedürftigen können bei der *häuslichen* Pflege zwischen Sachleistungen (Pflegeeinsätze durch ambulante Dienste) und Geldleistungen (Pflegegeld) oder einer Kombination aus beiden wählen. Die Leistungen sind nach dem Grad der Bedürftigkeit in drei Stufen unterteilt.

- Pflegestufe I: Erheblich pflegebedürftig mit einem Hilfebedarf einmal täglich (1996: 380 000 Fälle)
- Pflegestufe II: Schwerpflegebedürftig mit Hilfebedarf drei mal täglich (1996: 581 000 Fälle)
- Pflegestufe III: Schwerstpflegefall mit Betreuungsbedarf rund um die Uhr (1996: 139 000 Fälle)

Die Bedarfsfeststellung ist den Ärzten des medizinischen Dienstes der GKV zugewiesen.

Leistungen der Pflegeversicherung

Pflegestufe	Ambulante Pflege		Stationäre Pflege in Heimen[1]	Tages- und Nachtpflege (teilstationär
	Pflegegeld	Sachleistung		
Stufe I	400 DM	bis 750 DM	2000 DM	750 DM
Stufe II	800 DM	bis 1800 DM	2500 DM	1500 DM
Stufe III	1300 DM	bis 2800 DM	2800 DM (Härtefälle: 3300 DM)	2100 DM

[1] Die Hotelkosten für Unterkunft und Verpflegung bleiben beim Pflegebedürftigen.

Weitere Leistungen sind:

- Kurzzeitpflege (max. 4 Wochen) zur Entlastung der pflegenden Angehörigen (bis 2800 DM).
- Pflegehilfsmittel (z. B. Pflegebett), Pflegekurse für Angehörige, Wohnungsumbauhilfen, Unfall- und Rentenversicherung der pflegenden Angehörigen.

Finanzierung: Die soziale Pflegeversicherung ist beitragsfinanziert mit einem bundeseinheitlichen Beitragssatz von derzeit 1,7 % des Bruttolohns. Zum Ausgleich für die anteilige Belastung der Arbeitgeber wurde in den meisten Bundesländern ein Feiertag gestrichen. In den übrigen Ländern entfällt der Arbeitgeberanteil, hier tragen die Arbeitnehmer den gesamten Beitrag. Dem *Solidarprinzip* entsprechend sind Ehegatten und Kinder im Rahmen der Familienversicherung beitragsfrei mitversichert. Bei Rentnern zahlt die GRV die Hälfte des Beitrags, während die BA für Arbeitslose den Beitrag voll trägt.

Anbieter der Pflegedienste: Ein Ziel der Sozialreform ist die Realisierung einer leistungsfähigen wettbewerblichen Anbieterstruktur. Offensichtlich soll die kostentreibende Dominanz der Wohlfahrtsverbände auf der Anbieterseite durch private Mitbewerber beschränkt werden. Die Verantwortung für eine ausreichende und flächendeckende Versorgungsinfrastruktur liegt bei den Ländern, die auch die notwendigen Investitionskosten zu tragen haben. Soweit die öffentlichen Fördermittel nicht ausreichen, kann der Pflegedienst die Investitionskosten dem Pflegebedürftigen gesondert in Rechnung stellen.

Allen Pflegediensten, die vorgegebene Qualitätsstandards (Kontrollen durch die Sozialämter) erfüllen, wird der Marktzugang gewährt. Außerdem, und das erscheint weniger marktkonform, werden staatliche *Höchstpreise* gesetzt, zu denen die Pflegedienste mit der Pflegeversicherung ihre Leistungen abrechnen können. Daß dabei für die privaten Anbieter z. T. niedrigere Tarife ausgehandelt wurden als für die Wohlfahrtsverbände, ist nur durch die starke Lobby dieser Verbände zu erklären, wird aber im Wettbewerbsprozeß eher zu einem Nachteil werden, da die Pflegebedürftigen sehr auf den Preis schauen müssen.

Probleme: Die Pflegedienstleistungen sind im Gegensatz zu der sonst in der Sozialordnung üblichen Weise nicht dem *Bedarfsprinzip* unterstellt worden (Rothgang 1994). Durch die Vorgabe einer Obergrenze der Kostenerstattung, die zudem auf den tatsächlichen Bedarf bezogen knapp bemessen wurde, wird auch in Zukunft ein erheblicher Teil der Betroffenen ambulant unterversorgt bleiben oder bei Heimunterbringung zum Sozialhilfefall (Barkholdt/Naegele 1995).

So lassen sich für 750 DM in der Pflegestufe I bei den derzeitigen Sätzen von 50 bis 60 DM pro Pflegestunde nur 13-15 Stunden Pflege im Monat bei einem Pflegedienst einkaufen, obwohl ein täglicher Bedarf angenommen wird und die Voraussetzung für die Einstufung in diese Stufe bildet. Das gleiche gilt für die anderen ambulanten Pflegestufen. Bei einem Heimpflegesatz von 4500 DM und 2800 DM Kostenübernahme reicht eine Rente bis 1700 DM nicht aus, um die Kosten zu decken und überhaupt ein Taschengeld zu sichern. Aus der Prognosesicht dynamisch steigender Heimkosten und eher bescheidener Rentenerhöhungen wird sich die Situation in Zukunft eher noch verschlechtern.

Gerade durch diese und weitere Konstruktionsmerkmale werden Anreize gesetzt, um auch die Pflegebedürftigen an einer wirtschaftlichen Versorgung zu interessieren. Wird ein Teil der Kosten bei ihnen verbleiben, werden sie kostentreibende Maßnahmen nach dem Motto »Wenn ein anderer bezahlt, ist das Beste gerade gut genug« eher zurückweisen. Im ambulanten Bereich greift – wie die ersten Erfahrungen zeigen – ein überraschend hoher Teil der Betroffenen (über 80 %) auf die Alternative der Geldleistung zurück, obwohl diese – rein monetär gesehen – weniger bringt. Insgesamt erhielten Mitte 1995 etwa 1,1 Mio. Menschen ambulante Pflege. Offensichtlich geht hier die politische Rechnung auf, mit diesem Angebot die Familien- und Nachbarschaftshilfe lukrativer zu machen und gleichzeitig Kosten zu sparen. Diese Selbsthilfepotentiale durch Anreize zu nutzen, ist einer der derzeit meistdiskutierten Reformansätze. Dennoch befürchten Fachleute, daß die Pflegesicherung zu einem Faß ohne Boden wird (Dinkel 1993). Sie prognostizieren eine zunehmende Professionalisierung der Pflege, so daß immer mehr Familien nach dem Motto »Schließlich zahlen wir alle Beiträge, also haben wir auch Ansprüche« ihre Pflegefälle abschieben werden. Da der wachsenden Zahl der »Singles« sowieso keine Familie im Alter helfen kann, trifft dieser Nachfrageschub auf ein Angebot, das wenig Produktivitätsreserven besitzt (Kostenkrankheit sozialer Dienste), so daß eine kontinuierliche Kostenexpansion zu befürchten ist.

Einige Anfangsschwierigkeiten, über die momentan sehr geklagt wird, werden sich dagegen schnell regulieren lassen. So zeigen die unterschiedlichen regionalen Anerkennungsquoten des medizinischen Dienstes, daß hier ein erheblicher Abstimmungsbedarf besteht und die vielen Ablehnungen als Härtefälle nach einheitlichen Regeln neu zu überprüfen sind.

Wenn erst die Goldgräberstimmung bei den privaten Pflegediensten einer nüchternen Chancenabwägung Platz macht und der Wettbewerbsdruck die schwarzen Schafe, die mit schlechten Leistungen Profite anstreben, stärker sanktioniert, wird auch die Versorgungsqualität deutlich steigen. Allerdings zeigt sich schon jetzt, daß angesichts der mangelhaften Transparenz und der zum Teil eingeschränkten Fähigkeit der Betroffenen, ihre Interessen selbst wahrzunehmen, eine deutlich verbesserte öffentliche Kontrolle ergänzend entwickelt werden muß. Auch hier haben wir wieder ein Beispiel für eine notwendige Regulierung des Wettbewerbs, die keineswegs zu einer Einschränkung der Wettbewerbsintensität führen muß. In Münster sorgt mit dem

»Informationssystem Pflege« ein vom Bundesminister für Arbeit und Sozialordnung gefördertes Modellprojekt für die notwendige Verbrauchertransparenz. Ein spezielles Problem ist die Regelung, nach der Behinderte nicht automatisch in die Pflegesicherung einbezogen sind.

Vertiefende Literatur

Marburger 1995, Offermann 1996.

7.4 Familienpolitik und Jugendhilfe

Zur Bedeutung der Familie heute: Die Alltagskenntnis und sozialwissenschaftliche Forschungen zeigen, daß die traditionelle bürgerliche Kleinfamilie, die noch bis in die 60er Jahre hinein sich einer hohen Beliebtheit erfreute, in eine Krise geraten ist. Hohe Scheidungsraten, eine wachsende Zahl von Alleinlebenden (Singles) und alleinerziehenden Frauen sind äußere Anzeichen. Eine radikale Erklärung, warum die Kleinfamilie in Zukunft immer mehr an den Rand gedrängt werden könnte, liefert aus soziologischer Sicht Hoffmann-Nowotny (1988). Viele der früheren gesellschaftlichen und ökonomischen Aufgaben (u. a. Altersvorsorge) der Mehrgenerationenfamilie werden heute von anderen Institutionen wahrgenommen. Dies ging z. T. mit einer qualitativen Verbesserung (Renten) einher, kann aber auch zu einer erheblichen Einbuße an Lebensqualität für die in staatliche Versorgungen überführten Kinder und Alten führen. Auf der anderen Seite stiegen sowohl die Ansprüche auf emotionale Zuwendung in der Ehe als auch das Bedürfnis nach individueller Selbstbestimmung. Diesen Brückenschlag könne das aus dieser Sicht einengende und auf Dauer psychisch aufreibende Ehemodell im Gegensatz zu anderen Beziehungsformen nicht mehr leisten.

Wenn man zusätzlich die These vertritt, daß die traditionelle Familie auf der Unterordnung und ökonomischen Abhängigkeit der Frauen basierte, ist die schlechte Prognose für diese Beziehungsform bald gestellt in einer Zeit, in der sich immer mehr Frauen aus diesen Zwängen emanzipieren (Gronemeyer 1990).

Ökonomische Studien auf der Grundlage der Theorien rationaler Wahl (rational choice) erklären die abnehmende Zahl der Kinder aus einer veränderten Nutzen-Kosten-Situation (Esser 1993, S. 308 ff.). Auch wenn man statt von einem Nutzenverlust von einem Nutzenwandel der Kinder für ihre Eltern ausgehen will (abnehmender ökonomischer Nutzen wird durch psychosoziale Nutzenmehrung – Kinder verleihen dem Leben Sinn und Freude – ausgeglichen), kann allein die Entwicklung auf der Kostenseite den Rückgang der Geburtenrate erklären. Neben den Unterhaltskosten sind die Betreuungs- und Ausbildungskosten durch verlängerte Bildungszeiten, vor allem aber die Alternativkosten (opportunity cost) für die heutige Frauengeneration erheblich gestiegen. Der Wunsch vieler Frauen, Familie und Erwerbstätigkeit möglichst harmonisch miteinander zu verbinden, läßt sich schon bei zwei Kindern nur schwer einlösen.

Für andere Sozialwissenschaftler kommt der Abgesang auf die Familie zu früh. Sie verweisen auf die Chance einer internen Wandlung von der patriarchalischen zur partnerschaftlichen Familie, in der die Autonomiebedürfnisse auch der Frauen eingelöst werden können. Zudem zeigen Befragungen, daß die Kleinfamilie für die überwiegende Mehrheit auch der jungen Menschen nach wie vor hohe Attraktivität besitzt (Chopra/Scheller 1992). Ehe und Familie sind weiterhin die dominierende Beziehungsform. Der starke Anstieg der Alleinlebenden ist zum einen auf die wachsende Zahl alter Menschen, deren Partner verstorben ist, und zum anderen auf die Verlängerung der Orientierungsphase junger Menschen zurückzuführen. Burkart/Kohli (1989) sprechen gar vom Phänomen der »verhinderten Familien«, da sich aufgrund ungünstiger sozialer Umstände viele Männer und Frauen den Wunsch, eine eigene Familie zu gründen, nicht erfüllen können. Aus dieser Sicht gibt es also eine realistische Chance, über eine Verbesserung der materiellen und infrastrukturellen Voraussetzungen die Attraktivität der Kleinfamilie wieder zu erhöhen. Glaubt man zudem, daß andere Lebensgemeinschaften aufgrund mangelnder Kontinuität und Verläßlichkeit die wichtigen Aufgaben der Sozialisation, Betreuung und Erziehung der Kinder und der Pflege alter Menschen nur unzuverlässig erfüllen können, dann heißt das sozialpolitische Ziel: Stärkung der Erneuerungskraft und Anpassungsfähigkeit der Familien. Dieses Konzept als konservativ abzutun, greift u. E. zu kurz. Dem Subsidiaritätsprinzip der Stärkung der kleinen sozialen Netze fühlen sich Sozialpolitiker quer durch die Parteien verpflichtet. Das konservative Leitbild der traditionellen Familie wird dabei zunehmend von dem Leitbild der partnerschaftlichen Familie abgelöst, auch wenn sich dies im Ehealltag noch wenig niederschlägt.

Zur sozialökonomischen Lage der Familien: Die wirtschaftliche Situation der Familien heute ist gut erforscht. Trotz der vielen und in der Summe auch beträchtlichen öffentlichen Mittel, die für Familien aufgebracht werden, ist die Lage im Vergleich zu den Ledigen und den kinderlosen Ehepaaren bis in die Mittelschichten hinein kritisch.

Belastung des Familieneinkommens durch Kinder

Familientyp (Altersgruppe 25-35)	**Gewichtetes Pro-Kopf-Einkommen** in %
kinderloses Ehepaar	100
Ehepaar mit einem Kind	62
Ehepaar mit zwei Kindern	48
Ehepaar mit drei Kindern	39

Quelle: Cornelius u. a. 1986 – Statistisches Landesamt Baden-Württemberg.

Auch wenn die *direkten Kosten* für Kinderbetreuung noch am besten zu quantifizieren sind, gehen die Schätzungen auseinander. Die *Zeitkosten* einer immer intensiveren Kinderbetreuung in vielen Familien lassen sich nur schwer in Geldwerten messen. Eine enge Definition der *Alternativkosten* beschränkt sich auf die Messung des Einkommensausfalls durch Kindererziehung. Eher vorsichtige Schätzungen gehen davon aus, daß die Aufwendungen für zwei Kinder bis zu ihrem 18. Lebensjahr annähernd 445 000 DM betragen, wobei eine achtjährige Erwerbsunterbrechung der Frau einkalkuliert wurde (Lampert 1996 S. 323). Familienverbände gehen von über 400 000 DM aus, um auch nur ein Kind bis zum 18. Lebensjahr zu versorgen und zu erziehen.

Trotz der Familienhilfen ergeben sich erhebliche Verminderungen des gewichteten (Bedarf der Kinder nur mit 60 Prozent des Bedarfs der Erwachsenen angesetzt) Pro-Kopf-Einkommens. Die Wohlstandseinbuße beträgt beim zweiten Kind rund die Hälfte, wenn es – wie es noch vielfach geschieht – zu einem vollständigen Rückzug der Mutter aus dem Erwerbsleben kommt (vgl. Tabelle). Noch ungünstiger ist die Lage alleinerziehender Frauen, deren gesamtes Haushaltseinkommen im Durchschnitt um fast 50 Prozent unter dem der Ehepaare ohne Kinder liegt.

Neben diese rein wirtschaftliche Belastung treten soziale Benachteiligungen. Kaufmann (1988, S. 43) weist auf eine »von niemand beabsichtigte, jedoch in ihren Wirkungen offenkundige, familiale Rücksichtslosigkeit moderner Lebenszusammenhänge« hin. So fordert die Arbeitswelt weiterhin »ihren ganzen Mann«, aber auch – wenn nicht bewußt auf eine Karriere verzichtet wird – »die ganze Frau« und hohe Mobilität. Steigende Mieten vertreiben kinderreiche Familien aus ganzen Wohngebieten. Veränderungen in der Umwelt wie zunehmender Straßenverkehr und fehlende Spielgruppen von Kindern in der Nachbarschaft erhöhen den Betreuungsaufwand und dienen als Indizien für die »strukturelle Rücksichtslosigkeit« Familien gegenüber. Auch Kinderfeindlichkeit, zumindest jedoch Gleichgültigkeit gegenüber den lebenswichtigen Anliegen der Familien scheint sich auszubreiten.

Die gesellschaftlichen Leistungen der Familie: Natürlich bedeutet eine materielle Wohlstandseinbuße nicht automatisch auch eine Wohlfahrts- oder Lebenslageeinbuße. Die Freude an den Kindern überwiegt die geschilderten Nachteile für viele Eltern, sonst wären die immer noch millionenfachen Entscheidungen für Kinder nicht zu verstehen (Huinink 1995).

Wenn man sich damit zufrieden gibt und die Kindererziehung als reine Privatsache auffaßt, schließt man die Augen vor der gewaltigen gesellschaftlichen (Vor-)Leistung der Familien für die Gesellschaft. Diese besteht u. a. im – wie die Ökonomen es nennen – Aufbau des »menschlichen Kapitals« oder Humankapitals. Ein Teil davon wird öffentlich über staatliche Dienste (Kindergarten, Schulen und Hochschulen u. a. m.) und Sozialtransfers wie Kindergeld getragen, der überwiegende Teil der Kosten – nach Schätzungen 70-80 Prozent – bleibt bei den Eltern, und die eigentliche Familienarbeit – den naturalen Betreuungsaufwand – leisten die Mütter. Parallel zu dem ökonomischen Funktionsverlust der Familie ist ein sozialer Funktionszuwachs festzustellen (These des Funktionswandels). Die Anforderungen an eine gelingende Erziehungsarbeit sind erheblich gestiegen. Andererseits bringen Kinder Sinn in manches Elternleben.

Wachsende Probleme ergeben sich durch den sozialen Wandel, der von Soziologen mit dem Begriff *Individualisierung* beschrieben wird (Beck-Gernsheim 1994). Die Entscheidung für Kinder wird immer stärker individuell in rationaler Wahlhandlung getroffen, gesellschaftliche Verhaltenserwartungen und Rollenzuweisungen für Frauen verlieren ihre prägende Kraft. Damit entscheiden sich immer mehr Paare angesichts der beschriebenen hohen Kosten für weniger Kinder oder verzichten ganz darauf. Vor allem ist diese Entwicklung in den mittleren und höheren Sozialschichten zu beobachten. Verheiratung, die Entscheidung für Kinder und das traditionelle Modell der familialen Arbeitsteilung ist inzwischen unterschichtstypisch (Strohmeier 1993, S. 21). Strohmeier weist zudem eine Polarisierung der Lebensformen in einem Familiensektor und einem wachsenden kinderlosen Nicht-Familiensektor nach. Nur im letzteren finden wir die bunte Vielgestaltigkeit (*Pluralisierung*) moderner Lebensformen, während die Elternschaft offensichtlich strenge Anforderungen stellt und die nach wie vor bestehenden sozialen Zwänge Wandlungsprozesse in der »Normalfamilie« behindern. So sind Beruf und Familie nach der Geburt des zweiten Kindes für viele Frauen noch immer schwer vereinbar.

Das ungebremste Wachstum des Nicht-Familiensektors führt aus der Sicht nicht nur konservativer Sozialpolitiker zu einer wachsenden Umverteilung der gesellschaftlichen Aufgaben zu Lasten der Familien und zugunsten der Alleinlebenden (Singles) und doppelverdienenden Paare ohne Kinder. Im Zusammenhang mit der Humankapitalbildung geht es dabei um die Lasten des Generationenvertrages in der Sozialversicherung. Im Kapitel 7.3.1 sind wir schon kurz auf die Probleme des Dreigenerationenvertrags in der Rentenversicherung eingegangen. Das Aufziehen der nachfolgenden Generation kann man als notwendigen Naturalbeitrag zur Stabilisierung des Rentensystems und weiterer Teile des sozialen Sicherungssystems ansehen, der genauso unverzichtbar ist wie der Geldbeitrag aus den laufenden Einkommen der Erwerbstätigen. Die Erziehenden tragen diesen Naturalbeitrag ohne eine adäquate Gegenleistung. Im Gegenteil, Kindererziehung ist ein Verarmungsrisiko während der Aufziehphase und später mangels Beitragszahlung in die Rentenkasse auch im Alter (Echoeffekt).

Auch wenn die These der *Transferausbeutung der Familien* durch den Sozialstaat (Borchert 1993) für manche überspitzt erscheint und umgekehrt der Vorwurf des *Familienfundamentalismus* (Ebert 1993) erhoben wird, läßt das Bundesverfassungsgericht keinen Zweifel daran aufkommen, daß für das Fortbestehen der sozialen Sicherung die naturale Leistung der Kindererziehung unverzichtbar ist. In einem dem Äquivalenzprinzip verpflichteten System ist daher eine Aufwertung der gesellschaftlichen Gegenleistung für die naturalen Familienvorleistungen einzufordern.

Leitbilder der Familien- und Frauenpolitik: Angesichts des schnellen Wandels der Lebensformen und der Vielfalt der Lebensentwürfe kann es eigentlich nicht überraschen, daß konkurrierende Leitbilder Einfluß auf die politische Diskussion gewinnen. Bis in die 70er Jahre dominierte das Leitbild des männlichen Familienernährers, das mit dem Leitbild des Normalarbeitsverhältnisses abgestimmt war. (Hinrichs 1996, S. 102). Die Frau war für Haushalt und die Kinder zuständig, der Mann für das Erwerbseinkommen. Vor allem die Emanzipation der Frau aus dieser sozialen Rollenverteilung und weniger die Erosion des Normalarbeitsverhältnisses stellte dieses Leitbild mehr und mehr in Frage. Das neue Leitbild der Gleichberechtigung der Frau in Beruf und Familie – die partnerschaftliche Familie – gewann schnell an Einfluß. In der Familienpolitik führt dies heute zu Konflikten. Auch wenn sich nur noch wenige für eine einseitige Ausrichtung der Familienpolitik am traditionellen Leitbild aussprechen, gibt es doch viele, die für Offenheit – also gegen eine einseitige Festlegung auf ein Leitbild – plädieren und andere, die das Leitbild der Emanzipation der Frau in Beruf und Familie sozialpolitisch offensiv unterstützen wollen. So werden z. B. das Erziehungsgeld und der Erziehungsurlaub sehr unterschiedlich bewertet. Befürworter einer offensiven Politik zur Erwerbsbeteiligung der Frauen sehen dieses Instrument der Familiensozialpolitik mit gemischten Gefühlen. Betreuungseinrichtungen für Kinder unter drei Jahren demgegenüber sind für Menschen, die die Mutter in dieser Phase für eigentlich unersetzlich halten, nur als Ausnahmelösung zu akzeptieren. Da die konkurrierenden Leitbilder große Wählerpotentiale hinter sich haben, ist es nicht verwunderlich, wenn die praktizierte Familienpolitik nicht aus einem Guß, nach nur einem Leitbild hin entworfen ist.

Ziele der Familienpolitik: So werden auch die Ziele der Familiensozialpolitik sehr unterschiedlich definiert. Nach Art. 6 Abs. 1 Grundgesetz stehen Ehe und Familie unter besonderem staatlichen Schutz. Dieser allgemeine Grundsatz wird in Zeiten starken sozialen Wandels immer neu zu interpretieren und zu konkretisieren sein. In den Familienberichten der Bundesregierung werden folgende Ziele erkennbar:

- Förderung der Sozialisations- und Erziehungsaufgabe
- Verbesserung der Chancengleichheit der Kinder
- Materielle Sicherung

Instrumente der Familiensozialpolitik: Familienpolitik ist als Querschnittsaufgabe konzipiert. Familienanliegen sind in der Steuer-, Wohnungs-, Bildungs-, Sozialversicherungspolitik und in vielen weiteren Politikbereichen mit berücksichtigt. Die eingesetzten Instrumente sind vielfältige Transfers und soziale Dienste für Familien, so daß 21,5 % des Sozialbudgets von familienpolitischer Relevanz ist (nach Lampert 1996 S. 337). Im Sozialbudget werden nur die familienpolitischen Leistungen im engeren Sinne zusammengefaßt. Hier wird ein seit den 70er Jahren sinkender Anteil für Familie und Jugend (1993 noch 12,4 %) ausgewiesen. Man darf das tatsächliche Umverteilungsvolumen auch nicht überschätzen. Vieles stellt sich bei genauem Hinsehen als In-sich-Transfer der Familien untereinander dar. Im 5. Familienbericht wird von einer Selbstfinanzierungsquote von einem Drittel ausgegangen, während Borchert (1993, S. 175 ff.) diese weit höher schätzt. Der folgende Überblick über die familienpolitischen Leistungen erfaßt nur die wichtigsten Maßnahmen (in Klammern: Ausgaben im Jahr 1995).

- Kindergeld (20,6 Milliarden DM),
- Kinderfreibetrag (17 Milliarden DM),

- Erziehungsgeld (8,4 Milliarden DM),
- Kindererziehungszeiten bei der Rente (Babyjahre) (7,5 Milliarden DM),
- Ausbildungsförderung (Bafög) (3,1 Milliarden DM).

Hinzu kommen Steuererleichterungen für Alleinerziehende, Kinder in der Ausbildung und geschiedene Zahlväter sowie Transfers wie Wohngeld, Baukindergeld, Mutterschaftsgeld und Familienzuschläge im öffentlichen Dienst. Dies alles aufsummiert, ergibt jedoch einen deutlich kleineren Betrag als die Leistungen, die an Eheleute gehen, unabhängig davon, ob Kinder erzogen werden. So kosteten 1993 das Ehegattensplitting 27,6 Milliarden DM und die Witwenrente 86,9 Milliarden DM. Die Gesundheitsversorgung mitversicherter Ehegatten in der Krankenversicherung ist statistisch nicht erfaßt, dürfte aber Ausgaben von 30 Milliarden DM erreichen (Sozialbudget 1993). Da die Mehrheit der Ehefrauen in der Vergangenheit Kinder erzogen hat, ist natürlich nur der kleinere Teil davon aus familienpolitischer Sicht als Fehlsubvention anzusehen.

Kindergeld und Kinderfreibetrag (Familienlastenausgleich): Die laufenden Veränderungen bei Kindergeld und Kinderfreibetrag in den letzten Jahren lassen sich an dieser Stelle nicht genau nachzeichnen. Anstoß für die gegenwärtige Regelung ab 1996 gab ein Urteil des Bundesverfassungsgerichts, nach dem das Existenzminimum in jedem Fall steuerlich freizustellen ist. Um dies zu erreichen, wurden der Kinderfreibetrag und das Kindergeld vom ersten Kind an erheblich erhöht.

Entwicklung von Kindergeld und Kinderfreibetrag

(nur wichtige Veränderungen)

Jahr	Kindergeld: 1. Kind	2. Kind	3. Kind	4. Kind (u. w.)	Kinderfreibetrag in DM pro Jahr
1949	0	0	0	0	400
1955	0	0	25	25	600/600/840[2]
1961	0	25	40	40	1200/1680/1800[2]
1975	50	70	120	120	0
1983[1]	50	100	220	240	432
1996	200	200	350	350	6264
1997	220	220	350	350	6912

[1] Von 1983 bis 1996 wurde das Kindergeld für Besserverdienende reduziert und für Geringverdiener ein Zuschlag gezahlt.

[2] 1. Kind/2. Kind/3. Kind usw.

Familien können wählen, ob sie den Kinderfreibetrag in Anspruch nehmen wollen oder sich das Kindergeld auszahlen lassen. Nur für die ca. 10 Prozent Besserverdienenden ist die mit dem Einkommen progressiv steigende Steuerersparnis durch den Kinderfreibetrag höher als das Kindergeld.

Kritiker dieses dualen Familienlastenausgleichs sehen hier eine Ungerechtigkeit, da Besserverdienende stärker entlastet werden und sprechen sich für eine reine Kindergeldlösung aus. Dem wird entgegengehalten, daß Kinder in höheren Einkommensschichten auch höhere Ansprüche auf eine schichtspezifisch angemessene Versorgung durch ihre Eltern geltend machen können. Kinderfreibeträge rechtfertigen sich aus dieser Sicht als Instrument, um die Steuerbelastung zwischen kinderlosen Ehepaaren und Familien gerecht zu verteilen. Man spricht hier auch von »horizontaler« Gerechtigkeit oder »horizontaler« Umverteilung.

Nach Urteilen des Bundesverfassungsgerichts ist es überhaupt fraglich, ob die Neuregelung als Familienlasten- oder auch Familienleistungsausgleich bezeichnet werden kann. Da Kindergeld oder Steuerentlastung durch den Freibetrag nur das Existenzminimum der Kinder freistellen, ist damit keine gesellschaftliche Beteiligung an den produktiven Erziehungsleistungen der Eltern herbeigeführt. Genau dies aber fordern die Urteile, so daß weiterhin Reformbedarf für einen seinen Namen wirklich verdienenden Familienleistungsausgleich besteht!

Schon seit 1878 bestehen gesetzliche Regelungen zum *Mutterschutz* in der Arbeitswelt. Nachtarbeitsverbot, Verbot belastender Tätigkeiten, Kündigungsschutz für werdende und stillende Mütter sowie das Mutterschaftsgeld (sechs Wochen vor bis acht Wochen nach der Geburt) sind die markanten Merkmale heute. 1986 wurden als wichtige sozialpolitische Innovationen *Erziehungsgeld, Erziehungsurlaub und Erziehungsjahre in der Rentenversicherung (Babyjahr)* eingeführt. Seitdem kann jeder Vater oder jede Mutter eines neugeborenen Kindes ein Erziehungsgeld beanspruchen, wenn er oder sie das Kind selber betreut und die Erwerbstätigkeit auf höchstens 19 Stunden pro Woche vermindert. Die Dauer beträgt derzeit max. 24 Monate, die Höhe 600.– DM. Bei sehr hohen Einkommen wird der Betrag generell gemindert, und ab dem 7. Monat vermindert sich das Erziehungsgeld schon ab mittleren Einkommen stufenweise bis auf Null. Sozialpolitisch bedeutsam ist aber auch, daß diese steuerfreie Leistung nicht auf Sozialhilfe und Wohngeld angerechnet wird, um so die Notsituation vieler alleinstehender Mütter, die auf Sozialhilfe angewiesen sind, zu mildern. Anspruch auf Erziehungsurlaub besteht bis zur Vollendung des dritten Lebensjahres des Kindes, wobei sich die Ehepartner bis zu dreimal abwechseln können. Ihr Arbeitsplatz steht dabei unter Kündigungsschutz. Drei Erziehungsjahre in der Rentenversicherung pro Kind werden dem kinderbetreuenden Partner heute gutgeschrieben. Der monatliche Rentenwert dieser drei Jahre beträgt 1997 ca. 106 DM im Westen und 90 DM im Osten. Für die Kinder, die vor 1992 geboren sind, wird nur ein Erziehungsjahr angerechnet. Ab 1998 verbessern sich die Rentenwerte deutlich (vgl. Kapitel 7.3.1).

Das zentrale Ziel dieses familienpolitischen Reformpakets lag darin, jedem Kind in seiner frühen Entwicklungsphase eine elterliche Bezugsperson möglichst ganztägig zu sichern.

Soziale Infrastruktur für die Familien: Neben den Geldleistungen beeinflussen die öffentlichen Angebote an Kinderbetreuungseinrichtungen und sonstigen familialen Diensten die Lebenslage der Familie. In einer großen finanziellen Kraftanstrengung wurden seit 1992 annähernd 400 000 Kindergartenplätze neu geschaffen. Grundlage bildete der gesetzlich verankerte Rechtsanspruch auf einen Kindergartenplatz für Kinder ab dem 3. Lebensjahr, der ab 1. 1. 1996 gelten sollte. Da dieser Anspruch aufgrund des großen Fehlbestandes von immer noch ca. 200 000 Plätzen Mitte 1996 nicht einzulösen war, verabschiedete der Bundestag 1995 einen Kompromiß, der eine stufenweise Einlösung des Anspruchs bis 1999 vorsieht (§ 34 a SGB VIII). Mit Notprogrammen (Betreuung durch Tagesmütter, Vergrößerung der Gruppen) versuchen viele Gemeinden im Westen, ihr Soll zu erfüllen, während im Osten aufgrund der stark gesunkenen Geburtenzahl (1990: 178 500 und 1995: 83 847) die Versorgung besser ist. Der Deutsche Städte- und Gemeindebund fordert eine finanzielle Beteiligung des Bundes, der die Ansprüche geschaffen habe, an den Kosten. Allein Investitionskosten von 20 Milliarden DM stehen noch ins Haus.

Besonders umstritten ist aus der Sicht der alternativen Leitbilder die Einrichtung von Krippen für die Kinder unter drei Jahren. Während die einen die Betreuung durch die Mutter als unverzichtbar ansehen und die Lösung auch für Alleinerziehende in einer Verbesserung des Erziehungsgeldes sehen, fordern die anderen die Krippen als notwendige Unterstützung der durchgängigen Erwerbstätigkeit der Frauen. Das geringe Angebot zeigt die derzeitigen Kräfteverhältnisse. Immerhin werden zunehmend die Öffnungszeiten der Kindergärten und die Betreuung an den Schulen an die Bedürfnisse erwerbstätiger Frauen angepaßt. Hier bleibt noch viel zu tun.

Die *Selbstbeteiligung* der Eltern an den Kosten für die Kinderbetreuungseinrichtungen wird von den Ländern unterschiedlich gestaltet. Üblich ist eine stufenweise mit dem Einkommen steigende Selbstbeteiligung (Beispiel Nordrhein-Westfalen: Von 0 bis 290 DM steigende Elterngebühr im Kindergarten).

Probleme und Reformvorschläge: Die Forderung der Familienverbände nach einem seinen Namen wirklich verdienenden Leistungsausgleich, der ein Äquivalent für die Vorleistungen der Familien für die Gesellschaft darstellt, wird vom Bundesverfassungsgericht inzwischen nachhaltig unterstützt. In seinem Urteil vom 7.7.1992 wird der Staat verpflichtet, die Benachteiligung von Familien gegenüber Kinderlosen schrittweise abzubauen. Umstritten ist dabei die Höhe der Entlastung. So fordert der Familienbund der Deutschen Katholiken eine Entlastung der Eltern von 50 % (beim 1. Kind) bis 100 % (ab dem 3. Kind). Dies erscheint politisch kaum durchsetzbar. Wo könnten aber die Mittel für eine deutliche Familienentlastung herkommen? Ein Vorschlag zielt darauf ab, die ehebezogenen Transfers wie Ehegattensplitting, Witwenrente und Mitversicherung des Ehepartners in der GKV in familien- oder kindbezogene Transfers zu verwandeln. Tatsächlich wären hier – wie die eingangs genannten Ausgaben zeigen – erhebliche Mittel umzuverteilen.

Will man eine Verstärkung der *vertikalen Umverteilung*, kann man die Leistungen auf die Familien mit geringen und mittleren Einkommen konzentrieren. Alle Leistungen, die über die Freistellung des kindlichen Existenzminimums hinausgehen, könnten für die Besserverdienenden gekürzt werden, so daß der Gesamtbetrag der steuerlichen Umverteilung von den Kinderlosen zu den Familien verringert würde.

Andere Reformvorschläge wenden sich von der Familienförderung ab und plädieren für eine individuelle, auf das Kind zentrierte Hilfe. Nach dem *Plan von Wilfried Schreiber*, den dieser schon 1964 entwickelte, soll ein bedarfsgerechtes auskömmliches Kindergeld als Darlehen jedem Kind zufließen. In der späteren Erwerbsphase wäre dieses – zinslose – Darlehen von jedem zurückzuzahlen. Dieser Plan zielt auf eine *Sozialisierung* der Verantwortung für die Kindergeneration analog zum Rentensystem ab, so daß ein umfassender Dreigenerationenvertrag geschlossen wird. Eine Alternative dazu wäre ein Mindesteinkommen für jeden Staatsbürger, so auch für jedes Kind, wobei etwa nach einem Vorschlag der Grünen eine Abstufung nach Lebensalter erfolgen könnte.

Die *demographische Entwicklung* macht den Sozialpolitikern, wie schon verschiedentlich angesprochen wurde, erhebliche Sorgen. Nach der 8. Bevölkerungsvorausberechnung des Statistischen Bundesamtes wird im Jahr 2030 der Anteil der Menschen, die 60 Jahre und älter sind, ca. 35 Prozent betragen, wenn man von einem niedrigen Wanderungssaldo von 100 000 pro Jahr ausgeht (Sommer 1994):

Anteil der Menschen über 60 Jahre
(in % der Gesamtbevölkerung)

Region	1990	2030
Europa	18,1	28,1
Nordamerika	16,6	25,4
Japan	17,4	35,0
Asien	7,6	16,0
Afrika	5,0	7,1
Lateinamerika	7,2	15,9
Australien	15,4	24,8

Quelle: Roloff 1996, S. 9.

Langfristige Vorausschätzungen zeigen eine kräftige Verschiebung in der Altersstruktur der Bevölkerung nicht nur in Deutschland. Wie wirken sich hier deutlich verbesserte familienpolitische Leistungen aus? Nach vorherrschender Meinung unter den bevölkerungspolitischen Experten zeigen internationale Vergleiche, daß rein materielle Maßnahmen nur begrenzt wirksam sind (Höhn/Schubnell 1986). Die besten Erfolge erzielten die Schweden in einer konzertierten Politik von verbesserten geldlichen Transfers für die Familie und Maßnahmen zur besseren Vereinbarkeit von Beruf und Familie für die Frauen (Einrichtungen zur Kinderbetreuung, öffentliche Teilzeitbeschäftigung). Dieser Weg ist für die öffentlichen Haushalte allerdings sehr kostenintensiv. Vielleicht aber ist dies auf lange Sicht, wenn die Geburtenrate tatsächlich auf etwas höherem Niveau stabilisiert werden kann, dennoch die preisgünstigste Lösung.

Diese Maßnahmen müssen nur rechtzeitig ergriffen werden. Wenn erst die Alterslast steigt, ist der Kampf um die knappen sozialpolitischen Mittel unvermeidlich. Wer sich dann im Kampf der Alten gegen die jungen Familien durchsetzen wird, ist schwer vorauszusehen. Noch ist es Zeit, erhebliche familienpolitische Leistungen und strukturelle Reformen zur Vereinbarkeit von Beruf und Familie durchzusetzen.

Kinder- und Jugendhilfe: Ist eine angemessene Erziehung in der Familie gefährdet oder gar nicht möglich, tritt die Kinder- und Jugendhilfe in diese

Lücke. Mit der Neuordnung dieses Bereichs (Sozialgesetzbuch, Bd. VIII) wurde 1991 eine stärker vorsorgende oder präventive Ausrichtung angestrebt, bei der die Selbsthilfekräfte der Familien unterstützt und Heimerziehung möglichst vermieden werden sollen. In den letzten Jahren wurden die ambulanten Hilfen in Familien- und Erziehungskrisen ausgebaut, Tagesbetreuungseinrichtungen geschaffen und insgesamt eine breite – den vielfältigen Problemlagen von Kindern und Jugendlichen heute entsprechende – Palette von Hilfsangeboten entwickelt.

Im folgenden können nur einige der Instrumente und Maßnahmen skizziert werden:

- *Erzieherische Hilfen* reichen von der Erziehungs-, Jugend-, Familien- und Suchtberatung durch Beratungsdienste über Pflegefamilien oder Heimunterbringung bis zur Regelung von Adoptionen. Neue Einrichtungen wie Tagesgruppen zur Förderung des sozialen Lernens, soziale Gruppenarbeit und sozialpädagogische Einzelbetreuung zeigen ein hohes Maß an Flexibilität.
- *Maßnahmen der Jugendarbeit* umfassen u.a. Jugenderholung, Jugendbildung und Jugendsozialarbeit zur sozialen Integration benachteiligter junger Menschen.
- Die Arbeit wird vor Ort von den kommunalen Jugendämtern in Verbindung mit Trägern der freien Wohlfahrt und den Jugendverbänden geleistet und im Jugendhilfeausschuß koordiniert. Die Finanzierung erfolgt zu 60 % aus kommunalen Mitteln, zu einem Drittel aus Ländermitteln.

Die Jugendhilfe steht vor wachsenden Problemen, deren Symptome steigende Verwahrlosung, Jugendkriminalität, Drogensucht und Gewalttätigkeit sind. Die Ursachen sind vielfältig. Fundamental ist in jedem Fall die nachlassende Sozialisierungs- und Bindungskraft von Familien und sozialen Milieus in der anonymen Massengesellschaft (Herth 1993). Schule und Jugendarbeit in Vereinen und Jugendgruppen sind zunehmend überfordert. Neue Ideen und Konzepte wie die Förderung freier Initiativen und Selbsthilfegruppen, Streetworking und offene Treffs bilden durchaus gute Ansätze, um in der offenen Jugendarbeit auch die nicht in Vereinen organisierten Jugendlichen zu erreichen. Insgesamt wachsen der Jugendhilfe jedoch die Probleme zunehmend über den Kopf.

Vertiefende Literatur

Jordan/Sengling 1992, Kaufmann 1988, Wingen 1997.

7.5 Soziale Regulierung am Wohnungsmarkt

Aufgabenstellung: Menschenwürdiges Wohnen ist ein Grundbedürfnis. Nach vorherrschender Meinung ist es daher eine wichtige Aufgabe staatlicher Politik, die Marktergebnisse zu korrigieren, wenn die individuelle Vorsorge hier nicht ausreicht. Das war in der Nachkriegszeit der Fall, in der es galt, kurzfristig über Wohnraumverwaltung (Wohnungszwangswirtschaft bis 1963) und Mietpreisbindung den Mangel gerecht zu verteilen und jedem ein Dach über dem Kopf zu verschaffen. Gleichzeitig wurde durch eine massive staatliche Wohnungsbauförderung (sozialer Wohnungsbau), die privates Kapital in die Wohnungswirtschaft lenkte, die riesige Bedarfslücke langsam geschlossen.

Im Zuge der Entspannung des Wohnungsmarktes traten dann neue wohnungspolitische Ziele hinzu. Es waren einmal qualitative Ziele wie die Sanierung von Gebieten mit überalterter Bausubstanz (Städtebauförderungsgesetz, Qualitätsstandards für Neubauten und Modernisierung) und zum anderen soziale Ziele wie die Stärkung der Wohnkaufkraft einkommensschwacher Haushalte durch Wohngeld und die Liberalisierung des Mietrechts bei Wahrung der Sozialbindung des Wohneigentums (soziales Mietrecht). Familien- und gesellschaftspolitische Ziele wie die verstärkte Förderung von Wohneigentum (Bausparförderung, Baukindergeld, Eigentumsförderung im sozialen Wohnungsbau) wurden zunehmend in den Vordergrund gestellt. Andere Ziele wie die Vermeidung der Obdachlosigkeit von Problemgruppen (Einkommensschwache, Asylbewerber, Spätaussiedler) blieben trotz der allgemeinen Wohlstandsmehrung aktuell.

Angesichts dieser Zielfülle nimmt es nicht wunder, daß die soziale Wohnungspolitik hochkomplex und für die meisten Menschen unübersichtlich ist (Heuer 1985). Da zudem starke verbandspolitische Interessen ihren Einfluß geltend machen, ist eine umfassende Reform zu größerer Transparenz und Effizienz schwer zu bewerkstelligen. Wir haben es hier mit dem Teil unserer Sozialordnung zu tun, der die wohl umfangreichste Regelungsdichte aufweist. Zielkonflikte sind vorprogrammiert. Ein Rückzug des Staates verbietet sich trotz dieser Ineffizienzen. Die Wohnkosten und die verfügbaren Einkommen der Haushalte bis in den unteren Mittelstand hinein haben sich gerade in den letzten Jahren wieder stark auseinanderentwickelt. Eine neue Wohnungsnot entstand auf der Nachfrageseite durch die starke Zuwanderung, die Zunahme der Single-Haushalte und die wachsenden Wohnraumansprüche allgemein (Ude 1990).

Ziele, Instrumente und Nebenwirkungen in der sozialen Wohnungspolitik

Ziele	**Instrumente**	**Hinweise auf Effizienz, Nebenwirkungen, Zielkonflikte**
Schaffung von Wohnraum	Sozialer Wohnungsbau, Objektförderung von Mietwohnungen	Kostentreibend durch Kostenmietenprinzip, Fehlbelegerproblem
Eigentumsförderung	1) Sozialer Wohnungsbau (Eigentumsförderung) 2) Bausparförderung	Umverteilung im Mittelstand, Sickereffekte für untere Schichten umstritten
Verbilligung von Wohnraum für ärmere Schichten	1) Wohngeld (Subjektförderung) 2) Sozialhilfe und Bafög 3) Mietpreisregulierung (u. a. Vergleichsmiete, Begrenzung der Mietensteigerungsrate)	Mietpreistreibend bei knappem Wohnungsangebot, Rentabilität für private Anbieter in Gefahr: Rückgang im Mietwohnungsbau
Qualitätssicherung	Bauvorschriften/-standards	Kostenerhöhend, wenn übertriebene Anforderungen
Familienförderung	1) Baukindergeld 2) Sozialer Wohnungsbau und Wohngeld: Berücksichtigung der Familiengröße bei der Subvention	
Mieterschutz	soziales Mietrecht (u. a. Kündigungsschutz)	Vermieter mit zu geringen Eigentumsrechten investieren nicht im Wohnungsbau
Verhinderung von Obdachlosigkeit	Wohngeld, Sozialhilfe, Notunterkünfte	hohe Zielverfehlung: Obdachlose erhalten zu geringe Leistungen im Vergleich zum Mittelstand
Verhinderung von Segregation (Ghettobildung)	Sozialer Wohnungsbau: Mischbelegung, Kauf von Belegungsrechten für Problemgruppen	Wichtige Integrationsaufgabe für die Zukunft

Auf der Angebotsseite ist die Rentabilität des Mietwohnungsbaus im Vergleich mit anderen Anlageformen offensichtlich zu gering, um ausreichenden preiswerten Wohnraum privat zu schaffen. Selbst der sog. frei finanzierte Wohnungsbau ist mit erheblichen Steuervorteilen staatlich aufgepäppelt.

Der soziale Wohnungsbau: Der soziale Wohnungsbau dient – wie die Übersicht verdeutlicht – mehreren Zielen. Das Grundmodell der Förderung sieht wie folgt aus. Staatliche Wohnungsbauförderungsanstalten gewähren Bauherren zinsgünstige öffentliche Darlehen im Tausch gegen eine Mietpreisbindung (Kostenmiete) für einen längeren Zeitraum (Bindungsfrist). Während dieser Bindung muß der Bauherr Mieter annehmen, die über eine Wohnberechtigung verfügen. Ihr Familieneinkommen darf festgelegte Einkommensgrenzen nicht überschreiten. In seiner klassischen Variante, dem sog. *ersten Förderweg,* wurden vor allem von großen gemeinnützigen Wohnungsunternehmen bis in die 70er Jahre hinein eine große Zahl von Mietwohnungen geschaffen. Die Bindungsfristen liegen zwischen 25 und 50 Jahren. Insgesamt ist diesem Modell ein großer Erfolg bei der Behebung des Wohnungsmangels in der Nachkriegszeit zu bescheinigen. Erkauft wurde dies mit sehr hohem Subventionsaufwand pro Wohnung. Das Prinzip der Orientierung der Miete an den Kosten (abzüglich der Subvention) gab zu wenig Anreiz für die Bauherren, kostensparend zu bauen. Bei dynamisch steigenden Baukosten über die Jahrzehnte hinweg verteuerte sich der erste Förderungsweg zunehmend.

Den Schwerpunkt des *zweiten Förderweges* bildet die *Eigentumsförderung* in Form von Eigenheimen und Eigentumswohnungen. Die Einkommensgrenzen, bis zu denen gefördert wird, liegen bis zu 60 Prozent höher als beim ersten Weg, so daß der Charakter einer Mittelstandsförderung noch deutlicher hervortritt. Da der Förderaufwand pro Wohnung hier deutlich geringer ist und auch die unteren sozialen Schichten durch *Sickereffekte* von dieser Förderung profitieren, ist das Urteil der Experten äußerst gespalten. Kritiker sehen die Umzugsketten früh versickern, so daß die Wohnungsversorgung der unteren sozialen Schichten kaum verbessert wird. Empirische Studien zeigen deutliche Sickereffekte und eine Verbesserung der allgemeinen Versorgungslage, von der die eigentlichen Problemgruppen allerdings kaum profitieren (GEWOS 1993).

Die Verteilungswirkungen im sozialen Wohnungsbau werden noch problematischer durch die sog. Fehlbelegung. Viele Mieter erzielen mit der Zeit ein höheres Einkommen und wachsen damit aus der Gruppe der Begünstigten hinaus. Zur Korrektur dieser Fehlsubventionierung können die Gemeinden diese Mieter zu einem nach Einkommenshöhe und Größe der Wohnung gestaffelten *Wohnungsmarktbeitrag* über die eigentliche Sozialmiete hinaus heranziehen. Da das jedoch nicht einheitlich geschieht, ist hier der Grundsatz der Gleichheit verletzt.

Mit Innovationen soll der soziale Wohnungsbau an Effizienz und Verteilungsgerechtigkeit gewinnen. Mit dem 1994 beschrittenen vierten Förderweg wird neben einer Grundförderung eine einkommensabhängige Zusatzförderung konzipiert (Jetter 1995). Die Höhe des Zuschusses zur Miete wird variabel an die Höhe des Einkommens der Mieter gekoppelt. Verdient man mehr, sinkt der Zuschuß und die selbst zu tragende Miete steigt. Damit hat man Elemente der Subjektförderung in den sozialen Wohnungsbau eingebracht. Weiterhin wird das Prinzip der Kostenmiete aufgegeben. Der Vermieter soll die ortsübliche Vergleichsmiete erzielen können, wenn er dazu eine effiziente kostensenkende Bauweise einsetzt.

Die verteilungspolitische Problematik ist mit dieser Reform noch verstärkt worden. Die Einkommensgrenzen sind so hoch angesetzt, daß nach Schätzungen der Bundesregierung etwa 40 Prozent aller Haushalte in der Bundesrepublik einen Anspruch auf eine Sozialwohnung anmelden könnten. Die Förderung breiter Bevölkerungsschichten ist damit weiterhin erstes Ziel.

Entwicklungen auf dem Wohnungsmarkt

Wohn-Indikatoren	**1980**	**1987**	**1994**
Fertiggestellte Wohnungen (in 1000)	363	196	573 (1995: 603)
Bewilligte Sozialwohnungen (in 1000)	97	41	150 (1993)
Wohnungen pro 1000 Einwohner (West)	412	430	430
Wohnungen pro 1000 Einwohner (Ost)			460
Wohngeldempfänger in 1000 (alte Bundesländer)	1490	1890	3200
Wohngeldempfänger in 1000 (neue Bundesländer)			1368
Wohngeld: Ausgaben in Milliarden DM	2,0	3,9 (1990)	6,2

Quelle: Institut der deutschen Wirtschaft, Zahlen zur wirtschaftlichen Entwicklung der Bundesrepublik Deutschland, verschiedene Jahrgänge, Statistisches Jahrbuch 1996.

Wohngeld: Die Bedeutung des Wohngeldes hat in den letzten Jahrzehnten ständig zugenommen. Es wird Mietern als Mietzuschuß und Eigentümern als Lastenausgleich gezahlt. Es gelten Fürsorge- und Bedarfsprinzip. Anspruch auf Wohngeld setzt Bedürftigkeit voraus. Ziel ist die Deckung eines angemessenen Wohnbedarfs. Bei der Bedürftigkeitsprüfung werden die Zahl der zum Haushalt zählenden Familienmitglieder (Raumbedarf), die Höhe der zu berücksichtigenden Miete bzw. Belastung und das Familieneinkommen berücksichtigt (Kühner 1995). Wohngeld wird nicht für unangemessen hohe Wohnkosten gewährt. Die Höchstbeträge, mit denen Mieten bezuschußt werden, hängen von dem durchschnittlichen regionalen Mietenniveau ab und sind in Ballungsgebieten entsprechend höher. Sozialhilfeempfänger (HLU) erhalten ein pauschaliertes Wohngeld vom Sozialamt. Die Finanzierung erfolgt aus Steuermitteln des Bundes und der Länder.

Nach vorherrschender Meinung ist dieses Instrument das bei weitem treffsicherste und effizienteste. Die wirklich bedürftigen einkommensschwachen Haushalte werden gezielt gestützt. Fehlsubventionen, wie bei der Objektförderung fast unvermeidlich, werden vermieden (Eekhoff 1993). So fordern denn liberale Ökonomen seit langem die Abschaffung der Objektförderung und die Verwendung eines Teils der eingesparten Gelder für eine verbesserte Wohngeldregelung. Dem wird entgegengehalten, daß in Zeiten hoher Wohnungsknappheit Wohngelderhöhungen rein inflationär wirken, also mit erheblichen Mietpreissteigerungen zu rechnen ist. Die Vermieter kalkulieren die Wohngeldtransfers in ihre Mieten mit ein. Ob der Marktmechanismus steigender Mieten dann mittelfristig zu Angebotssteigerungen führt, ist bei den besonderen Rentabilitätsbedingungen des Wohnungsbaus immerhin fraglich. Ein weiteres Gegenargument verweist auf die Zunahme von Segregation und Ghettobildung in unseren Städten. Neben Wohngeld müssen hier weitere Instrumente zur Integration genutzt werden.

Soziales Mietrecht: Die Wohnung ist die Stätte des Privaten, der Ort, wo die Mitglieder der Familien und anderer Lebensgemeinschaften sich treffen und kommunizieren. Diese Lebenswelten als Basis des gesellschaftlichen Zusammenlebens bedürfen eines besonderen Schutzes. Dazu gehört auch der Mieterschutz vor allem in Form mieterfreundlicher Kündigungsregeln (Wohnungs Kündigungsschutzgesetz 1971; seit 1974 Teil des BGB). So ist eine Kündigung nur bei erheblicher Vertragsverletzung durch den Mieter oder bei nachgewiesenem Eigenbedarf des Vermieters möglich. Die staatlichen Eingriffe in den freien Mietpreisbildungsprozeß sind allerdings zunehmend reduziert worden. Die Liberalisierung des Mietrechts sollte den freien Wohnungsbau ankurbeln.

> Mit Staffelmieten (vereinbarte Mieterhöhungen in regelmäßigen Abständen) und Mietzeitverträgen und Mietspiegeln zur aktuellen Fortschreibung der örtlichen Vergleichsmieten sollte eine bessere Verzinsung des in den Mietwohnungsbau fließenden Kapitals erreicht werden. Im Mittelpunkt der staatlichen Mietregulierung steht das *Vergleichsmietenkonzept.* Mit der Aufstellung kommunaler *Mietspiegel* soll die Mieterhöhung im Bestand, d. h. bei laufenden Mietverträgen einerseits erleichtert werden und andererseits durch die Bindung an die durchschnittliche Mietentwicklung der letzten Jahre im Anstieg begrenzt werden. So zielt auch die Festlegung einer maximalen prozentualen Mieterhöhung (20 %) innerhalb eines Dreijahreszeitraums auf eine gewisse Dämpfung und Verstetigung der Mietpreisentwicklung.

Das Ergebnis war nicht den Erwartungen entsprechend. Da trotz der höheren Mieteinnahmen die Ankurbelung des freien Wohnungsbaus nicht gelang, kam es in den 90er Jahren bei gleichzeitiger Nachfrageerhöhung zu einer über die allgemeine Inflationsrate deutlich hinausgehenden Mietpreisinflation. Dies traf vor allem große Familien und andere Problemgruppen des Wohnungsmarktes.

Neue Wohnungsnot: Die Lage auf dem Wohnungsmarkt war schon immer unübersichtlich. Starke Schwankungen der Nachfrage führen zu politisch mitverursachten zyklischen Angebotsanpassungen (Eichener/Heinze 1994). Ende der 60er Jahre glaubte man den Nachholbedarf gedeckt zu haben. Dann wurde plötzlich ein ungedeckter Bedarf sichtbar. Zum ersten Mal tauchte der Begriff einer neuen Wohnungsnot auf. Die Politik reagierte, und erhebliche Mittel wurden in den sozialen Wohnungsbau investiert. Dann wurden zu Beginn der 80er Jahre Leerstände und Wohnungshalden gesichtet. Dies führte zu dem Befund, daß eine gewisse Sättigung erreicht sei, und der soziale Wohnungsbau wurde von 1980 bis 1987 um mehr als die Hälfte zurückgefahren. 1986 stellte der Bund die Förderung ein. Die Länderprogramme liefen zumeist weiter. Auch im europäischen Vergleich verwies der Versorgungs-Indikator mit 430 Wohnungen pro 1000 Einwohner auf ein gutes Versorgungsniveau.

Die Volkszählung 1987 brachte die Erkenntnis, daß der tatsächliche Wohnungsbestand Mitte der 80er Jahre um ca. 1 Million unterhalb der geschätzten Werte lag. Die Situation veränderte sich rasch. Mit dem Aufschwung Ende der 80er Jahre stiegen die Einkommen und die Wohnraumansprüche. Steigende Scheidungsraten, verlängertes Lebensalter und der soziale Trend zur Individualisierung erhöhten die Nachfrage genauso wie die starke Zuwanderung von außen durch Spätaussiedler, die Familienzusammenführung bei den ausländischen Arbeitnehmern und steigende Zahlen von Asylbewerbern.

Aber erst mit dem Zustrom von Aussiedlern Ende der 80er Jahre und der deutschen Vereinigung werden die Weichen in Richtung einer wieder stärkeren Objektförderung gestellt (Aussiedlerwohnungsprogramm 1989; Sozialwohnungsprogramm 1990). Nachdem die Zahl der fertiggestellten Wohnungen bis 1987 auf 196 000 gefallen war, brauchte es eine längere Anlaufphase, um die Zahl der Neubauten trotz massiver Förderung deutlich zu erhöhen. Der Schwellenwert an Neubauten, der erreicht werden muß, um die Versorgungslage auch nur konstant zu halten, wird mit ca. 450 000 für das vereinigte Deutschland geschätzt. Diese Zahl wurde erst 1994 erreicht und 1995 und 1996 deutlich überschritten, so daß ein erheblicher Fehlbestand gemeldet wird. Die Schätzungen gehen heute (1997) von 1,5-2,5 Mio. fehlenden Wohnungen aus. Allerdings zeigen sich auch erste regionale Leerstände bei den teuren Neubauwohnungen.

Auch wenn liberale Ökonomen derartigen Bedarfsschätzungen skeptisch gegenüberstehen, da die Nachfrage natürlich wie bei jedem Gut ins Riesige steigt, wenn man nur den Preis genügend reduziert, kann unseres Erachtens allenfalls über die Höhe des ungedeckten Bedarfs für die unteren sozialen Schichten, nicht aber über die Tatsache selbst gestritten werden. Die weitere Entwicklung ist schwer vorauszusehen. Zunächst wird wohl die Zahl der Neubauten nach der Boomphase Mitte der 90er Jahre wieder sinken. Auf lange Sicht hängen die Knappheitsverhältnisse auf dem Wohnungsmarkt entscheidend von der Bevölkerungsentwicklung (Zuwanderung), der Kaufkraftentwicklung und der Stärke des sozialen Wandels (Alleinlebende) ab.

Reformvorstellungen: Der langandauernde Streit, ob eine staatliche Objekt- oder Subjektförderung des Wohnens vorzuziehen ist, ist heute neu entflammt. Neoliberale Kritiker weisen auf die erheblichen Fehlsubventionen im sozialen Wohnungsbau hin, der als Mittelstandsförderung konzipiert ist und in einer Zeit zunehmender Knappheit öffentlicher Mittel die eigentlichen Problemgruppen aus den Augen verliert. Verteilungspolitisch ist Mittelstandsförderung weitgehend ein In-Sich-Transfer innerhalb dieser Gruppe. Die Wohngeldtransfers dagegen sind verteilungs- und sozialpolitisch zielführend (Ulbrich 1992). Die Befürworter des sozialen Wohnungsbaus weisen auf die aktuelle Wohnungsnot hin und argumentieren, nur die Objektförderung könne in absehbarer Zeit die Mangelsituation beheben. Das liberale Vertrauen auf die Mengenanpassung über Preiserhöhungen – wie man es auf normalen Märkten gewohnt ist – wird also nicht geteilt.

Aus sozialpolitischer Sicht ist zu fragen, ob mit der reinen Wohngeldlösung die Problemgruppen wie Obdachlose und davon Bedrohte, Ausländer und alleinerziehende Sozialhilfeempfänger ausreichend mit Wohnraum versorgt, ihre Diskriminierung überwunden und eine Integration in eine normale Wohngegend erreicht werden kann. Hier ist Skepsis angebracht. Neue zielgenauere Instrumente sollten erprobt werden. Die Objektförderung ist durchaus noch effizienter zu gestalten. Der neue vierte Förderungsweg weist in die richtige Richtung: Abkehr vom kostentreibenden Kostenmietprinzip und Subventionierung des Sozialmieters nach seiner relativen Bedürftigkeit. Zur Verhinderung weiterer Ghettobildung und Obdachlosigkeit könnte der Kauf von Belegungsrechten durch die Kommunen im Wohnungsaltbestand und die Vergabe dieser Wohnungen an die Problemgruppen eine Lösung sein (Eichener/Heinze 1994, 298f.). Weitere Innovationen erscheinen dringend geboten. Angesichts der immens gestiegenen Kosten wird der öffentliche Wohnungsbau allein nicht in der Lage sein, die Defizite zu beseitigen. Die private Kapitalanlage im Wohnungsbau bleibt unverzichtbar und erfordert, daß die Erwartung in eine Mindestrendite eingelöst wird. Damit aber muß man wohl oder übel die steigenden Mieten in einer Phase wachsender Knappheiten zumindest in einem gewissen Rahmen akzeptieren. Der *soziale Ausgleich* ist dann über eine verbesserte Wohngeldregelung und die Verstetigung des sozialen Wohnungsbaus anzustreben.

Es fragt sich allerdings, ob nicht bei der Zielvielfalt der Wohnungspolitik das sozial dringlichste Anliegen – die Beseitigung der Obdachlosigkeit, Auflösung von Notunterkünften und die Reintegration der in den Elendsquartieren unserer Städte Abgeladenen – an die letzte Stelle gerät. Manche sprechen vom dritten Wohnungsmarkt (Jetter 1995, S. 19). Armut und Lebenslageschwäche werden gerade durch die Ghettosituation der Notunterkünfte fortgepflanzt, in denen nach Schätzung zwischen 0,5 und 2 Prozent der jeweiligen Wohnbevölkerung einer Region untergebracht sind. Es fehlen überzeugende Konzepte zur Reintegration der Betroffenen. Diese verfügen über keine Lobby. Ihre Lebenslageschwäche ist mehrdimensional (Keine Ausbildung, keine Arbeit, kein Einkommen, keine Wohnung, keine Motivation und Selbstachtung), so daß die Hilfe zur Selbsthilfe fast bei Null anfangen müßte.

Wohnen in den neuen Bundesländern: Der Blick auf die Wohnraumversorgung in den neuen Bundesländern bietet ein differenziertes Bild (genauer dazu: Holtmann/Killisch 1993). Die Zahl der Wohnungen pro 1000 Einwohner ist höher als in den alten Ländern, und die besonderen Probleme von Wohnungsnot in Ballungsgebieten treten (noch) nicht auf. Im Durchschnitt sind die Wohnungen kleiner und erreichen nicht den qualitativen Standard des

Westens. Der Bauboom seit der Vereinigung hat auch die Modernisierung vorangebracht. Große Bestände sind immer noch aufgrund mangelnder Instandhaltung in schlechtem Zustand. Die Mieten sind in den letzten Jahren nach staatlicher Vorgabe immens erhöht worden. War der Mietpreis in der DDR ein eher symbolischer Preis und mit 0,35-1,25 Mark pro Quadratmeter aufs höchste subventioniert, so war das Bestreben der Politik nach der Vereinigung, den Wohnungsmarkt recht bald in das westdeutsche Vergleichsmietensystem zu überführen. Schon Ende 1990 wurden die Mieten im Neubau freigegeben, während die Bestandsmieten in mehreren Stufen nach gesetzlich vorgegebenen Steigerungsraten bis 1996 um über 700 Prozent stiegen. 1995 lag die Kaltmiete in Ostdeutschland im Schnitt bei 7 DM und im Westen bei 9,60 DM (IWD, 25/1995). Sozial abgefedert wurden diese in der Bevölkerung unpopulären Maßnahmen durch hohe Wohngeldzahlungen. Mit dem Wohngeldsondergesetz (1991-1995) wurden den Mietern in den neuen Ländern für die Übergangszeit deutlich verbesserte Konditionen eingeräumt. So betrug Ende 1993 der Anteil der Haushalte, die Wohngeld bezogen, 20,3 Prozent in den neuen im Vergleich zu 6,3 Prozent in den alten Bundesländern (Statistisches Jahrbuch 1996, S. 480). Ohne die zügige Lohnentwicklung wären die Mietsteigerungen dennoch von der Masse der Bevölkerung kaum zu tragen.

Mit dem Wohngeldüberleitungsgesetz (1996) wurde der besondere Wohngeldanspruch etwas reduziert und bis 1998 verlängert. Dann soll auch das Vergleichsmietensystem eingeführt werden. Allerdings wird der Abbau der sozialpolitischen Sonderregelungen für den ostdeutschen Wohnungsmarkt wohl einigen Widerstand provozieren. Insgesamt lagen die Belastungsquoten (Miete zu Einkommen) im Osten bis 1995 noch um einiges unter den westlichen.

Der private und der soziale Wohnungsbau war bis 1996 eine der wesentlichen Stützen der Konjunktur und des Wachstums in den neuen Ländern. Durch massive Steuererleichterungen wurde privates Kapital mobilisiert. Nach dem Auslaufen verschiedener steuerlicher Förderprogramme ist die Baukonjunktur gefährdet, und die hohen Wachstumsraten im Wohnungsbau und bei der Modernisierung werden wohl deutlich zurückgehen. Ein großes Problem stellt die Privatisierung des staatlichen Wohnungsbestandes dar. Mit dem Altschuldenhilfegesetz sind die Wohnungsunternehmen verpflichtet worden, bis Ende 2003 mindestens 15 Prozent ihrer Wohnfläche zu privatisieren und möglichst die Mieter zum Eigentumserwerb zu bewegen.

Vertiefende Literatur

Eichener/Heinze 1994, Heuer 1985, Neumann 1994, Ude 1990.

7.6 Sicherung sozial schwächerer Gruppen

7.6.1 Armut und Sozialhilfe

Aufgabenstellung und Prinzipien: Die Sozialhilfe ist die letzte Bastion zur Bekämpfung von Armut. Sie gründet sich auf eine Fülle von Sozialprinzipien. Zentrales Prinzip ist dabei das *Fürsorgeprinzip* der Finanzierung der Leistungen aus Steuern nach Maßgabe einer Bedürftigkeitsprüfung. Die Sozialhilfe fängt als soziales Auffangnetz diejenigen auf, die sich nicht mehr aus eigener Kraft selbst helfen können und wo die Familiensolidarität und die Sozialversicherungen nicht (mehr) greifen *(Subsidiaritätsprinzip*: Nachrang der Sozialhilfe). Sie zielt auf die Absicherung eines menschenwürdigen Lebens *(Bedarfsprinzip*: Kulturelles Existenzminimum, § 1 BSHG), ohne nach Ursachen der Notlage *(Finalprinzip)* zu fragen.

Wurde Armut früher oft auf persönliches Versagen zurückgeführt, ist in einer aufgeklärteren Zeit die gesellschaftliche Mitverantwortung in vielen Fällen unübersehbar. So sind soziale Abstiegsprozesse heute oft durch unverschuldete Arbeitslosigkeit verursacht, die der schnelle strukturelle Wirtschaftswandel auslöst. Immer mehr Menschen scheinen diesen steigenden Ansprüchen nicht gewachsen zu sein. Aber auch persönliches Mitverschulden des Abstiegs in die Armut darf keinen Grund darstellen, den Betroffenen jede Hilfe zu verweigern. Diesem ethischen Prinzip folgt die Sozialhilfe, wenn sie jedem Bedürftigen einen Rechtsanspruch auf Hilfe »dem Grunde nach« einräumt. Art und Umfang der Hilfe sollen allerdings prinzipiell auf den Einzelfall *(Individualprinzip)* abgestimmt werden, so daß eine durch Verweigerung zumutbarer Arbeit selbstverschuldete Armut mit Leistungskürzungen sanktioniert wird. Die *Hilfe zur Selbsthilfe* und die *Pflicht zur Eigenhilfe* vervollständigen damit die Leitprinzipien dieser Wohlfahrtseinrichtung.

Organisation und Finanzierung: Die örtlichen Träger der Sozialhilfe sind die Städte und Landkreise mit ihren Sozialämtern. Überörtliche Träger in den Ländern, die übergreifende Aufgaben wie stationäre Betreuung und Behinderteneingliederung übernehmen, sind Behörden oder Landeswohlfahrtsverbände in Selbstverwaltung. Die vielfältigen sozialen Dienste werden zum größten Teil von den Verbänden der *Freien Wohlfahrtspflege* erbracht: Arbeiterwohlfahrt, Diakonisches Werk, Caritas, Rotes Kreuz und Paritätischer Wohlfahrtsverband. Zahlreiche Sozialeinrichtungen wie Pflegeheime, Altentagesstätten, Sozialstationen und Beratungsstellen werden von ihnen unterhalten (vgl. dazu genauer Kapitel 9). In jedem Fall obliegt die Sicherstellung der Leistungen und ihre steuerliche Finanzierung den Ländern und Kommunen, wobei die Länder die Lastverteilung bestimmen.

Leistungen: Zu unterscheiden sind zwei Leistungskomplexe: die *Hilfe zum Lebensunterhalt* (HLU) und die *Hilfe in besonderen Lebenslagen* (HbL).

Mit der HbL werden spezifische Antworten auf bestimmte armutverursachende Risiken gesucht: Hilfen zum Aufbau oder Sicherung der Lebensgrundlage, Krankenhilfe, Hilfen zur Familienplanung, Eingliederung für Behinderte, Behindertenhilfe, Hilfe zur Pflege, Hilfe zur Überwindung besonderer sozialer Schwierigkeiten, Altenhilfe. Zur Anwendung gelangt eine Palette von sozialen Dienst-, Sach- und Geldleistungen, die auf den Einzelfall abgestimmt werden. Insbesondere die Hilfe zur Sicherung der Lebensgrundlage soll vorbeugend Armut verhindern und die Selbsthilfefähigkeit der gefährdeten Personen verbessern. Die in der Vergangenheit über die Hälfte der Mittel absorbierende Hilfe zur Pflege wird durch die neue Pflegesicherung erheblich entlastet, behält aber dennoch die Funktion der Bedarfssicherstellung in diesem Bereich (Funktion des letzten Garanten). Um die Kostenentwicklung in Heimen, Behindertenwerkstätten und Einrichtungen der Jugendhilfe zu begrenzen, ist bis Ende 1998 eine Budgetierung eingeführt worden. Ab 1999 wird die Heimvergütung auf ein pauschaliertes Preissystem umgestellt, um eine stärkere Kostenkontrolle zu erzielen.

Sozialhilfe 1993 – Gesamtdeutschland

Hilfearten	**Hilfeempfänger** (in 1000)	**Ausgaben** (in Mio. DM)
Hilfe zum Lebensunterhalt (HLU)	3950	18017
Hilfe in besonderen Lebenslagen (HbL)	1915	30902
Vorbeugende Gesundheitshilfe[1]	16	54
Krankenhilfe[1]	827	2356
Eingliederung Behinderte[1]	377	11209
Hilfe zur Pflege[1, 2]	660	16481
Hilfe zur Überwindung besonderer sozialer Schwierigkeiten	27	433
Insgesamt[3]	5017	40184 (netto)

[1] Unterfälle von HbL
[2] 1993 gab es noch nicht die gesetzliche Pflegeversicherung, hier ist inzwischen eine deutliche Entlastung eingetreten
[3] Ohne Mehrfachzählungen bei den Hilfeempfängern;
Quelle: Statistisches Bundesamt, Statistisches Jahrbuch 1996, S. 470.

Die Ausgaben der HbL sind deutlich höher als die der HLU, während die Zahl der Hilfeempfänger bei der HLU deutlich größer ist. Die *Hilfe zum Lebensunterhalt* (HLU) ist die Einkommensersatzleistung für die Armen in Deutschland und setzt sich aus vier Bestandteilen zusammen. Erstens wird eine monatliche Pauschale je nach Zahl und Altersstruktur der Haushaltsmitglieder gezahlt. Diese *Regelsätze* dienen zur Deckung des täglichen Bedarfs (Ernährung, Kleidung, Körperpflege, Hausrat, persönliche Bedürfnisse einschließlich kultureller Teilhabe an der Gesellschaft). Zweitens wird in besonderen Lebenslagen ein Mehrbedarfszuschlag gezahlt. So erhalten alleinerziehende Mütter und Behinderte einen 40prozentigen und alte Menschen bei Gehbehinderung einen 20prozentigen Zuschlag zum Regelsatz. Drittens übernimmt das Sozialamt Heiz- und Mietkosten in voller Höhe, wenn die Wohnung nach Größe und Ausstattung den Vorgaben des Wohngeldgesetzes entspricht. Viertens werden mit sog. einmaligen Leistungen unregelmäßig auftretender Bedarf (z. B. Wintermantel, Kühlschrank) abgedeckt. Der Eckregelsatz des Haushaltsvorstands betrug 1997 im Länderdurchschnitt 538 DM im Westen und 519 DM in Ostdeutschland. Die Regelsätze für die anderen Familienmitglieder machen je nach Alter zwischen 50 bis 90 Prozent dieses Betrages aus. Insgesamt addierte sich 1996 die Sozialhilfe (HLU) für eine vierköpfige Familie in Westdeutschland auf etwa 2550 DM pro Monat (vgl. Tabelle). Nicht darin enthalten ist der Anspruch auf Krankenhilfe (freie Arztwahl, Vergütung der Ärzte nach AOK-Tarif).

Hilfen zum Lebensunterhalt (4-köpfige Familie) 1996

	Ost	**West**
Eckregelsatz	512	530 DM
Regelsatz Ehegatte	410	424 DM
Regelsatz Kind (15-18 Jahre)	461	477 DM
Regelsatz Kind (8-14 Jahre)	333	345 DM
Miete und Heizung (geschätzt)	–	729 DM
Einmalige Leistung (auf Monatsbetrag umgerechnet)	–	45 DM
Summe der HLU (im Monat)	**–**	**2550 DM**

Quelle: Sozialpolitische Umschau, Nr. 34/1996.

Zur Berechnung des Eckregelsatzes wurde früher die *Warenkorbmethode* verwendet, bei der Experten eine aus ihrer Sicht bedarfsdeckende Aufsummierung einzelner Güter und Dienste vornahmen. Seit 1990 wird das *Statistikmodell* als Methode zur Bedarfsermittlung verwendet. Die HLU wird alle fünf Jahre anhand der tatsächlichen Verbrauchsausgaben unterer Einkommensgruppen neu berechnet. In der Zwischenzeit sollte eigentlich ein Inflationsausgleich erfolgen. Tatsächlich wurde gespart und von 1993 bis 1996 nur eine Anpassung unterhalb der Inflationsrate gewährt. Bis 1999 soll nun eine Dynamisierung gemäß der Nettolohnentwicklung in den alten Bundesländern erfolgen. Danach sollen dann Mindestregelsätze vom Bund jedes Jahr neu nach den Veränderungen von Nettoeinkommen, Verbraucherausgaben und Inflation (Lebenshaltungskosten) fortgeschrieben werden (Hanusch 1995, 391).

Insgesamt zeigt eine Untersuchung von Hauser (1995, 431), daß die Entwicklung des Eckregelsatzes von 1963 bis 1993 auch ohne Formelanpassung dynamisch sehr genau den Nettolöhnen folgte. Damit kann die verschiedentlich aufgestellte These, die Sozialhilfeempfänger würden von der wirtschaftlichen Entwicklung abgekoppelt (Ausgrenzungsthese), für diesen Zeitraum zurückgewiesen werden.

Um Arbeitsanreize für alle Sozialleistungsempfänger zu erhalten, soll die Sozialhilfe wahrnehmbar unter den Löhnen unterer Gehaltsgruppen liegen. Dieses *Abstandsgebot* sollte 1996 konkretisiert und verschärft werden. So sollte bei einer fünfköpfigen Familie noch ein Einkommensabstand von 15 % gewahrt bleiben. Dies wurde im Vermittlungsausschuß gestrichen, da davon vor allem die Kinder in den armen Familien betroffen wären. Mit abnehmender Familiengröße sinkt die HLU, so daß der Lohnabstand und die Arbeitsanreize steigen. Da das Lohnabstandsgebot derzeit die größte Aufmerksamkeit auf sich zieht, ist hier allerdings mit weiteren politischen Initiativen der Liberalen zu rechnen, zumal gleichzeitig eine Senkung der Mindestlöhne für die unteren Lohngruppen zur Bekämpfung der Arbeitslosigkeit gefordert wird.

Armut in Deutschland: Im letzten Jahrzehnt wurde die Berichterstattung über Armut in Deutschland deutlich verbessert. Hierzu trugen insbesondere Studien bei, die wie das *Sozioökonomische Panel* als Längsschnittanalyse die Einkommensentwicklung konkreter Haushalte im Zeitablauf betrachten. Umstritten bleibt die Definition von Armut. Meist betrachtet man Einkommensarmut unter Mißachtung weiterer Lebenslagemerkmale und definiert Armut als ein relatives Phänomen. Arm sind dann Haushalte, deren Einkommen weniger als 50 Prozent (alternative Grenzen: 40 % oder auch 60 %) des Durchschnittseinkommens beträgt. Mit steigendem Durchschnittseinkommen erhöht sich dann entsprechend die Armutsgrenze. Dies trifft auch üblicherweise für politisch definierte Armutsgrenzen – etwa die Sozialhilfebedarfssätze (HLU) – zu.

Armutsraten in Deutschland (in %)
(Armutsgrenze 50 % (bezogen auf das westdeutsche Durchschnittsniveau))

Jahr	West	Ost (2)	Ausländer
1984	12,6	–	25,0
1990	10,3	26,7	27,3
1993	11,1	16,0	–

Quelle: Statist. Bundesamt (Hg.), Datenreport 1994: Kapitel 20: Armut.

Folgende Thesen zur Armut in Deutschland lassen sich mit einiger Sicherheit belegen:

1. Die Armut in Deutschland ging in der Phase der Vollbeschäftigung bis in die 70er Jahre hinein deutlich zurück. In dieser Phase war die Armutspopulation aufgrund geringer Renten vor allem alt und weiblich.
2. Mit steigender und anhaltender Arbeitslosigkeit in den 80er und 90er Jahren erhöhte sich die Zahl armer Menschen wieder, wobei konjunkturelle Aufschwungphasen deutliche Entlastung brachten.
3. Die starke Zuwanderung von Aussiedlern und Ausländern nach Deutschland verschärfte die Situation deutlich.
4. Die These von der *Zwei-Drittel-Gesellschaft* überdramatisiert die Situation. Gemessen an der 50 %-Grenze sind in Westdeutschland ca. 10-12 Prozent der Menschen arm (vgl. Tabelle Armutsraten). Sozialhilfe empfingen 1992 6,2 Prozent der Menschen im Westen und 4,4 Prozent im Osten (Hanesch 1995, 386).
5. Umstritten ist, ob eine *Armutsfalle* existiert. Längerfristige Armut ist relativ selten. Der Großteil der unter die Armutsgrenze Fallenden erleidet einen eher kurzfristigen Einkommensausfall. (Dies ist das Ergebnis des Projekts »Sozialhilfekarrieren« SFB 186 Universität Bremen (Leisering 1993, Gegenkritik: Jacobs 1994).
6. Besonders vom Armutsrisiko betroffen sind in den 90er Jahren Ausländer, alleinerziehende Frauen und Arbeiterfamilien mit mehreren Kindern.

7. Die Sozialversicherung und das Steuer-Transfersystem dämpfen den Abstieg in die Armut deutlich (Hauser/Berntsen 1992).

Probleme der Sozialhilfe und Armutsbekämpfung: Die Situationsanalyse macht deutlich: Tritt das der Marktwirtschaft innewohnende Risiko der Arbeitslosigkeit verstärkt auf, wird das System der sozialen Sicherung bis zum letzten Netz der Sozialhilfe stark strapaziert. Nicht zuletzt dazu ist es jedoch geknüpft worden. Auch wenn man dieses Risiko stärker durch die Arbeitslosenhilfe oder durch ein anderes Grundeinkommen abdecken wollte, bliebe die Anspannung bestehen. Neue Arbeitsplätze allein bringen hier Entspannung. Die Zuwanderung ist politisch gewollt, und es macht keinen Sinn, Aussiedler, Flüchtlinge und Asylbewerber aus humanitären Gründen willkommen zu heißen und gleichzeitig die dadurch mittelfristig unvermeidbar steigende Ausgabenentwicklung in der Sozialhilfe einer versagenden Armutsbekämpfung zuzuschreiben. Erst bei längeren Verweildauern in Armut ist von einer strukturellen Eingliederungsschwäche auszugehen.

Wie die Armutsanalyse zeigt, ist die *Kostenentwicklung* in der HLU zum überwiegenden Teil den beiden Ursachen Arbeitslosigkeit und Zuwanderung geschuldet, während bei der HbL die immens gestiegenen Pflegekosten verantwortlich sind.

Sozialhilfeausgaben
(ab 1994 Gesamtdeutschland)

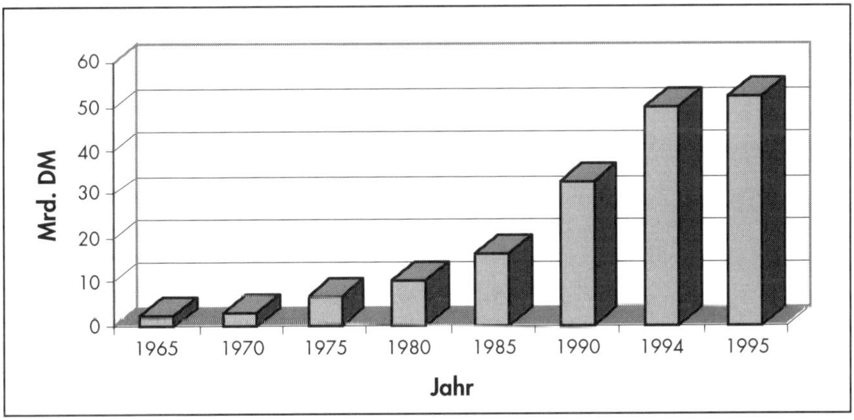

Quelle: Statistisches Bundesamt, Statistisches Jahrbuch, verschiedene Jahrgänge.

Die Zahl der Empfängerhaushalte der HLU hat sich seit 1970 mehr als verdreifacht, und die effektiven Gesamtkosten haben sich von 1980 bis 1994 mehr als vervierfacht. Diese Entwicklung ist sehr ernst zu nehmen. Der Anteil der Sozialhilfe am *Sozialbudget* ist allerdings nur von 3,1 % 1980 auf 4,9 % 1993 gestiegen und ihr Anteil am Bruttosozialprodukt von 1,0 % auf 1,6 %. Dies ist nicht als Entwarnung zu verstehen, zeigt aber, daß die Armenhilfe für die wirklich Notleidenden die Leistungskraft unserer Volkswirtschaft und hoffentlich auch die Umverteilungsbereitschaft der Bevölkerung nicht überfordern dürfte, selbst wenn die Entlastung auf dem Arbeitsmarkt noch etwas auf sich warten läßt.

Warum reagieren viele Akteure in Politik und Medien hier so unsensibel und machen gerade die Sozialhilfe zum Sündenbock des Systems (vgl. auch Deutsche Bundesbank 1996)? Offensichtlich reagiert man auf vermeintliche Stimmungen bei Wählerschaft und Publikum, die die Kostenentwicklung mit ausgesprochenem Mißbrauchsverdacht verfolgen.

Bedenkt man nun, daß die eigentlichen Einkommensersatzleistungen (HLU) nur ca. 37 Prozent ausmachen und ein großer Teil der Leistungsempfänger (Rentner, Alleinerziehende, Behinderte) gesellschaftlich anerkanntermaßen nicht auf den normalen Arbeitsmarkt verwiesen werden soll, schränkt sich der Umfang eines möglichen Mißbrauchs doch erheblich ein. Berücksichtigt man zudem die durchaus harten Kontrollen, dann errechnet Hauser (1995, 430) bei einer angenommenen Mißbrauchsrate von 5 % Kosten des Mißbrauchs von max. 735 Mio. DM. Das Einsparvolumen bleibt – global betrachtet – sehr gering. Hauser rechnet im gleichen Aufsatz die Minderausgaben gegen, die sich durch *verdeckte Armut* ergeben. Trotz des Auftrags an die Sozialämter, die Armut aktiv aufzuspüren, also nicht erst auf den Antrag zu warten, erhält ein großer Teil (nach einschlägigen Untersuchungen 30 bis 48 Prozent) der Berechtigten keine Hilfe (Hauser/Hübinger: Caritas-Studie 1993). Hier errechnen sich unter den Annahmen, daß die verdeckt Armen 33 % umfassen und im Durchschnitt ein Einkommen von nur 80 % des Regelsatzes haben, Einsparungen von 1,47 Milliarden DM in 1993.

Bekämpfte Armut: Von *bekämpfter Armut* zu sprechen, ist erst dann legitim, wenn die Sozialhilfe das soziokulturelle *Existenzminimum* abdeckt. Dies ist und wird immer umstritten bleiben, so lange es unterschiedliche sozialethische Positionen gibt. Hingewiesen werden kann immerhin auf das im internationalen Vergleich hohe Sozialhilfeniveau und auf die Tatsache, daß sich die HLU über die letzten Jahrzehnte hinweg in etwa parallel zur dynamischen Entwicklung der Nettolöhne entwickelt hat. Diese Entwicklung vollzog sich deutlich zyklisch: In schlechten Konjunkturphasen wurde die Sozialhilfe z. T. eingefroren und in guten dann wieder aufgebessert. Die automatische Dynamisierung der Leistungen durch ihre Kopplung an die Nettolohnentwicklung – wie sie seit 1996 beschlossen ist – bringt hier größere Sicherheit für die Betroffenen und vielleicht auch Ruhe in die aufgeregte Diskussion.

Armutsfalle? Die Sozialhilfe wird ihrer Konstruktion wegen als *subjektive und objektive Armutsfalle* kritisiert. Zum einen besteht die Gefahr, daß längerfristige Erwerbslosigkeit und Arbeitslosen- oder Sozialhilfeabhängigkeit zu einer objektiven sozialen Barriere werden und die Selbsthilfefähigkeit blockieren. Obwohl das Problem in erster Linie wieder in dem Mangel an Arbeitsplätzen besteht, wie die Armutsanalyse verdeutlicht, versucht die aktuelle Reform der Sozialhilfe (1996) über berufliche Rehabilitation und Sanktionsdruck die Systembedingungen zu ändern. So setzt man einerseits auf individuell abgestimmte Gesamtpläne, das sind Modelle zur Arbeitserprobung, Lohnkostenzuschüsse für Unternehmer, die z. T. mit Qualifizierungsmaßnahmen und psychosozialen Hilfen verbunden werden. Andererseits wird der Druck verstärkt, jede Arbeit anzunehmen, weil sonst eine Kürzung der Regelsätze um 25 Prozent droht.

Die Sozialhilfe kann auch subjektiv zur Armutsfalle werden, da ein Zuverdienst sich erst bei Vollerwerbstätigkeit lohnt. Der Verdienst wird nach Überschreiten eines geringen Freibetrages voll von der Sozialhilfe abgezogen, so daß sich z. B. eine Teilzeitbeschäftigung kaum lohnt, Schwarzarbeit dagegen um so mehr. Zur Lösung dieses Problems fehlender Anreize zum Hinzuverdienst sind Modelle einer *negativen Einkommensteuer* entwickelt worden, auf die wir im Kapitel 6.4 schon näher eingegangen sind. Mit der Neuregelung von 1996 kann Sozialhilfeempfängern sechs Monate lang ein Zuschuß zum Lohneinkommen bis zur Höhe des Regelsatzes gewährt werden. Da die Förderung danach ausläuft, werden die Anreize nur temporär verbessert. Immerhin ist ein Anfang gemacht worden.

Ein besonderes Problem stellt die große und steigende Zahl überschuldeter Haushalte dar. Durch Zinsen und Zinseszinsen kommen schnell Beträge zusammen, die viele Familien ein Leben lang nicht mehr tilgen können. Hier wird ab 1999 ein sog. *Verbraucherkonkurs* Hilfe bringen. Wer fünf (bzw. sieben) Jahre lang strenge Auflagen erfüllt hat, erhält seine Schulden erlassen. Während dieser Bewährungszeit muß er allerdings den pfändbaren Teil seines Einkommens den Kreditgebern abtreten und seine Kooperation einem Treuhänder beweisen.

Aus der Sicht des *Weisserschen Lebenslagetheorems* muß zudem die enge ökonomistische Definition von Armut erweitert werden. Zur Lebenslageschwäche tragen fehlende soziale Kontakte, Einengung persönlicher Gestaltungsspielräume, mangelhafte Wohnverhältnisse und soziale Diskriminierung genauso bei wie Einkommensarmut. Hier liegen wichtige Felder einer dem Lebenslagetheorem verpflichteten kommunalen Sozialpolitik (vgl. Kapitel 9). Es gilt hier, soziale Netzwerke aus Nachbarschaftshilfe, sozialem Ehrenamt und professionellen Sozialarbeitern zu errichten, Selbsthilfeaktivitäten anzuleiten und die gesellschaftliche Integration der Problemgruppen unterstützen.

Es wird immer wieder eine Konzentration der Mittel auf die »wirklich Bedürftigen« gefordert, wobei hier an erster Stelle die Obdachlosen, die verwahrlosten Menschen auf der Straße gemeint sind (vgl. dazu die erschreckende Situationsanalyse bei Reidegeld/Reubelt 1996). Andere wollen jene besonders fördern, die noch Zukunft haben, wo Selbsthilfefähigkeiten noch nicht verloren sind, also insbesondere junge Menschen. Angesichts der Vielfalt und Schwere der Problemlagen sollten allerdings nicht die einen Bedürftigen gegen die anderen ausgespielt werden. Die Armutsanalyse zeigt auch hier wieder die schon mehrfach beklagten Mängel im Familienleistungsausgleich (Kapitel 7.4) auf. Inzwischen ist es endlich gelungen, den Auftrag des Verfassungsgerichts zur steuerlichen Freistellung des Existenzminimums zu erfüllen.

Dies alles reicht bei weitem nicht aus, um die Lage Alleinerziehender und größerer Arbeiterfamilien zu stabilisieren. Niedriges Lohneinkommen oder gar Arbeitslosenunterstützung und Kinder sind heute die zentralen Verarmungs-«Risiken« für Familien. Dieser familienpolitische Skandal führt dazu, daß immer mehr Kinder und Jugendliche auf Sozialhilfe angewiesen sind. Auch wenn bisher der Kern harter längerfristiger Armut in Deutschland noch klein ist, müssen die Gefahren gesehen werden. Erfahrungen aus den USA, wo sich ein Zirkel der Armut unheilvoll auf die nachwachsende Generation überträgt und zur Verwahrlosung und überbordender Kriminalität führt, sind ernst zu nehmen, auch wenn man (noch) nicht dramatisieren sollte.

Armut in den neuen Bundesländern: Durch den starken Anstieg der Löhne und Gehälter in den ostdeutschen Ländern sank die Armutsrate in den drei Jahren von 1990 bis 1993 gemessen an der 50 %-Armutsgrenze von 26,7 % auf 16 % stark ab (vgl. Tabelle). Die Angleichung an die westdeutsche Rate (11 %) ist 1996 weiter fortgeschritten. Entscheidend sind hier die Faktoren Lohnentwicklung, Arbeitslosigkeit und Inflation in den neuen Ländern.

Trotz dieser höheren Armutsrate und der Tatsache, daß die Regelsätze der HLU in den neuen Bundesländern sich stark dem Bundesdurchschnitt angenähert haben (1993: 95 Prozent), ist die *Sozialhilfe*dichte, d. h. der Anteil der Sozialhilfeempfänger an der Bevölkerung, noch geringer als im Westen. Dies kann ein Hinweis auf eine höhere verdeckte Armut sein. Infolge der hohen Arbeitslosigkeit im Osten ist allerdings noch ein deutliches Anwachsen der Sozialhilfebedürftigkeit zu befürchten.

Vertiefende Literatur

Deutsche Bundesbank 1996, Hanesch 1995a und 1996a, Leibfried/Voges 1992.

7.6.2 Sozialstaatliche Verantwortung für besondere Lebenslagen

Die Lebenslage Schwerbehinderter: Während früher je nach Ursache der Behinderung unterschiedliche Sach- und Dienstleistungen gewährt wurden, konnte mit dem Schwerbehindertengesetz von 1974 das lange geforderte *Finalprinzip* durchgesetzt werden. Dies gilt nicht für Renten oder andere Geldleistungen. Hier werden je nach Ursache der Behinderung von den zuständigen Sozialversicherungen (z. B. GUV: Unfallrente, GRV: Invalidenrente) oder von der Sozialhilfe je nach Vorleistung Einkommenstransfers in unterschiedlicher Höhe gezahlt. Das Schwerbehindertengesetz zielt darauf ab, den erwerbsfähigen Behinderten, das waren 1993 etwa 1,1 Mio. von insgesamt 6,4 Mio. Menschen (Kittner 1996, S. 1136), einen Arbeitsplatz zu verschaffen.

> Ungeachtet der Ursachen einer körperlichen, geistigen oder seelischen Behinderung mit einem nicht nur vorübergehenden Grad der Behinderung ab 50 % wird den Betroffenen ein besonderer Schutz bei der Suche nach einer Beschäftigung und zur Sicherung ihres Arbeitsplatzes zuteil. Jeder Arbeitgeber, der mehr als 15 Arbeitsplätze zu vergeben hat, muß 6 % dieser Stellen für die Gruppe der bei den Versorgungsämtern gemeldeten Schwerbehinderten zur Verfügung stellen. Ansonsten ist eine Ausgleichsabgabe fällig, die in einen Fond fließt und zur allgemeinen und beruflichen Rehabilitation Behinderter verwandt wird. Eine Verfassungsklage von Arbeitgebern wurde mit Urteil von 1981 zurückgewiesen.

Problematisch bleibt bei dieser Regelung, daß vor allem arbeitsintensive Betriebe in oft weniger gewinnträchtigen Branchen überproportional belastet werden. Es gibt zu viele Unternehmen, die ihre Auflage nicht erfüllen und lieber die wohl zu niedrige Abgabe entrichten (derzeit 200 DM im Monat), die zudem noch steuerlich absetzbar ist. 1993 erfüllten 75 Prozent die Beschäftigungsquote nicht oder nur teilweise. Die Ist-Quote lag im Westen 1994 nur bei 4,3 und im Osten bei 2,8 Prozent. Weitere Schutzrechte des Schwerbehindertengesetzes erschweren die Kündigung Behinderter und erhöhen ihren Urlaubsanspruch. Die Betriebe werden verpflichtet, eine(n) betriebliche(n) Vertrauensfrau(mann) aus den Reihen der Schwerbehinderten zu unterstützen.

Die Entwicklung auf dem Arbeitsmarkt für Behinderte ist in den Zeiten hoher Arbeitslosigkeit keineswegs ermutigend verlaufen. Weder Lohnkostenzuschüsse noch Eingliederungshilfen zur Förderung von behindertengerechten Arbeitsplätzen haben eine gewisse Ausgrenzung verhindern können. So liegt die Arbeitslosenquote der Behinderten seit Jahren immer deutlich über dem Durchschnitt. Insgesamt fließen erhebliche Mittel in die Beschäftigungsförderung in Form von Einstellungszuschüsssen an Arbeitgeber und der begleitenden Hilfe im Arbeitsleben. Während viele – oft mit besonderem Einsatz – ihre Behinderung voll kompensieren können, sind andere auf dem ersten Arbeitsmarkt kaum vermittelbar. Um so wichtiger ist für diese Menschen die Förderung von *Behindertenwerkstätten* (Dierks 1986). Mit dem Gesetz über die Sozialversicherung Behinderter (1975) sind die Behinderten, die in beschützenden Werkstätten und ähnlichen Einrichtungen beschäftigt sind, in der GRV und der GKV sozialversichert. Die Behinderten haben hier inzwischen einen arbeitnehmerähnlichen Status erhalten (Arbeitszeit, Urlaub), und die Entgelte wurden 1996 deutlich angehoben. Die Finanzierung der Behindertenförderung erfolgt über die Ausgleichsabgabe der Betriebe, die den verantwortlichen Trägern, den Hauptfürsorgestellen 1994 1,2 Milliarden DM einbrachte. 45 Prozent davon fließen einem Ausgleichsfond zu, der zum einen überregionale Projekte finanziert und zum anderen der Bundesanstalt für Arbeit die zur besonderen Arbeitsförderung von Schwerbehinderten erforderlichen Mittel überweist.

Der Reha-Bereich wurde 1974 mit dem Rehabilitationsangleichungsgesetz nach dem Finalprinzip neu gestaltet. Die Maßnahmen werden nach wie vor von den verschiedenen Trägern (GRV, GUV, Arbeitslosenversicherung, Sozialhilfe, Kriegsopferversorgung und GKV) durchgeführt und finanziert. Die Vereinheitlichung der Leistungen umfaßt die *Rehabilitation im medizinischen, berufsfördernden und sozialergänzenden Bereich.* Die Ursache der Behinderung tritt als Anspruchsvoraussetzung zurück bei der Verfolgung des finalen Ziels einer möglichst umfassenden gesundheitlichen Wiederherstellung und beruflichen und sozialen Wiedereingliederung. Behinderte, die an beruflichen Reha-Maßnahmen teilnehmen, erhalten von der Bundesanstalt für Arbeit ein Übergangsgeld als Lohnersatzleistung.

Rehabilitation für Behinderte

Medizinische Maßnahmen	**Berufsfördernde Maßnahmen**	**Soziale Integration**
• Früherkennung	• Hilfen zur Erlangung eines Arbeitsplatzes	• Hilfen im Vorschulalter
• Ärztliche Behandlung	• Berufsfindung und Arbeitserprobung	• Schulische Bildung (Sonderschulen)
• Bewegungs-, Sprach-, Beschäftigungstherapie	• Berufsvorbereitung	• Beschäftigung in Werkstätten für Behinderte
• Medizinische Hilfsmittel	• Ausbildung, Umschulung und Fortbildung	• Förderung von behindertengerechten Wohnungen
• Arbeitstherapie	• Arbeitstraining	

Während die Rehabilitationsmaßnahmen auf hohem Niveau stehen, können die Lösungen zur beruflichen Integration nicht befriedigen. Der Kündigungsschutz schützt nur die schon Beschäftigten (insider), so lange es nicht gelingt, über die Ausgleichsabgabe auch den arbeitslosen Behinderten (outsider) Arbeitsplätze zu verschaffen. Der Druck auf die Quotenerfüllung muß entweder erhöht werden (deutlich höhere Abgabe), oder man folgt probeweise den Vorschlägen, auf verstärkte Anreize und Subventionen zu setzen (Knappe 1990) und gleichzeitig den besonderen Kündigungsschutz der insider, der als Einstellungsbarriere wirken kann, abzubauen.

Soziale Entschädigung (insbesondere: Kriegsopferversorgung): Das *Versorgungsprinzip* findet in der deutschen Sozialordnung nur wenig Anwendung. Die Ausnahmen beziehen sich – neben der Beamtenversorgung – auf besondere Schicksale: Gesundheitliche Schädigungen von Kriegsopfern, bei Wehr- und Zivildienstleistenden, Opfern von Gewalttaten (z. B. Körperverletzung bei Raubüberfällen), politischen Häftlingen aus der ehemaligen DDR und Impfgeschädigten. Grundlage sind verschiedene Versorgungsgesetze, wie das Opferentschädigungsgesetz von 1976, die sich in ihren Entschädigungsleistungen an der Kriegsopferversorgung (Bundesversorgungsgesetz 1950) orientieren. Neben Mehraufwandsentschädigungen und Sachleistungen für Heilbehandlung, Pflege und Kuren werden Entschädigungen in Form von Renten – auch an die hinterbliebenen Witwen, Waisen und Eltern – gewährt.

Die Höhe der analog zur gesetzlichen Rentenversicherung dynamisierten Renten richtet sich nach Umfang und Schwere der Schädigung. Diese Versorgungsleistung wird in besonders schweren Behinderungsfällen durch eine bedarfsorientierte (Kriegsopfer-)Fürsorge ergänzt. Auch heute noch dominieren bei den Entschädigungen die Kriegsopferversorgungsbezüge. Die Zahl der Versorgungsberechtigten ist von über 4 Mill. (1952) auf 1,38 Mill. in Gesamtdeutschland (1993) zurückgegangen, und ihr Durchschnittsalter lag schon 1990 deutlich über 70 Jahren.

Lastenausgleich: In der Nachkriegszeit wurden Millionen von Heimatvertriebenen und Flüchtlingen aufgenommen und solidarisch durch den Lastenausgleich unterstützt. Personen, die aufgrund von Kriegseinwirkung und Vertreibung Schäden an ihrem Vermögen oder ihrer Existenzgrundlage erlitten haben, haben einen Anspruch auf Entschädigung. Zu dem vielfältigen Leistungskatalog zählen die Hauptentschädigung für Vermögensverluste, Aufbaudarlehen und Hausratsentschädigung. Das Gros der Mittel floß in die Unterhaltshilfe und Kriegsschadenrente, die dynamisiert sind und nur bei Bedürftigkeit gezahlt werden.

Einzigartig ist die Finanzierungsweise. Die im Westen nach dem Krieg noch erhaltenen Vermögen wurden belastet und ein Ausgleichsfond errichtet. Insgesamt sollen damit Vermögen im Wert von 140 Milliarden DM neu verteilt werden. 120 Milliarden sind schon durch den Fond geflossen. Der Zustrom an Aussiedlern aus Osteuropa führt seit einigen Jahren zu neuen Ansprüchen.

Auf steuerfinanzierte Versorgungsleistungen im Rahmen der *Wiedergutmachung* haben Menschen einen Anspruch, die Schäden durch nationalsozialistische Verfolgung erlitten haben. Auch hier überwiegen Rentenzahlungen.

Eingliederung von Spätaussiedlern: Mit der Öffnung der Grenzen in Osteuropa ist die Zahl der Spätaussiedler stark angestiegen. Von 1988 bis 1995 kamen 2,09 Mio. in die Bundesrepublik, und das weitere Potential an Spätaussiedlern in ganz Osteuropa, die ein Recht auf Zuwanderung haben (Bundesvertriebenengesetz), wird auf ca. 3,5 Mio. Menschen geschätzt (Klös 1992). Anspruch haben Menschen deutscher Volkszugehörigkeit in Osteuropa. Die Bundesrepublik steht hier in einer Pflicht, da diese Menschen während des von Deutschland ausgehenden Zweiten Weltkriegs einen harten Leidensweg zurücklegen mußten (Umsiedlung und Diskriminierung). Da die sozialen Leistungen einen Anreiz zur Zuwanderung darstellen und ein ungebremster

Zuzug erhebliche politische und ökonomische Probleme verursacht, wurden sie in den letzten Jahren gekürzt.

- Es werden *Starthilfen* zur vorläufigen Unterbringung, zur beruflichen Eingliederung und zur sozialen Betreuung gewährt. Aussiedler können sofort eine Arbeit aufnehmen. Sprach- und Ausbildungsdefizite und Arbeitsmarktsituation verzögern dies oftmals. Sprachkurse und Kurse zur beruflichen Bildung werden öffentlich finanziert. Für die Teilnehmer und alle arbeitslosen Aussiedler übernimmt die BA die Lebenshaltungskosten für 12 Monate in Form eines pauschalen Eingliederungsgeldes, dessen Höhe vom Familienstand abhängig ist. Nach 12 Monaten besteht Anspruch auf Arbeitslosenhilfe und Sozialhilfe.
- *Fremdrenten*: Für die Rentenansprüche gilt das sog. *Eingliederungsprinzip* für Aussiedler. Sie werden im Prinzip so gestellt, als ob sie ihr Versicherungsleben in der Bundesrepublik zurückgelegt hätten. Allerdings werden hier Kürzungen vorgenommen (u.a. Festschreibung der Entgeltwerte (Rentenformel) auf dem Niveau von 1985/86, Kürzung der nur glaubhaft gemachten Erwerbstätigkeitszeiten). 1997 wurden die Fremdrenten bei Neurentnern um 40 % gekürzt – unabhängig vom Zeitpunkt des Zuzugs.

Eingliederung ausländischer Arbeitnehmer: Im Vergleich mit der Behandlung anderer Problemgruppen sind bei den ausländischen Arbeitnehmern erhebliche sozialpolitische Defizite zu verzeichnen. Der überschießende Arbeitskräftebedarf der deutschen Industrie wurde seit den 60er Jahren über die Anwerbung und Beschäftigung ausländischer Arbeitnehmer gedeckt. Im Zeichen einer sich verschlechternden Beschäftigungslage kamen neben den bis dahin in der Öffentlichkeit weitgehend verdrängten sozialen Problemen dieser Gruppe noch die wirtschaftlichen (hohe Arbeitslosenrate unter den Gastarbeitern) hinzu. Wenn die deutschen Arbeitgeber zunächst »Arbeitskräfte riefen« und überrascht waren, daß »Menschen kamen«, so wurden doch daraus kaum Konsequenzen gezogen (Meier-Braun 1995). Vielmehr glaubten nicht wenige, nun umgekehrt das Problem der Arbeitslosigkeit durch ein Abschieben der Gastarbeiter beheben zu können. Seit 1973 soll ein Anwerbestop einen weiteren legalen Zustrom verhindern. Tatsächlich ist inzwischen eine große Zahl ausländischer Arbeitnehmer mehr oder minder freiwillig in ihr Heimatland zurückgekehrt. Wenn dennoch die Anzahl der Ausländer in der Bundesrepublik weiter angestiegen ist, liegt das daran, daß viele der hier verbliebenen Gastarbeiter ihre Familien nachkommen ließen, ihre Geburtenhäufigkeit noch relativ hoch ist und im letzten Jahrzehnt viele Flüchtlinge und

Asylbewerber Aufenthalts- und Arbeitsberechtigungen erhielten. Ihre Zahl nahm seit 1985 um 2,8 Mio. zu. 1995 waren 7,17 Mio. Ausländer in Deutschland registriert, davon 3,14 Mio. Erwerbspersonen, so daß die Erwerbsquote mit knapp 44 Prozent als sehr gering einzuschätzen ist.

Das Rad kann nicht einfach zurückgedreht werden. Ausländische Arbeitnehmer sind heute überwiegend an Arbeitsplätzen tätig, die von Deutschen wegen geringer Bezahlung, der hohen Arbeitsbelastung durch Lärm, Schmutz und körperliche Anstrengung und des geringen Sozialprestiges gemieden werden. Ein großer Teil ist schon lange im Land und hat Anspruch auf Einbürgerung. Ihre unterprivilegierte Stellung verfestigt sich. Auch die zweite und dritte Generation stößt auf soziale Barrieren, die eine Integration erschweren. Einige Sozialforscher sprechen schon von Diskriminierung (Nii Addy 1996). Nicht zu verkennen ist auch die wachsende Abschottung der Betroffenen und ein Rückzug in die eigene traditionelle Lebenswelt. Hier droht eine Parallelkultur zu entstehen (Becker 1996).

Daraus erwachsen neue Anforderungen an die Sozialordnung. Es reicht nicht, darauf hinzuweisen, daß ausländische Arbeitnehmer in der Sozialversicherung pflichtversichert und so formal den einheimischen Arbeitnehmern gleichgestellt sind. Die sozialen Barrieren zeigen sich in Form hoher Ausländerarbeitslosigkeit, schlechter Wohnversorgung (Ausländerghettos) und wachsender Armut und Sozialhilfebedürftigkeit. So waren 1993 ca. 27 Prozent aller Empfänger von Sozialhilfe (HLU) Ausländer bei einem Anteil an der Gesamtbevölkerung von nur 8,5 Prozent. Dieses Problem gleicht einer Zeitbombe. Viele wissen darum, aber mangels überzeugender Lösungen und Instrumente wird es in der Wissenschaft und in der Politik von vielen verdrängt. Um die Lage sozial- und arbeitsmarktpolitisch zu entschärfen, muß die Diskussion um innovative Wege zur Integration der hier lebenden Ausländer deutlich belebt werden. Besondere Integrationsprogramme sind meist mit hohen Kosten verbunden. Eine Förderung, die deutsche Unterschichtsangehörige ausklammert, würde zudem wohl kaum hingenommen werden.

Umstritten ist auch die Frage, ob die hier lebenden ausländischen Mitbürger assimiliert oder integriert werden sollen oder gar ein Nebeneinander der Kulturen bei gegenseitiger Anerkennung anzustreben ist. Das Integrationsmodell einer Gesellschaft mit einer gewissen Anerkennung der kulturellen Eigenarten erfordert Anpassungsleistungen auf beiden Seiten – auch bei der deutschen Bevölkerung, während die Assimilierung die vollständige einseitige Anpassung der Zuwanderer an die deutsche Kultur und Lebensweise verlangen würde. Das Assimilierungsmodell, das etwa Frankreich anstrebte, gilt weltweit als in der Krise. Das Integrationsmodell verlangt von den Migranten zumindest die Anerkennung der Grundwerte der europäischen Gastgesellschaft. Der Weg des multikulturellen Nebeneinander, wie er in England oder den Niederlanden beschritten wurde, birgt, wie die Erfahrungen in den USA und im ehemaligen Jugoslawien zeigen, große Gefahren, wenn es nicht gelingt, Gruppendiskriminierung zu verhindern.

Die zweite zentrale Frage bezieht sich auf die zukünftige Einwanderungspolitik. Wie beschrieben, glauben einige Sozialpolitiker, über die Zuwanderung qualifizierter Menschen das deutsche Rentenproblem lösen zu können. Die ausgearbeiteten Rentenszenarien sprechen eher dagegen. Auch die Diskussion um eine Einwanderungspolitik und vor allem über ihre mögliche Zielrichtung ist einem kollektiven Verdrängungsprozeß und vielen Mißverständnissen unterworfen. Das liegt daran, daß dieses Thema sehr brisant ist und man sich leicht die Finger daran verbrennen kann. So wird die Ablehnung einer stärkeren Zuwanderung schnell als Deutschtümelei, nationalistischer Egoismus oder gar Ausländerfeindlichkeit diffamiert. Äußerst kontrovers sind die Antworten auf die Fragen nach der maximalen sozialverträglichen Zuwanderung. Einigkeit herrscht schon eher bei der These, daß damit keines der Probleme der Auswanderungsländer auch nur ansatzweise gelöst werden kann. Einwanderungspolitik ersetzt keine Entwicklungspolitik.

Erklärtes Ziel der offiziellen Ausländerpolitik ist nach wie vor, Einwanderung aus Ländern, die nicht der EU angehören, zu verhindern (Aussiedler ausgenommen). Das 1990 verabschiedete neue Ausländergesetz reglementiert u. a. den Zuzug von Ausländerkindern. Sie dürfen bis zur Vollendung des 16. Lebensjahres nachziehen, wenn ausreichend Wohnraum nachgewiesen wird. In der Bundesrepublik geborene Ausländer der zweiten Generation erhalten einen Regelanspruch auf Einbürgerung. Die Erleichterung der Einbürgerung langjährig (15 Jahre) ansässiger Ausländer wird von Kritikern als halbherzig bezeichnet.

Hilfen für Bürgerkriegsflüchtlinge: Deutschland hat in den letzten Jahren viele Flüchtlinge aufgenommen. Für die begrenzte Zeit ihres Aufenthalts erhalten sie eine Arbeitserlaubnis. Sie haben im Bedarfsfall Anspruch auf Sozialhilfe, Unterbringung, gesundheitliche Betreuung und Schulbildung für ihre Kinder. Vorgesehen ist ab 1997 eine Kürzung der Sozialhilfe um 20 Prozent (gilt auch für Asylbewerber) und die Verwendung dieser Mittel zum Aufbau in Bosnien, um die Rückkehr zu ermöglichen.

Hilfen für Asylbewerber: Nach dem Asylbewerberleistungsgesetz von 1993 erhalten Asylbewerber im ersten Jahr ihres Aufenthalts vorrangig Sachleistungen und dazu ein Taschengeld. Diese Leistungen liegen unter den Sozialhilfeleistungen. Asylbewerber werden im Regelfall in zentralen Aufnahmeeinrichtungen versorgt. Durch die Rückführung in sichere Drittländer und die Beschleunigung der Verfahren wird heute über den Asylantrag in den meisten Fällen schon im ersten Jahr entschieden. Abgelehnte Bewerber müssen zurückkehren oder werden abgeschoben. Anerkannt politisch Verfolgte haben Sozialhilfeansprüche und freien Zugang zum Arbeitsmarkt wie deutsche Staatsbürger.

Vertiefende Literatur

Bundesministerium für Arbeit und Sozialordnung 1994: 3. Behindertenbericht der Bundesregierung, Heinze/Runde 1982, Knappe/Frick 1988, Klös 1992, Meier-Braun 1995.

8.
Sozialpolitische Aspekte des Bildungssystems

Lebenslage und Bildung: Die Verteilung der Vergabe von gesellschaftlichen und beruflichen Positionen und die soziale Durchlässigkeit der Gesellschaft werden in entscheidender Weise durch das Bildungssystem mitbestimmt. Bessere Chancengleichheit – eines der Hauptziele der Sozialordnung – setzt ein Bildungswesen voraus, das allen Schichten der Gesellschaft offensteht.

In den sechziger Jahren wurden von Sozialforschern Tendenzen zur Verfestigung der Grenzen zwischen den gesellschaftlichen Klassen und Schichten in der Bundesrepublik und eine weitgehende Undurchlässigkeit des Bildungssystems für Arbeiterkinder und andere sozial schwächere Gruppen nachgewiesen. Um Chancengleichheit im Bildungs- und Ausbildungswesen zu realisieren und damit die Verteilung gesellschaftlicher und beruflicher Positionen leistungsgerechter zu gestalten, wurde eine *Bildungsoffensive* gestartet. Die öffentliche Förderung von Aus- und Fortbildung ist nicht nur verteilungspolitisch begründbar. Viele sehen in der Erhöhung und Ausbreitung des Bildungsniveaus ein eigenständiges gesellschaftspolitisches Ziel. Andere verweisen auf die *positiven externen Effekte* einer gut ausgebildeten Bevölkerung für Wachstum, Wohlstand und sozialen Frieden unseres Landes. Die hohe Produktivität beruht zuallererst auf dem guten Ausbildungs- und Wissensstand und der Motivation seiner arbeitenden Bevölkerung.

Ziele der Bildungspolitik: Seit der Mitte der 60er Jahre hat in der Bundesrepublik eine eindrucksvolle Expansion und Umgestaltung des Bildungssystems in allen Bereichen von der kompensatorischen Vorschulerziehung über Schule und Hochschule, berufliche Bildung bis hin zu den Weiterbildungseinrichtungen stattgefunden. Hier können nur die wichtigsten sozialpolitischen Aspekte kurz erörtert werden. So läßt sich nachweisen, daß man den wichtigsten bildungspolitischen Zielen – allgemeine Erhöhung des Qualifikationsniveaus und Öffnung des Bildungssystems für bisher benachteiligte Schichten – ein bedeutendes Stück nähergekommen ist. Schon Ende der 70er Jahre erreichten doppelt so viele Jugendliche wie 1965 einen mittleren Schulabschluß, fast viermal so viele eine Fachhochschul- oder Hochschulreife. Die Anzahl der Studienanfänger hatte sich verdoppelt; die Quote der Studierenden eines Jahrgangs erreicht inzwischen den Standard anderer entwickelter Länder. Die seinerzeit befürchtete Bildungskatastrophe ist damit abgewendet worden.

Ebenso wichtig erscheint, daß der Anteil der Hauptschüler ohne Abschluß um ein Drittel zurückgegangen und die Zahl der Jugendlichen ohne Berufsausbildung sich um die Hälfte vermindert hat, während die Zahl der Absolventen des »zweiten Bildungsweges« deutlich zunahm. Nachzuweisen ist außerdem ein beträchtlicher Anstieg der Studierenden aus Arbeiterfamilien, vor allem auch der Mädchen aus sozial unterprivilegierten Schichten. Eine ähnliche Entwicklung ist bei Gymnasiasten nachzuweisen. Wenn auch erhebliche soziale und geschlechtsspezifische Unterschiede fortbestehen, sind dies doch wichtige Indizien dafür, daß der richtige Weg zu größerer sozialer Gerechtigkeit im Bildungssystem und darüber hinaus zu einer besseren beruflichen und gesellschaftlichen Chancenverteilung eingeschlagen wurde.

Das Schulsystem: Wenn man von den Besonderheiten der einzelnen Länder absieht, unterscheidet man im gegliederten Schulsystem grundsätzlich Grundschule, Hauptschule, Realschule und Gymnasium. In einigen Ländern ist seit Anfang der siebziger Jahre ferner der Typ der Gesamtschule zunächst als Modellversuch eingeführt und später als weitere Regelschule durchgesetzt worden. Die Gesamtschule vereinigt in sich im Unterschied zum gegliederten Schulsystem, in dem jeder Schultyp für sich besteht, alle Schultypen. In der Gesamtschule können daher die Abschlüsse aller Schultypen einschließlich des Reifezeugnisses erworben werden. Die Initiatoren der Gesamtschule versprachen sich von diesem Schultyp aufgrund zu vermutender größerer Durchlässigkeit und Flexibilität ein höheres Maß an Chancengleichheit vor allem für Kinder von Eltern, die sich um das schulische Fortkommen ihrer Kinder, aus welchen Gründen auch immer, nicht kümmern oder nicht kümmern können. Über die Vor- und Nachteile der Gesamtschule gibt es auch heute noch eine kontroverse bildungspolitische Diskussion.

Die allgemeine Schulpflicht erstreckt sich inzwischen auf zehn Jahre. (Unter bestimmten Bedingungen verlängert sich die Schulpflicht um ein weiteres Vollzeitschuljahr als Berufsvorbereitungsjahr oder Berufsgrundbildungsjahr.) Ende der fünfziger, Anfang der sechziger Jahre ist auch für die weiterführenden Schulen in allen Ländern Schul- und Lernmittelfreiheit eingeführt worden. Hierin wurde seinerzeit ein großer sozialpolitischer Fortschritt gesehen. Aufgrund von

Haushaltsschwierigkeiten haben die Eltern in einer Reihe von Bundesländern einen Eigenanteil zu den Lernmitteln (Schulbücher) beizusteuern.

Während es in einigen europäischen Ländern, z. B. in Frankreich und Spanien, über die Frage öffentlicher oder privater Trägerschaft der Schulen eine vehemente gesellschaftspolitische Diskussion gibt, dominiert in der Bundesrepublik eindeutig die staatliche Trägerschaft. Zwar gibt es in einigen Ländern im Grundschulbereich konfessionelle Gliederungen (z. B. in NRW katholische und evangelische Grundschulen), und es existieren unter staatlicher Schulaufsicht (grundsätzliche Regelungen des Schulwesens in Art. 7 GG) auch noch weiterführende Privatschulen, aber über die grundsätzliche Struktur der Trägerschaft der Schulen wird gegenwärtig nicht diskutiert.

Das allgemeinbildende Schulsystem dient nicht gezielt der Vorbereitung auf einen Beruf. Natürlich sind die während der Schulzeit vermittelten Kenntnisse auch für die Wahl und die spätere Ausübung eines Berufes eine notwendige Voraussetzung. Man darf aber keineswegs aus dem Auge verlieren, daß die Schule nicht nur Wissen vermittelt, sondern in gleicher Weise der Sozialisation junger Menschen dienen soll. Der demokratische Staat bedarf auch einer demokratischen Schule (Mitwirkung von Eltern und Schülern), die zu politischem Engagement und zur Kritikfähigkeit heranbildet.

Die berufliche Bildung: Die berufliche Ausbildung in den gewerblich-technischen und in den kaufmännischen Ausbildungsberufen ist durch das sogenannte *duale System* gekennzeichnet: Die fachtheoretische Ausbildung findet in den verschiedenen staatlich getragenen Typen von Berufsschulen, die fachpraktische Ausbildung in den Betrieben, teilweise in überbetrieblichen Ausbildungsstätten statt. Außerdem gibt es als (in der Regel) zweijährige Vollzeitschule die Berufsfachschule mit dem Abschluß Fachoberschulreife, die den Schulabgängern mit ordentlichen Schulabschlüssen einschließlich Hauptschulabschluß offensteht. Noch weiter berufsqualifizierend ist die höhere Berufsfachschule, deren Besuch die Fachoberschulreife voraussetzt. Im Unterschied zu der normalen Berufsschule findet die fachpraktische Ausbildung der Absolventen der Berufsfachschule und der höheren Berufsfachschule erst anschließend in einem zeitlich verkürzten Ausbildungsverhältnis mit einem Betrieb statt. Das duale System in seiner Verbindung von praktischer Ausbildung im Betrieb und theoretischer Bildung in der Schule gilt vielen Experten auch heute noch als vorbildlich und einer der wesentlichen Gründe für die hohe Qualität des »Made in Germany«! Auf die Bedeutung von *Fortbildung und Umschulung (FuU)* sind wir schon im Rahmen der Arbeitsmarktpolitik (Kapitel 6.3) eingegangen.

Hochschulbildung: Schließlich gehören die Fachhochschulen und uneingeschränkt wissenschaftliche Hochschulen (Universität, Gesamthochschulen) zu unserem Ausbildungssystem. Während die Fachhochschulen in der Regel gezielt berufsqualifizierend sind, ist das bei den Universitäten eher die Ausnahme. Eine besondere verteilungspolitische Problematik ergibt sich daraus, daß die Hochschulbildung von immer mehr jungen Menschen angestrebt wird. Um diesen Zustrom einigermaßen zu steuern, ist man auch in dem föderalen Bildungssystem der Bundesrepublik nicht umhingekommen, seit dem Jahre 1972 mit der Errichtung der Zentralstelle zur Vergabe von Studienplätzen (ZVS) in Dortmund die Zulassung der Studienbewerber zentral zu steuern. In einer ganzen Reihe von Studiengängen wird es auch auf längere Sicht noch Zulassungsbeschränkungen geben. Das liegt vor allem auch daran, daß der Ausbau der Hochschulen Ende der 70er Jahre faktisch eingestellt wurde und die Hochschullehrer- und Mittelbaustellen auf dem erreichten Niveau eingefroren sind. Auf der anderen Seite erhöhten die geburtenstarken Jahrgänge die Nachfrage. Entsprechend ist es zu einer drastischen Verschlechterung der Relation Lehrende zu Studenten gekommen. Die Zahl der Studienanfänger zeigt seit 1991 rückläufige Tendenz, die Gesamtzahl der Studierenden stagniert seitdem bei etwa 1,8 Millionen.

Die Ausbildungsförderung (BAföG): Nach dem Ausbildungsförderungsgesetz aus dem Jahre 1971 erhalten bedürftige Schüler und Studenten unter Anrechnung des Einkommens unterhaltsverpflichteter Eltern oder Ehegatten materielle Hilfen zum Lebensunterhalt und zur Deckung der Ausbildungskosten. Hinzu trat 1996 das sog. Meister-BAföG, das junge Handwerksgesellen entsprechend fördern soll. Im ersten Jahr wurden hier schon 45 000 Anträge gestellt und 30 000 Förderzusagen erteilt.

Es gilt das *Subsidiaritätsprinzip* und das *Fürsorgeprinzip*, nicht jedoch das *Bedarfsprinzip*, da von den Eltern oder den Studierenden selbst ein eigener Beitrag auch bei Höchstförderung erwartet wird. In der Anfangsphase erfolgte die Förderung als Zuschuß, schon ab 1974 wurde dann ein Sockelbetrag als (unverzinsliches) Darlehen vergeben. Ab 1983 wurde auf ein Volldarlehen umgestellt, und seit 1990 erfolgt die Förderung zur Hälfte als Zuschuß und zur Hälfte als unverzinsliches Darlehen.

Die Schülerförderung ist 1983 erheblich eingeschränkt worden und wird nur noch für Schüler an besonderen Schulformen (u. a. Abendgymnasien und Kollegs) gezahlt.

Die *Finanzierung* erfolgt aus Steuermitteln von Bund und Ländern. Nach Abschluß ihres Studiums haben die Studenten ihre Studiendarlehen über einen längeren Zeitraum zinslos zurückzuzahlen; bei vorzeitiger Rückzahlung werden Darlehensabschläge gewährt. Den Leistungsbesten eines Examensjahrgangs wird ein Viertel ihrer Schuld erlassen.

Nicht nur die studentische Kritik am BAföG richtet sich vornehmlich gegen die zu niedrigen Bedarfssätze, die zudem nicht dynamisiert den steigenden Studien- und Lebenshaltungskosten folgen. Außerdem wird auf die relativ hohe Verschuldung durch die erzwungene Darlehensaufnahme, die sozial Schwächere vom Studium abschrecken könnte, hingewiesen. Mit der inzwischen 18. BAföG-Novelle von 1996 ist die Höchstdauer der Förderung weiter reduziert worden. Dies und die regelmäßigen Leistungskontrollen setzen die BAföG-Empfänger unter besonderen Leistungsdruck und stellen sie damit vor besondere Studienprobleme. Das letztere ist so gewollt, setzt allerdings vom Ballast befreite Studiengänge an den Hochschulen voraus. Da die Anforderungen dort allerdings eher steigen, bleibt der »Schwarze Peter« bei den Studenten. Nach Überschreitung der viel zu kurz angesetzten Regelstudienzeiten erhalten Studenten nur noch ein voll verzinstes Bankdarlehen.

Wie aus der Tabelle deutlich wird, ist die Quote der Geförderten an der Gesamtzahl der Studenten über die Jahre erheblich gefallen.

Indikatoren zur Ausbildungsförderung (BAföG)

Jahr	**1972**	**1982**	**1988**	**1996**
Geförderte Studenten in 1000	270	338	259	
Gefördertenquote in den alten Bundesländern	44,6	41,8	28,5	24
Gefördertenquote in den neuen Bundesländern				55
Ausgaben (in Millidarden DM)	1,6	3,6	2,3	2,4
Bedarfssätze für Studenten an Hochschulen (Westen)[1]	420	660	725	905

[1] Diese Bedarfssätze sind die Höchstsätze und enthalten den maximalen Mietzuschuß. Sie werden je nach individueller Lebenslage um Zuschüsse zur Krankenversicherung und für Fahrtkosten erweitert. Daraus folgt für 1996 ein Maximalbetrag von 990 DM.

Quellen: Bafög-Berichte der Bundesregierung; Deutsches Studentenwerk, Sozialerhebungen, verschiedene Jahrgänge.

Es ist unbestreitbar, daß gerade das BAföG erheblich zur Verbesserung der Bildungschancen von Arbeiterkindern beigetragen hat. Da jedoch die für die Leistungsbemessung entscheidenden Freibeträge vom Elterneinkommen nicht der Einkommensentwicklung angepaßt, sondern nur sporadisch erhöht wurden, fallen inzwischen viele Familien aus der Förderung heraus oder erhalten nur relativ geringe Förderungsbeträge. So bekommt nur etwa ein Viertel der Geförderten den Höchstsatz. Studenten erhielten 1995 im Durchschnitt 615 DM (Westen) und 493 DM (Osten). Die Förderungssätze liegen in den neuen Bundesländern deutlich unter denen des Westens. 1996 betrug das Existenzminimum eines Studenten nach Untersuchungen des Deutschen Studentenwerks 1250 DM, so daß selbst die Höchstförderung nur knapp 80 % des Bedarfs abdeckt.

Bafög-Reform: An Reformvorschlägen mangelt es nicht (Dohmen 1996). Eine deutliche Verbesserung der Leistungen ist angesichts der staatlichen Sparzwänge kaum zu erwarten.

Für 1998 ist eine zwischen Bund und Ländern verabredete große Reform in Aussicht gestellt worden. Der Vorschlag aus dem Bildungsministerium, das ganze System auf eine privatwirtschaftliche Basis zu stellen, das Kapital über private Banken aufzubringen und marktüblich zu verzinsen, wobei der Staat für die Studienzeit und einige weitere Jahre die Zinsen trägt, soll nicht zur Grundlage der Reformdiskussion werden. Die Länder verabredeten eine Grundförderung, die jedem Studenten ausgezahlt werden soll. Kindergeld und steuerlicher Ausbildungsfreibetrag werden zu einem Grundtransfer (ca. 400-500 DM pro Monat) zusammengefaßt. Nicht wie bisher die Eltern, sondern die Studenten selbst werden dann direkt gefördert. Damit soll gleichzeitig eine stärkere Kontrolle zur Beschleunigung des Studiums einhergehen.

Ausbildung und Arbeitsmarkt: Es gehört zu den bitteren Erfahrungen der so lange andauernden Beschäftigungskrise, daß eine qualifizierte, selbst eine akademische Ausbildung nicht in jedem Fall vor Arbeitslosigkeit schützt. Dennoch ist eine gute Ausbildung immer noch der beste Schutz. Wir haben es mit zwei *Übergangsbarrieren* zu tun. Einmals ist da der Übergang von der Schule in die Berufsausbildung und zum anderen geht es um den Übergang vom Ausbildungs- in ein gesichertes Arbeitsverhältnis.

Neue Berufsausbildungsverträge 1980-1996

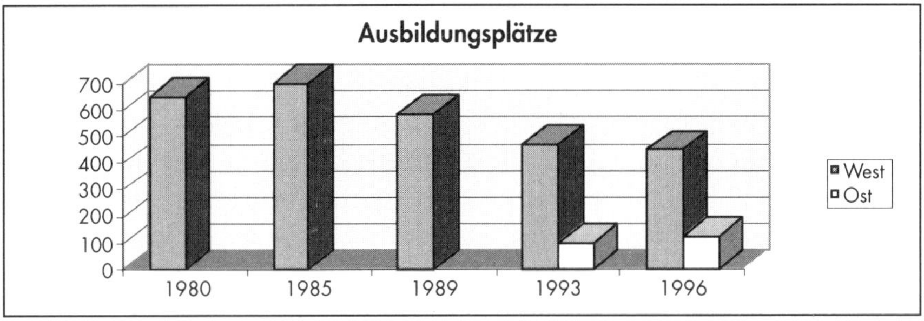

Quelle: Bundesministerium für Bildung, Wissenschaft, Forschung und Technologie, Sozialpolitische Umschau 16/1997

Wie schon einmal in den Jahren 1982 bis 1986 ist die Situation auf dem *Lehrstellenmarkt* äußerst prekär. Im verzögerten Aufschwung nach der tiefen Rezession 1993 überstieg 1996 und 1997 die Nachfrage nach Ausbildungsplätzen das Angebot. Es findet ein Verdrängungswettbewerb statt, bei dem die Jugendlichen ohne Schulabschluß, schlecht benotete Haupt- und Sonderschulabgänger sowie Mädchen generell die schlechteren Karten haben.

Die Erfahrung lehrt, daß die Lehrstellenangebote zyklisch mit der Konjunktur verlaufen. Das läßt hoffen, daß im nächsten Aufschwung sich die Lage wieder entspannt. Insgesamt ist sowohl die Nachfrage nach Lehrstellen als auch das Lehrstellenangebot im Trend stark rückläufig. Fragten 1984 in den alten Bundesländern noch 764 000 Bewerber eine Lehrstelle nach, waren es 1996 in Gesamtdeutschland nur noch 628 000. Schon auf mittlere Sicht könnte sich die Lage auf dem Ausbildungsmarkt wieder entspannen. Allerdings ist bis zum Jahr 2005 jährlich mit einer hohen Zahl von Schulabgängern zu rechnen. Langfristig werden die Betriebe aufgrund der demographischen Entwicklung u. U. Schwierigkeiten haben, ihren Bedarf an Auszubildenden zu decken.

Während im Westen die aktuelle Mangelsituation noch über eine Kraftanstrengung der Wirtschaft gemildert werden konnte, sah die Lage in den neuen Bundesländern deutlich schlechter aus, auch wenn die Zahl der Ausbildungsverträge seit 1993 zunächst gesteigert werden konnte. Die Versuche des Bundeskanzlers, über *moral suasion,* d. h. über Appelle an die Unternehmer diese zu einem größeren Lehrstellenangebot zu bewegen, reichten insgesamt nicht aus. Es nimmt daher nicht wunder, daß die Forderung nach einer *Ausbildungsabgabe* für nicht ausbildende Betriebe wieder verstärkt in die Diskussion gebracht wird. Die Unternehmensverbände dagegen fordern eine Senkung der Ausbildungskosten (Deckelung der Azubi-Gehälter, längere Arbeitszeiten der Auszubildenden im Betrieb). Vorgeschlagen wird vom Bildungsminister auch ein »kleiner Gesellenbrief« mit geringeren Anforderungen.

In vielen Ländern der Welt ist die Jugendarbeitslosigkeit extrem hoch. Deutschland gehört zu den wenigen Ländern, in denen die Arbeitslosenquote bei den unter 25jährigen in etwa der durchschnittlichen Arbeitslosenquote entspricht. So lag die Quote 1996 bei 14 Prozent im Osten und 10,5 Prozent im Westen. Für qualifizierte und motivierte Jugendliche ist die berüchtigte Barriere beim Einstieg ins Berufsleben noch relativ gut zu überwinden. Größere Sorgen machen hier die Jugendlichen, die keinen Schulabschluß und keine Berufsausbildung nachweisen können. Jedes Jahr bleiben ca. 100 000 junge Menschen ohne Berufsausbildung. Gerade die jugendlichen Ausländer haben extrem schlechte Chancen. Hier wird sich die Integrationsfähigkeit unserer Gesellschaft beweisen müssen, wenn man eine Dualisierung der Gesellschaft verhindern will. Die Bildungspolitik ist hier an erster Stelle gefordert.

Berufliche Fortbildung: Wenn eine qualifizierte Ausbildung auch kein Garant für eine Dauerbeschäftigung ist, so wird sie doch immer stärker zu einer unverzichtbaren Bedingung für den Erhalt eines gut bezahlten Arbeitsplatzes. Die Erwerbschancen eines qualifiziert Ausgebildeten sind weiterhin deutlich höher. Vor allem erscheint es notwendig, daß sich der einzelne die Fähigkeit des Lernens und der flexiblen Anpassungsfähigkeit möglichst lange erhält. Der rasche technologische Wandel führt immer wieder dazu, daß einmal erworbene berufliche Qualifikationen am Arbeitsmarkt nicht mehr gefragt sind. Ein anderer Arbeitsplatz kann dann nur gewonnen werden, wenn eine andere Qualifikation erworben wird. Den Arbeitnehmern wird also in Zukunft immer wieder zugemutet werden müssen, sich beruflich fortzubilden oder beruflich umschulen zu lassen.

Auch bei der *Fortbildung* kann man einen allgemeinbildenden und einen berufsbildenden Zweig unterschieden. Bei der Allgemeinbildung interessieren vor allem die Möglichkeiten der zweiten Bildungswege, die es jenen Gesellschaftsmitgliedern ermöglichen, sich Kenntnisse, Bildung und Qualifikationen anzueignen, die sie im normalen Schulsystem, aus welchen Gründen auch immer, nicht erworben haben. Meist sind es bereits Berufstätige, denen zum beruflichen Aufstieg Schulabschlüsse fehlen (Hauptschulabschluß, mittlere Reife, Fachhochschulreife, Abitur), die dann während der Berufstätigkeit oder während zeitweiliger Unterbrechung der Berufstätigkeit nachgeholt werden. Das Problem ist entschärft worden, weil das gegliederte Schulsystem und auch die Gesamtschule heute durchweg Übergänge noch in fortgeschrittenen Phasen der schulischen Ausbildung ermöglichen, so daß die zweiten Bildungswege inzwischen weniger häufig beansprucht werden müssen als früher bei der jahrzehntelangen Abschottung von Hauptschule, Realschule und Gymnasien.

Der Nationalökonom Friedrich List (1789-1846) wies in seiner »Theorie der produktiven Kräfte« auf die volkswirtschaftliche Produktivität von Erziehung hin. »Die Kraft, Reichtümer zu schaffen, ist demnach unendlich wichtiger als der Reichtum selbst; sie verbürgt nicht nur den Besitz und die Vermehrung des Erworbenen, sondern auch den Ersatz des Verlorenen.« Man könnte in dem Bildungssystem eines Landes einen eigenen Produktionsfaktor sehen. Von dieser Perspektive hat die moderne Bildungsökonomie jedenfalls so viel übernommen, daß man sich darin einig ist, daß Bildung stets auch gesamtgesellschaftlichen Investitionscharakter hat. Darüber hinaus gewinnt Bildung aber heute noch in einem neuen Sinne beschäftigungspolitische Bedeutung. In den westlichen Industrieländern zeichnet sich als allgemeines Strukturproblem ab, daß das zur Vollbeschäftigung notwendige Arbeitsvolumen nicht mehr allein über wirtschaftliches Wachstum erreicht werden kann, sondern das Arbeitsvolumen gleichmäßiger auf alle Gesellschaftsmitglieder zu verteilen ist (Arbeitszeitverkürzung). Tendenziell nimmt die Lebensarbeitszeit ab, und der Anteil der Freizeit wächst. Das wachsende Volumen der Zeit der Nichterwerbstätigkeit kann und soll stärker mit Bildung ausgefüllt sein. In diesem Zusammenhang fragt es sich, ob Bildung auf das erste Drittel der Lebenszeit konzentriert werden muß. Bedenkenswert sind Konzepte lebenslanger Bildung, in denen auch das letzte Lebenszeitdrittel nicht ausgespart bleibt. Vorstellbar ist auch, das mittlere Lebenszeitdrittel, das heute typischerweise mit Erwerbstätigkeit ausgefüllt ist, für Bildung kurz- oder mittelfristig zu unterbrechen (Bildungsurlaub, Sabbatjahr). Es dürfte trotz der zu erwartenden langfristigen Effizienzgewinne schwer werden, die scharf ihre Kosten kalkulierenden Unternehmen für solche Bildungsmodelle zu gewinnen.

Vertiefende Literatur

Blossfeld 1985, Hanesch 1990.

9.
Kommunale Sozialpolitik, Wohlfahrtsverbände und soziale Dienste

Die Städte und Gemeinden sind die Orte, an denen viele Ämter ansässig sind, die für den Bürger den Zugang zum Sozialstaat bilden. Vor Ort müssen auch die vielfältigen sozialen Dienstleistungen angeboten und verrichtet werden, und in den Gemeinden werden die Lücken des sozialen Netzes sichtbar und auffällig. Die Expansion der Sozialversicherung entlastete nicht nur die Familien, sondern auch die Kommunen zunehmend von den Grundrisiken. Das wurde noch einmal deutlich bei der Pflegeversicherung, die nicht zuletzt auf politischen Druck der Städte und Gemeinden zustande kam. Sie brauchten dringend diese Entlastung. Insgesamt brachte dies nur ein kurze Atempause, denn die vielfältigen Probleme vor Ort drohen die finanzielle Handlungsfähigkeit zu gefährden. Trotz der Entlastung von den Grundrisiken sind die Belastungen der Kommunen mit sozialen Aufgaben eher größer geworden. Das soziale Netz läßt zu viele Problemfälle durchrutschen.

Wachsende Arbeitslosigkeit führt zu steigenden *Sozialhilfeausgaben*. Die mangelhafte Erziehungsleistung in vielen Familien zieht hohe Ansprüche an die *Jugendhilfe* nach sich. Dies sind Pflichtaufgaben, die Priorität beanspruchen. Vielfältige soziale Aufgaben kommen hinzu und sind in vielen Großstädten kaum noch zu bewältigen: Altenhilfe, Integration der Ausländer, Asyl-, Flüchtlings- und Spätaussiedlerbetreuung, Suchthilfe, Kriminalitätsprävention, Verhinderung von Verslumung, Ghettobildung und Obdachlosigkeit. Viele dieser Probleme sind in einem zirkulären Prozeß miteinander verbunden. Gelänge es, die Arbeitslosigkeit nachhaltig zu bekämpfen, wäre viel gewonnen. Die Realität sieht anders aus. Den Kommunen werden vom Bund neue Aufgaben aufgebürdet (Recht auf einen Kindergartenplatz, Spargesetze, die zu einer Erhöhung der Sozialhilfe führen und so eine Lastverschiebung darstellen), ohne daß die Finanzierung vom Bund gewährleistet wird. Dies wird möglich aufgrund eines Finanzverfassungsrechts (Wieland 1996), das den Kommunen nur Finanzierungsansprüche gegenüber den Ländern, nicht aber dem Bund gegenüber einräumt. Hier besteht dringender Reformbedarf. Die drängenden Probleme wie Arbeitslosigkeit, Zuwanderung und Lastverschiebung nach unten können nicht vor Ort, sondern nur auf zentralstaatlicher Ebene gelöst werden.

Welche eigenen Strategien entwickeln die Kommunen angesichts dieser Situation? Der allgemeine *defensive Trend* geht in Richtung Kostenentlastung durch Privatisierung und Effizienzsteigerungen in der Verwaltung. Unter den Schlagworten »Kommune als Dienstleistungsunternehmen« oder »Kontraktmanagement« werden neue Steuerungsmodelle gemeindlicher Verwaltung angepriesen. Diese betriebswirtschaftlich richtige Strategie kann volkswirtschaftlich über steigende Arbeitslosigkeit als Bumerang wieder auf die Gemeinden zurückfallen. Die *offensive Perspektive* sieht die Kommune in einer Rolle als Moderator, der helfen soll, selbsttragende Strukturen gesellschaftlicher Solidarität zu entwickeln (Blanke 1994). In Zusammenarbeit mit den freien Trägern der Wohlfahrt, zu gründenden lokalen Initiativen und zur Mitarbeit motivierten Bürgern soll die lokale Sozial- und Arbeitsmarktpolitik koordiniert, Selbsthilfe initiiert und gemeinsame Projekte und eine soziale Infrastruktur in benachteiligten Stadtteilen geschaffen werden. Angesichts positiver Erfahrungen in den Niederlanden begann 1996 die Caritas mit einem großen Modellversuch, Bürger als freiwillige Helfer in derartigen Projekten vor Ort zu gewinnen.

Sicher sind auch Anregungen aus der *kommunitaristischen Bewegung* aus den USA hier eingeflossen (Bellah u.a. 1987). Offensichtlich machen sich immer mehr Sozialpolitiker Gedanken darüber, ob man mit den klassischen Methoden des Sozialstaats allein den kommunalen sozialen Problemen Herr werden kann. Geldtransfers und öffentlich finanzierte Dienste sind die klassischen Mittel. Sie sind unverzichtbar, aber teuer und verfehlen oft das Ziel der Hilfe zur Selbsthilfe. Ob es wirklich gelingen wird, in einer Zeit, wo viele auf ihrem Selbstverwirklichungstrip zu sein scheinen, die notwendige massenhafte Bereitschaft zu wecken, bei den Problemen am eigenen Wohnort mit Hand anzulegen, ist zweifelhaft. Es ist dennoch den Versuch wert. Weitere Ideen und Initiativen richten sich auf das ungenutzte Potential der noch leistungsfähigen Senioren (Leih-Oma-Vermittlung, Senioren helfen in den Vereinen und Jugendtreffs), Kooperationsringe und Tauschbörsen und einen sozialen Pflichtdienst für jedermann (vgl. dazu auch Kapitel 10.2.2).

Soziale Dienste: Nach dem Sozialgesetzbuch haben die Kommunen einen *Sicherstellungs- und Koordinierungsauftrag* für die sozialen Dienste, die den Bürgern aufgrund sozialgesetzlicher Regelungen anzubieten sind: Kinder-,

Jugend- und Familienhilfe, Gesundheitshilfe (Gesundheitsamt), Altenhilfe und Pflegehilfe. Dazu kommen freiwillige Angebote wie die Betreuung von Drogenabhängigen und Aids-Erkrankten oder von Flüchtlingen und Arbeitslosen. Diese werden zum Teil über Arbeitsbeschaffungsmaßnahmen finanziert, und ihre Weiterführung hängt oft am dünnen Faden der Arbeitsmarktpolitik. Ihrem Sicherstellungsauftrag kommen die Kommunen dadurch nach, daß sie diese Dienste teils in eigener Regie (*allgemeiner sozialer Dienst*) verrichten, größtenteils aber an die großen Wohlfahrtsverbände delegieren, die ihren Vorrang aus dem Subsidiaritätsprinzip ableiten. Für die meisten sozialen Dienste ist nach wie vor die öffentliche oder freigemeinnützige Trägerschaft typisch.

Inzwischen scheiden sich an dieser Frage die Geister. Durch die Pflegeversicherung ist das private soziale Dienstleistungsangebot salonfähig geworden. Zwar ist in den Gewerkschaften und der SPD die Mehrheit weiterhin für ein flächendeckendes Angebot von Sozialstationen im bewährten Zusammenspiel von Wohlfahrtsverbänden und Kommunen, da nur so ein gleicher Zugang für alle und eine hohe Qualität der Versorgung zu garantieren sei. Die Marktfähigkeit sozialer Dienste wird bestritten, da den Betroffenen vielfach der Marktüberblick und die kritische Distanz fehle und sie so leicht von Profitinteressen ausgebeutet würden. Dem wird aus verschiedenen Richtungen deutlich widersprochen. Die Menschen, die auf soziale Dienste angewiesen sind, seien im Durchschnitt genauso mündige Bürger wie die anderen. Damit seien viele dieser Dienste marktfähig. Bei der Pflegeversicherung wurde dem Rechnung getragen und den Betroffenen sowohl die Wahl zwischen Geld oder Sachleistung als auch zwischen privaten oder wohlfahrtsverbandlichen Angeboten gelassen. Eine über das Normale hinausgehende öffentliche Qualitätskontrolle und Höchstpreisverordnungen soll auch die Kritiker einigermaßen zufriedenstellen.

Unserer Vorausschau nach ist damit der Damm gebrochen. Auch bei anderen sozialen Diensten werden die Kommunen in Zukunft auf private Anbieter zurückgreifen, wie jetzt schon bei der Müllabfuhr oder beim Reinigungsdienst.

Kostenkrankheit sozialer Dienste (Baumol-Theorem): Das liegt an der inzwischen schon berühmten *Kostenkrankheit* personalintensiver Dienste (cost disease), das zuerst von William Baumol beschrieben wurde (1972). Für soziale Dienste gilt das uno-actu-Prinzip. Der Pfleger, Arzt oder Gesprächstherapeut ist auf die Anwesenheit und die Mitwirkung des Klienten angewiesen. Damit sind diese Dienste nicht lagerfähig, und die Produktivität – gemessen als Zahl der behandelten Fälle pro Tag – kann nicht in dem Maße gesteigert werden, wie bei der industriellen Produktion (hier gemessen als Produktionsleistung pro Tag), wo der technische Fortschritt Jahr für Jahr für neue Produktivitätsrekorde sorgt. Folgen nun die Löhne und Gehälter des Pflegepersonals, der Ärzte, Therapeuten und Sozialarbeiter auch nur in etwa den üblicherweise produktivitätsorientierten Entgelten der Arbeitnehmer in der Industrie, führt das zu der von Baumol beschriebenen, sich von Lohnrunde zu Lohnrunde verschärfenden Kostenklemme für die Anbieter sozialer oder anderer personaler Dienste. Dieses Phänomen ist auch empirisch nachweisbar. Auch wenn es den Gewerkschaften, die die Dienstleistenden vertreten (u.a. der ÖTV), nicht immer gelungen ist, die Lohnerhöhungen, die z.B. die IGM als Lohnführer ausgehandelt hat, ebenfalls voll durchzusetzen, so reichten die Lohnzuwächse allemal, um die durchschnittlichen Lohnkosten z.B. im Krankenhaus sukzessive steigen zu lassen. Eine Antwort auf dieses Problem war in der Vergangenheit die Verschlechterung der Pflegequalität. Wenn weniger Schwestern pro Betten eingesetzt werden, dann erhöht sich scheinbar die Arbeitsproduktivität, während in Wirklichkeit die Patientenversorgung qualitativ schlechter wird.

Damit stoßen wir auf ein ernstes Dilemma, dessen Lösung für die Zukunft des Sozialstaates mitentscheidend sein dürfte. Einerseits wird der Bedarf an sozialen, d.h. pflegerischen, betreuenden, beratenden und behandelnden Diensten offensichtlich immer größer, zum anderen steigen die Kosten gemäß dem Baumol-Theorem überproportional, so daß die in der Versorgung mit Waren immer reicher werdende Gesellschaft paradoxerweise in eine Finanzierungskrise bei den sozialen Diensten gerät, wie etwa der Pflegenotstand und die Qualitätseinbußen in den Krankenhäusern zeigen.

Auf der Suche nach den Auswegen wird man zunächst auf die Privatisierung stoßen oder von liberalen Ökonomen darauf gestoßen. Damit geraten die Wohlfahrtsverbände in die Kritik.

Wohlfahrtsverbände: Die Wohlfahrtsverbände (Caritas, Diakonisches Werk, Arbeiterwohlfahrt, Deutsches Rotes Kreuz und der Paritätische Wohlfahrtsverband) sind nach einer Expansion ohnegleichen heute zu den größten Arbeitgebern in der Bundesrepublik zu zählen. Die Zahl der dort und damit in sozialen Dienstleistungen Beschäftigten stieg von ca. 380000 im Jahr 1970 auf über 750000 im Jahr 1990 (Hegener 1992). Die Dominanz der Wohlfahrtsverbände als Anbieter sozialer Dienste wird mit dem *Subsidiaritätsprinzip* begründet, wonach die freien Träger den Menschen und ihren Bedürfnissen näher stehen als öffentliche Träger. Sicher ist das soziale Engagement der religiös oder humanitär geprägten Verbände unentbehrlich. Ohne das Ehrenamt und die Laienhilfe vieler Helfer in den Wohlfahrtseinrichtungen wären Versorgungslücken im Sozialstaat wohl kaum vermeidbar.

Ihre besondere Daseinsberechtigung leiten diese Verbände aus dem ehrenamtlichen Engagement ihrer freiwilligen Helfer ab, das aus christlichen und anderen Quellen sozialer Verantwortung gespeist wird. Damit findet der Pflegesuchende den Pflegedienst bei den Gruppen und Verbänden, die ihm weltanschaulich nahestehen.

Dieses Ideal ist so kaum mehr zu finden. Das ehrenamtliche Engagement, das sich vor allem auf Frauen in den mittleren Jahren stützt, geht mit steigender Erwerbsquote dieser Gruppe zurück. Es war schon immer stark auf die verbandliche Arbeit (u.a. Spendensammlung) bezogen und wurde im Zuge der Professionalisierung der Dienste immer stärker ausgegrenzt. Die Verbände sind in der Sozialarbeit weitgehend von der öffentlichen Finanzierung abhängig. Ihre Reputation hat durch diese enge, auch personale Verknüpfung mit der Politik, vor allem aber durch die in den Medien verschiedentlich aufgedeckten Ineffizienzen gelitten. Mit der Verknappung öffentlicher Mittel steigt der Druck auf eine verbesserte öffentliche Kostenkontrolle der ausgeuferten Wohlfahrtsbürokratie. Als Mittel der Wahl gilt hier den Ökonomen ein privates erwerbswirtschaftliches Angebot, das mit den schon vorhandenen öffentlichen und wohlfahrtsverbandlichen Einrichtungen und freigemeinnützigen Initiativen in Wettbewerb tritt. Eine Intensivierung des Wettbewerbs führt dazu, daß Produktivitätsreserven erschlossen werden, daß die Qualität der Dienstleistenden tendenziell (angelernte Kräfte) verringert wird und ein Druck auf die Löhne stattfindet (Ausweitung der geringfügigen Beschäftigung). Dies führt zu Kostensenkungen, aber auch zu Qualitätseinbußen für den Verbraucher. Diesem Druck, der bisher noch auf den Pflegemarkt beschränkt ist, können sich die Wohlfahrtsverbände nicht mehr entziehen, wie die Zahl der GmbH-Ausgründungen zur Erhöhung der betriebswirtschaftlichen Effizienz zeigt (Heinze/Naegele, 1995, S. 408).

Angesichts der teuren professionellen sozialen Dienste und der nachlassenden Selbsthilfefähigkeit der Familien sind immense Anstrengungen notwendig, um mehr Laienhilfe in den Nachbarschaften zu motivieren. Neben materiellen (Aufwandsentschädigung) und immateriellen Belohnungen (öffentliche Anerkennung) werden damit auch Modelle eines *sozialen Pflichtdienstes* (vgl. Kapitel 11.2.2) diskutierbar.

Vertiefende Literatur

Braun/Johne 1993; Hanesch 1996, Heinze/Naegele 1995, Kaufmann 1979, Kleinfeld 1996, Krüger/Pankoke 1985, Thränhardt u.a. 1986.

10.
Die deutsche Sozialordnung im internationalen Vergleich

10.1 Sozialpolitik in der Europäischen Union

Relative Autonomie der nationalen Sozialordnungen: Angesichts der Vielgestaltigkeit der Sozialordnungen in den 15 Mitgliedstaaten der EU müssen wir auf einen Vergleich verzichten (vgl. Weber/Leienbach/Dohle 1991). Die Sozialordnungen haben alle ihre eigene Tradition und sind in spezifischen sozialen und kulturellen und politischen Umwelten entwickelt worden. Dennoch geht das Europäische Parlament mit einem gewissen Recht von einem *»weltweit einzigartigen europäischen Sozialmodell«* aus. Gemeint ist, daß trotz der vielfältigen Unterschiede im einzelnen prinzipiell ähnliche soziale Leitbilder in Europa eine gemeinsame sozialphilosophische Grundlage bilden. Ähnlich wie Deutschland ist ganz Europa durch die christlichen Soziallehren, die Tradition des freiheitlichen Sozialismus, eines aufgeklärten Konservatismus und sozialen Liberalismus beeinflußt worden, wobei allerdings die jeweiligen Einflüsse unterschiedlich stark waren.

Trotz dieser Übereinstimmung in der grundsätzlichen Verpflichtung an das Sozialstaatsprinzip hat sich eine gemeinsame europäische Sozialpolitik nur recht mühsam entwickelt. Die Wirtschaftsunion stand immer im Vordergrund der Bemühungen. Dies lag sicher auch daran, daß es von vornherein unmöglich schien, die so unterschiedlichen historisch gewachsenen Sozialordnungen der Mitgliedstaaten angleichen zu wollen. Zwar thematisiert schon die Präambel der Römischen Verträge (EWG-Vertrag 1957) die sozialpolitische Zielvorgabe einer stetigen Verbesserung der Lebens- und Arbeitsbedingungen, aber der EG-Vertrag einschließlich des Vertrages zur Europäischen Union, der 1993 in Kraft trat (WWU-Vertrag), gibt nur wenige konkrete, sozialpolitisch bedeutsame Gemeinschaftsregeln zwingend vor. Die Autonomie der nationalen Sozialordnungen bleibt weitgehend erhalten. Wenn dennoch immer wieder von sozialpolitischer Harmonisierung gesprochen wurde, dann bedurfte dies einer Klärung.

- So wurde im Rahmen des 1974 vom Rat der EG beschlossenen sozialpolitischen Aktionsprogramms das Ziel der sozialpolitischen Harmonisierung dahingehend präzisiert, die Sozialleistungen im fortschrittlichen Sinne anpassen zu wollen, ohne die bestehenden unterschiedlichen Sozialordnungen zu vereinheitlichen.

Die Grundlage für eine neue Integrationsinitiative Ende der 80er Jahre bilden das Weißbuch der EG-Kommission (1985) und – vor allem hinsichtlich der Sozialpolitik – die Einheitliche Europäische Akte von 1987. Letztere enthält u. a. die Bestimmungen für eine gemeinschaftliche Sozialpolitik. Eine vollständige rechtliche Vereinheitlichung ist weiterhin nicht beabsichtigt, da eine künstliche Angleichung der historisch gewachsenen nationalen Sozialversicherungssysteme auf einem höheren Niveau für den ärmeren Teil der Gemeinschaft zu teuer wäre bzw. zu Wettbewerbsnachteilen der ärmeren Regionen führen würde. Deswegen kommt in der Einheitlichen Europäischen Akte der *Idee der sozialpolitischen Mindeststandards* großes Gewicht zu, die sich überhaupt zu der Lösungsformel für die europäische soziale Harmonisierung zu entwickeln scheint.

Die Idee der Mindeststandards fand auch in der *»Gemeinschafts-Charta der sozialen Grundrechte der Arbeitnehmer«* ihren Niederschlag (kurz: »Sozialcharta«, nicht zu verwechseln mit der seit 1965 bestehenden und von der Bundesrepublik ratifizierten Europäischen Sozialcharta des Europarates).

- Die Sozialcharta zielt auf die Gewährleistung eines Mindestschutzes durch soziale Rechte, wodurch für die Unternehmen der Anreiz gemindert werden soll, aus Unterschieden im sozialen Leistungsniveau der verschiedenen Mitgliedstaaten Wettbewerbsvorteile zu ziehen.

Ursprünglich sollte die Sozialcharta 1989 feierlich verabschiedet werden. Der Widerstand Großbritanniens verhinderte dies, so daß sie lediglich von den übrigen Ländern mit Zustimmung zur Kenntnis genommen wurde. Ist die Sozialcharta somit nicht viel mehr als eine unverbindliche Absichtserklärung, so blieb sie auch inhaltlich weit hinter den Erwartungen, die vor allem seitens der Gewerkschaften bestehen, zurück. Weil nach Auffassung des Europäischen Gewerkschaftsbundes (EGB) elementare Arbeitnehmerrechte unberücksichtigt blieben bzw. verbindliche Aussagen fehlten, fiel auch die vom Exekutivausschuß des EGB geäußerte Kritik entsprechend scharf aus.

- Mit dem »Aktionsprogramm zur Anwendung der Gemeinschaftscharta der sozialen Grundrechte der Arbeitnehmer« (welches formal die Sozialcharta ergänzt) ist die Absicht einer erneuten, teilweise über die Sozialcharta hinausgehenden sozialpolitischen Initiative der Kommission zu erkennen. Zwar setzt das Aktionsprogramm selbst ebensowenig wie die Sozialcharta europäisches Recht, jedoch stellt es einen konkreten Leitfaden für die Implementation einer gemeinschaftlichen Politik sozialer Mindeststandards dar.

Diese sollen sich auf Gebiete wie die Regelung des Arbeitsmarktes, der Koalitionsfreiheit, der Unterrichtungs-, Anhörungs- und Mitwirkungsrechte der Arbeitnehmer bis hin zu gemeinschaftlichen Bestimmungen zum sozialen Schutz, Gleichbehandlung von Männern und Frauen etc. erstrecken.

Die gern zitierte *Wertegemeinschaft* tut sich trotz des vielbeschworenen gemeinsamen europäischen Erbes schwer, über die Wirtschaftsgemeinschaft hinaus zu einer politischen und sozialen Union zusammenzuwachsen. Das liegt daran, daß die Länder in dem einheitllichen Markt auch über den Abbau von Sozialstandards miteinander konkurrieren können. Großbritannien ging unter der konservativen Regierung genau diesen Weg. Man hoffte, daß die anderen Mitgliedstaaten Sozialstandards und Arbeitnehmerrechte vereinbaren, ohne sich selbst beteiligen zu wollen (Schwarzfahrer- oder free-rider-Verhalten).

Sozialpolitische Begleitung des Binnenmarktes: Generell kommt der Europäischen Kommission die Aufgabe zu, eine enge Zusammenarbeit zwischen den Mitgliedstaaten in sozialen Fragen zu fördern (Art. 118 EWG-Vertrag). Zur Verwirklichung eines einheitlichen *Binnenarbeitsmarktes* sieht der EWG-Vertrag für zwei Bereiche eine konkrete Verpflichtung zur Harmonisierung sozialpolitischer Vorschriften vor.

- Nach Art. 51 sollten als Voraussetzung für die Freizügigkeit der Arbeitnehmer Maßnahmen getroffen werden, um die soziale Sicherheit der Wanderarbeitnehmer zu gewährleisten. Dies wurde mittels der EG-Verordnung 1612 aus dem Jahre 1968 weitestgehend verwirklicht. Arbeitnehmer und deren Familien, die innerhalb der EG ihren Arbeitsplatz wechseln, behalten die ursprünglich in den anderen EG-Staaten erworbenen Leistungsansprüche auf soziale Sicherung bei Krankheit, Invalidität, Alter, Unfall, Arbeitslosigkeit und Familienhilfe. Mit der Schaffung des Europäischen Binnenmarktes 1993 wurde die gegenseitige Anerkennung von Bildungsabschlüssen und Berufsqualifikationen garantiert, um eine weitere Verbesserung der Mobilität qualifizierter Arbeitnehmer zu erreichen.

Europäische soziale Mindeststandards (Richtlinien): Art. 117 des EWG-Vertrages fordert die Verbesserung der Lebens- und Arbeitsbedingungen der Arbeitskräfte durch »Abstimmung der Sozialordnungen«. Hier ist die Politik sozialer Mindeststandards, wie sie von der Sozialcharta noch einmal gefordert wurde, vertraglich festgelegt. In der Vergangenheit scheiterte die Durchsetzung solcher Standards oft am Abstimmungsverfahren der Einstimmigkeit. Seit dem Maastrichter Vertrag (WWU) besteht die Möglichkeit, soziale Richtlinien auch mit qualifizierter Mehrheit durchzusetzen. Dies ist auch bei der Richtlinie über Europäische Betriebsräte erstmalig geschehen. Allerdings wird man wohl mit diesem Instrument vorsichtig umgehen, um eine konstruktive Mitarbeit aller Länder zu bewahren.

Trotz der Behinderungen durch das Einstimmigkeitsprinzip sind in den Bereichen Arbeitsbedingungen und Arbeitsrecht und des Gesundheitsschutzes eine Reihe von Richtlinien erlassen worden, so etwa zum Schutz bei Massenentlassungen (1975) oder zuletzt die für den deutschen Bauarbeitsmarkt so wichtige Entsenderichtlinie (1996). Die Umsetzung der Richtlinien lassen einen Spielraum nach oben für die jeweilige nationale Sozialpolitik. Damit bewahren dem Subsidiaritätsprinzip entsprechend die unterschiedlichen, historisch gewachsenen Sozialordnungen der Mitgliedstaaten ihre Eigenständigkeit.

Die europäischen Fonds: Von erheblicher sozialpolitischer Bedeutung sind die europäischen Fonds: *Agrarfonds, Regionalfonds, Sozialfonds* (Heinelt 1996). Der *Kohäsionsfonds* betrifft nur die Länder Spanien, Portugal, Irland und Griechenland. Den Löwenanteil an EU-Mitteln verschlingt der Agrarfonds, wobei für die strukturelle Anpassung der Landwirtschaft und für sozialpolitische Ausgaben wie Alterssicherung der Landwirte nur ein bescheidener Anteil reserviert ist. Der Regionalfonds ist für die Förderung der wirtschaftlich schwächeren Regionen, die Umstellung der notleidenden Industriegebiete, die Bekämpfung von Langzeitarbeitslosigkeit und für die berufliche Eingliederung von Jugendlichen verantwortlich, so daß die Wettbewerbsnachteile schwächerer Regionen tendenziell ausgeglichen werden sollen. Die Bekämpfung der Arbeitslosigkeit ist die Hauptaufgabe des Sozialfonds. Die Fondsmittel werden auf Antrag an öffentliche Körperschaften, aber auch an private Unternehmen gezahlt und dienen vor allem der Bekämpfung der Jugend- und Frauenarbeitslosigkeit und der Verbesserung der Arbeitsmarktstrukturen unterentwickelter Gebiete innerhalb der EG.

Der Wirtschafts- und Sozialausschuß: Der im EWG-Vertrag institutionalisierte (Art 118b) Dialog der Sozialparteien soll zu ihrer starken Einbindung etwa bei der Planung sozialer Mindeststandards führen. Deshalb ist auf europäischer Ebene eine Institution zur Mitwirkung wichtiger europäischer Interessengruppen eingerichtet worden. Im *Wirtschafts-und Sozialausschuß (WSA),* der allerdings nur beratende Aufgaben hat und über Anhörungsrechte

Sozialquoten in der Europäischen Union

(Sozialschutzausgaben in % des Bruttoinlandsprodukts)

	1970	**1980**	**1990**	**1993**
Belgien	18,5	28,0	27,0	27,6
Dänemark	19,6	28,7	29,8	33,2
Deutschland	–	–	–	31,0
Westdeutschland	**21,5**	**28,8**	**26,9**	**27,6**
Griechenland	–	9,7	16,1	16,3
Spanien	–	18,2	20,6	24,0
Frankreich	19,2	25,4	27,7	30,9
Irland	13,2	20,6	19,5	21,4
Italien	17,4	19,4	24,1	25,8
Luxemburg	16,4	26,5	22,1	24,9
Niederlande	20,8	30,1	32,2	33,6
Portugal	–	12,9	15,0	18,3
Großbritannien	15,9	21,5	22,7	27,8
Europa 12	**–**	**24,3**	**25,3**	**28,8**
Österreich	–	–	–	–
Finnland	–	–	26,0	35,4 (1992)
Schweden	–	–	–	–

Quellen: EUROSTAT: Social Protection, Statistical Bulletin 1985, EUROSTAT: Ausgaben und Einnahmen des Sozialschutzes 1980-1993, Luxemburg 1995.

verfügt, haben die Gewerkschaften, die Arbeitgeber und sonstige Interessengruppen – darunter u.a. die Verbraucherverbände – je ein Drittel der 222 Sitze inne. Von sozialpolitischer Relevanz ist ferner der Ständige Ausschuß für Beschäftigungsfragen, da er der einzige Ausschuß darstellt, in dem die Arbeitgeber, Gewerkschaften und die Kommission konzertiert zusammenarbeiten.

Europäische Sozialindikatoren: Vergleicht man die Sozialordnungen in der europäischen Gemeinschaft, so zeigen sich erhebliche strukturelle Differenzen und Niveauunterschiede. Die Strukturunterschiede können an dieser Stelle nicht dargestellt werden. Zum Vergleich der Niveauunterschiede und ihrer Entwicklung bietet sich der Indikator *Sozialquote* an.

Die Entwicklung der Sozialquoten in den einzelnen Ländern ist sehr unterschiedlich. Sie expandierten in allen Ländern bis Anfang der 80er Jahre ständig. Im Verlauf der 80er Jahre zeigte sich dann ein differenziertes Bild. In den meisten Ländern gelang eine Stabilisierung auf dem einmal erreichten Niveau, während in anderen Ländern – sei es aufgrund nachholender Entwicklung (Spanien, Griechenland und auch in Italien) oder aufgrund wenig erfolgreicher Konsolidierungsbemühungen (Niederlande) – ein weiterer Anstieg erfolgte. Zu Beginn der 90er Jahre kam es in den meisten Ländern zu einem erneuten Kostenschub bei den Sozialleistungen bei nachlassender Konjunktur, so daß die Sozialquote zum Teil erheblich stieg (Großbritannien, Dänemark, Finnland).

Trotz der Belastungen der Sozialversicherungen durch die deutsche Einheit hält sich die Entwicklung für Gesamtdeutschland im Rahmen, während Westdeutschland 1993 zum ersten Mal in der Geschichte der EG/EU sogar deutlich unter dem EU-Durchschnitt liegt. Auf die Ursachen der unterschiedlichen Entwicklungen der Sozialquoten in den entwickelten Ländern kann hier nicht weiter eingegangen werden. Einen guten Überblick über den Forschungsstand vermittelt M. G. Schmidt (1988, 137ff).

Beschäftigung in Europa: Ein besonderes Problem stellt die Entwicklung der Arbeitslosigkeit in allen EU-Staaten dar. Die ermittelten Arbeitslosenquoten, wie sie in der Tabelle ausgewiesen sind, basieren auf Haushaltsbefragungen. So erklären sich die z.T. erheblichen Abweichungen (Bundesrepublik!) von den amtlichen Arbeitslosenstatistiken der Länder, die auf recht unterschiedlichen Definitionen von Arbeitslosigkeit beruhen.

Arbeitslosenquoten ausgewählter Länder

	1970	1980	1990	1995
Österreich	1,5	1,9	5,4	6,6
Belgien	1,9	8,8	7,2	10,2
Deutschland[1]	0,6	2,9	4,8	8,3
Dänemark	0,7	6,5	8,1	6,7
Spanien	2,5	11,1	15,9	22,7
Frankreich	2,5	6,2	8,9	11,5
Großbritannien	2,2	6,4	6,8	8,8
Griechenland	4,2	2,8	7,1	8,8
Italien	5,3	7,5	10,3	11,9
Irland	5,8	7,3	13,4	14,4
Luxemburg	-	0,6	1,7	3,9
Niederlande	1,0	6,0	7,5	6,7
Portugal	2,5	7,7	4,6	7,2
Schweden	1,5	2,0	1,5	9,2
Finnland	1,9	4,6	3,4	17,2
EU[2]	2,4	6,2	8,2	10,7
Kanada	5,6	7,4	8,1	9,6
Japan	1,1	2,0	2,1	3,2
USA	4,8	7,0	5,4	5,6

Quellen: EUROSTAT, Arbeitslosigkeit 12/96; Institut der deutschen Wirtschaft (iw), Zahlen zur wirtschaftlichen Entwicklung der Bundesrepublik Deutschland 1996, Tabelle 143; OECD Labour Force Statistics.

[1] bis 1990 alte Bundesländer;

[2] bis 1990 Europa 12, ab 1995: Europa 15.

Im Europa der 15 (EU) leben zur Zeit etwa 370 Mio. Einwohner. Die Zahl der Arbeitslosen erreichte 1994 mit fast 18,5 Mio. einen traurigen Rekord. Zwar fiel die Arbeitslosigkeit 1995 und 1996 leicht, eine nachhaltige Belebung ist jedoch nicht in Sicht. Besondere Probleme verursacht die hohe Jugendarbeitslosigkeit genau wie die Langzeitarbeitslosigkeit. Spanien, Frankreich und Italien erreichen hier erschreckend hohe Werte. Es muß ernstlich gefragt werden, ob diese Länder sich nicht selbst die Zukunft verbauen, wenn man den jungen Menschen das Gefühl gibt, überflüssig zu sein.

Beschäftigungsindikatoren ausgewählter Länder

Länder	**Erwerbsquote 1993**	**Jugendarbeitslosenquote (unter 25 Jahren) 1994**	**Langzeitarbeitslose in % aller Arbeitslosen**
Dänemark	83	12,7	25
Westdeutschland	69	7,7	40
Spanien	59	40,9	46
Frankreich	67	27,2	33
Italien	59	28,8	58
Niederlande	67	11,9	52
Schweden	78	25,3	7
Großbritannien	75	17,4	43
USA	77	13,2	5
Japan	76	5,7	17

Quelle: Walwei 1996, Tabelle1, S. 18.

Sozialpolitik nach der Währungsunion: Seit dem 1.1.1993 ist der Europäische Binnenmarkt Wirklichkeit, so daß ein freier Verkehr von Waren, Kapital, Dienstleistungen und Personen gewährleistet ist. Man erwartete durch den Abbau von physischen, technischen und fiskalischen Handelshemmnissen beträchtliche Wohlfahrtsgewinne. Es ist angesichts der Komplexität der zusammenwirkenden Einflüsse heute schwer, dies empirisch zu überprüfen.

Da in einigen Ländern, vor allem in der Bundesrepublik, die konjunkturelle Entwicklung eher bescheiden blieb, sehen sich jene bestätigt, die mit ernstzunehmenden Anpassungsproblemen vor allem im Hinblick auf den Arbeitsmarkt gerechnet hatten. Da die deutschen Direktinvestitionen im Ausland 1995 stark gestiegen sind, wird befürchtet, daß Länder mit niedrigeren sozialen Standards und Arbeitskosten (über Standortverlagerungen) Investitionen anziehen und größere Marktanteile erobern. Vertreter der Arbeitnehmerseite befürchten als Folge von Flexibilisierungs- und Deregulierungsmaßnahmen ein »Sozialdumping« mit der Folge des Abbaus sozialer Rechte (Heise/Küchle 1996).

Dem Gefälle im Hinblick auf Lohnkosten und arbeits- sowie sozialrechtliche Regelungen müssen allerdings andere standortrelevante Faktoren wie Produktivitätsniveau, Infrastrukturausstattung, Zuverlässigkeit, Ausbildungsniveau etc. gegenübergestellt werden. Außerdem ist eine veränderte europäische und internationale Arbeitsteilung unumgänglich, um sozialökonomische Fortschritte vor allem in den südlichen EG-Staaten zu erzielen. Aus der Konzentration auf hochwertige Produkte und Innovationen kann auch die Bundesrepublik Vorteile ziehen. Insgesamt hat die europäische Gemeinschaft ihren Mitgliedern erhebliche Wohlfahrtsgewinne gebracht, und die großen nationalen Unterschiede im Bruttoinlandsprodukt wurden etwas reduziert (Konvergenzthese: Walwei, 1996, 16). Allerdings sind die regionalen Unterschiede eher gewachsen.

Arbeitslosenquoten in Europa und Deutschland

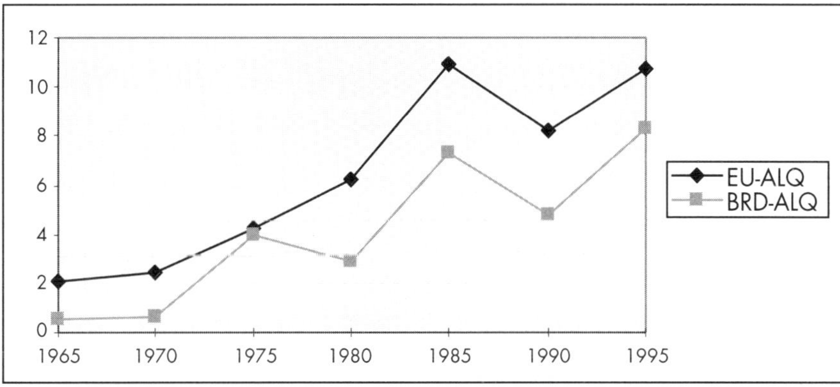

Quelle: EUROSTAT, Themenkreis 3, Reihe B, Arbeitslosigkeit.

Mit dem Vertrag von Maastricht soll ab 1999 die Währungsunion durch eine einheitliche Währung, den Euro, vollendet werden. Über die Frage, welche Auswirkungen für den Arbeitsmarkt, die Einkommensverteilung und die Sozialordnung zu erwarten sind, gibt es heftige Auseinandersetzungen (Berthold 1993, Lampert 1991). Da der Beitritt an die Erfüllung von Stabilitätskriterien geknüpft ist, sehen einige Kritiker den Weg dorthin als Durststrecke für das wirtschaftliche Wachstum in Europa. Um die Verschuldung der öffentlichen Haushalte herunterzuschrauben, ist eine strikte Sparpolitik angesagt, während andererseits die bescheidene Konjunktur und der Arbeitsmarkt öffentliche Anstoßinvestitionen vertragen könnte. Sollte es wirklich zur Währungsunion kommen, hängt vieles davon ab, wie sich der Kreis zusammensetzt. Je unterschiedlicher die Produktivitäten und Einkommen pro Kopf der beteiligten Länder sind, desto größere Probleme sind zu erwarten. Momentan spielt der Wechselkurs zwischen den Währungen noch die Rolle eines die unterschiedlichen nationalen Entwicklungen bei den Löhnen, Preisen und Arbeitsproduktivitäten gewissermaßen sozial ausgleichenden Instruments.

Machen wir uns das an einem vereinfachten Beispiel klar. Deutschland weise einen größeren Produktivitätsfortschritt und/oder größere Lohnkostenstabilität auf als Portugal. Die deutschen Exporteure gewinnen nun Kostenvorteile und verkaufen mehr nach Portugal und umgekehrt, die Portugiesen verkaufen weniger bei uns. Es kommt zu einem Exportüberschuß zugunsten Deutschlands, und damit werden in Deutschland Arbeitsplätze auf Kosten portugiesischer gesichert. Bei zwei getrennten Währungen besteht nun die Chance, das auszugleichen, indem bei freien Wechselkursen über das steigende Angebot von Escudos (dies kommt daher, weil die deutschen Exporteure ihre in Portugal reichlich verdienten Escudos auf dem Devisenmarkt anbieten und gegen DM tauschen wollen) der Preis des Escudo in DM, also der Escudo-Kurs zurückgeht. Das jedoch vernichtet die ursprünglichen deutschen Kostenvorteile. Denn nunmehr müssen die deutschen Exporteure ihren Warenpreis in Escudo erhöhen, um auf ihre heimischen Kosten zu kommen. Auch in einem System fester Wechselkurse (Beispiel: Europäisches Währungssystem EWS) bleibt die Möglichkeit der politischen Abwertung einer Währung als letzter Ausweg bestehen, wenn die Kostenvorteile des Handelspartners zunehmen und der Druck auf die Devisenmärkte zu groß wird.

Genau dies ist aber bei einer gemeinsamen Währung in Deutschland und Portugal nicht mehr möglich. Kommt es nach Einführung des Euro zu Kostenvorteilen für Deutschland, müssen die Portugiesen entweder den Gürtel enger schnallen, d.h. über Lohnsenkungen den Vorteil ausgleichen, oder selbst produktiver werden. Dabei müssen sie die Deutschen nicht kurzfristig einholen, der Produktivitätsrückstand muß jedoch immer über entsprechend geringere Löhne ausgeglichen werden.

Für viele Ökonomen ist dies das Damoklesschwert über der Währungsunion. Einige glauben, daß die Arbeitnehmer in Ländern wie Portugal sich an den deutschen Löhnen orientieren könnten mit der Folge, daß ihre Arbeitsplätze gefährdet werden, während die anderen einen Lohnsenkungswettlauf prognostizieren, bei dem auf lange Sicht keiner, auch die Arbeitgeber nicht, gewinnen können. Deutschland würde in beiden Szenarien zunächst als relativer Gewinner dastehen, denn auch beim Lohnsenkungswettlauf können nur die produktiveren Ökonomien bestehen. Dies sieht wenig rosig aus, und man fragt sich, warum so viele Länder und auch viele Gewerkschaften für die Währungsunion sind.

Auch der Gedanke, durch eine Sozialunion diese Härten mildern zu können, ist skeptisch zu beurteilen. Sicher würden die Gewinner über die Gremien der EU unter Druck gesetzt, einen erheblichen Retransfer der Mittel über die Strukturfonds in die schwächeren Länder einzuleiten. Ob die Bereitschaft zu teilen sehr hoch sein würde, kann bezweifelt werden, wenn man sich die Erfahrungen mit dem Aufbau Ost vor Augen hält. Durch eine Politik relativ hoch angesetzter und damit kostenträchtiger sozialer Mindeststandards (Richtlinien) verschlechtert man sogar die Wettbewerbsbedingungen für die weniger produktiven Ökonomien. Aus Sicht der deutschen Gewerkschaften macht das noch einen gewissen Sinn, schützt man durch den Euro in der Kombination mit sozialen Standards doch die heimischen Arbeitsplätze. Die langfristigen Folgen wie Verschärfung der sozialökonomischen Unterschiede und Migration fallen auf die Zentren zurück.

Erfolgreich kann das Projekt nur dann werden, wenn sich daraus ein hoher Wachstumsimpuls für ganz Europa ergibt. Hier sind zwei Erwartungsstränge zu unterscheiden. Zunächst verspricht sich der harte Kern neoliberaler Ökonomen und ihrer Anhänger in den Unternehmen, Verbänden und Parteien ein Aushebeln des kontinentaleuropäischen Modells eines Wohlfahrtsstaates. Dieser wird als Haupthindernis auf dem Wege zu einer idealen Marktökonomie gesehen. Gerade im Zusammenbruch oder zumindest in der Reduzierung auf einen sozialen Minimalstaat bestehe die große Erneuerungs- und Wachstumschance. Der Weltmarkt ist das Ziel, der »Euro das Trojanische Pferd«.

Fast konträr zu diesen Vorstellungen versprechen sich einige Länder wie Frankreich, aber auch Gewerkschaften und Anhänger der Keynesschen Wirtschaftstheorie große Vorteile, wenn das Monopol der Deutschen Bundesbank, das ganz Europa seit Jahren dominiert, fällt. Im Gegensatz zu den Vorstellungen, die in Deutschland vorherrschen, wird man alles tun, um die Europäische Notenbank auf einen Wachstumskurs zu verpflichten und die Geldversorgung nicht von einer Inflationsphobie beherrschen zu lassen. Vor allem aber verspricht man sich von einem starken Europa die Chance, wirtschaftspolitische Handlungskompetenz zurückzugewinnen. Europa ist einer der größten Märkte und kann über die Osterweiterung noch erheblich ausgebaut werden. Sieht man die Zukunft eher als einen *Wettkampf der Systeme* in der Triade USA (Amerika) – Japan (Ostasien) – Europa denn als sich selbst regulierender Weltmarkt, dann ist es entscheidend, über genügend Drohpotential zu verfügen, um einen fairen internationalen Handel durchzusetzen.

In dieser Philosophie strategischer Spiele werden Länder wie China, Indien oder Indonesien über soziale und ökologische Dumpingstrategien mit allen verfügbaren staatlichen Hilfen versuchen, die europäischen und Weltmärkte zu erobern, ohne sich selbst nachhaltig zu öffnen. Will man hier etwa auf dem Forum der Welthandelsorganisation (WTO) für fairen Handel werben und entsprechende Vereinbarungen treffen, dann kann das nur gelingen, wenn man nicht nur bluffen kann. Europa muß aus dieser Sicht die Fähigkeit gewinnen, sich strategisch als »Wagenburg« gegen unfaire Handelspraktiken, aber auch gegen Migration zu wehren. Dazu ist eine gemeinsame Zoll- und Wechselkurspolitik auf der Basis einer gemeinsamen Währung notwendig. Wenn Europa dieses strategische Ziel erreicht, lassen sich auch die Fragen der Beschäftigung und einer europäischen Sozialunion mittelfristig lösen. Dies bedeutet auch keine Absage an einen innovativen Wettbewerb in Europa oder die Aufgabe der Marktwirtschaft, sondern ist aus der Sicht der Anhänger dieses Szenarios die notwendige ordnungspolitische Rahmensetzung, um den Wettbewerb im 21. Jahrhundert umwelt- und sozialverträglich zu gestalten (Wiezcorek-Zeul 1997).

Die Kritiker dieses Modells sehen darin den Weg in den Protektionismus und damit die Verabschiedung Europas aus dem Kreis der ökonomisch führenden Weltregionen.

10.2 Internationale Konkurrenz der Sozialordnungen

Nach Ansicht der Vertreter sozialer Evolutionstheorien befindet sich die Weltwirtschaft inzwischen auf einer Entwicklungsstufe, auf der es zur weltweiten Konkurrenz um die effizientesten Institutionen kommt, zu denen auch die übergreifenden sozialethischen Wertsysteme gezählt werden. In seinem Buch »Kopf an Kopf« (1993) geht der Querdenker aus Harvard, Lester Thurow, genau auf diese Frage ein. Welcher der großen Blöcke der Triade Europa, Amerika und Japan (Ostasien) verfügt über die besten Voraussetzungen im großen Weltmonopoly? In der Art von Max Weber stilisiert Thurow die idealtypischen Verhaltensweisen der Unternehmen in den verschiedenen Kulturkreisen. Die Pole bilden die USA und Japan. Die amerikanische Unternehmensphilosophie wird mit dem Stichwort »Shareholder-value«-Orientierung gekennzeichnet. Das Management berücksichtigt an erster Stelle die Interessen der Wallstreet-Anleger, Arbeitnehmerinteressen rücken an den Rand und gesamtgesellschaftliche Zielverpflichtungen werden gänzlich negiert. Langfristige Ziele und entsprechende Investitionsprojekte werden eher vernachlässigt.

In Japan dagegen sind die Arbeitnehmerinteressen und das Wohlergehen der Gesamtgesellschaft im Zentrum der Aufmerksamkeit. Gesamtgesellschaftliche Anliegen sind soziale Stabilität und langfristiges Wachstum durch Innovationsfähigkeit. Die deutsche Unternehmenskultur stellt nach Thurow einen guten Kompromiß dar. Einerseits werden die Arbeitnehmerinteressen berücksichtigt (Mitbestimmung), zum anderen die Unternehmen nicht zu sehr mit gesamtgesellschaftlichen Aufgaben belastet (Sozialversicherung).

Dennoch stehen die Zeichen in Deutschland auf Sturm. Das liegt vor allem daran, daß sich die Großunternehmen als »global players« der amerikanischen Philosophie mehr und mehr anschließen. Ein wichtiger Grund liegt auch in der Dominanz der angelsächsischen ökonomischen Theorie und in dem Ausstrahlungseffekt solcher Institute wie der Harvard Business School. Die Ausbildung des deutschen Managementnachwuchses unterliegt einem ähnlichen Kulturimperialismus wie ihn die Franzosen für die Filmwirtschaft beklagen. Das erklärt auch, warum wir so wenig von der japanischen Erfolgsstory lernen wollen, die zeigt, daß eine auf Konsens und Zusammenarbeit angelegte Unternehmenskultur viel erfolgreicher ist, was die Entwicklung der Produktivität, der Verteilung und damit der Masseneinkommen anbelangt. Wenn die deutsche Unternehmenskultur durch die amerikanische verdrängt werden sollte, sind große Veränderungen im Sozialstaat zu erwarten (Afheldt 1995, Koch 1995). Ähnliche Befürchtungen erwachsen aus der Analyse des generellen Wertewandels in Deutschland (Gensicke 1996). Andere dagegen sehen den Wandel differenzierter und setzen auf eine entstehende Kultur neuer Solidaritätsnormen (Blanke 1994). In einer sich polarisierenden Gesellschaft wären auch beide Entwicklungen zugleich möglich.

Bei dieser Auseinandersetzung geht es um die Zukunft des Sozialstaats europäischer Prägung. Die gegenwärtige Politik Großbritanniens bedeutet eine Aufkündigung der vielbeschworenen Wertegemeinschaft in Europa. Es ist die Absage an das Solidaritätsprinzip und an das Verteilungsprinzip von

Rawls und Weisser. Manche, so Jaques Chirac, suchen nach dem dritten Weg »als Symbiose aus dem angelsächsischen und dem kontinentaleuropäischen Modell«. Dies wäre der Sozialstaat light! Es darf ihn in einer Gesellschaft nicht geben, in der die Marktkräfte zu einer immer stärkeren Differenzierung der Lebenslagen führen und Armut als Massenphänomen droht. Es kann ihn nicht geben, weil ein reduzierter Sozialstaat nur ein Übergangsstadium zum angelsächsischen Modell sozialer Kälte sein würde (Leibfried/Rieger 1996). Es muß ihn nicht geben, weil der Sozialstaat deutscher und kontinentaleuropäischer Prägung eine große Anpassungsfähigkeit und Ordnungskonformität besitzt. Sozialreform statt Sozialabbau muß auch in der Zukunft das Leitbild bleiben.

Vertiefende Literatur

Afheldt 1995, Bentele/Reissert/Schettkat 1995, Berthold 1993, Ermer u.a. 1990, Henkel/Romahn 1996, Kleinhenz 1993, Schmidt 1988, Weber/Leienbach/Dohle 1991, Wellner/Schmich 1988.

11.
Perspektiven der Sozialordnung – Umbau des Sozialstaates

11.1 Der Sozialstaat im Spannungsfeld weltanschaulicher Positionen

11.1.1 Finanzkrise des Wohlfahrtsstaates – die neoliberale Systemkritik

In einem Zitat von Herbert Giersch (1986) wird die neoliberale Sozialstaatskritik auf den Punkt gebracht:

> »Der Sozialstaat mag ein positiver Produktionsfaktor sein, aber er hat einen hohen Preis. Als Umverteilungsstaat beeinträchtigt er das Niveau der natürlichen Motivationen in der Bevölkerung, als Versorgungsstaat das Streben nach eigenständiger Sicherheit durch Vermögen und damit die Kapitalbildung, als Bürokratiestaat belastet er die Effizienz der Gesellschaft allgemein.«

In dieser wohlfahrtsstaatlichen Überbeanspruchung der Wirtschaft wird die eigentliche Ursache für die Finanzkrise des Systems gesehen. Der Ausbau zu einem umfassenden Versorgungssystem, in dem fast jedermann mit allen Risiken erfaßt wird, führe unausweichlich zu einem Teufelskreis von steigenden Ansprüchen und steigenden Beiträgen. Um weitere Ausnutzung des sozialen Sicherungssystems zu verhindern, bedarf es daher einer Reform, die Märkte und Marktelemente zur Entfaltung bringt, also

- tragbare Risiken der Eigenvorsorge der Bürger (private Versicherungen, Kapitalbildung) überläßt,
- Selbstbeteiligungen der Sozialversicherten an den Kosten der eigenen Inanspruchnahme von Leistungen einführt und ausbaut,

- wohlfahrtsstaatliche Auswüchse dort beschneidet, wo Leistungsanreize bei den Empfängern, aber auch bei denjenigen, die über hohe Beiträge und Steuern diese Mittel aufzubringen haben, verloren gehen.

Entschieden zurückgewiesen wird die Kritik, die dem krisenanfälligen marktwirtschaftlichen System die Verursachung hoher Arbeitslosigkeit zuweist und darin die Finanzkrise des Sozialstaates verursacht sieht. Der Ursache-Wirkungs-Zusammenhang wird genau umgekehrt diagnostiziert. Höchste Lohnnebenkosten im internationalen Vergleich, expansiv gestiegene Sozialabgaben in Verbindung mit einer überzogenen gewerkschaftlichen Mindestlohnpolitik zwingen die unter Wettbewerbsdruck stehenden Arbeitgeber zur Entlassung derjenigen, bei denen die Bruttolohnzuwächse einschließlich der Lohnnebenkosten die Produktivitätssteigerung überschreiten. Die Sozialpolitik muß die Leistungen deutlich zurückfahren, um die Lohnnebenkosten zu reduzieren und so den Standort Deutschland im internationalen Wettbewerb zu sichern.

Die maßvolle Position der Ordoliberalen in der Aufbauphase der Bundesrepublik wird zunehmend durch die harte Gangart des angelsächsischen Liberalismus bedrängt. Hier gelten die Maximen der Kapitaleigner, wie die wiederbelebte Kampfparole vom »Shareholder-value« die notwendige Unterordnung aller Interessen unter diejenigen des Kapitals stolz verkündet. Nach dem Niedergang des Sozialismus wird in England und den USA ungeniert auch der Abbau des Sozialstaats betrieben. So weit geht der mainstream des deutschen Liberalismus nicht. Die Tradition des deutschen Liberalismus der ersten Stunde (Eucken, Röpcke, Rüstow, Müller-Armack) wirkt hier positiv nach.

Staats- und Abgabenquote (in %)

Jahr	**1970**	**1980**	**1989**	**1994**[1]
Staatsquote (Ausgaben)	39,1	50,1	45,8	50,1
Abgabenquote (Einnahmen)	36,6	42,8	42,4	43,6
darunter:				
Steuerquote	24,0	24,9	25,2	24,4
Sozialbeiträge	12,6	17,9	17,2	19,2
Sozialversicherungsbeiträge	11,6	16,7	16,1	18,2
Saldo	–2,5	–7,3	–3,4	–6,5

[1] Gesamtdeutschland, Quelle: Rosenberg 1995, S. 360.

11.1.2 Der Sozialstaat in neokonservativer Perspektive

Die wirtschaftspolitischen Grundvorstellungen des Neokonservatismus und des Neoliberalismus sind heute u.E. soweit angeglichen, daß man von einem gemeinsamen Grundkonzept sprechen kann. Ein recht deutlicher Unterschied ist jedoch in der Einstellung zum Sozialstaat erkennbar. Auch heute noch ist der Einfluß der katholischen Soziallehre auf die Leitvorstellungen in CDU/CSU bedeutend. Dies schlägt sich vor allem in den familien- und frauenpolitischen Fragen nieder, wo deutliche Unterschiede zu liberalistischen Ideen markiert werden. Die Bedeutung des konservativen Grundelements wird in Fragen der Ausländerpolitik (Zuwanderung) sichtbar. Auch wenn man sich mit den Neoliberalen einig war in der Beurteilung, daß die Grenzen eines leistungsförderlichen oder zumindest neutralen Sozialstaates während der Regierungsverantwortung der sozialliberalen Koalition in den 70er Jahren überschritten wurden, sieht der Neokonservatismus den Sozialstaat weiterhin als einen wichtigen Garanten zur Stabilisierung des Systems (Rosenberg 1995). Die Aussöhnung der Arbeitnehmer mit der kapitalistischen Wettbewerbsordnung ist wie bei Bismarck nach wie vor die Hauptaufgabe des Sozialstaats. Mit Besorgnis sehen Konservative denn auch die (Rück-)Entwicklung zu einer neuen Zweiklassengesellschaft in den USA und England, wo der Mittelstand – die stabilisierende Gesellschaftsschicht also – zunehmend unter Druck gerät.

Damit wird auch verständlich, warum der Programmpunkt einer stärkeren Betonung marktwirtschaftlicher Elemente in der Sozialpolitik von der liberal-konservativen Koalition nur zögerlich und wenig tiefgreifend verwirklicht worden ist. Das sehen viele Kritiker natürlich anders. Sie beklagen seit 15 Jahren jede Sparmaßnahme im sozialen Bereich als einen tiefen Einschnitt ins soziale Netz. Alles in allem ist dieser Beurteilung nicht zuzustimmen. Wie unsere Darstellung der Sozialordnung gezeigt hat, gewährleistet der Sozialstaat weiterhin ein im internationalen Vergleich fast einzigartiges Niveau an Sozialleistungen, die mit der Pflegeversicherung und mit der deutschen Sozialunion noch erweitert wurden.

11.1.3 Sozialstaatsillusion in der spätkapitalistischen Klassengesellschaft – die linke Systemkritik

In der Sprache »linker Systemkritik« ist die existierende politische und wirtschaftliche Ordnung Ausdruck der »kapitalistischen Herrschaftsverhältnisse«. Sozialpolitik wird als der Versuch gewertet, die herrschende politische und wirtschaftliche Ordnung zu stabilisieren. Das Befriedungs- und Integrationsziel von Sozialpolitik, die Arbeitnehmerschaft (ohne die grundsätzliche Aufhebung der Klassengegensätze und der Ausbeutungsverhältnisse) dem System anzupassen, wird an drei Funktionen festgemacht (Starnberger Studie 1976):

- Zum einen wird der Sozialpolitik, im besonderen dem System der sozialen Sicherung, eine *Kompensations- und Lückenbüßerfunktion* beigemessen. Die Risiken im Produktions- und Reproduktionsprozeß – Unfall, Krankheit, Berufsunfähigkeit – werden in kollektiven Versicherungssystemen aufgefangen und kompensiert. Die primäre, ungleiche Einkommensverteilung über den Markt wird durch sekundäre Umverteilungssysteme korrigiert. Damit würden weitere Eingriffe in den Produktionsprozeß zur vorbeugenden Vermeidung von Risiken überflüssig und die individuellen Produzentenhaftungen verringert. Zugleich versuche man, die prinzipiell nicht vermeidbaren Probleme des Arbeitsmarktes (Arbeitslosigkeit) für die unmittelbar Betroffenen jedenfalls so weit zu entschärfen, daß das politische System als Ganzes nicht gefährdet würde.
- Zum anderen würden die notwendigen sozialen Sicherungssysteme gleichzeitig als Instrumente der *sozialen Kontrolle* genutzt. Besonders ausgeprägt bei der Sozialhilfe (Fürsorge) und der Arbeitslosenhilfe – aber nicht nur dort – würden Sanktionen verhängt, um eine Ausnutzung des Sozialleistungssystems zu verhindern, vor allem aber – so lautet die These – um die generell geforderte Leistungsorientierung und motivationale Anpassung an die Zwänge der modernen Industrie und Arbeitswelt zu erreichen.
- Zum dritten wird diesen beiden Funktionen von Sozialpolitik, die häufig an dem Entstehungszusammenhang der deutschen Sozialpolitik nachgewiesen werden, in der historischen Entwicklung eine weitere Funktion hinzugefügt, die *Vorleistungs- und konstituierende Funktion.* Nach dieser Vorstellung bedarf der an den Interessen der einzelnen miteinander in Konkurrenz stehenden Unternehmen orientierte Produktionsprozeß zunehmend gesellschaftlicher Institutionen (»Agenturen«). Diese müssen die Aufgaben übernehmen, die keine Gewinne versprechen oder gar die Kosten erhöhen und so von den einzelnen Betrieben tunlichst vernachlässigt werden. Es handelt sich dabei um die infrastrukturellen (Vor-)Leistungen der Sozialpolitik wie Berufsbildung, Umschulung und Fortbildungsmaßnahmen, die notwendige Qualifizierung der Arbeitnehmerschaft bei fortschreitender Technisierung und Automatisierung zu gewährleisten haben.

Daß letztlich die Integration der Arbeiter in das marktwirtschaftlich-kapitalistische System mißlingen muß, wenn die Sozialstaatsillusion als Gaukelei eines vorübergehend prosperierenden Kapitalismus entlarvt wird, versteht sich bei Sozialstaatstheorien auf marxistischer Grundlage von selbst.

Einige kurze kritische Anmerkungen müssen hier als Kritik genügen. Zum einen erscheint die Arbeitnehmerschaft weitgehend als passive Gruppe, an der »herrschaftliche Sozialpolitik« von oben mehr oder minder vollzogen wird. Daß die positive Veränderung der Sozialordnung zuvorderst den Aktivitäten der organisierten Arbeitnehmerschaft zu verdanken ist, wird auch von marxistischen Theoretikern nicht grundsätzlich bestritten, wenn auch oft das herrschaftliche Moment von Sozialpolitik in ihrer Argumentation überwiegt. Geleugnet oder in seiner Bedeutung verkannt wird in jedem Fall die wichtige Erfahrung der letzten hundert Jahre, daß eine sich entwickelnde Sozialpolitik entscheidende Anstöße zu Veränderungen in Gesellschaft und Politik geben kann, die wiederum die Sozialpolitik ihrerseits vorantreiben. Eduard Heimann charakterisierte dies überaus treffend als revolutionär-konservative Doppelpoligkeit der Sozialpolitik.

Die Sozialstruktur hat sich in diesem Zeitraum verändert. Soziologen (von Ferber 1967) sprechen von einer sozialen Entdifferenzierung. Es existieren weiterhin soziale Klassen und Schichten; diese sind jedoch differenzierter nach Stellung im Arbeitsleben, nach Einkommen und anderen Statusmerkmalen. Nur noch Teile der Arbeiterschaft sind unmittelbar von Not und sozialer Schwäche bedroht. Dafür dehnt sich aber das typische Arbeitnehmerrisiko, der Verlust der wichtigsten Erwerbsquelle, auf weite Bevölkerungskreise aus, im besonderen auch auf den Mittelstand. Das soziale Sicherungssystem wird folgerichtig zur Gesellschaftspolitik, die sich – wie gezeigt wurde – an den Risiken und Problemen breiter Bevölkerungsschichten und nicht allein der Arbeiter ausrichtet. Wenn sich dennoch weitere Problemgruppen, von Armut und Lebenslageschwäche bedrohte Existenzen herausbilden, ist zu fragen, ob dies nun an unserem Wirtschaftssystem liegt. Claus Offe (1969) hat in der Anwendung der Gruppentheorie von Mancur Olson jr. (1968) die These von der horizontalen Disparität entwickelt. Horizontale Disparitäten entstehen durch die Art und Weise, wie sich in unserer Gesellschaft soziale Bedürfnisse durchzusetzen vermögen. Gruppeninteressen werden demzufolge im politischen Raum nur dann ernst genommen und unter Umständen Schritte zu ihrer Befriedigung getan, wenn sie erstens organisiert auftreten und wenn sie zweitens konfliktfähig sind, d.h. beispielsweise durch Streik oder Leistungsverweigerung wichtige Funktionen und Schaltstellen der Wirtschaftsgesellschaft lahmlegen können.

Gruppeninteressen, bei denen das nicht oder kaum der Fall ist, wie Arbeitslose, Obdachlose, Sozialhilfeempfänger und Frauen, werden dagegen tendenziell vernachlässigt. Macht man die Probe aufs Exempel, zeigt es sich, daß auch das interessante und zum Teil erklärungskräftige Disparitätstheorem ergänzender Überlegungen bedarf, da nach unserer Beurteilung durchaus auch Interessen gleichsam advokatorisch von den politisch Verantwortlichen berücksichtigt werden. Vor allem handelt es sich dabei wohl um Interessen, die von einem breiten Wählerpotential (z. B. der Rentner) getragen werden. Daß auch die nichtorganisierten sozialen Randgruppen in z. T. erheblichem Ausmaß sozialpolitische Hilfestellung durch öffentliche und freie Träger erfahren, muß ebenfalls gewürdigt werden.

Mit dem Niedergang des Sozialismus ist auch die linke Kapitalismuskritik in die Krise geraten. Man soll sich allerdings nicht täuschen. Die sozialen Probleme verschärfen sich wieder und die Neubesinnung auf die kritischen Analysen sozialistischer und marxistischer Theoretiker wird nicht lange auf sich warten lassen. Welche Entwicklung die PDS als Nachfolgepartei der SED nehmen wird, ist noch ungewiß. Offensichtlich versucht man, den linken Flügel mit einzubinden und mit Maximalforderungen an die Sozialpolitik die Aufmerksamkeit der Arbeitnehmer zu gewinnen.

11.1.4 Sozialpolitik und industrialistisches System – die Kritik der Grünen und Alternativen

Die Suche nach einem dritten Weg zwischen Markt- und Staatsversagen zur Überwindung der Sozialstaatskrise beflügelte die Phantasie vieler Alternativer und ihnen nahestehender Wissenschaftler in den frühen 80er Jahren. Man sah ihn in der Rückbesinnung auf die heute vielfach verschüttete Fähigkeit der Menschen zur direkten gegenseitigen Hilfe. Auch der Wohlfahrtsstaat ist aus radikal-alternativer Sicht von einer lebensweltlichen praktizierten Selbsthilfe in überschaubaren Gruppen zu einem Teil des unpersönlichen »Industriesystems« mutiert.

> »Es tendiert in ähnlicher Weise zu unproduktivem und kontraproduktivem Wachstum wie die industrialistische Ökonomie. Wie dies anhand der großtechnologischen Strukturen bereits gezeigt wurde, tendiert auch das wohlfahrtsstaatliche Leistungssystem dazu, die Menschen passiver und in immer größerem Umfang von Fremdleistungen abhängig zu machen und somit ihre Fähigkeit zu selbstorganisierter Problemlösung zurückzudrängen. Indem es das Problem alter Menschen in unserer Gesellschaft auf ein Einkommensproblem reduziert, indem es kranke Menschen mit chemi-

schen Präparaten und technischer Maschinerie behandelt, als habe man es mit naturwissenschaftlichen Gegenständen zu tun, indem es die bürokratische Verfügung über Sozialfälle an die Stelle der mitmenschlichen Sorge setzt, erweist sich das herkömmliche Konzept wohlfahrtsstaatlicher Daseinsvorsorge als Sozialindustrialismus« (Strasser/Traube 1981, S. 215).

Der Ausbruch aus diesen verkrusteten Strukturen wurde in der Selbsthilfebewegung geprobt, die als Vorbote einer neuen gesellschaftlichen Solidarität betrachtet wurde. Auch wenn inzwischen eine gewisse Skepsis eingetreten ist, entsprechen diese Entwürfe offensichtlich den sozialen Bedürfnissen vieler junger Menschen nach einem humaneren Miteinander. In die gleiche Richtung weisen die Ideen der kommunitaristischen Bewegung. Ihre Abwertung als einen Rückfall in sozialromantische Gemeinschaftsvorstellungen oder anarchistische Utopien sollte daher nicht vorschnell erfolgen, bietet sich doch hier die Chance, das wachsende Unbehagen über zunehmende Verrechtlichungs- und Ökonomisierungstendenzen der Sozialordnung aufzugreifen und Gegenmodelle persönlicher gegenseitiger Hilfeleistung aus gemeinnützigen Motiven heraus zu unterstützen. Den offensichtlichen Vorteilen der Verrechtlichung – Garantie und individuelle Einklagbarkeit sozialer Ansprüche – und der Ökonomisierung – interne Rationalisierung des Betriebsablaufs, Einsparungen und damit die Chance zu mehr sozialen Leistungen – stehen Nachteile gegenüber wie die fortschreitende Entfremdung der Sozialversicherten aufgrund der Undurchsichtigkeit von Institutionen, Bürokratien, Sozialgesetzen und rationalisierten Bearbeitungsverfahren (Murswieck 1976).

Zu betonen ist, daß die Mehrheit im politisch formierten Lager der Grünen nicht hinter dieser Pauschalkritik am Sozialstaat steht. Ihr Engagement richtet sich auf eine Sozialreform zur Erschließung der Selbsthilfefähigkeit der Gesellschaft, nicht jedoch auf einen Abbau der sozialen Sicherung. Ihr Ziel ist es, genossenschaftliche Kräfte auch in der Sozialpolitik zu stärken, Selbsthilfeveranstaltungen der Betroffenen aktiv zu fördern und ihre Position den professionellen Leistungsanbietern gegenüber zu verbessern.

Durch die parteipolitische Organisation und parlamentarische Beteiligung der Grünen hat sich eine Klärung ihrer sozialpolitischen Orientierung und Programmatik ergeben. Die sog. Realpolitiker haben sich gegenüber fundamentalistischen Gruppen durchgesetzt. Sie setzen sich für den klassischen Sozialstaat ein und streben eine Reform der sozialen Sicherung durch eine Verbesserung der Grundsicherung (Grundrente, Mindesteinkommen) an. Damit sind sie als Bündnispartner vor allem für die SPD, aber auch für CDU/CSU interessant geworden.

11.1.5 Beschäftigungssicherung statt Sozialabbau – die Perspektive der Sozialdemokratie

Genau im Gegensatz zum Utopievorwurf an die Adresse der Alternativbewegung wird heute gewerkschaftlichen und sozialdemokratischen Positionen der Vorwurf gemacht, ihnen fehle das mitreißende überzeugende Konzept zur Bewältigung der drängenden Zukunftsfragen, ihre Grundeinstellung sei konservativ auf Bestandserhaltung ausgerichtet. Schlimmer noch, dieser Versuch führe unter den veränderten sozialökonomischen Rahmenbedingungen zu einer Zweiklassengesellschaft. Mangelnde Flexibilität der tariflichen Arbeitszeitvorgaben, zu hohe Mindestlöhne für gering qualifizierte Arbeitnehmer, überzogene Lohnnebenkosten durch eine übertriebene soziale Sicherung und eine ungenügende und damit leistungsfeindliche Lohndifferenzierung grenzten die unterproduktiven Arbeitnehmer und mit besonderen kostenwirksamen Nachteilen behaftete Problemgruppen aus. Diese Ausgrenzung erfolgt sowohl auf dem Arbeitsmarkt als auch in den Sozialversicherungen, die am Normalarbeitsverhältnis anknüpfen.

Im Kreuzfeuer zwischen neoliberaler Kritik einerseits und den spektakulären Maximalforderungen aus alternativem und linkem Lager andererseits befinden sich die Verteidiger des Sozialstaats in seiner heutigen historisch gewachsenen Gestalt und Funktion offensichtlich in der Defensive. Nun bezieht sich diese Lagebeurteilung vor allem auf die wissenschaftlich-theoretische Bühne der Auseinandersetzung, die naturgemäß neuen Gedanken oder auch nur einem aktualisierten Aufguß alter Ideen höhere Aufmerksamkeit entgegenbringt. Die große Mehrheit der Bürger teilt, wie Befragungen, aber auch die praktische (zwangsläufig wählerorientierte) Sozialpolitik der großen Parteien zeigen, die Grundeinstellung, daß der Sozialstaat heutiger Prägung zu bewahren ist und eine pragmatische, schrittweise Anpassung an neue Problemlagen der erfolgversprechende Weg zu ihrer Lösung darstellt.

Gemeinsam ist Gewerkschaften und Sozialdemokratie die Überzeugung, daß schrittweise Reformen der Sozialordnung notwendig und möglich sind. So erwartet man weitere Spielräume für eine Sozialreform durch Rationalisierung und höhere Effizienz etwa im Gesundheitswesen und bei den sozialen Diensten allgemein. Zuvorderst jedoch gelte es, die Macht organisierter Anbieterinteressen in diesem Versorgungsbereich zu beschneiden und die Position der gesetzlichen Krankenversicherung zu stärken.

Alles aber hängt entscheidend von der weiteren Entwicklung auf dem Arbeitsmarkt ab. Der Sozialstaat ist für die Sozialdemokraten nur zu bewahren, wenn es gelingt, zu deutlich geringeren Raten der Arbeitslosigkeit zurückzukehren. Spektakuläre Reformentwürfe sind dann aus dieser Sicht weder notwendig noch sinnvoll. Die SPD könnte dann als Hüterin der bewährten Sozialordnung mit einer Politik kleiner Schritte die Substanz des Sozialstaats bewahren und die in diesen Fragen eher konservativen Arbeitnehmer für sich (zurück)gewinnen. Diese Strategie steht und fällt mit einer erfolgreichen Arbeitsmarkt- und Beschäftigungspolitik. In Kapitel 6.4 haben wir die Grundzüge des sozialdemokratischen Beschäftigungspaktes erläutert.

Verunsichert durch die neuen Entwicklungen auf den Weltmärkten mehren sich jedoch auch in der SPD die Bedenken, ob die nationalen Instrumente und Möglichkeiten heute noch ausreichen, um das Normalarbeitsverhältnis und damit das System sozialer Sicherung zu stabilisieren. Die Globalisierung, vor allem die Internationalisierung der Kapitalmärkte führt zu einer Kräfteverschiebung zugunsten der Geldkapitalanleger. Aus dieser derzeit nicht kompensierbaren Schwäche der Arbeiterbewegung heraus läßt sich Scharpf (1987) zufolge die Massenarbeitslosigkeit nur durch Umverteilung von Arbeit und Einkommen innerhalb der Klasse der abhängig Beschäftigten abbauen. Das Motto lautet also Arbeitszeitverkürzung mit Lohnverzicht, wie es z.B. bei VW praktiziert wurde. Dies ist jedoch eine eher defensive Strategie, die vorhandene Arbeitsplätze sichern hilft, aber kaum neue schafft. Wachstum ist weiter unverzichtbar und setzt hohe Innovationsfähigkeit und Produktivität voraus. Die staatlichen Vorleistungen dazu (Forschung, Bildung, Infrastruktur) müssen nach Ansicht der SPD deutlich verstärkt werden. Das reicht jedoch in einer Welt, in der die deutsche Industrie über Aufwertungen der DM und durch soziales und ökologisches Dumping der Konkurrenz zunehmend unter Druck gerät, nicht aus.

Die Zukunft, so hofft ein Teil der Sozialdemokratie um Oskar Lafontaine (Wieczorek-Zeul 1996), liegt in einem gemeinsamen handlungsfähigen Europa, das seine Arbeitsplätze besser gegen den internationalen Wettbewerb wird verteidigen können. Diese Vorstellungen werden auch in Frankreich gepflegt. Ein vereintes Europa mit einer gemeinsamen Währung könnte über seine geballte politische Macht mit den Mitteln der Währungs- und Handelspolitik für *fairen* Handel sorgen und das soziale und ökologische Dumping ostasiatischer Schwellenländer unterbinden. Es könnte gleichzeitig die verlorene Handlungsfähigkeit bei der Konjunktur- und Strukturpolitik zurückgewonnen werden, wenn es gelingt, die spekulativen Geldkapitalbewegungen etwa durch eine Tobin-Steuer zu begrenzen. Auf die Schwierigkeiten, eine gemeinsame europäische Politik zu formulieren und die geforderte strategische Handlungsfähigkeit zu gewinnen, verweist Scharpf (1987, 324 ff.).

Andere Sozialdemokraten, so Gerhard Schröder, warnen vor diesen Gedankenexperimenten und sehen darin einen Grund, die Einführung des Euro zu verschieben. Die Sozialdemokratie steckt noch mitten in der Diskussion um die Strategie, den Arbeitsmarkt und damit den Sozialstaat zu stabilisieren.

11.2 Reformmodelle zum Umbau der Sozialordnung

Die Aufbruchstimmung der frühen 70er Jahre ist längst verweht. Damals hatten spektakuläre Ideen zum Ausbau des Sozialstaats Konjunktur. So forderten Wissenschaftler, die Sozialpolitik aus der Unterordnung unter die Sachzwänge der Wirtschaftspolitik zu befreien und ihr first-line-functions, also Leit- und Führungsaufgaben, bei der zukünftigen sozialökonomischen Entwicklung zu übertragen (Engelhardt 1980). Neben dieser Forderung nach einer *autonomen Sozialpolitik* wurden Konzepte der Umorientierung von einer *konsumtiven* zu einer *investiven* oder – ein weiteres beliebtes Gegensatzpaar in der früheren Diskussion – von der *reaktiven* und *kompensatorischen* zu einer *aktiven* und *präventiven* Sozialpolitik entwickelt.

Heute sieht man die Dinge wieder nüchterner. Dies betrifft auch die Diskussion um die »ökologische« Sozialpolitik (Opielka 1985). Die Konzepte waren entweder zu vage oder betonten nur einen unter mehreren Zielaspekten, denen eine Sozialpolitik, die auf vielfältige Problemstellungen in der heutigen Zeit angemessene Antworten sucht, verpflichtet ist. Das Problem einer »reizwortorientierten« Leitbildvorgabe bleibt ihre gefährliche Einseitigkeit. Die Einvernahme für eine politische Strategie ist fast schon vorprogrammiert, die politische »Begriffsbesetzung« das Ende jeder nachdenklichen Relativierung.

So richtig und wichtig der Hinweis auf die investive Bedeutung wichtiger Teile der Sozialpolitik ist, so problematisch ist die Forderung, die Prioritäten entsprechend neu zu setzen. Auch wenn man die Bedeutung investiver Sozialpolitik wie (Aus-)Bildung, Arbeitsplatzhumanisierung, aktiver Arbeitsmarktpolitik usw. zu Recht hoch einschätzt, darf das keinesfalls zu einer Abwertung der konsumtiven Leistungen wie Renten, Arbeitslosengeld u. a. m. führen. Das gilt nicht nur, weil durch Reduzierung dieser Leistungen gerade die sozial Schwächsten leiden würden, sondern auch und gerade aus ökonomischen Gründen: Die makroökonomische Theorie in der Nachfolge von Keynes (1936) zeigt die Ideologiegebundenheit der (neo-)klassischen traditionellen Höherschätzung der Investitionen gegenüber Konsumaktivitäten und verdeutlicht, daß gerade den Sozialtransfers eine entscheidende Stabilisierungsfunktion in ökonomischen Krisen zukommt.

Zum anderen ist nachdrücklich auf mögliche Nebenwirkungen einer neu konzipierten autonomen Sozialpolitik hinzuweisen. Die Reformbelastbarkeit der Gesellschaft ist in Rechnung zu stellen, die Funktionsfähigkeit der Marktwirtschaft muß gesichert bleiben und die Anpassungsfähigkeit der betroffenen Bürger darf nicht überschritten werden.

Bei realistischer Einschätzung wird zudem der konsumtive Anteil der Sozialleistungen immer erheblich größer sein müssen, so daß es nur darum gehen kann, das investive und innovative Potential besser auszuschöpfen. Auch die berechtigte Forderung nach einer vorbeugenden Sozialpolitik, die Schäden verhütet und nicht die Folgen zu beseitigen oder zu mildern sucht, darf nicht über die Unverzichtbarkeit kompensatorischer Leistungen hinwegtäuschen. Im Gegenteil ergibt sich hier z.T. eine nicht immer klar genug erkannte paradoxe Situation! So führt gerade eine präventiv erfolgreiche Gesundheitspolitik auf lange Sicht zu steigenden kompensatorischen Ausgaben im Bereich der Altersleiden (Geriatrie) und auch bei den Altersrenten.

11.2.1 Neue Finanzierungsquellen für den Sozialstaat: Wertschöpfungs- oder Ökosteuer

Zur langfristigen Lösung der strukturellen und finanziellen Probleme in der Sozialversicherung allgemein und in der Rentenversicherung speziell sind neue Finanzierungsmodelle in der Diskussion, die den Arbeitgeberanteil an den Sozialversicherungsbeiträgen durch eine »Maschinensteuer« ersetzen wollen. Beitragsbemessungsgrundlage soll in diesem Fall die Wertschöpfung der Unternehmen sein, wobei zwischen Brutto- und Nettowertschöpfung unterschieden wird. Zur Nettowertschöpfung gehören neben den Löhnen und Gehältern – also der bisherigen Bemessungsgrundlage – noch Zinsen auf Fremdkapital und der Unternehmensgewinn (insgesamt die Summe aller im Unternehmen entstandenen Erwerbs- und Vermögenseinkommen). In der Bruttowertschöpfung sind zusätzlich noch die Abschreibungen, also die angesetzten Kosten für den laufenden Werteverzehr am Realkapital, enthalten.

Ziel dieser Wertschöpfungsabgabe ist es, die bisherige relative Verteuerung des Faktors Arbeit im Vergleich zum Kapital zu korrigieren und

- arbeitsintensive Betriebe zu entlasten,
- damit Freisetzungseffekte zu verringern,

- kapitalintensive Betriebe, die im Durchschnitt höhere Gewinne machen, stärker zur Finanzierung der Sozialversicherung heranzuziehen,
- eine langfristig ergiebigere Beitragsquelle zu erschließen.

Kritisch wird zu diesen Konzepten angemerkt, daß eine damit einhergehende Verteuerung des Kapitaleinsatzes (Sozialabgaben auf Abschreibungen und Zinsen) technische Innovationen hemmen kann und so die Wettbewerbsfähigkeit gegenüber der internationalen Konkurrenz sinken könnte, die in ihren Ländern eher durch Abschreibungserleichterungen begünstigt wird. Auf ähnliche Kritik stoßen noch weitergehende Konzeptionen einer »ökosozialen« Finanzierung der Sozialversicherung über die steuerliche Belastung des Ressourcenverbrauchs (Energie, Rohstoffe, Umwelt) der Unternehmen. Zur Ökosteuer liegen schon einige ausgearbeitete Modelle vor (Görres u. a. 1994, Bach u. a. 1995), die einen deutlich positiven Beschäftigungseffekt und einen entsprechenden sozialpolitischen Entlastungseffekt prognostizieren.

Kritisiert wird von den Verfechtern der Sozialversicherungsidee auch die mit diesen Modellen verbundene Aufweichung des Versicherungsprinzips. Da auch die Arbeitgeberbeiträge letztlich Lohnbestandteile darstellen, finanzieren die Arbeitnehmer ihre Sozialversicherung zum größten Teil selbst aus eigenem Einkommen. Wenn man die neuen Quellen erschließt, ist der Weg in Richtung versorgungsstaatlicher Lösung eingeschlagen. Damit setzt man die relative Unabhängigkeit der Sozialversicherung vom Staat aufs Spiel und ist viel stärker z. B. staatlichen Leistungskürzungen – wie im Beveridge-Versorgungssystem in Großbritannien – ausgesetzt. Andere sehen darin eine gute Möglichkeit, den hohen Anteil versicherungsfremder Leistungen bei der Renten-, Kranken- und Arbeitslosenversicherung umzufinanzieren und damit die Gemeinlast gerechter auf alle Bürger zu verteilen.

11.2.2 Neue Formen der Versorgung mit sozialen Dienstleistungen

Wie die verschiedenen Institutionen der Sozialordnung durch das demographische Problem betroffen sind, haben wir schon dargelegt. Wir haben dabei auch verschiedene Lösungen diskutiert, wie die Reform der Alterssicherung durch eine Grundrente oder durch ein Kapitaldeckungsverfahren. Unser Anliegen war es, dem Leser zu zeigen, daß das existierende Sozialversicherungssystem große Anpassungsmöglichkeiten besitzt und anderen Systemen überlegen ist. Dies betrifft vor allem die Regelung von Einkommenstransfers nach den Prinzipien von Äquivalenz und Dynamisierung.

Wir haben auch gezeigt, wie im Zangengriff der Megatrends »Überalterung« und »Individualisierung« das bisherige System der Versorgung mit persönlichen sozialen Diensten unter Druck gerät. Diese Versorgung beruht auf den drei Pfeilern der Familienselbsthilfe, des sozialen Ehrenamtes in Wohlfahrtseinrichtungen und Nachbarschaften und auf öffentlich finanzierten professionellen sozialen Diensten.

Die Suche nach Auswegen aus der zunehmenden Krise dieses Versorgungssystems muß die Suche nach neuen Ressourcen sein. Die Gesellschaft wird nicht nur reicher an materiellen Gütern, sondern auch an Freizeit pro Kopf der Bevölkerung durch Arbeitszeitverkürzung und in negativer Erscheinungsform durch steigende Massenarbeitslosigkeit. Die humanen Ressourcen als realwirtschaftliche Basis für ein Zuwachs an sozialen Diensten wären also vorhanden. Die Lösungsansätze knüpfen genau hier an: das Modell »soziale Erwerbsarbeit statt Arbeitslosigkeit«, das Modell einer »solidarischen Selbsthilfegesellschaft« und das Modell einer »Sozialdienstpflicht«.

Soziale Erwerbsarbeit statt Arbeitslosigkeit. Die naheliegende Lösung des Problems besteht im Einsatz der Arbeitslosen in den sozialen Diensten. Da auch in Zukunft in den meisten Arbeitsmarktszenarien mit hoher Arbeitslosigkeit gerechnet wird, lassen sich hier auf Dauer zwei Fliegen mit einer Klappe schlagen.

Arbeitslose, die einerseits schwer vermittelbar sind, andererseits jedoch – nach Weiterbildungsmaßnahmen – die qualitativen Anforderungen erfüllen können, werden zu Dienstleistenden im Sozialbereich (Beispiel: häusliche Grundpflege) umgeschult. Das weitere Szenario teilt sich in zwei Alternativen auf. Einmal wird an eine rein öffentliche Finanzierung und Produktion der sozialen Dienste gedacht, zum anderen an eine umfassende Privatisierung der Produktion bei einer gemischten Finanzierung aus privaten und öffentlichen Mitteln.

Im Modell von Reissert, Scharpf und Schettkat (1986) soll das Projekt durch die Bundesanstalt für Arbeit über eine Ausweitung des zweiten Arbeitsmarktes (Arbeitsbeschaffungsmaßnahmen) finanziert werden. Die erforderlichen Mittel lassen sich nach überschlägigen Berechnungen zu fast zwei Dritteln aus Einsparungen und Mehreinnahmen der öffentlichen Haushalte aufbringen, die sich aus der entsprechenden Senkung der Arbeitslosigkeit ergeben. Es handelt sich dabei um Einsparungen bei der Arbeitslosenhilfe und Sozialhilfe und um Mehreinnahmen aus Steuern und Sozialversicherungsabgaben.

Die Anhänger marktwirtschaftlicher Regulierung sehen in dem wachsenden Bedarf nach sozialen Diensten eine Riesenchance für private Anbieter und auch für einen Zuwachs an Beschäftigung. Voraussetzung ist die Entwicklung der kaufkräftigen Nachfrage, die bei einem großen Teil der Haushalte, die über hohe und steigende Einkommen verfügen, vorausgesetzt werden kann. An die weniger Begüterten soll der Sozialstaat bedarfsorientiert und, die eigenen Mittel ergänzend, monetäre Transfers zahlen, mit denen die Empfänger dann selbständig das Angebot ihrer Wahl aus den konkurrierenden Diensten bestimmen können. Im Vergleich zu den bisher dominierenden öffentlichen oder wohlfahrtsverbandlichen Versorgungsformen wird ein dynamischer Wettbewerb erwartet, der auch die Kosten senkt.

Voraussetzungen sind der Rückzug des Staates aus der Versorgung, Deregulierung des Marktes so weit wie möglich (Abbau übertriebener Standards) und Lohnflexibilität. Ähnlich wie in den USA, wo der Dienstleistungsmarkt so stark expandiert ist, gilt es, das Kostenkrankheitsproblem (vgl. Kapitel 9) zu lösen, indem die Löhne in den Dienstleistungsberufen nicht durch die Lohnentwicklung in der Industrie bestimmt werden, sondern nach Maßgabe der eigenen Produktivität. Das Ergebnis wäre eine starke Lohnsenkung bei den weniger qualifizierten Diensten und erhebliche Lohnunterschiede zu den qualifizierten Berufen. Unter diesen Prämissen könnten private Dienste die wachsende Bedarfslücke schließen.

Vergleicht man beide Modelle, so fallen die Nachteile schnell ins Auge. Das Modell öffentlich geförderter Arbeit ist deutlich teurer und finanziert sich vornehmlich aus Sozialversicherungsbeiträgen, verteuert also die Arbeit, während das Privatisierungsmodell auf Lohndruck basiert. Ein Kompromißvorschlag von Scharpf (1995) wurde von uns im Kapitel 6.4 unter dem Stichwort »negative Lohnsteuer« vorgestellt. Ein weiterer Vorbehalt richtet sich an beide Modelle. Kann ein professioneller Dienst auch das Bedürfnis nach Nähe und Zuwendung abdecken, das die Familie und die anderen kleinen Lebenswelten heute noch befriedigen?

Die solidarische Selbsthilfegesellschaft: Eine wirklich solidarische Selbsthilfebewegung könnte diesen Bedarf decken. Diese aus alternativen Gesellschaftsutopien geborene Hoffnung ist – wie wir schon analysiert haben – trügerisch.

Auch im neoliberalen Lager wird die Sozialstaatskritik mit einem Appell an die individuelle Selbsthilfefähigkeit der Bürger verbunden. Kostensenkung ist dabei die alle anderen Ziele dominierende Devise. Selbsthilfe und organisierte

Laienhilfe gelten dann als förderungswürdig, wenn damit Personal- und Sachkosten an anderer Stelle eingespart werden können. Auch dies Projekt wird letztlich wenig erfolgreich sein.

Vergleicht man die Möglichkeiten der Selbsthilfebewegung mit den unverzichtbaren Anforderungen an ein soziales Versorgungsnetz, dann wird deutlich, daß die kleinen sozialen Netze niemals eine Alternative zum Sozialstaat darstellen werden. Sie können allerdings nach unserer Einschätzung zu einer wichtigen Ergänzung der sozialen Dienste werden, indem sie neue Ressourcen bereitstellen und die Betroffenen zur Mitarbeit aktivieren helfen.

Anwerbungen zur Mitarbeit in Stadtteilinitiativen, zur Nachbarschaftsbetreuung und anderen sozialen Diensten haben in den Niederlanden große Resonanz gefunden. 1996 begann ein aufwendiger Modellversuch der Caritas, dem sozialen Engagement in Deutschland eine Chance zu geben. Dabei ist die Erkenntnis leitend, daß die Menschen – wenn sie denn überhaupt zum Ehrenamt bereit sind – oft nur wenige Stunden Zeit aufbringen möchten und einen gewissen Spielraum in der Verpflichtung wünschen. Ein Sozialdienst, der beispielsweise die Urlaubs- und Freizeitdisposition zu sehr einschränkt, stößt auf wenig Gegenliebe. Eine gesellschaftliche Anerkennung ehrenamtlicher Leistungen wäre ebenfalls förderlich.

Auch bei optimistischer Einschätzung der weiteren Entwicklung von Selbsthilfe und Ehrenamt können die Versorgungsdefizite bei den sozialen, gesundheitlichen und psychosozialen Diensten dadurch nur gemildert, aber nicht behoben werden.

Sozialdienstpflicht: Um Versorgungsdefizite zu schließen, wird heute schon zur Dienstverpflichtung in Form des sozialen Ersatzdienstes wehrdienstverweigernder junger Männer gegriffen. Die Reduzierung der Dienstzeit führte zu erheblichen Problemen bei der Bereitstellung sozialer Dienste durch die Wohlfahrtsverbände. Wenn man der Überzeugung ist, daß die Anwerbungskampagnen zu ehrenamtlichem sozialen Engagement wenig erfolgreich sein werden und die professionelle Versorgung allein auf Dauer zu teuer kommt und die Bedürfnisse nach Nähe und Zuwendung nicht befriedigt werden, bleibt eigentlich nur die Einführung des Solidarprinzips als Pflichtprinzip auch bei den sozialen Diensten.

Neben den bekannten Modellen eines sozialen Pflichtjahres für junge Menschen (Fink 1990) werden interessante Alternativen vorgestellt, wie die Inpflichtnahme von leistungsfähigen Senioren oder der Vorschlag einer langjährigen Verpflichtung zur sozialen Nachbarschaftshilfe für wenige Stunden pro Woche (Lagergren 1984). Dies paßt sicher nicht zum aktuellen Lebensgefühl der Menschen in unserer freien Gesellschaft. Man glaubt, mit Geld alles kaufen zu können und sich seiner sozialen Verpflichtungen durch Beitragszahlung in die Sozialversicherung entledigen zu können. Vielleicht würde ein sozialer Dienst für alle hier ein Umdenken bewirken und die Menschen erkennen lassen, daß die direkte gegenseitige Hilfe auch für die Gebenden einen Gewinn darstellen kann.

11.2.3 Recht auf Arbeit oder Recht auf Mindesteinkommen

Das bundesdeutsche Sozialversicherungssystem ist eng an die Voraussetzung eines gefestigten Normalarbeitsverhältnisses aller abhängig Erwerbstätigen geknüpft. Weichen die individuellen Lebensläufe aufgrund zunehmender Massenarbeitslosigkeit und unsteter Erwerbsbiographien von diesem Muster ab, verliert auch das soziale Sicherungssystem seine Schutzwirkung für die Betroffenen.

In der Diskussion lassen sich zwei divergierende Positionen erkennen. Während die Mehrheit der Wissenschaftler und Politiker die Rückkehr zur Vollbeschäftigung für erreichbar hält und man nur über die richtigen Wege streitet (vgl. Gliederungspunkt 6.4), mehren sich die Stimmen, die Vollbeschäftigung für eine Schimäre halten und daher die soziale Sicherung auf eine andere Grundlage stellen wollen. So fordern Teile der Grünen ein Bürgerrecht auf ein garantiertes Mindesteinkommen nach dem Versorgungsprinzip. Im Unterschied zum existierenden Mindesteinkommenssystem der Sozialhilfe geht es hier um Konzeptionen, bei denen eine Bedürftigkeitsprüfung, die Verpflichtung zur Erwerbsarbeit und die Nachrangigkeit der Leistung (Subsidiarität) entfallen sollen.

Ein hohes garantiertes Grundeinkommen für jeden – gefordert werden etwa das 2,5- bis 4fache der Eckregelsätze der Sozialhilfe – soll ohne Zwang zur Erwerbstätigkeit eine kreative, autonom bestimmte Tätigkeit im bedarfswirtschaftlich orientierten Selbsthilfesektor ermöglichen und auf diese Weise auch zu einer Lösung der Misere sozialer Dienste beitragen.

Aus konservativer und liberaler Sicht ist dieses Konzept natürlich absolut utopisch. Das volkswirtschaftlich erzielte Einkommen ist nicht allein von der erreichten Kapitalausstattung und dem technisch-organisatorischen Potential abhängig, sondern bedarf der permanenten menschlichen Arbeitsleistung (Klanberg/Prinz 1986). Ein hohes garantiertes Grundeinkommen verschüttet die notwendigen Leistungsanreize für die Empfänger in den unteren und mittleren Einkommensschichten. Aber auch für die über eine notwendigerweise hohe Steuerbelastung gebeutelten Besserverdienenden werden schattenwirtschaftliche Aktivitäten nur lohnender. Wenn dennoch auch in konservativen Kreisen aus dem Umfeld von Kurt Biedenkopf Überlegungen für ein garantiertes Mindesteinkommen angestellt werden (Miegel/Wahl 1985), so geschieht das mit deutlich abweichender Zielsetzung. Zunächst ist die geplante Höhe des Garantieeinkommens weitaus geringer und soll maximal beim 1,5- bis 2fachen der Eckregelsätze liegen. Die Leistungsanreize des Lohnsystems sollen also möglichst erhalten bleiben. Von der Finanzierungsseite her werden sogar positive Anreize erwartet, da das Mindesteinkommenssystem das Pflichtsystem der Sozialversicherung so weit wie möglich ablösen soll und so Lohnnebenkosten radikal gesenkt würden.

Proletarität in Form von niedrigen Einkommen der arbeitenden Bevölkerung gilt als überwunden, und damit wird auch der staatlich verordnete Sozialversicherungsschutz gegen die Wechselfälle des Lebens wie Krankheit und Alter obsolet. Private Vorsorge ist möglich und kann erwartet werden. Entsprechend lassen sich die Zwangsabgaben zur Sozialversicherung erheblich reduzieren, wenn nicht ganz abschaffen, so daß die Lohnnebenkosten deutlich sinken dürften. Das wiederum verringert internationale Wettbewerbsnachteile und schafft neue Arbeitsplätze, bietet zudem Spielräume zur Erhöhung der Barlöhne, so daß auch für die unteren Lohngruppen Arbeitsanreize trotz der staatlichen Garantieeinkommen erhalten bleiben. Der verbleibenden Arbeitslosigkeit von Problemgruppen wird durch das gestiegene staatliche Mindesteinkommen die soziale Härte und politische Brisanz genommen. Trotz erweiterter Mindestsicherung kommt es zu einer erheblichen Entlastung des Staates von Sozialaufgaben, der damit Ressourcen für seine eigentlichen produktiven und allgemein politischen Aufgaben zurückgewinnt.

Allerdings ist dies noch durchaus Minderheitsmeinung im neokonservativen Lager. Dominant ist weiter die Überzeugung, die Leistungsanreize würden bei jedem Garantieeinkommen ohne Arbeitsverpflichtung und Bedürftigkeitsprüfung, das den Abstand zu den unteren Lohngruppen verkürzt, verkümmern. Um diesen Effekt zu verhindern oder wenigstens zu mildern, werden Regelungen nach Art einer negativen Einkommenssteuer vorgeschlagen (Mitschke 1985, Engels u. a. 1986, Hüther 1990), wie wir sie schon in Kapitel 6.4 vorgestellt haben.

Starke Vorbehalte dagegen existieren im sozialdemokratischen Lager. Präferiert wird eindeutig das Sozialversicherungssystem, das von den Arbeitnehmern in harten Auseinandersetzungen erst erkämpft werden mußte. Eine Versorgungslösung »Mindesteinkommen« als grundsätzliche Alternative zur Sozialversicherung wird entschieden abgelehnt, da eine staatliche Garantie hoher Grundeinkommen in der nächsten Krise oder bei politischem Kurswechsel schnell verfallen kann. Es wird allerdings über Möglichkeiten nachgedacht, das Sozialversicherungssystem durch weitere Elemente einer bedarfsbezogenen Grundsicherung zu ergänzen.

11.2.4 Die Stellung der Frau in der Sozialordnung

Reformen der Sozialordnung beeinflussen auch die Stellung der Frau in der Gesellschaft. Vielen Sozialdemokraten wie auch den meisten Feministinnen gilt das schwedische Modell als Vorbild. Sie setzen auf das Leitbild der Emanzipation der Frau im Beruf und durch die Erwerbstätigkeit. Eine engagierte Gegenposition wird nicht mehr allein von konservativer Seite, sondern inzwischen auch von Querdenkern aus der Reihe der Alternativen vertreten, die ein Ende der »Arbeitsgesellschaft« kommen sehen und die gesellschaftliche Überbewertung der Erwerbstätigkeit gegenüber anderen, nicht minder wichtigen Tätigkeitsfeldern kritisieren.

Bevor wir die Modelle zur Frauenerwerbsarbeit genauer betrachten, ist noch einmal auf die wichtige soziologische Erkenntnis hinzuweisen, daß der soziale Wandel die Nutzen-Kosten-Relation der Frauen heute entscheidend verändert hat. Je weniger sich die Frauen auf eine lebenslange Absicherung in der Ehe verlassen können (Scheidungsraten), um so weniger werden sie auf die Selbständigkeit, die aus einer guten Ausbildung und der Erwerbsbeteiligung erwächst, verzichten können. Die Frau, die ihre Verwirklichung allein in der Familie findet, wird immer seltener. Dies hat – wie wir gezeigt haben – erhebliche Auswirkungen auf das soziale Sicherungssystem.

Will man möglichst viele Frauen in die Erwerbsarbeit eingliedern, muß man die bisher primär in den Familien betreuten Kinder, Pflegebedürftigen und Alten einer öffentlichen Versorgung (Babykrippen, Kindergärten, Kinderhorte, Sozialstationen, Pflegeheime usw.) zuführen. Dies alles setzt konsequenterweise mehr Erwerbstätigkeit in der Betreuung voraus, so daß sich hier die möglichen Betätigungsfelder für die steigende Erwerbsbeteiligung der Frauen abzuzeichnen scheinen. Genau diesen Weg ist Schweden konsequent gegangen.

Allerdings zeigt dieses Beispiel auch die Tücken des Modells. Nur durch eine massive Erhöhung der Abgabenquote läßt sich das finanzieren. Hohe Abga-

Entwicklung der Frauenerwerbsquote
(in % aller Frauen zwischen 15 und 65 Jahren)

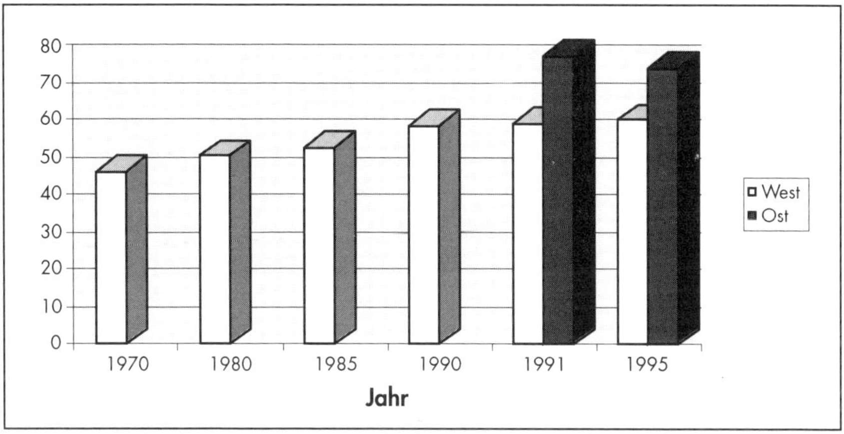

Quelle: Statistisches Bundesamt

ben wiederum führen dazu, daß der Einkommenszugewinn der Familien durch die Erwerbstätigkeit der Frau erheblich reduziert wird. Zweifelhaft ist auch, ob die Mehrzahl der Arbeitsplätze so attraktiv ist, daß hier eine berufliche Erfüllung gefunden werden kann.

Kritische Stimmen weisen darauf hin, daß steigende Lohnnebenkosten und Abgaben die im privaten Sektor angebotenen Arbeitsplätze reduzieren könnten, so daß insgesamt trotz der Expansion im öffentlichen Sektor nicht genügend Arbeitsplätze für alle Frauen bereitstünden und ein Druck in die geringfügigen Beschäftigungen oder in die Schwarzarbeit entstehen könnte. Dies gilt insbesondere dann, wenn – wie es in der Bundesrepublik der Fall ist – die Abgabenquote nur noch gegen erheblichen Widerstand erhöht werden kann. Befürworter des Schwedenmodells fordern zumeist eine zieladäquate Umgestaltung der Sozialordnung, die konsequenterweise die Sozialtransfers, die eine Stütze der Ehe auch ohne Kinder und der »Nur-Hausfrauenschaft« sind, erheblich beschneiden müßte. So wäre etwa die Ersetzung der Witwenrente durch das Modell eigenständiger Sicherung der Frau (vgl. Kapitel 7.3.1) und die Streichung des Ehegattensplittings (wie in Schweden) anzustreben, zumal man die dort freigesetzten Mittel gut für die Finanzierung der neuen Arbeitsplätze im öffentlichen Dienstleistungssektor gebrauchen kann.

Bezweifelt wird von den Kritikern des Modells auch, daß es langfristig finanzierbar sei. Die Prognosen eines Kommissionsberichts in Schweden, daß insbesondere die Kostenkrankheit sozialer Dienste aufgrund der solidarischen Lohnpolitik schon bald eine Umorientierung erzwingen würde, sind schon eingetroffen (Lagergren 1986). Das schwedische Modell der öffentlichen Beschäftigung für Frauen steht auf der Kippe.

Auch wenn es auf den ersten Blick weitaus produktiver scheint, familiale und sonstige gegenseitige unentgeltliche Hilfe durch ein professionelles Hilfsangebot zu ersetzen, da nunmehr ein gut ausgebildeter Betreuer erheblich mehr »Klienten bedienen« kann, ist auch dies nicht mehr unumstritten. Der Verlust an Zuwendung und persönlicher Nähe, die Auflösung kleiner sozialer Netze und Selbsthilfeaktivitäten spielen eine nicht zu unterschätzende kontraproduktive Rolle.

An diesem Punkt setzt auch die fundamentale Kritik derjenigen ein, die dieses Zukunftsszenario nicht akzeptieren möchten. Selbst wenn es gelingen würde, jeder Frau einen Arbeitsplatz zu verschaffen, wird gerade dieser Erfolg zum Bumerang gegen eine menschenwürdige Sozialordnung. Ein Konzept, das Alte und Kinder in »Betreuungsghettos« abschiebt und Familienarbeit konsequent abwertet, wird nach dieser Anschauung an den tatsächlichen Bedürfnissen vieler Frauen und der betroffenen Kinder und Alten vorbeiplanen (Erler 1987).

Da ein erheblicher Teil der für Frauen geschaffenen Arbeitsplätze Teilzeitbeschäftigungen sind, gilt diese Kritik für Schweden nur bedingt. Vielen Frauen bleibt trotz Erwerbstätigkeit genügend Zeit zumindest für die Familienbetreuung. Allerdings bedeutet das wiederum, daß die eigentlich angestrebte Gleichberechtigung von Mann und Frau in Erwerbs- und informeller Hausarbeit solange verschoben ist, wie es für Männer selbstverständlich bleibt, aus Karriere- und sonstigen Interessen voll berufstätig zu sein.

Diese konzeptionelle Schwäche versucht die SPD in ihrem Grundsatzprogramm zu überwinden, indem eine massive Arbeitszeitverkürzung auf 30 Stunden pro Woche für Mann und Frau propagiert wird. Dadurch ergibt sich ein Zeitgewinn, der wieder in Familienarbeit oder Engagement in andere kleine soziale Netze investiert werden kann und einen immanenten Druck zur partnerschaftlichen Arbeitsteilung ausüben mag. Zusätzlich ist eine familienfreundliche Ausgestaltung der Arbeitsverträge intendiert (Teilzeitarbeit auch für qualifizierte Tätigkeiten, Wechsel in Teilzeitbeschäftigung auf Wunsch zur Kindererziehung, bezahlte Familienbetreuungszeiten u. a. m.). Insofern scheint eine reibungslose Kombination von Erwerbs- und Familienarbeit möglich, so daß Ansprüche und Bedürfnisse der Kinder und Alten nicht auf der Strecke bleiben. Doch das ist eine schöne Zukunftsmusik, wenn man sich die bescheidenen Ergebnisse bei dem Bemühen um Arbeitszeitverkürzung aus beschäftigungspolitischen Gründen anschaut. Damit überhaupt Fortschritte erzielt werden, müßte der öffentliche Sektor bei der Neuaufteilung der Arbeit vorangehen.

Es stellt sich trotz dieser Realisierungsschwierigkeiten die Frage, ob es überhaupt eine Alternative gibt, die es mit der Frauenemanzipation ernst nimmt. Klammert man einmal die Modelle aus, die rückwärtsgewandt – die traditionelle Familie verklärend – die alte Rollenverteilung zwischen Mann und Frau restaurieren wollen, dann bleiben Leitvorstellungen interessant, die auf eine stärkere Wahlmöglichkeit der Frauen (und der neuen Männer) in bezug auf ihre eigene Lebensgestaltung insistieren; Leitbilder also, die sowohl eine sozialpolitische Unterstützung bei einer gewünschten stärkeren beruflichen Integration als auch die soziale Anerkennung von Familienarbeit, Mutter- (Elternschaft) als gleichrangig anstreben (Hollstein 1996). Für die Sozialpolitik hieße das, neben verstärkten arbeitsmarktpolitischen Angeboten für die Frauen gleichzeitig einen erhöhten Sozialtransfer für die Familien (auskömmliches Erziehungsgeld, kostendeckendes Kindergeld, stärkere Anerkennung von Erziehungsjahren bei der Rente) sicherzustellen. Die derzeitigen Transfers wie die Witwenrente wären entsprechend zu sichern oder familiengerecht umzustellen (Ehegattensplitting nur, wenn Kinder zu versorgen sind). Einen Schritt weiter geht noch die Forderung nach einem auskömmlichen Mindesteinkommen. Auch dieses Modell ist zunächst unter Kostengesichtspunkten zu prüfen.

Solange die Sozialtransfers pro Frau nicht an ein normales Erwerbseinkommen heranreichen, sind die zusätzlichen Kosten für die öffentliche Hand auch bei deutlich steigenden Transfers niedriger als im Fall einer Beschäftigungsgarantie für Frauen im öffentlichen Sektor (mit entsprechend steigender Erwerbsquote). Zusätzlich ergeben sich Einsparungen durch die Erhaltung der Verbesserung des Selbst- und Laienhilfepotentials von Hausfrauen und -männern, so daß die Kostenkrankheitsproblematik sozialer Dienste z. T. vermieden werden könnte. Da kein Zwang zur massiven Arbeitszeitverkürzung, mit der das SPD-Modell steht oder fällt, besteht, ist auch keine Kostendynamik für die Betriebe zu erwarten, und die tarifliche Arbeitszeitpolitik behält ihre Dominanz. Denn auch in diesem Punkt liegt eine konzeptionelle Schwachstelle des SPD-Programms vor, indem einfach unterstellt wird, zumindest die Gewerkschaften würden das 30-Stunden-Modell für Mann und Frau tarifpolitisch unterstützen.

Andererseits scheint das »Wahlmodell« auf den ersten Blick eine resignative Verabschiedung des Gleichberechtigungsziels zu sein. Dies kann, muß jedoch nicht so sein, wie zwei Szenarien verdeutlichen sollen! Das wünschenswerte »Szenario« könnte so aussehen: Die »Wahlfreiheit« steht nicht nur im (z.B. CDU-)Frauenprogramm, sondern wird tatsächlich einerseits mit Arbeitsplatzangeboten (Voll- und Teilzeit), andererseits mit relativ hohen Transfers sozial- und arbeitsmarktpolitisch abgesichert. Langfristig wird ein gesellschaftlicher Wertediskurs initiiert mit dem Ziel, familiäre Arbeit, Selbst- und ehrenamtliche Fremdhilfe ähnlich hoch zu bewerten wie die Erwerbsarbeit. In der Folge wird die Gleichstellung der Geschlechter teils über eine zunehmende Erwerbsarbeit der Frau, teils über die zunehmende Gebrauchswertarbeit der »neuen« Männer im informellen Sektor erreicht.

Das »realistische« Szenario, von dem wir glauben, daß es schon in seinen Anfängen politisch auf den Weg gebracht ist, sieht wie folgt aus: Die »Wahlfreiheit« für die Frauen bleibt durch eine mangelhafte Unterstützung mittels öffentlicher Angebote von Normalarbeitsplätzen auf dem Programmpapier. Die Höhe der Sozialtransfers an die familienorientierte Frau bleibt relativ bescheiden, so daß ein Anreiz auf einen Zusatzverdienst erhalten bleibt. Diese Verdienstmöglichkeiten lassen sich nun folgerichtig im sozialen Dienstleistungsbereich schaffen, indem z.B. gering entlohnte geringfügige Beschäftigungen oder Teilzeitarbeitsplätze angeboten werden. Eine interessante Variante, die teure Pflegedienste ersetzen soll, ist das Pflegegeld in der neuen Sozialversicherung. Schwerpflegebedürftige erhalten ein relativ niedriges Pflegegeld zur zweckgebundenen Verfügung und können damit billige Frauenarbeit in der Nachbarschaft einkaufen. Geringe Sozialtransfers und Lohnanreize lösen damit auch das Problem der Sicherstellung kostengünstiger sozialer Dienstleistungen.

Diese Möglichkeit der »Entartung« des Wahlmodells darf jedoch nicht den Blick dafür trüben, daß es bei wünschenswerter Anwendung für viele Frauen durchaus seine Vorzüge gegenüber dem schwedischen, aber auch gegenüber dem SPD-Modell haben dürfte.

Auch das lange Zeit als Leitbild dominierende *Drei-Phasen-Modell* der Frauenerwerbstätigkeit nach Klein/Myrdal, das zwischenzeitlich als Hemmnis auf den Weg zur vollen Gleichberechtigung der Frau im Beruf verrufen war, bietet wohl doch für einen nicht unerheblichen Teil der Frauen die beste Möglichkeit der Lebensgestaltung, indem sie Beruf, Familienarbeit und – wenn die Kinder aus dem Haus sind – wieder Berufstätigkeit aufeinander folgen lassen. Sicher ist damit eine kontinuierliche Berufskarriere ausgeschlossen. Sie ist aber auch in der Mehrzahl der Fälle nicht angestrebt. Eine gezielte

Förderung der Wiedereingliederung wird entstandene Defizite z.T. ausgleichen können. Zudem könnte ein gesellschaftliches Umdenken die Erfahrungen von Frauen in Beruf und Familie und die nachgewiesen hohe Motivation und Leistungsbereitschaft für ihre zweite berufliche Phase als besonders wertvoll begreifen, so daß in sozialen Berufsfeldern von ihnen entsprechend hochwertige Leistungen erwartet werden können. Um hier wirklich die Wahlmöglichkeiten der Frau in den mittleren Jahren zu verbessern, ist endlich nach über 20 Modellversuchen ein handfestes Wiedereingliederungskonzept als verbindliches Angebot der Bundesanstalt für Arbeit gesetzlich zu verankern. Die Schwerpunkte müßten sein:

- Bildungsmaßnahmen mit Unterhaltsgeld
- Kooperation mit Betrieben
- Sozialpädagogische Betreuung (zur Motivationsstärkung)
- Einarbeitungszuschüsse für Arbeitgeber

11.2.5 Krieg der Generationen oder Generationenvertrag?

Die Medien haben ein Thema entdeckt, aus dem sich leicht Horrorszenarien ableiten lassen: der Verteilungskampf der Alten gegen die Jungen. Wir haben uns mit den verschiedenen Vorschlägen auseinandergesetzt, wie die demographische Last neu verteilt werden sollte und welche Institutionen dafür in Frage kommen. Dabei kamen wir zum Ergebnis, daß die Sozialversicherung, im besonderen die gesetzliche Rentenversicherung, zugleich verläßliche wie auch flexible Lösungen für das Problem anbietet.

Das sagt noch nichts darüber aus, ob sich die aktive Generation bei der unvermeidlich steigenden Abgabenlast weiterhin dazu bereit finden wird, diese Last auch zu schultern. Es reicht auch nicht der Hinweis, eine gute Versorgung aller Lebensaltersgruppen liege im wohlverstandenen Interesse der jeweils aktiven Generation, die sicher sein kann, selbst im Alter auf Unterstützung angewiesen zu sein. So logisch das klingt, es bleibt ein *Kollektivgutproblem.* Viele haben offenbar ein Interesse, möglichst wenig für diesen Generationenvertrag zu tun und möglichst viel herauszuholen. Dies kann letztlich nur der Staat durch die Rentenversicherungspflicht oder andere Maßnahmen verhindern. Die Verantwortung für die nachwachsende Generation wird noch weitgehend den Familien überlassen. Das Verfassungsgericht hat hier eine größere Verantwortung auch der Kinderlosen eingefordert. Zusammen mit der Garantie der erworbenen Rentenansprüche sind damit entscheidende Barrieren errichtet worden, die verhindern können, daß über politische Mehrheiten der Generationenvertrag durch die hochbelastete erwerbstätige Generation der Jahre 2020 bis 2040 gekündigt wird. Ob die individuelle Verweigerungsstrategie durch Flucht in die Schattenwirtschaft oder Auswanderung eine realistische Alternative ist, kann ebenfalls bezweifelt werden.

Die Prognos-Szenarien zeigen, daß selbst ein relativ bescheidenes Wachstum von 1,3 Prozent die durchschnittlichen realen Netttoeinkommen bis zum Jahre 2040 um ca. 70 Prozent steigen läßt. Auch wenn die Abgabenlast drückt, ist der Lebensstandard aller bei vergleichbarer Einkommensverteilung wie heute deutlich gestiegen. Diese monetäre Last wäre also zumutbar. Ohne Wachstum oder bei sich weiter spreizender personeller Verteilung (Dualisierung der Gesellschaft) dürften allerdings große Probleme auftauchen. Größere Probleme wirft da schon der steigende Bedarf der Älteren nach sozialen Diensten aus, so daß nicht einmal eine Inpflichtnahme zum Sozialdienst ausgeschlossen werden kann.

In seinem leicht zynischen Menetekel entwirft Gronemeyer (1990) eine Zukunft, in der die Probleme zum Teil technisch, zum Teil über Rationierung und zum Teil über Pflichtdienst für Senioren gelöst werden. Die Familie stirbt aus. Die Geburtenzahl wird über genetisch kontrollierte Retortenbabys dem politisch und ökonomisch definierten Bedarf angepaßt. Die Aufzucht findet in öffentlichen Erziehungseinrichtungen statt. Die noch leistungsfähigen Senioren müssen sich nach entsprechender Pflichtausbildung um die pflegebedürftigen Alten kümmern. Die gesundheitlichen Dienstleistungen sind rationiert. Sterbehilfe ist selbstverständlich. Die alte Generation ist in Quasi- Ghettos entsorgt (zum Teil in preiswerten Heimen der Dritten Welt, in der damit Arbeitsplätze geschaffen werden) und stört die Hochleistungsgesellschaft der sich selbst verwirklichenden Aktiven so wenig wie möglich. Dieses Szenario ist keine Utopie. Ansätze zu dieser Entwicklung sind erkennbar. Um so wichtiger ist es, Gegenentwürfe einer humanen Sozialordnung zu entwerfen und politisch umzusetzen. Das vorhandene sozialstaatliche Fundament bietet dafür eine gute Chance.

Vertiefende Literatur

Bäcker 1995; Döring/Hauser 1995; Espenhorst 1996, Knappe 1995, Lampert 1995a und 1995b, MAGS-NRW 1994, Matzner 1982, Opielka 1984, Rifkin 1995, Rosenberg 1995, von Weizsäcker u. a. 1995.

Literatur

Abendroth, W. (1977): Sozialgeschichte der europäischen Arbeiterbewegung, 11. Aufl., Frankfurt a. M.

Achinger, H. (1958): Sozialpolitik als Gesellschaftspolitik, Reinbek.

/Höffner, J./Muthesius, H.,/Neundörfer, L.(1955): Neuordnung der sozialen Leistungen. Denkschrift auf Anregung des Herrn Bundeskanzlers erstattet, Köln.

Adamy, W./Steffen, J. (1985): Handbuch der Arbeitsbeziehungen, Schriftenreihe der Bundeszentrale für politische Bildung, Bd. 125, Bonn.

/Deeke, A./Jetter, Chr. et al. (1995): Memorandum für ein neues Arbeitsförderungsgesetz, Arbeitskreis AFG-Reform, Hamburg.

Alber, H. (1989): Der Sozialstaat in der Bundesrepublik 1950-1983, Frankfurt/New York.

Alber, J. (1989): Die Steuerung des Gesundheitswesens in vergleichender Perspektive, in: Journal für Sozialforschung, 29. Jg., S. 259 ff.

(1979): Die Entwicklung sozialer Sicherungssysteme im Licht empirischer Analysen, in: Zacher, H. (Hg.), Bedingungen für die Entstehung und Entwicklung von Sozialversicherung, Berlin 1979, S. 123 ff.

(1982): Vom Armenhaus zum Wohlfahrtsstaat: Analysen zur Entwicklung der Sozialversicherung in Westeuropa, Frankfurt/M./New York.

Albert, H. (1975): Traktat über kritische Vernunft, 3. Aufl., Tübingen.

Anderson, U. (1976): Einführung in die Vermögenspolitik, München.

Afheldt, H. (1995): Ausstieg aus dem Sozialstaat? Gefährdungen der Gesellschaft durch weltweite Umbrüche, in: Aus Politik und Zeitgeschichte, B 25-26/95, S. 3 ff.

Andretta, G. (1991): Zur konzeptionellen Standortbestimmung von Sozialpolitik als Lebenslagenpolitik, Kölner Schriften zur Sozial- und Wirtschaftspolitik Bd. 18, Regensburg.

Auerbach, W. (1958): Sozialplan für Deutschland, 3. Auflage, Berlin.

(1971): Beiträge zur Sozialpolitik, Bonn – Bad Godesberg.

Axelrod, R. (1988): Die Evolution der Kooperation, München.

Bach, H. W. (1989): 20 Jahre Arbeitsförderungsgesetz, in: Sozialer Fortschritt, 38, S. 106 ff.
(1996): Arbeitslosigkeit – eine Schande für eine sozial verfaßte Gesellschaft, in: Soziale Sicherheit, 45. Jg., S. 121 ff. und 178 ff.
Bach, St. u. a. (1995): Wirtschaftliche Auswirkungen einer ökologischen Steuerreform, Deutsches Institut für Wirtschaftsforschung (DIW), Berlin.
Badura, B./Groß, P. (1976): Sozialpolitische Perspektiven. Eine Einführung in Grundlagen und Probleme sozialer Dienste, München.
Bäcker, G. (1986): Sozialpolitik durch soziale Dienstleistungen – Zukunftsperspektive des Sozialstaats, in: WSI-Mitteilungen, 39, S. 201 ff.
/Bispink, R./Hofeman, K./Naegele, G. (1980): Sozialpolitik, Eine problemorientierte Einführung, Köln.
(1989): Sozialpolitik und soziale Lage in der Bundesrepublik Deutschland, 2 Bände, Köln.
/Steffen, J. (1988): Alterssicherung in der Zukunft, Hamburg.
(1995): Der Sozialstaat – ein Auslaufmodell? in: WSI-Mitteilungen, Heft 6, S. 345 ff.
Bargholdt, C./Naegele, G. (1995): Armut durch Pflegebedürftigkeit: Das ungelöste Problem deutscher Sozialpolitik: in: Hanesch 1995a, S. 404 ff.
Bartholomäi, R. u. a. (Hg.), (1977): Sozialpolitik nach 1945. Geschichte und Analysen, Bonn-Bad Godesberg.
Bauer, R. (1978): Wohlfahrtsverbände in der Bundesrepublik, Weinheim/Basel.
Baumol, W.J. (1972): The Cost Disease in Personal Services, in: Skandinaviska Enskilde Banken Quarterly Review, Nr. 2.
Beck, U. (1986): Risikogesellschaft, Auf dem Weg in eine andere Moderne, Frankfurt a. M.
Beck-Gernsheim, E. (1994): Auf dem Weg in die postfamiliale Familie – Von der Notgemeinschaft zur Wahlverwandtschaft, in: Beck, U. /dieselbe (Hg.), Riskante Freiheiten, Frankfurt a. M., S. 115 ff.
Becker, G. (1960): An Economic Analysis of Fertility, in: National Bureau of Economic Research (Hg.), Demographic and Economic Change in Developed Countries, Princeton.
Becker, J. (1996): Zwischen Integration und Dissoziation: Türkische Medienkultur in Deutschland, in: Aus Politik und Zeitgeschichte, B 44-45/96, S. 39 ff.
Becker-Neetz, G. (1995): Der Weltbankbericht über die Krise der Alterssicherungssysteme, in: Deutsche Rentenversicherung, S. 201 ff.
Bentele, K. /Reissert, B./Schettkat, R. (Hg.) (1995): Die Reformfähigkeit von Industriegesellschaften, Fritz-W.-Scharpf-Festschrift zu seinem 60. Geburtstag, Frankfurt/New York.
Bellah, R. N./Madsen, R./Sullivan, W. M./Swidler, A./Tipton, S. M. (1987): Gewohnheiten des Herzens. Individualismus und Gemeinsinn in der amerikanischen Gesellschaft, Köln.
Berthold, N. (1988): Marktversagen, staatliche Intervention und Organisationsformen sozialer Sicherung, in: G. Rolf/ P.B. Spahn/G. Wagner (Hg.), Sozialvertrag und

Sicherung. Zur ökonomischen Theorie staatlicher Versicherungs- und Umverteilungssysteme, Frankfurt/M./New York, S. 339 ff.
(1993): Sozialunion in Europa, Tübingen.
/Külp, B. (1987): Rückwirkungen ausgewählter Systeme der sozialen Sicherung auf die Funktionsfähigkeit der Marktwirtschaft, Berlin.
/Thode, E. (1996): Auslagerung versicherungsfremder Leistungen – Ausweg oder Kreisverkehr, in: Wirtschaftsdienst, Heft VII, S. 350 ff.
Bethusy-Huc, V. v. (1987): Familienpolitik. Aktuelle Bestandsaufnahme der familienpolitischen Leistungen und Reformvorschläge, Tübingen.
Biervert, B. u. a. (Hg.) (1978): Plädoyer für eine neue Verbraucherpolitik, Wiesbaden.
Bispink, R. (Hg.)(1995): Tarifpolitik der Zukunft. Was wird aus dem Flächentarifvertrag?, Hamburg.
Blanke, B. (1994): Perspektiven der Kommunalen Sozialpolitik, Allgemeine Ergebnisse und Fokus der Expertise »Verfall der Stadtgesellschaft?« in: MAGS-NRW (Hg.), Zukunft des Sozialstaats, Düsseldorf, S. 283 ff.
Blosfeld, H. P. (1985): Bildungsexpansion und Berufschancen, Frankfurt a. M./New York.
Blume, O. (1977): Altenhilfe, in: HdWW, Bd 1, S. 217 ff.
Bobke-von Camen, M. (1989): Arbeitskampfrecht und Tarifpraxis der Gewerkschaften, in: WSI-Mitteilungen, Heft 5, S. 266.
Borchert, J. (1993): Renten vor dem Absturz, Ist der Sozialstaat am Ende?, Frankfurt a. M.
Borsdorf, U. (Hg.) (1987): Geschichte der deutschen Gewerkschaften von den Anfängen bis 1945, Köln.
Brakelmann, G. (1971): Die soziale Frage des 19. Jahrhunderts, 4. Aufl., Witten.
Braun, H. /Johne, G. (Hg.) (1993): Die Rolle sozialer Dienste in der Sozialpolitik, Frankfurt a. M./New York.
Breyer, F. (1990): Ökonomische Theorie der Alterssicherung, München.
Breyer, F./Zweifel, P. (1992): Gesundheitsökonomik, Berlin.
Brinkmann-Herz D. (1975): Die Unternehmensmitbestimmung in der BRD. Der lange Weg einer Reformidee, Köln.
Brück, G. W. (1980): Allgemeine Sozialpolitik, Zusammenhänge, Leistungen, 2. Auflage, Köln.
Büchtemann, Chr. F. (1990): Kündigungsschutz als Beschäftigungshemmnis? in: Mitteilungen aus der Arbeitsmarkt- und Berufsforschung, S. 394 ff.
Bundesministerium für Arbeit und Sozialordnung (Hg.) (1991): Übersicht über das Recht der Arbeit, Bonn.
Bundesministerium für Arbeit und Sozialordnung (Hg.) (1994): Die Lage der Behinderten und die Entwicklung der Rehabilitation, 3. Bericht der Bundesregierung, Bonn.
Bundesministerium für Arbeit und Sozialordnung (Hg.) (1995): Übersicht über das Sozialrecht, 3. Aufl., Bonn.
Bundesministerium für Familie und Senioren (Hg.) (1994): 5. Familienbericht, Bonn.

Burkhart, G./Kohli, M. (1989): Ehe und Elternschaft im Individualisierungsprozeß? Bedeutungswandel und Milieudifferenzierung, in: Zeitschrift für Bevölkerungswissenschaft, S. 405 ff.
Buttler, F. (1986): Regulierung und Deregulierung der Arbeitsbeziehungen, in: Winterstein, H. (Hg.), Sozialpolitik in der Beschäftigungskrise II, Schriften des Vereins für Sozialpolitik, N. F., Bd. 152/II, Berlin, S. 9 ff.

Chopra, I./Scheller, G. (1992): »Die neue Unbeständigkeit«, Ehe und Familie in der spätmodernen Gesellschaft, in: Soziale Welt, S. 49 ff.
Contzen, H. (1877): Geschichte der socialen Frage von den ältesten Zeiten bis zur Gegenwart, Berlin.
Conze, W./Lepsius, R. M. (Hg.) (1983): Sozialgeschichte der Bundesrepublik Deutschland, Stuttgart.
Cornelius, I./Linder, P./Rückert, G.-R. (1986): Ökonomische Rahmenbedingungen der Familien, Abschlußbericht einer Untersuchung im Auftrag des Ministeriums für Arbeit, Gesundheit, Familie und Sozialordnung Baden-Württemberg, Stuttgart.

Däubler, W. (Hg.) (1987): Arbeitskampfrecht, 2. Auflage, Baden-Baden.
Dathe, D. (Hg.) (1995): Wege aus der Krise der Arbeitsgesellschaft, Berlin.
Deregulierungskommission (1991): Marktöffnung und Wettbewerb, Stuttgart.
Deutsche Bundesbank (1996): Die Ausgaben für Sozialhilfe seit Mitte der achtziger Jahre, in: Monatsberichte der Deutschen Bundesbank, April, S. 35 ff.
Dierks, K. (1986): Zwischen Arbeits- und Sozialrecht: Beschäftigungsverhältnisse in der Werkstatt für Behinderte, Frankfurt u. a.
Dinkel; R. H. (1993): Die Pflegeversicherung: Ein finanzieller Sprengsatz für die Zukunft?, in: Sozialer Fortschritt, Heft 2, S. 39 ff.
Döring, D./Hanesch, W./Huster, E.-U. (Hg.) (1990): Armut im Wohlstand, Frankfurt a. M.
/Hauser, R. (1995): Soziale Sicherheit in Gefahr. Zur Zukunft der Sozialpolitik, Frankfurt a. M.
Dohmen, D. (1996): Reformmodelle zur Ausbildungsförderung – Eine Analyse, in: Sozialer Fortschritt, Heft 1, S. 19 ff.
Doll, W. (1996): Unfallverhütungsbericht 1994, in: Bundesarbeitsblatt, Heft 1, S. 15 ff.
Dreßler, R. (1997): Zur Zukunft der Rentenversicherung, in: Soziale Sicherheit, Heft 4, S. 142 ff.
Dütz, W.(1994): Arbeitsrecht, 2. Aufl., München.

Ebert, Th. (1993): Frauen, Kinder, Renten. Zur Notwendigkeit einer Reform der Alterssicherung, in: Soziale Sicherheit, Heft 4, S. 97 ff.
(1995): Familienfundamentalismus und Alterssicherung, in: WSI-Mitteilungen, 48. Jg., S. 365 ff.
Eckerle, K./Barth, H.-J./Hofer, P. (1987): Gesamtwirtschaftliche Entwicklungen und

gesetzliche Rentenversicherung vor dem Hintergrund einer schrumpfenden Bevölkerung (Prognos-Gutachten 1987), Frankfurt a. M.
/Schlesinger, M. (1995): Perspektiven der gesetzlichen Rentenversicherung für Gesamtdeutschland vor dem Hintergrund veränderter politischer und ökonomischer Rahmenbedingungen (Prognos-Gutachten 1995), Frankfurt a. M.
Eekhoff, J.(1993): Wohnungspolitik, Tübingen.
Eggers, P. (1969): Gesellschaftspolitische Konzeptionen der Gegenwart. Sozialdemokratie, Marxismus, Katholische Soziallehre, Neoliberalismus, Stuttgart.
EG-Kommission (Hg.) (1982): Vergleichende Darstellung der Systeme der sozialen Sicherung in den Mitgliedstaaten der EG, 12. Auflage, Brüssel.
Eichener, V./Heinze, R. G. (1994): Grenzen der sozialen Wohnungspolitik, in: Riedmüller, B./ Olk, Th. (Hg.), Grenzen des Sozialversicherungsstaates, Leviathan-Sonderheft 14, Opladen, S. 277 ff.
Eisold, H. (1989): Tarifpolitik bei Arbeitslosigkeit, Frankfurt a. M. u. a.
Eißel, D. (1996): Standortdebatte und Umverteilung, in: Soziale Sicherheit, Heft 12, S. 459 ff.
Engelen-Kefer, U.(1980): Beschäftigungspolitik, 2. Aufl., Köln.
Engelhardt, W. W. (1980): Art.: Gewerkschaft und Art.: Sozialpolitik, Theorie der, in: Handwörterbuch der Volkswirtschaft, 2. Auflage, Wiesbaden.
Engels, W. u. a. (Kronberger Kreis)(1986): Bürgersteuer – Entwurf einer Neuordnung von direkten Steuern und Sozialabgaben, Bad Homburg.
Erler, G. (1985): Frauenzimmer, Für eine Politik der Unterschieds, Berlin.
Ermer, u. a. (1990): Soziale Politik im EG-Binnenmarkt, Bisherige Entwicklung und zukünftige Entwicklungschancen, Kölner Schriften zur Sozial- und Wirtschaftspolitik Bd. 12, Regensburg.
Espenhorst, J. (1996): Zeit der Wohlstandswende? Analyse wirtschafts- und sozialpolitischer Trends: 1966 – 1995 – 2010, in: Aus Politik und Zeitgeschichte, B 3-4/96, S. 3 ff.
Esping-Anderson, G. (1985), Politics against Markets. The Social Democratic road to Power, Princeton.
Esser, H. (1993): Soziologie, Allgemeine Grundlagen, Frankfurt/ New York.
Eucken, W. (1990), Grundsätze der Wirtschaftspolitik, 6. Aufl., Tübingen.

Felderer, B. (1987): Kapitaldeckungsverfahren versus Umlageverfahren, SVSP. Bd. 163 NF, Berlin.
Ferber, Chr. v. (1967): Sozialpolitik in der Wohlstandsgesellschaft, Hamburg.
(Hg.) (1985): Kosten und Effizienz im Gesundheitswesen, München.
Fink, U. (1990): Die neue Kultur des Helfens. Nicht Abbau, sondern Umbau des Sozialstaates, München/Zürich.
Flassbeck, H. (1982): Was ist Angebotspolitik?, in: Konjunkturpolitik, 28, S. 75 ff.
Franz, W. (1995): Die Lohnfindung in Deutschland in einer internationalen Perspektive: Ist das deutsche Modell ein Auslaufmodell?, in: Beihefte der Konjunkturpolitik, 43, S. 30 ff.

Frerich, J. (1990): Sozialpolitik. Das Sozialleistungssystem der Bundesrepublik Deutschland. Darstellung, Probleme und Perspektiven der sozialen Sicherung, 2. Aufl., München/Wien.

Frerich, J./Frey, M. (1993): Handbuch der Geschichte der Sozialpolitik in Deutschland, 3 Bde., München/Wien.

Gäfgen, G. (1986): Ökonomie des Gesundheitswesens, SVSP, Bd. 159 NF, Berlin.

Galas, E./Stolz, A. (1997): Die dritte Stufe der Gesundheitsreform, Strukturveränderung oder Kostenverlagerung, in: WSI-Mitteilungen, Heft 1. S. 12ff.

Gaugler, E.(1980): Mitbestimmung im Betrieb, in: HdWW, Bd. 5, S. 251ff.

Geißler, H. (1976): Die neue soziale Frage, Analysen und Dokumente, Freiburg.

Gernert, W. (1993): Jugendhilfe, 4. Aufl., München/Basel.

Gensike, Th. (1996): Sozialer Wandel durch Modernisierung, Individualisierung und Wertewandel, in: Aus Politik und Zeitgeschichte, B 42/96, S. 3ff.

Geser, G. (1995): Die Schweizer Krankenversicherer im Zeichen von Managed Care, in: Arbeit und Sozialpolitik, Heft 9-10, S. 27ff.

GEWOS (1993): Qualitative Aspekte des Sickereffektes, Expertise zur Wirkung der Eigentumsförderung bei angespannten Wohnungsmärkten, Hamburg.

Giersch, H. (1983): Wie es zu schaffen ist. Agenda für die deutsche Wirtschaftspolitik, Stuttgart.

(1986): Gegen Europessimismus, Stuttgart.

(1994): Die Industrie und das Beschäftigungssystem im weltweiten Strukturwandel, in: Arbeit der Zukunft, Zukunft der Arbeit, 2. Jahreskolloquium der Alfred Herrhausen Gesellschaft für internationalen Dialog (Hg.), Stuttgart, S. 151ff.

Gitschmann, P. (1987): Alterssozialpolitik auf kommunaler Ebene – Rahmenbedingungen und Strukturen, Berlin.

Gitter, W./Oberender, P. (1987): Möglichkeiten und Grenzen des Wettbewerbs in der gesetzlichen Krankenversicherung, Baden-Baden.

Gladen, A. (1974): Geschichte der Sozialpolitik in Deutschland, Wiesbaden.

Gliesmann, H.H./Horn, E-J.(1995): Die Krise des deutschen Systems der staatlichen Alterssicherung, in: Ordo, 46, S. 309ff.

Görres. A. (1994): Der Weg zur ökologischen Steuerreform, Weniger Umweltbelastung und mehr Beschäftigung. Das Memorandum des Fördervereins ökologische Steuerreform, München.

Gorz, A. (1983): Wege ins Paradies, Berlin.

Grebing, H. (1979): Geschichte der deutschen Arbeiterbewegung, 9. Auflage, München.

Gronemeyer, R. (1990): Die Entfernung vom Wolfsrudel, 3. Aufl., Düsseldorf.

Gutachten des Wissenschaftlichen Beirats beim Bundesministerium für Wirtschaft (1996a): Langzeitarbeitslosigkeit, BMWI-Studienreihe Nr. 92, Bonn.

Gutachten des Wissenschaftlichen Beirats beim Bundesministerium für Wirtschaft (1996b): Anstehende große Steuerreform, BMWI-Studienreihe Nr. 94, Bonn.

Habich, R./Zapf, W. (1993): Verbesserungen und Krisensymptome: Zur Wohlfahrtsentwicklung in West- und Ostdeutschland, in: Gegenwartskunde, Heft 2, 259 ff.

Hanesch, W. (1990): Unterversorgung im Bildungssystem: Das Beispiel berufliche Bildung, in: Döring, D. u. a. (Hg.), Armut im Wohlstand, Frankfurt a. M., S. 185 ff.

(Hg.) (1995a): Sozialpolitische Strategien gegen Armut, Opladen.

(1995b): Reformbedarf und Reformstrategien in der Sozialhilfe, in: WSI-Mitteilungen, 6, S. 384 ff.

(1996a): Reform der Sozialhilfe, Bd. 103 N. F. Graue Reihe der Hans-Böckler-Stiftung, Düsseldorf.

(1996b): Krise und Perspektiven der sozialen Stadt, in: Aus Politik und Zeitgeschichte, B 50/96, S. 21 ff.

Hardes, H.-D. (1988): Vorschläge zur Differenzierung und Flexibilisierung der Löhne, in: Mitteilungen aus der Arbeitsmarkt-und Berufsforschung, Heft 1,S. 52 ff.

Hartwich, H. H. (1970): Sozialstaatspostulat und gesellschaftlicher Status quo, Köln.

v. Hauff, M./Pfister-Gaspary, B. (Hg.) (1982): Internationale Sozialpolitik, Stuttgart/New York.

Hauser, R./Weeber, J. (1987): Probleme eines Systems bedarfsbezogener Mindestsicherung, in: WSI-Mitteilungen, Heft 5, S. 290 ff.

Hauser, R./Berntsen R. (1992): Einkommensarmut – Determinanten von Aufstiegen und Abstiegen, in: Hujer, R. u. a. (Hg.), Herausforderungen an den Wohlfahrtsstaat im strukturellen Wandel, Frankfurt a. M./New York, S. 73 ff.

/Hübinger, W. (1993): Arme unter uns. Teil I: Ergebnisse und Konsequenzen der Caritasuntersuchung, Freiburg.

(1995): Die Diskussion um die Reform der Sozialhilfe, in: Wirtschaftsdienst, VIII, S. 429 ff.

Hayek, F. A. v. (1971): Die Verfassung der Freiheit, Tübingen.

Hegner F. (1992): Organisations-»Domänen« der Wohlfahrtsverbände: Veränderungen und unscharfe Konturen, in: Zeitschrift für Sozialreform, 38, 165 ff.

Heike, A. (1994): Problemgeschichte der Gesundheitsökonomik in der Bundesrepublik Deutschland, Volkswirtschaftliche Schriften Bd. 15, Köln.

Heimann, E. (1980): Soziale Theorie des Kapitalismus, Theorie der Sozialpolitik, Neuauflage, Frankfurt a. M.

Heine, W. (1989): Wie sicher ist die gesetzliche Alterssicherung?, in: Riedmüller, B./Rodenstein, M. (Hg.), Wie sicher ist die soziale Sicherung?, Frankfurt a. M., S. 19 ff.

Heinelt, H./Bosch, G./Reissert, B. (Hg.) (1994): Arbeitsmarktpolitik nach der Vereinigung, Berlin.

(Hg.) (1996): Politiknetzwerke und europäische Strukturfondsförderung. Ein Vergleich zwischen EU-Mitgliedstaaten, Opladen.

Heinze, R. G./Hombach, B./ Scherf, H. (Hg.) (1987): Sozialstaat 2000. Auf dem Weg zu neuen Grundlagen der sozialen Sicherung, Bonn.

/Runde, P. (Hg.) (1982): Lebensbedingungen Behinderter im Sozialstaat, Opladen.

/Naegele, G. (1995): Die sozialen Dienste vor neuen Herausforderungen, in: WSI-Mitteilungen, Heft 6, S. 404 ff.

Heise, A./Küchle, H. (1996): Globalisierung, Sozialkonkurrenz und europäische Integration. Standortsicherung durch Sozialabbau?, in: WSI-Mitteilungen, Heft 4, S. 237 ff.

Hemmer, H./Schmitz, K. (Hg.) (1990): Geschichte der Gewerkschaften in der Bundesrepublik, Köln.

Henkel, H. A./Romahn, H. (Hg.): Euro und Beschäftigung, Politik oder ökonomisches Gesetz, Kölner Schriften zur Sozial- und Wirtschaftspolitik, Bd. 29, Regensburg.

Henning, H. (1976): Sozialpolitik III: Geschichte, in: HdWW, Bd. 7, S. 85 ff.

Hentschel, V. (1983): Geschichte der deutschen Sozialpolitik, 1880-1980. Soziale Sicherung und kollektives Arbeitsrecht, Frankfurt a. M.

Herder-Dorneich, Ph. (1976): Die Kostenexpansion und ihre Steuerung im Gesundheitswesen, Köln. u. a.

(1983): Überwindung der Sozialstaatskrise, Ordnungspolitische Ansätze, Baden-Baden.

u. a. (Hg.) (1992): Sozialpolitiklehre als Prozeß, Baden-Baden.

Herth, A. (1993): Die Bedeutung von Partnerbeziehungen für die Qualität der Familienerziehung, in: Aus Politik und Zeitgeschichte, B17/93, S. 23 ff.

Heuer, J. u. a. (1985): Lehrbuch der Wohnungswirtschaft, 2. Aufl., Frankfurt a. M.

Heyde, L. (1966): Abriß der Sozialpolitik, 12. Aufl., Heidelberg.

Hildebrandt, H./Domdey, A./Fuchs, G.(1995): Health Maintainance Organizations in den USA: Eine Einführung, in: Die Betriebskrankenkasse 12/95, 722 ff.

Hilzenbacher, M. (1985): Die Richtigstellung des Dreigenerationenvertrages in der gesetzlichen Rentenversicherung durch eine Beitragsstaffelung nach der Kinderzahl, in: Sozialer Fortschritt, 34, S. 281 ff.

Hinrichs, K. (1996): Das Normalarbeitsverhältnis und der männliche Familienernährer als Leitbilder der Sozialpolitik, in: Soziale Sicherung, Heft 4, 102 ff.

(1994): Restrukturierung der Sozialpolitik, Das Beispiel der Gesundheitspolitik, in: Riedmüller/Olk 1994, S. 119 ff.

v. Hippel, E. (1979): Grundfragen der sozialen Sicherheit, Tübingen.

(1982): Der Schutz des Schwächeren, Tübingen.

Hirschman, A. O. (1994): Wieviel Gemeinsinn braucht die liberale Gesellschaft? in: Leviathan, 22. Jg., S. 293 ff.

Hobsbawm, E. J. (1969): Industrie und Empire I, Britische Wirtschaftsgeschichte seit 1750, Frankfurt a. M.

Hochmuth, U./Klee, G./Volkert, J. (1996): Armut in der sozialen Marktwirtschaft, in: WSI-Mitteilungen, Heft 4, S. 228 ff.

Hockerts, H. G. (1986): Integration der Gesellschaft: Gründungskrise und Sozialpolitik in der frühen Bundesrepublik, in: Zeitschrift für Sozialreform, 32, S. 25 ff.

Höhn, Ch./Schubnell, H. (1986): Bevölkerungspolitische Maßnahmen und ihre Wirksamkeit in ausgewählten europäischen Industrieländern, in: Zeitschrift für Bevölkerungswissenschaft, 12, S. 3 ff und 185 ff.

Hoff, A. (Hg.) (1987): Vereinbarkeit von Familie und Beruf, Stuttgart.
Hoffmann, J. (1988): Gewerkschaften in der Bundesrepublik. Zersetzungsprodukt oder strukturierender Faktor gesellschaftlicher Veränderungen? in: Müller-Jentsch, W. (Hg.), Zukunft der Gewerkschaften, Ein internationaler Vergleich, Frankfurt/New York, S. 18ff.
Hoffmann-Nowotny, H.-J. (1988): Ehe und Familie in der modernen Gesellschaft, in: Aus Politik und Zeitgeschichte, B 13/88, S. 3ff.
Hollstein, W. (1996): Ende der Frauenpolitik? Zur unvollendeten Emanzipation von Männern und Frauen, in: Aus Politik und Zeitgeschichte, B 42/96, S. 41ff.
Holtmann, E./Killisch, W. (1993): Wohnungspolitik im geeinten Deutschland, Problemlagen und Entwicklungsperspektiven, in: Aus Politik und Zeitgeschichte, B 8-9/93, S. 3ff.
Hüther, M. (1990): Integrierte Steuer-Transfer-Systeme für die Bundesrepublik Deutschland, Normative Konzepte und empirische Analyse, Berlin.
Huinink, J. (1995): Warum noch Familie? Zur Attraktivität von Partnerschaft und Elternschaft in unserer Gesellschaft, Frankfurt/New York.

Iben, G. (1995): Sozialethik, Marktwirtschaft und Gemeinsinn, in: Aus Politik und Zeitgeschichte, B 51/95, S. 23ff.
Igl, G. (1996): Kommunale Sozialpolitik und Grundrisiken der Gesellschaft, in: Aus Politik und Zeitgeschichte, B 50/96, S. 14ff.

Jacobs, H. (1994): Wer dramatisiert denn hier? Anmerkungen zum Forschungsprojekt »Sozialhilfekarrieren«, in: Sozialer Fortschritt, 5, S. 121ff.
Jenkis, H.W. (1991): Kompendium der Wohnungswirtschaft, München.
Jetter, F. (1995): Wohnungsnot als Schlüsselproblem der Sicherung des sozialen Friedens, in: WSI-Mitteilungen, Heft 1, S. 12ff.
Jordan, E./Sengling, D. (1992): Jugendhilfe. Einführung in Geschichte und Handlungsfelder. Organisationsformen und gesellschaftliche Problemlagen, Weinheim und München.

Kaim-Caudle, P.R. (1973): Comparative Social Policy and Social Security, A ten-Country Study, London.
Kasseler Kommentar Sozialversicherungsrecht, München 1995.
Katsch, Th./Vilmar, F. (Hg.) (1983): Arbeitszeitverkürzung. Ein Weg zur Vollbeschäftigung, Opladen.
Katz. H. C. (1993): The Decentralisation of Collective Bargaining: A Literature Review and Comparative Analysis, in: Industrial and Labour Review, 47, 3ff.
Kaufmann, F.X. (Hg.) (1977): Soziologie und Sozialpolitik, in: Kölner Zeitschrift für Soziologie und Sozialpsychologie, Sonderheft 19, Opladen.
(Hg.) (1979): Bürgernahe Sozialpolitik. Planung, Organisation und Vermittlung sozialer Leistungen auf lokaler Ebene, Frankfurt/New York.

(Hg.) (1982): Staatliche Sozialpolitik und Familie, München/Wien.
(1988): Sozialpolitik und Familie, in: Aus Politik und Zeitgeschichte, B. 13/88, S. 34 ff.
Keller, B. (1996a): Einführung in die Arbeitspolitik. Arbeitsbeziehungen und Arbeitsmarkt in sozialwissenschaftlicher Perspektive, 5. Aufl., München/Wien.
(1996b): Arbeitspolitik in den neuen Bundesländern, Eine Zwischenbilanz der Transformationsprozesse, in: Sozialer Fortschritt, 45, 88 ff.
Kempen, O. E. (Hg.) (1976): Sozialstaatsprinzip und Wirtschaftsordnung, Frankfurt.
Keynes, J. M. (1936): General Theory of Employment, Interest and Money, London.
Kittner, M. (1996): Arbeits- und Sozialordnung. Ausgewählte und eingeleitete Gesetzestexte, 21. Auflage, Köln.
(Hg.) (1995): Gewerkschaften heute, Jahrbuch für Arbeitnehmerfragen, Köln.
Klages, H. (1984): Wertorientierungen im Wandel. Rückblick, Gegenwartsanalyse, Prognosen, Frankfurt a. M.
Klanberg, F./Prinz, A. (1986): Anreizkompatibilität von Transfers im Bereich der sozialen Mindestsicherung. Eine ökonomische Analyse der Grundeinkommensvorschläge, in: Sozialer Fortschritt, Heft 10, S. 229 ff.
Klauder, W. (1993): Zu den demographischen und ökonomischen Auswirkungen der Zuwanderung in die Bundesrepublik in der Vergangenheit und Zukunft, in: Mitteilungen aus der Arbeitsmarkt- und Berufsforschung, S. 477 ff.
Kleinfeld, R. (1996): Kommunalpolitik. Eine problemorientierte Einführung, Opladen.
Kleinhenz, G./Lampert, H. (1971): Zwei Jahrzehnte Sozialpolitik in der BRD. Eine kritische Analyse, in: Ordo, 22, S. 103 ff.
(1992): Die Zukunft des Sozialstaats. Spielraum für sozialen Fortschritt unter veränderten Rahmenbedingungen, in: Hamburger Jahrbuch für Wirtschafts- und Gesellschaftspolitik, S. 43 ff.
(Hg.) (1993): Soziale Integration in Europa I, SVSP, Bd. 222/I NF., Berlin.
(Hg.) (1995): Soziale Ausgestaltung der Marktwirtschaft. Die Vervollkommnung einer »sozialen Marktwirtschaft« als Daueraufgabe der Ordnungs- und Sozialpolitik, Festschrift zum 65. Geburtstag für Heinz Lampert, Berlin.
Klös, H.-P.(1992): Integration der Einwanderer aus Ost-/Südosteuropa in den deutschen Arbeitsmarkt, in: Sozialer Fortschritt, Heft 11, S. 261 ff.
Knappe, E. (1990): Herausforderungen für die Sozialpolitik bis zum Jahr 2000, in: Braun, H./Niehaus, M. (Hg.), Sozialstaat Bundesrepublik auf dem Weg nach Europa, Frankfurt a. M./New York, S. 89 ff.
/Frick, B. (Hg.) (1988): Schwerbehinderte und Arbeitswelt, Frankfurt/New York.
(1995), Umbau des Sozialstaats, Trier.
Koch, C. (1995): Die Gier des Marktes. Die Ohnmacht des Staates im Kampf um die Weltwirtschaft, München.
Köbele, B./Schütt, B.(Hg.) (1992): Erfolgsbeteiligung – ein neuer Weg zur Vermögensbildung in Arbeitnehmerhand, Köln.

Köcher, R. (1988): Unterschätzte Funktionen der Familie, in: Aus Politik und Zeitgeschichte, B 13/88, S. 24 ff.
Köhler, W. (1987): Handbuch des Unterhaltsrechts, 7. Auflage, München.
Konstanty, R./ Zwingmann, B. (1996): Arbeitsschutzreform, Bleibt Deutschland Schlußlicht in Europa?, in: WSI-Mitteilungen, 49. Jg., S. 65 ff.
Koslowski, P. u. a. (Hg.) (1983): Chancen und Grenzen des Sozialstaates. Staatstheorie – Politische Ökonomie – Politik, Civitas Resultate Bd. 4, Tübingen.
Kromphardt, J. (1980): Konzeptionen und Analysen des Kapitalismus, Göttingen.
(1987): Arbeitslosigkeit und Inflation, Göttingen.
(1986): Die Zukunft der Globalsteuerung – theoretische Perspektiven, in: Körner, H./Uhlig, Chr. (Hg.), Die Zukunft der Globalsteuerung, Karl Schiller zum 75. Geburtstag gewidmet, Bern.
(1992): Plädoyer gegen die Reduzierung von Beschäftigungspolitik auf Arbeitsmarktpolitik, in: Mitteilungen aus der Arbeitsmarkt- und Berufsforschung, 25, S. 221 ff.
(1996): Ein Beitrag zur Bekämpfung der Arbeitslosigkeit, in: Wirtschaftsdienst, Zeitgespräch: Was kann eine »Bündnis für Arbeit« leisten?, Heft 1, S. 10 ff.
Krüger, J./Pankoke, E. (Hg.)(1995): Kommunale Sozialpolitik, München/Wien.
Krupp, H. J. (1982): Das Modell der voll eigenständigen Sicherung der Frau – Probleme und Ergebnisse, in: Helberger, Ch./Rolf, G. (Hg.), Die Gleichstellung von Mann und Frau in der Alterssicherung, Frankfurt a. M., S. 173 ff.
u. a. (Hg.) (1987): Wege zur Vollbeschäftigung, 2. Auflage, Freiburg.
(1987): Perspektiven einer Strukturreform der sozialen Alterssicherung, in: Aus Politik und Zeitgeschichte, B. 35/87.
Kühner, H.-J. (1995): Wohngeld, 13. Aufl., Saarbrücken.
Külp, B. (1971): Verteilungspolitik, in: Werner, J./Külp, B.: Wachstumspolitik, Verteilungspolitik, Stuttgart.
/Schreiber, W. (Hg.) (1971): Soziale Sicherheit, Köln/Berlin.
Kuhn, K. (1996): Neue Produktionskonzepte, Gruppenarbeit und Arbeitsschutz, in: WSI-Mitteilungen, Heft 1, S. 105 ff.

Lafontaine, O. (1987): Die Gesellschaft der Zukunft, Hamburg.
Lagergren, M. u. a. (1984): Time to Care. A Report Prepared for the Swedish Secretariat for Futures Studies, Oxford u. a.
(1986): Selbsthilfegruppen: Retter des Wohlfahrtsstaates? Bericht über eine Forschungsarbeit zur Zukunft pflegebezogener Dienstleistungen in Schweden, in: Blanke, B. u. a. (Hg.), Die zweite Stadt. Neue Formen lokaler Arbeits- und Sozialpolitik, Leviathan Sonderheft 7, S. 390 ff.
Lampert, H. (1980): Staatliche Sozialpolitik im Dritten Reich, in: Hamburger Jahrbuch für Wirtschafts- und Gesellschaftspolitik, 25, S. 144 ff.
(1985): Die Wirtschafts- und Sozialpolitik im Dritten Reich, in: Jahrbücher für Nationalökonomie und Statistik, S. 101 ff.

(1988): Die soziale Marktwirtschaft in der Bundesrepublik Deutschland. Ursprung, Konzeption, Entwicklung und Probleme, in: Aus Politik und Zeitgeschichte, B 17/88.

(1991): Die Bedeutung der Gemeinschaftscharta der sozialen Grundrechte der Arbeitnehmer aus deutscher Perspektive, in: R. Birk u. a (Hg.): Europäischer Binnenmarkt und Harmonisierung des Arbeitsrechts, Mannheim u. a., S. 27ff.

(1992): Die Wirtschafts- und Sozialordnung der Bundesrepublik Deutschland, 11. Aufl., München.

(1995a): Voraussetzungen einer Sozialstaatsreform – Kritische Anmerkungen zur aktuellen Diskussion über den Umbau des Sozialstaates, in: Jahrbücher für Nationalökonomie und Statistik, S. 513 ff.

(1995b): Die Sozialstaatskritik auf dem Prüfstand, in: Wirtschaftsdienst, IX, S. 504 ff.

(1996): Lehrbuch der Sozialpolitik, 4. Aufl., Berlin/Heidelberg/New York.

Landes, D. S. (1973): Der entfesselte Prometheus. Technologischer Wandel und industrielle Entwicklung in Westeuropa von 1750 bis zur Gegenwart, Köln.

Laslett, P. (1971): The World We Have Lost, Cambridge.

Lecher, W. (1995): Globalisierung und direkte Partizipation. Vorschläge zur Modernisierung der Mitbestimmung, in: Gewerkschaftliche Monatshefte, 46, 80 ff.

Leibfried, St./Tennstedt, F. (Hg.) (1985): Politik der Armut und die Spaltung des Sozialstaats, Frankfurt.

/Voges W. (Hg.) (1992): Armut im Wohlfahrtsstaat, Sonderheft 32 der Kölner Zeitschrift für Soziologie und Sozialpsychologie, Opladen.

(1994): Grenzen deutscher Sozialstaatlichkeit. Von gemeinsamen Arbeitsmarkt zu erzwungener europäischer Sozialreform, in: Riedmüller/Olk (Hg.), S. 321 ff.

/Rieger, E. (1996): Wohlfahrtsstaat und Globalisierung, in: Neue Gesellschaft/ Frankfurter Hefte, Heft 3, S. 215 ff.

Leipert, Ch. (1978): Gesellschaftliche Berichterstattung. Eine Einführung in Theorie und Praxis sozialer Indikatoren, Berlin.

Leisering, L. (1993): Armut hat viele Gesichter. Vom Nutzen dynamischer Armutsforschung, in: Nachrichtendienst des deutschen Vereins für öffentliche und private Fürsorge, Heft 8, S. 297 ff.

Leisering, L. (1996): Alternde Bevölkerung – veraltender Sozialstaat? In: Aus Politik und Zeitgeschichte, B 35/96, S. 13 ff.

Lorenz, M./Clasen, L. (1995): Tarifvertragssystem. Beweglich und innovativ, in: Bundesarbeitsblatt, Heft 10, S. 5 ff.

Luhmann, N. (1981): Politische Theorie im Wohlfahrtsstaat, München.

Mackenroth, G. (1952): Die Reform der Sozialpolitik durch einen deutschen Sozialplan, in: Schriften des Vereins für Sozialpolitik, NF. Bd. 4, Berlin.

MAGS-NRW (Hg.) (1994): Zukunft des Sozialstaats, Düsseldorf.

Marstedt, G./Merger, U. (1995): Gesundheit als produktives Kapital – Arbeitsschutz und Gesundheitsförderung im gesellschaftlichen und betrieblichen Strukturwandel, Berlin.

Marburger, H. (1995): Pflegeversicherung: Versicherungspflicht, Beitragspflicht, Leistungen, Stuttgart.

Matzner, E. (1982): Der Wohlfahrtsstaat von morgen. Entwurf eines zeitgemäßen Musters staatlicher Interventionen, Schriften des WZB, Frankfurt a. M.

Meier-Braun, K.-H. (1995): 40 Jahre »Gastarbeiter« und Ausländerpolitik in Deutschland, in: Aus Politik und Zeitgeschichte, B 35/95, S. 14 ff.

Mertens, D./Kühl, J. (1982): Art. Arbeitsmarkt I, Arbeitsmarktpolitik, in: Handwörterbuch der Wirtschaftswissenschaften, 1, S. 279 ff.

Miegel, M./Wahl, St. (1985): Gesetzliche Grundsicherung. Private Vorsorge – Der Weg aus der Rentenkrise, Stuttgart.

Mitterauer, M./Siedler, R. (Hg.) (1980): Vom Patriarchat zur Partnerschaft. Zum Strukturwandel der Familie, München.

Mitschke, J. (1985): Steuer- und Transferordnung aus einem Guß. Entwurf einer Neugestaltung der direkten Steuern und Sozialtransfers in der Bundesrepublik Deutschland, Baden-Baden.

Molitor, B. (1987): Soziale Sicherung, München.

Müller, G./Seifert, H. (1991): Deregulierung aus Prinzip. Eine Diskussion der Vorschläge der Deregulierungskommission zum Arbeitsmarkt, in: WSI- Mitteilungen, 44. Jg., S. 489 ff.

Müller, H. W. (1989): Zu den Finanzierungsvorschriften und den finanziellen Auswirkungen der geplanten Rentenreform 1992, in: Deutsche Rentenversicherung, S. 432 ff.

/Tautz, R. (1996): Ergänzung der Rentenanpassungsformel durch eine demographische oder Arbeitsmarkt-Komponente – Anmerkungen zu den Vorschlägen von Bomsdorf und Storm, in: Deutsche Rentenversicherung, Heft 8-9, 495 ff.

Müller-Jentsch, W. (1986): Soziologie der industriellen Beziehungen, Frankfurt a. M./New York.

(1995): Auf dem Prüfstand: Modell der industriellen Mitbestimmung, in: Industrielle Beziehungen, 2. Jg.

Murswieck, A. (Hg.) (1976): Staatliche Politik im Sozialsektor, München.

Nagel, B. (1980): Unternehmensmitbestimmung, Köln.

Nahnsen, I. (1975): Bemerkungen zum Begriff und zur Geschichte des Arbeitsschutzes, in: M. Osterland (Hg.), Arbeitssituation, Lebenslage und Konfliktpotential, Festschrift für M. E. Graf zu Solms-Rödelheim, Köln/Frankfurt a. M., S. 148 ff.

Nave-Herz, R./ Markefka, M. (Hg.) (1989): Handbuch der Familien- und Jugendforschung, Bd. 1: Familienforschung, Neuwied.

Nell-Breuning, O. v. (1979): Soziale Sicherheit? Zu Grundfragen der Sozialordnung aus christlicher Verantwortung, Freiburg.

(1980): Soziale Rentenversicherung aus familien- und bevölkerungspolitischer Sicht, in: W. Schmähl/K. Schenke (Hg.), Alterssicherung als Aufgabe für Wissenschaft und Politik, Stuttgart u. a., S. 369 ff.

(1985): Gerechtigkeit und Freiheit. Grundzüge katholischer Soziallehre, 2. Aufl., München.

Neubäumer, R. (Hg.) (1993): Arbeitsmarktpolitik kontrovers. Analysen und Konzepte für Ostdeutschland, Darmstadt.

Neumann, L. F. (1983): Rechtssicherheit, soziale Sicherheit, ökonomische Sicherheit: Sozialökonomische Lösungsversuche des Problems nichtbeabsichtigter Folgen menschlichen Handelns, Hannover.

(Hg.) (1992), Arbeits- und Gesundheitsschutz aktuell, Köln.

(Hg.) (1994): Wohnungsmarkt in der Krise, Köln.

/Schaper, K. (1995): The Social Security System, in: Konrad-Adenauer-Stiftung (Hg.), Social Security in Social Market Economy, Conceptual Foundations and Procedural Principles, Bonn, S. 158 ff.

Niess, F. (1979): Geschichte der Arbeitslosigkeit, Köln.

Niie Addy, D. (1996): Internationale Migration, Herausforderungen für eine Antidiskriminierungspolitik, in: Aus Politik und Zeitgeschichte, B 44-45/96, S. 17 ff.

Nolte, D./Sitte, R./Wagner, A. (Hg.) (1995): Wirtschaftliche und soziale Einheit Deutschlands. Eine Bilanz, Köln.

Offe, C. (1969): Politische Herrschaft und Klassenstrukturen, Zur Analyse spätkapitalistischer Gesellschaftssysteme, in: Kress, G./Senghaas, D. (Hg.), Politikwissenschaft. Eine Einführung in ihre Probleme, Frankfurt a. M., S. 155 ff.

(1995): Vollbeschäftigung. Zur Kritik einer falsch gestellten Frage, in: Bentele/Reissert/Schettkat (Hg.), S. 240 ff.

Olson, M. (1968): Die Logik kollektiven Handelns, Tübingen.

(1985): Aufstieg und Niedergang von Nationen. Ökonomisches Wachstum, Stagflation und soziale Starrheit, Tübingen.

Opielka, M. u. a. (Hg.) (1984): Die Zukunft des Sozialstaats, Stuttgart.

Orlowski, U. (1996): Erprobung von »Managed-Care« in Deutschland, in: Die Betriebskrankenkasse, Heft 6, S. 280 ff.

Pfaff, M. (1995): Funktionsfähiger Wettbewerb innerhalb und zwischen den gesetzlichen und privaten Krankenkassen. Einige Anmerkungen zur laufenden Diskussion, in: Arbeit und Sozialpolitik, Heft 9-10, S. 12 ff.

Pfahler, Th. (1995): Dauer der Arbeitslosigkeit und Arbeitsmarktpolitik, in: Ordo, 46. Bd., 287 ff.

Preller, L. (1970): Praxis und Probleme der Sozialpolitik, 2 Halbbände, Tübingen/Zürich.

Prognos-Gutachten 1987: vgl. Eckerle/Barth/Hofer 1987.

Prognos-Gutachten 1995: vgl. Eckerle/Schlesinger 1995.

Rath, Th. (1996): Krankenhausreform. Chronik einer Reise ins Ungewisse, in: Arnold, M./Paffrath, D. (Hg.), Krankenhausreport 96 – Schwerpunkt: Managed Care, Ulm.

Rawls, J. (1975): Eine Theorie der Gerechtigkeit, Frankfurt a. M.

Reher, R./Reichelt, H. (1989): Arzneimittelfestbeträge. Lösungen für die Praxis, Bonn.

Reidegeld, E./Reubelt, B. (1996): Extreme Armut und Nothilfe in der Bundesrepublik, in: Sozialer Fortschritt, Heft 1, S. 7ff.

Reissert, B./Scharpf, F. W./Schettkat, R. (1986): Eine Strategie zur Beseitigung der Massenarbeitslosigkeit, in: Aus Politik und Zeitgeschichte, B. 23/86, S. 3ff.

Rendenbach, I. (1990): Ökonomie der Schwerbehindertenbeschäftigung: Eine marktorientierte Perspektive, Frankfurt a. M./New York.

Riedmüller, B./Olk, Th. (Hg.) (1994): Grenzen des Sozialversicherungsstaates, Leviathan Sonderheft 14, Opladen.

Riege, R. (1993): Gesundheitspolitik in Deutschland, Berlin.

Rifkin, J. (1995): Das Ende der Arbeit und ihre Zukunft, Frankfurt a. M./New York.

Rinne, K./Wagner, G. (1995): Droht ein »Krieg der Generationen«?, Empirische Evidenz zur Zufriedenheit mit der sozialen Sicherung, in: Sozialer Fortschritt, 44. Jg., S. 288ff.

Ritter, G. A. (1991): Der Sozialstaat. Entstehung und Entwicklung im internationalen Vergleich, 2. Aufl., München.

Röpke, W. (1979): Civitas Humana, 4. Aufl., Bern/Stuttgart.

Rolf, G./ Spahn, P. B./ Wagner, G. (Hg.) (1988): Sozialvertrag und Sicherung. Zur ökonomischen Theorie staatlicher Versicherungs- und Umverteilungssysteme, Frankfurt a. M./New York.

Rolf, G./Wagner, G. (1996): Alterssicherung in der Bundesrepublik Deutschland, Stand und Perspektiven, in: Aus Politik und Zeitgeschichte, B 35/96, S. 23ff.

Roloff, J. (1996): Alternde Gesellschaft in Deutschland. Eine bevölkerungsstatistische Analyse, in: Aus Politik und Zeitgeschichte, B35/96, S. 3ff.

Rosenberg, P. (1995): Enge Rahmenbedingungen für die Entwicklung des Sozialstaats, in: WSI-Mitteilungen, Heft 6, S. 358ff.

Rothgang, H. (1994): Die Einführung der Pflegeversicherung – Ist das Sozialversicherungsprinzip am Ende? in: Riedmüller/Olk 1994, S. 164ff.

Rothschild, K. W. (1994): Theorien der Arbeitslosigkeit, 2. Aufl., München/Wien.

Ruland, F. (1989): Das Rentenrecht – Neuregelungen durch das Rentenreformgesetz 1992, in: Deutsche Rentenversicherung, S. 353ff.

Sachverständigenrat für die Konzertierte Aktion im Gesundheitswesen (1995): Gesundheitsversorgung und Krankenversicherung 2000: Mehr Ergebnisorientierung, mehr Qualität, mehr Wettbewerb; Sondergutachten, Baden-Baden.

Schäfer, C. (1996): Soziale Polarisierung bei Einkommen und Vermögen, in: Soziale Sicherheit, Heft 1, S. 7ff.

Schaper, K. (1993): Sicherung im Pflegefall und Generationenvertrag, in: Zeitschrift für Sozialreform, 39, S. 87ff.

Scharpf, F. W. u. a. (Hg.) (1982): Aktive Arbeitsmarktpolitik, Erfahrungen und neue Wege, Frankfurt a. M.
(1987): Sozialdemokratische Krisenpolitik in Europa, Frankfurt/New York.
(1994): Für eine Subventionierung niedriger Erwerbseinkommen, in: Wirtschaftsdienst, Heft III, S. 111 ff.
Schellhaaß, H.-M./Schulz, E. (1987): Soziale Sicherung des Wohnens: Strategien für die Zukunft, Berlin.
Schmähl, W. (1992): Zum Vergleich von Umlageverfahren und kapitalfundierten Verfahren zur Finanzierung einer Pflegeversicherung in der Bundesrepublik Deutschland. Studie im Auftrag des Bundesministeriums für Familie und Senioren, Schriftenreihe Bd. 10, Stuttgart/Berlin/Köln.
(1981): Soziale Sicherung im Alter, in: HdWW, Bd. 6, S. 645 ff.
Schmid, T. (Hrsg.) (1984): Befreiung von falscher Arbeit. Thesen zum garantierten Mindesteinkommen, Berlin.
Schmidt, M. G. (1988): Sozialpolitik. Historische Entwicklung und internationaler Vergleich, Opladen.
Schmidt, Michael (1996): Bewirkt eine Zwangsversicherung für Hausfrauen eine Verbesserung der Frauen-Alterssicherung?, in: Arbeit und Sozialpolitik, 5-6, S. 51 f.
Schnabel, C. (1992): Korporatismus und gesamtwirtschaftliche Entwicklung, in: iw-Trends, 4/92.
Schönig, W./L'Hoest, R. (Hg.) (1996): Sozialstaat wohin? Darmstadt.
Schreiber, W. (1964): Kindergeld im sozioökonomischen Prozeß, Köln.
(1968): Soziale Ordnungspolitik heute und morgen, Stuttgart.
Schröder, W./Ruppert, B. (1996): Austritte aus Arbeitgeberverbänden. Motive – Ursachen – Ausmaß, in: WSI-Mitteilungen, 49, S. 316 ff.
Schulenburg, J. M., Graf v. d. (1981): Kostenexplosion im Gesundheitswesen – Folge eines fehlerhaften Steuerungsmechanismus, Köln.
Schulte, B./Trenk-Hinterberg, P. (1986): Sozialhilfe. Eine Einführung, 2. Auflage, Heidelberg.
Schulz-Nieswandt, F. (1990): Stationäre Altenpflege und »Pflegenotstand« in der Bundesrepublik Deutschland, Frankfurt a. M.
Schumpeter, J. A. (1950): Kapitalismus, Sozialismus und Demokratie, 2. Auflage, Bern.
Schwarze, J. (1990): Nebenerwerbstätigkeit in der Bundesrepublik Deutschland, Frankfurt/New York.
Seifert, H. (1984): Öffentliche Arbeitsmarktpolitik in der Bundesrepublik Deutschland, WSI-Studie 54, Köln
(Hg.) (1993): Jenseits der Normalarbeitszeit. Perspektiven für eine bedürfnisgerechte Arbeitszeitgestaltung, Köln.
(Hg.)(1995): Reform der Arbeitsmarktpolitik. Herausforderung für Politik und Wirtschaft, Köln.
Smith, A. (1874): Der Wohlstand der Nationen. Eine Untersuchung seiner Natur und seiner Ursachen, München (Original: 1. Auflage 1776).

Sommer, B. (1994): Entwicklung der Bevölkerung bis 2040 – Ergebnis der achten koordinierten Bevölkerungsvorausberechnung, in: Wirtschaft und Statistik, Heft 7, S. 497 ff.

Standfest, E. (1979): Sozialpolitik als Reformpolitik. Aspekte der sozialpolitischen Entwicklung in der Bundesrepublik Deutschland, WSI-Studie 39, Köln.

(1995): Erste Ergebnisse aus dem Prognos-Gutachten, in: Deutsche Rentenversicherung, S. 1 ff

Starnberger Studien 2, (1978): Sozialpolitik als soziale Kontrolle, Frankfurt a. M.

Strasser, J./Traube, K. (1981): Die Zukunft des Fortschritts. Der Sozialismus und die Krise des Industrialismus, Bonn.

Strauss-Fehlberg, G. (1978): Die Forderung nach Humanisierung der Arbeitswelt. Eine Analyse aus der Sicht der Tarifvertragsparteien, Köln.

Streeck, W. (1984): Neo-Corporatists Industrial Relations and the Economic Crisis in West Germany, in: Goldthrope, J. H. (Hg.), Order and Conflict in Contemporary Capitalism, Oxford, S 291 ff.

Strohmeier, K.-P. (1993): Pluralisierung und Polarisierung der Lebensformen in Deutschland, in: Aus Politik und Zeitgeschichte, B17/93, 11 ff.

van Suntum, U. (1989): Arbeitsmarktpolitik als Instrument der Beschäftigungspolitik, in: Aus Politik und Zeitgeschichte, B 29/89, S. 13 ff.

Tennstedt, F. (1981): Sozialgeschichte der Sozialpolitik in Deutschland vom 18. Jahrhundert bis zum Ersten Weltkrieg, Göttingen.

Teuteberg, H.-J. (1961): Die Geschichte der industriellen Mitbestimmung in Deutschland, Tübingen.

Thiemeyer, Th. (1975a): Kapitalakkumulation und Vermögensbildung, in: Beiträge zu Wirtschaftspolitik und Wirtschaftswissenschaften VI, Schriftenreihe der Wiener Kammer für Arbeiter und Angestellte, Wien.

(1975b): Krankenhausfinanzierung, in: Lampert, H. (Hg.), Aktuelle Probleme der Gesundheitspolitik, Schriften des Vereins für Sozialpolitik, NF 82, Berlin, S. 82 ff.

(1984): Selbstverwaltung im Gesundheitsbereich, in: Winterstein, H. (Hg.), Selbstverwaltung als ordnungspolitisches Problem des Sozialstaats II, SVSP NF 133/II, Berlin.

(Hg.) (1988): Regulierung und Deregulierung im Bereich der Sozialpolitik, SVSP, NF 177, Berlin.

(Hg.) (1990): Theoretische Grundlagen der Sozialpolitik, SVSP, Bd. 193 NF, Berlin.

Thränhardt, D. u. a. (Hg.) (1986): Wohlfahrtsverbände zwischen Selbsthilfe und Sozialstaat, Freiburg.

Thurow, L. (1993): Kopf an Kopf. Wer siegt im Wirtschaftskrieg zwischen Europa, Japan und den USA? Düsseldorf.

Tullock, G. (1993): Rent Seeking, Cambridge.

Ude, Ch. (Hg.) (1990): Wege aus der Wohnungsnot, München/Zürich.

Ulbrich, R. (1992): Verteilungswirkung wohnungspolitischer Instrumente, Darmstadt.

Vilmar, F. (1971): Mitbestimmung am Arbeitsplatz, Neuwied.
Vobruba, G. (Hg.) (1989): Der wirtschaftliche Wert der Sozialpolitik, Berlin.
(1990): Strukturwandel der Sozialpolitik. Lohnarbeitszentrierte Sozialpolitik und soziale Grundsicherung, Frankfurt a. M.
Vortmann, H. (1988): Soziale Sicherung in der DDR, in: Aus Politik und Zeitgeschichte, B. 32/88, S. 29ff.

Wachtel, H. W. (1984): Determinanten der Ausgabenentwicklung im Krankenhauswesen, Berlin.
Wächter, H. (1982): Mitbestimmung, München.
Wagner, G. (1994): Möglichkeiten des »Sozialversicherungsstaates« – Prinzipielles und Reformvorschläge an den Beispielen Gesundheits- und Umweltvorsorge, in: Riedmüller/Olk 1994, S. 37ff.
Walwei, U.(1996): Arbeitsmarkt Europa: Probleme und Lösungsansätze, in: Arbeit und Sozialpolitik, Hcft 1 2, S. 15ff.
Weber, A./Leienbach, V./Dohle, A. (1991): Soziale Sicherung in Europa, Die Sozialversicherung in den Mitgliedstaaten der Europäischen Gemeinschaft, 2. Auflage, Baden-Baden.
Weber, M. (1973): Die »Objektivität« sozialwissenschaftlicher Erkenntnis, in: Gesammelte Aufsätze zur Wissenschaftslehre, 4. Aufl., Tübingen, S. 146ff. (Erstveröffentlichung 1904).
Weizsäcker, von, E. U./Lovins, A. B./ Lovins, L. H. (1995): Faktor Vier, Doppelter Wohlstand – halbierter Naturverbrauch. Der neue Bericht an den Club of Rome, München.
Weiße, H. (1995): Rentenentwicklung Ost. 40jährige Trennung überwinden, in: Bundesarbeitsblatt, Heft 12, S. 5ff.
Weisser, G. (1971): Grundsätze der Verteilungspolitik, in: Külp, B./Schreiber, W. (Hg.), Soziale Sicherheit, Köln/Berlin (Erstveröffentlichung: Berlin 1954).
(1978): Beiträge zur Gesellschaftspolitik, Göttingen.
Weitzman, M. L. (1987): Das Beteiligungsmodell (The Share Economy), Vollbeschäftigung durch flexible Löhne, Frankfurt/New York.
Wellner, W./Schmich, G. (1988): Europa auf dem Wege zur Sozialunion, Bonn.
Weltbank (1994): Averting the Old Age Crisis, Policies to Protect the Old and Promote Growth, Washington.
Wieczorek-Zeul, H. (1996): Wie sich Europa als Wirtschaftsstandort und sozialer Rechtsstaat im globalen Wettbewerb behaupten kann, Skript, Bonn.
Wieland, J. (1996): Die sozialen Aufgaben der Städte/Gemeinden und ihre Finanzierung, in: Sozialer Fortschritt, Heft 7-8, S. 166ff.
Wiemeyer, J. (1995): Christliche Sozialethik und Wirtschaftsethik, in. Aus Politik und Zeitgeschichte, B 51/95, S. 23ff.
Winckler, G. (1988): Sozialpolitik in der DDR, in: Aus Politik und Zeitgeschichte, B 32/88, S. 21ff.

Wingen, M. (Hg.) (1989): Familie im Wandel – Situation, Bewertung, Schlußfolgerungen, Bad Honnef.
(1997): Familienpolitik, Stuttgart.
Winterstein, H. (Hg.) (1984): Selbstverwaltung als ordnungspolitisches Problem des Sozialstaats II, SVSP, Bd. 133 NF, Berlin.

Zapf, W. (1987): Art.: Indikatoren II: soziale, in: Handwörterbuch der Wirtschaftswissenschaften (HdWW) 4, S. 119 ff.
Zerche, J./Gründger, F. (1996): Sozialpolitik. Eine Einführung in die ökonomische Theorie der Sozialpolitik, 2. Aufl., Düsseldorf.
Zöllner, W./Loritz, R. G. (1992). Arbeitsrecht, 4. Aufl., München.
Zohlnhöfer, W. (1992): Von der sozialen Marktwirtschaft zum Minimalstaat? Zur politischen Ökonomie des Wohlfahrtsstaates, in: Ordo, 43. Bd., S. 269 ff.

Register